国家社科基金项目(06BGJ005)

全球视域下的国际关系

朱瀛泉 主编

# 全球化背景下安全区域主义研究

朱瀛泉　郑先武　孔　刚
张义明　程宏亮　左　品　著

南京大学出版社

**图书在版编目(CIP)数据**

全球化背景下安全区域主义研究 / 朱瀛泉等著.
—南京：南京大学出版社，2015.9
（全球视域下的国际关系 / 朱瀛泉主编）
ISBN 978 - 7 - 305 - 15912 - 1

Ⅰ.①全…　Ⅱ.①朱…　Ⅲ.①国家安全—研究　Ⅳ.
①D035.3

中国版本图书馆 CIP 数据核字（2015）第 220529 号

出版发行　南京大学出版社
社　　址　南京市汉口路 22 号　　　　　邮　编 210093
出 版 人　金鑫荣

丛 书 名　全球视域下的国际关系
书　　名　全球化背景下安全区域主义研究
著　　者　朱瀛泉 等
责任编辑　蒋桂琴　　　　　编辑热线 025 - 83592655

照　　排　南京紫藤制版印务中心
印　　刷　南京京新印刷厂
开　　本　652×960　1/16　印张 29.5　字数 467 千
版　　次　2015 年 9 月第 1 版　2015 年 9 月第 1 次印刷
ISBN 978 - 7 - 305 - 15912 - 1
定　　价　73.00 元

网址:http://www.njupco.com
官方微博:http://weibo.com/njupco
官方微信号:njupress
销售咨询热线:(025)83594756

# 总　序

朱瀛泉

20世纪90年代以来，国际关系研究的状况发生了很大变化。理论上的多样化以及互为渗透的综合化趋势，一定程度上改变了这个学科以前由少数主流学派统驭的局面。研究的内容和视野得到空前的拓展，提出了许多新的概念，一些传统概念也被赋予了新的内涵。面对全球化发展对人类社会生活之影响的日益彰显，国际关系学界越来越多的学者倾向于把他们所从事的学科领域称为"世界政治"或"全球政治"，而不再满意于过去的"国际政治"。18世纪晚期英国哲学家边沁当初创造的 international 这个词，反映的是他所处时代欧洲国家间政治的现实，即由建立在领土疆界上的民族国家之间关系构成的威斯特伐利亚体系。而今二百多年后，还继续用原来对国际体系的认识框架来解读这个跨国性和全球性的世界，显然不相适应了，尽管国家仍然是国际关系中的主要行为体。这种认知的变化源于时代的变迁。全球化是一个恢宏和漫长的历史进程，但它的当代表现比以往任何时候都更清晰地昭示了全球性与国际关系研究这个学科的关联意义。鉴于此，我们认为，全球视域对于促进国际关系学科的知识进步是必不可少的，无论对于审视历史上国际关系的演变，还是认识当今全球化时代国际关系的变化与趋势，都是如此。这也是本丛书题名为"全球视域下的国际关系"的初衷。

我国的国际关系研究伴随着国家的改革开放而生长发展，是我国人文社会科学中同国家战略目标与和平发展有紧密联系的一个重要学术领域。过去的30年间,我国这个领域知识共同体的学术自觉有了显著的提高,一是增强了把国际关系研究作为一门独立学科来建设的意识,二是致力于建立学术研究与国际关系实践中新问题、新趋势的联系。这些努力使我们这个学科的发展保持了应有的活力。而随着中国在全球政治和经济事务中影响力的提升以及与外部世界交融的日趋密切,我们的学科建设处在了一个新的历史坐标上,创建我国的国际关系理论和知识体系已成为学术界共同的愿景。我们知道,世界政治是一个连续性和可变性并存的社会世界,国际关系研究的任务不仅要说明国际体系怎样变化,而且要说明应该怎样变化,因而它是一门有关人类社会实践与命运、具有规范性研究特性的学科。美英等西方国家从事这个领域的研究时间比较长,基础理论发达,其中有不少值得我们在学理上认真学习借鉴的成果,但他们的研究,特别是主流理论,主要是根据西方经验及其对现代历史的理解构建起来的,存在着一定的局限性或思想判断上的偏颇。中国是世界上最大的正在和平崛起的发展中国家,并以马克思主义科学原理作为理论思维的指导,我们的国际关系理论化之路不能重蹈西方的老路,它完全有可能建立在将中国经验和世界经验结合并以此来理解世界政治的基础上,以使中国国际关系理论和知识体系的建设适应时代发展的规范要求。任何的学术进步和理论创新只有在扬弃前人已有成果的基础上才能获得,我们的国际关系研究也惟有循此而进行坚持不懈的探索,才会实现共同的愿景。

这套丛书系南京大学国际关系研究院依托国家"985"工程南京大学"经济全球化与国际关系研究"哲学社会科学创新基地项目而组织筹划,并作为国家新闻出版总署"十一五"规划重点图书由南京大学出版社从2009年起陆续出版。本套丛书的出版,既受泽于南京大学国际关系研究之优良学统的浸润,更得惠于丛书作者们之激奋于时代和国家发展的感召。本丛书旨在以全球视域为基点,结合有关国际关系的重大理论问题和实践问题,着重探索全球化背景下世界政治和国际关系的发展、变化及其规律。丛书内容丰富,包括国际关系思想和理论、国际经济政治秩序和全球治理、全球化与民族国家主体性、20世纪以来的国际史、全球国际体系和地区体系、大国外交和战略等方面的专题研究,涵盖了国际关系研究的理论、历史和现状三大领域。我们希望,这套综合性国际问题研究丛书的出版,将对促进我国国际关系研究的学术事业有所帮助。是所望焉,谨此序。

2008 年 10 月于南京

# 目　录

# 绪　　论

从 20 世纪 90 年代末开始,安全区域主义(security regionalism)作为一个新的研究领域进入了国际关系研究的视野,并且随着世界和地区国际形势的复杂变化而日益显示出其重要性。安全区域主义这个概念的学术渊源与冷战后综合安全研究和全球化背景下区域主义研究的兴起密切相关,因此对于安全区域主义的研究一定意义上可以说是两者的交叉和结合,它既超越了以往传统地区安全研究的局限,同时又吸纳了区域主义研究中对区域一体化进程和区域治理的分析框架。[①]全球化背景下安全区域主义研究所涉及的议题非常广泛,本书则试图在吸收相关理论元素的基础上,以区域主义和综合安全为视角,结合世界范围内主要区域的一体化建设中安全区域主义的表现及其与区域整个进程的联系,集中探讨欧洲、东亚、北美、南美和非洲等区域安全合作的动力、机制、自身特征、存在问题和未来前景。由于学术界对这方面的专门研究还只是处于初步的阶段,本书从历史和现实出发所做的一些实证研究的尝试,期望能为安全区域主义研究的进一步深入和拓展提供一份经验性依据。

20 世纪 90 年代以来,随着冷战的结束以及全球化进程的加快,不仅在欧洲,而且在亚洲、美洲和非洲都出现了区域一体化建设的浪潮。作为一种世界性现象和趋势,这种区域主义(也称新区域主义)的崛起已成为影响当今世界政治经济变化的一个根本性因素,而世

---

[①] David A. Lake and Patrick M. Morgan, "The New Regionalism in Security Affairs", in David A. Lake and Patrick M. Morgan eds., *Regional Orders: Building Security in a New World*, University Park: The Pennsylvania State University Press, 1997, pp. 3 - 19.

界的区域化也同时被看作认知当代世界空间的主要标杆。① 新区域主义是对全球化的一种全面回应,世界各国政府在不同程度上都将区域框架内组织的集体行动(通常由区域组织这种行为体来体现)作为应对全球化各种正面和负面影响的一种战略选择,而对区域内的其他行为体而言,他们则企图将区域的跨国界纽带网络作为扩大自己在相应领域内诉求的渠道。从新区域主义的实践来看,区域已不单是个自然地理上的概念,它在区域化的过程中被赋予了存在着各种互动关系的集体共同体的意义。尽管世界各地区域一体化建设的发展程度不同,但这种区域的整合进程是一个多维度的、社会建构的过程,区域合作可以发生在经济、政治、安全、环境和发展等多个领域。显然,区域作为介于全球和国家之间的中间层次,通过一体化进程中区域组织和机制的建设逐步形成了具有自治性的力量,并在区域治理及世界秩序的重塑中发挥着重要作用。另一方面,新区域主义在世界各地的实践又呈现为不同的模式而具有多样性。一体化建设的动力从根本上说来自区域内部,其中有该区域内行为体的动机、举措以及基于自身条件做出的各种战略考量(包括应对诸如全球化、激烈的竞争、安全环境等内外压力)和决策。这些不同的模式其实体现了各不同区域内特定的政治、经济、社会条件和历史背景。② 当代区域主义的潮流遍及世界,但并不意味着有某种模式可以作为一种普及化的样板,不同区域的一体化建设中含有互相借鉴的成分,而它们是按照自己的方式和节奏在发展的。

　　西方国际关系研究的标准理论,从华尔兹(Kenneth Waltz)到温特(Alexander Wendt),大多是建立在对全球层次体系的结构分析基础之上的。当 20 世纪 90 年代起区域主义被提上重要研究议程以后,各种流派几乎不约而同地按照自己的理论主张把它们的分析演绎式地下移到区域层次,区域被界定为全球体系下的次体系。它们对于区域主义

---

① 玛丽-弗朗索瓦·杜兰、伯努瓦·马丁等:《全球化地图》,许铁兵译,北京:社会科学文献出版社 2007 年版,第 31—42 页;Andrew Hurrell, "One World? Many Worlds? The Place of Region in the Study of International Society", *International Affairs*, Vol. 83, No. 1 (2007), pp. 127 – 146.

② Mary Farrell, "Global Politics of Regionalism: An Introduction", in Mary Farrell, Björn Hettne and Luk Van Langenhove eds., *Global Politics of Regionalism*, London: Plute Press, 2005, pp. 1 – 17.

的各种解释,为我们建立区域主义的分析视角提供了有益的参照,其中不乏有价值的理论元素。[①] 但是必须看到,这些理论范式对于区域主义的解释存在着一个适用限度的问题,一种范式可能适合某个区域但未必对其他区域的进程有说服力,即使对于同一区域进程的不同阶段,情况往往也是如此。更为重要的是,与全球中心体系的单一性不同,区域次体系是开放的多样性体系,现有标准理论演绎式的下移一定意义上存在着某种逻辑和应用上的不可信。事实上已有学者特别是地区研究和第三世界研究专家对此提出了质疑,认为这种方法是不适当地将注重中心体系的理论观察镜套用于区域的现实环境,而不是从考察区域互动关系的具体事实出发来归纳提升,从而得出有价值的理论。[②] 显然,各地区域主义的蓬勃发展为我们打开了解读全球政治经验多样性的大门,但靠"演绎式的下移"并不能完成这样的任务,而重视归纳的经验性研究自有其不可替代的意义。

安全区域主义指区域一体化建设过程中对区域安全的建构和治理,是区域主义实践活动的一种反映。约恩·赫特纳(Björn Hettne)将它表述为"在特定地理范围内的国家和其他行为体,在一个建设中的区域,将一种有着国家之间和国家内部冲突关系的安全复合体,转变为一种有着合作的对外关系和国内和平的安全共同体的努力"。[③] 冷战后区域安全的内涵发生了很大的变化,除了随着冷战终结原来被掩盖的区域和国内冲突(如种族、宗教和领土争端等)表面化外,更由于全球化引起的贸易、资金、人员的跨边界流动,各种非传统的安全问题骤增和突显,并在区域的范围内呈聚集和扩散之势。这一方面表明全球化背

---

① 如现实主义理论方面强调国家、权力以及区域动力等因素,自由主义理论方面强调区域化进程中相互依赖、功能外溢和制度等因素,社会建构主义理论(包括一些批判理论)强调区域共同体社会建构中共享经验、规范和认同等因素。F. Soderbaum and I. Taylor, *Theories of New Regionalisms: A Palgrave Reader*, Houndmills: Palgrave Macmillan, 2002.

② Robert E. Kelly, "Security Theory in the 'New Regionalism'", *International Studies Review*, Vol. 9, No. 3 (2007), pp. 197 - 220; David Shambaugh, "China Engages in Asia: Reshaping Regional Order", *International Security*, Vol. 29, No. 3 (2004/2005), pp. 66 - 99.

③ Björn Hettne, "Regionalism, Security and Development: A Comparative Perspective", in Björn Hettne, András Inotai and Osvaldo Sunkel eds., *Comparing Regionalisms, Implications for Global Development*, Houndmills: Palgrave Macmillan, 2001, p. 13.

景下区域安全具有综合性,它涉及军事、政治、经济、社会、环境等各个领域;另一方面也显示区域安全动力因安全关系中相互依存度的提高而大为增强,从而为区域层次自主管理安全事务开启了现实的必要性和可能性。事实上,由于现有全球机制(如联合国及国际货币基金组织、世界贸易组织等)的诸多局限,区域一体化组织及其相关机制的作为对于维护区域的安全与和平稳定起着十分关键的作用,而合作安全的模式则成为冷战后区域安全建构和治理的主要模式。[①]

区域安全合作是区域一体化建设的有机组成部分,并与区域整个进程中所涉及的上述各个领域相关联。不仅区域安全合作的推动力来自这些不同领域的安全需要和互动,而且它的合作方式和机制建设也往往是与这些具体领域中的安全议题结合在一起发生的。[②] 因而在实际的经验层面上,区域安全合作的实践和这些相关领域的进程是分不开的。这种关联性在经济领域表现尤为明显,一方面经济领域的安全和其他领域的安全如政治安全、社会安全等存在紧密的互动,贸易、金融等经济活动要求必要的政治、社会条件,区域内发生的冲突或政治、社会秩序的不稳定都会影响甚至阻遏经济活动,反之,区域经济发展迟滞或者在世界经济中被边缘化,则又极易造成区域内政治、社会秩序的动荡和不稳定。另一方面,就经济领域本身而言,它在区域经济整合过程中面临着全球化背景下从贸易、投资到货币、金融的跨边界流动和激烈竞争所带来的压力和风险,而经济领域的区域化程度与其他领域相比通常是最为深刻的,因此要确保经济安全的考量贯穿于整个经济活动的始终,它不仅表现为相应机制与制度的形成和建立,而且也反映在根据区域自身条件而设立的经济一体化进程的范围、规模和程度上。我们知道,区域经济一体化是区域一体化建设的主要载体,所以也被称

---

① Elzbieta Stadtmuller, "The Regional Dimension of Security", in Mary Farrell, Björn Hettne and Luk Van Langenhove eds., *Global Politics of Regionalism*, pp. 104 – 119;郑先武:《全球化背景下的安全区域主义:一种分析框架》,见朱瀛泉主编:《国际关系评论》(第5卷),南京:南京大学出版社 2007 年版,第 44—66 页;克雷格·A. 斯奈德等:《当代安全与战略》,徐纬地等译,长春:吉林人民出版社 2001 年版,第 141—146 页。

② Barry Buzan, "The Logic of Regional Security in the Post-Cold War", in Björn Hettne and András Innotai et al eds., *The New Regionalism and the Future of Security and Development*, London:Macmillan Press, 2000, pp. 1 – 25.

为经济区域主义。① 由此不难看出安全区域主义和经济区域主义的联系及其在区域一体化建设中的地位。实际上，它们构成了区域一体化进程中互有关联的两根重要支柱，同时也体现着当今世界区域主义实践的两个根本诉求，即寻求区域的和平安全和经济繁荣。

鉴于上述对区域主义和综合安全视角的分析，我们选择了欧盟、东亚、北美、南美、非洲以及中国自贸区建设的案例进行考察，涉及世界上大部分主要区域。虽然对它们的叙述和讨论各有侧重，但都力图结合区域一体化进程中的具体经验实践进行综合性或多层次的研讨，以揭示各地安全区域主义实践的具体表现及其特征。第一章是基于欧盟共同安全防务政策的历史考察，阐述了欧盟安全一体化所经历的整个进程。欧洲（不包括俄罗斯部分）通常被认为是区域一体化程度最高的地区。随着欧洲经济一体化的发展，欧盟安全区域主义先后经历了三个世代的演变，表现为一种政府间主义与超国家主义的混合决策，注重区域共同制度和集体认同框架内的区域安全一体化，其实践的综合性、介入性和外向性十分显著；从发展进程看，欧盟安全区域主义的核心内涵有一个明显的从内向往外向的发展演化过程，其关注点从保障欧洲内部的安全，逐渐转向在欧洲外围的近邻地带维持和平与稳定，然后又进一步迈向整个全球安全舞台，试图以一种深具欧洲特色的战略文化影响并改造世界安全舞台上的行为方式。然而，由于欧盟与北约之间长期的特殊关系，欧盟安全区域主义能否独立地施展自己的抱负显然有待观察；与此同时，这种外向型的欧盟安全区域主义，在国际形势及地缘政治发生变化的情况下，极有可能面临更严峻的挑战。

第二章是从综合安全视角对东亚安全区域主义的研究。冷战后东亚安全的区域化在多层次和多领域日益显现，这种现实推动了东亚国家去建构和维持东亚区域安全所必需的合作框架，进而形成了一种多层次的、各种形态并存的"重叠"式东亚安全区域主义发展态势。东亚安全区域主义经历了一个由东亚区域内部的国家所驱动，从无到有、从

---

① 据有关统计，目前全球贸易总量的 50% 以上是由优惠的区域贸易协定（RTAs）产生的。至 2007 年已有 380 项区域贸易协定在世界贸易组织注册，到 2010 年有 400 项区域贸易协定生效。Rick Fawn，"'Regions' and Their Study：Where from, What for and Where to?" *Review of International Studies*，Vol. 35（2009），pp. 5 – 34.

弱到强、从次区域和跨区域到全区域、从传统安全到综合安全合作的发展进程,并呈现出了一些具有"东亚色彩"的自身特征,比如东盟主导,弱制度运行;软安全优先,多领域推进;进程导向,奉行渐进主义等。但是,尽管东亚安全区域主义建设取得了一些重要进展,它仍然处于区域安全合作的初级阶段。由于历史和现实的复杂原因,东亚至今没有一个真正能代表整个东亚的实体化政府间组织,区域内的大国尚未在安全领域形成领导核心。因此东亚安全区域主义的发展要克服现有"内聚力不足,外倾性明显"等缺陷,还有很长的路要走。东亚国家必须显示出更大的政治意愿并付出更多的共同努力来培育具有一定排他性的"地区内核"(东亚地区认同和东亚地区组织),整合已有的以东亚为核心指向的区域合作,构建起能融传统安全和非传统安全为一体的、真正的多边制度框架,才能在探索建设东亚共同体的漫长道路上有所作为。

第三章以北美自由贸易区进程为背景,探讨了北美安全合作的特点。1992年《北美自由贸易协定》及其后北美自由贸易区的建立为北美安全合作奠定了经济基础。在2001年"9·11"事件之前,美国和加拿大的"次区域安全合作"是北美安全合作的中心,美国和墨西哥的安全关系则集中表现在边境的非法移民和毒品走私这两个非传统安全问题上,而加拿大和墨西哥之间则没有重要的利益交集。在"9·11"事件后的反恐时代,北美安全合作加强了对边境的管控,但仍具有美加和美墨两个双边主义的次区域安全合作的特征,直到2005年三国根据政府首脑建议成立"北美安全和繁荣联盟",才开始尝试向美加墨三边安全合作关系转变,并培育统一的区域安全观。尽管这在一定程度上弥补了加墨安全合作落后于美加和美墨合作的状况,然而随着形势变化,这一机制在2010年陷于停滞状态。总的来看,美国始终在北美区域安全关系中处于主导地位,决定着北美地区经济合作方式和安全关系的内容、形式及走向。北美安全区域主义长期呈现出以美加、美墨两个并行的双边安全关系为特点的"次区域安全合作",而由于三国对国家安全和所受威胁具有不同认知,北美在短期内难以建立可持续三边安全合作机制,北美安全区域主义的模式将继续在两个双边主义的次区域安全合作和三边主义的区域安全之间徘徊。

第四章结合南方共同市场一体化进程,对南美安全合作机制的形成及特点进行了考察。与北美类似,区域经济一体化亦是南美安全区域主义启动和发展的重要基础。在其中处于核心位置的南方共同市场的建立本质上是一个政治决定,体现了成员国希望通过经济合作实现区域安全的目标。奉行开放区域主义的南方共同市场力求与美国和欧盟保持平衡以规避经济风险,同时又重视在整个南美区域对冲突的防范,十分注意自身在整个区域内维护和平、解决冲突的领导地位。为了抵消金融全球化的风险和克服金融危机的冲击,维护区域经济安全与稳定,南方共同市场推进货币一体化进程,采取区域内本币结算体系,并建立南方银行。南美洲国家联盟自成立后,逐渐形成了区域安全跨国化的新的安全共识,建立了南美防务委员会,除维护成员国内部政局的稳定外,还积极开展防务领域和非传统领域的安全合作。尽管内部存在着不尽相同的诉求,但基本形成了适合自身特点的安全机制。

第五章是对非洲(主要涉及撒哈拉以南)集体安全机制的探讨。由于冷战后日益区域化的内部冲突和战争一直是威胁其和平与安全的核心议题,旨在通过集体行动化解冲突与战争的集体安全机制建设就成了其安全区域主义的首要选择。经过非统/非盟和西共体、南共体、伊加特等区域、次区域组织长期的不懈努力,非洲已经建立起颇具自身特色的集体安全机制,它的显著特点是突破联合国框架内"中心化的集体安全"而形成一种"非中心化的集体安全",将以和平强制行动为核心的人道主义干预法律化、规范化,通过启用早期预警与反应系统和非洲待命部队构建起冲突预防的运行机制。虽然非洲集体安全机制在实践中仍存在着合法性缺乏和能力、资源不足的问题,但作为本地区和平与安全中最直接的利益攸关方,非洲在"非中心化集体安全"的基础上巩固多层次的"合作维和"应是一种稳妥的选择。非洲的区域、次区域组织可以在其中发挥领导作用,并且也最有可能为持久的地区和平而寻求从根本上解决问题的途径。

第六章则讨论了中国的自由贸易区战略与安全护持的关系。中国将周边安全置于自由贸易区战略框架内。中国自由贸易区战略的拓展与一体化的深化,体现的不仅是经济领域的活动,同时也是一种安全区域主义的实践,而且具有自己的特色,即该战略的深层目标将能够更好地体现具有"共同安全、综合安全、合作安全"等三层内涵的新安全观。中国自由贸易区战略主要包括三个方面内容:突破"发展瓶颈",谋求自由贸易区与世界贸易组织两条腿走路,增进国际市场安全;强调周边地区优先,"睦邻、安邻、富邻",增进周边安全;力求压缩"台独"空间,签署并深化两岸类似自由贸易协定性质的经济合作协议,增进台海安全。

当今世界是个由区域组成的世界。在此国际形势大变革和大调整的时期,维护区域的安全和平和经济繁荣是我国和平崛起和发展的战略依托和重要保证,也是作为一个国际影响力日益提高的发展中大国的负责任的表现。实际上中国已成为安全区域主义的重要实践者。认真研究和总结世界各地安全区域主义的多样化经验及教训,对于努力探索适合中国特点的安全区域主义的理论与实践,从而稳定我国周边环境、坚持我国和平发展道路具有重大的现实意义。

# 第一章　欧盟安全一体化:基于共同安全防务政策的历史考察

　　从 1945 年第二次世界大战(the Second World War)结束至今,对于大部分欧洲国家而言,他们的政治、经济、社会与文化领域内一项最重要的历史进程,就是欧洲一体化(European Integration)。欧洲一体化最初从经济领域内发端,然后逐渐向社会、政治与安全防务领域扩展。欧洲安全防务一体化并非新鲜事物,实际上军事领域内合作的最初动向甚至还早于经济一体化,只是由于冷战的爆发和升级为后来半个世纪的欧洲安全格局设定了基调,才使得欧洲安全防务合作实际上被冻结起来,陷入了长达数十年的低潮。在欧盟(European Union)这个已经通过《里斯本条约》(Treaty of Lisbon)而拥有了国际法人地位的超国家行为体中,安全与防务的一体化处于一个较高的层面,这一点和民族国家是有所不同的。欧洲各国的国务活动家把对外安全和防务当作国家最先考虑的问题,而欧盟政治体系则与此相反,在其政治一体化进程中摆在第一位的职能是对外政策,然后才是安全政策,只是在最近几年,由于条件已经成熟才把防务政策提上日程。[①]

　　尽管欧洲一体化是个研究成果和理论成果都很丰硕的领域,但是直到最近,国外包括欧美主流的一体化理论对于欧盟安全防务合作这个层面的探究却鲜有重大成果,更没有令学界一致公认的权威解读。为什么一体化理论会遭遇此尴尬?究其原因,有国外学者认为:"安全防务领域在欧洲一体化理论眼中乃是个异数。因为在理论诸流派研究欧洲一体化的时候,欧共体(European Community)尚不拥有丝毫的军

---

[①]　福尔维奥·阿蒂纳等:《全球政治体系中的欧洲联盟》,刘绯等译,北京:中国社会科学出版社 2009 年版,"引言"第 1 页。

事因素,安全与防务根本就不是一体化的内容之一。"①

从目前进展来看,还没有哪一种单一理论可以完全覆盖欧盟安全与防务一体化的方方面面。但是已经有数个不同的理论流派尝试着对其进行解读,其所展示的理论优势与缺陷也不相同。现实主义者仍然倾向于从传统的均势角度看待欧洲逐渐兴起的安全防务合作,但是他们却解释不了为什么均势游戏中的各方、欧洲诸大国会乐意放弃自己的一部分主权,并通过欧盟展开一定程度的合作。20世纪90年代,在米尔斯海默(John Mearsheimer)和华尔兹看来,世纪之交的欧盟将在世界政治中变得无足轻重,欧洲安全均势游戏的结果将是围绕着德国建立起新的同盟。波森(Barry Posen)等人虽然从结构现实主义的角度分析了欧洲共同安全与防务政策(the Common Security and Defence Policy,CSDP)的出现,但却认为它只是力量均衡行为的一种脆弱的表现形式。而且由于结构现实主义者无法把握住欧盟安全与防务工程中潜在的矛盾和模棱两可,因此他们的解释就产生了前后矛盾之处,并最终在预测未来时难置可否,认为欧盟可能成长为一个主要的国际安全行为体,当然也可能不是。② 还有的现实主义者从冷战后的国际格局出发,认为欧洲联合防务要平衡的实际上是美国的单极力量;而一种与此类似、目标却截然相反的观点则认为:欧洲防务应对的是美国在欧洲影响力的下降,因为90年代的巴尔干危机已经把美国不情愿的一面展现了出来。

自由主义者(包括功能主义者)曾经成功地描述了欧洲经济一体化中生机勃勃的跨国合作,以及一体化成果从一个部门到另一个部门的扩展(外溢),但是他们的想象力却没有延伸到政治与安全防务领域。欧洲一体化的原动力最初是一种内在动力,这种动力以经济手段促进政治目的的形式,已经在20世纪70年代接近了它能够发挥作用的极限。80年代后特别是冷战结束以来,伴随着全球化(globalization)的迅速深入,外在动力即欧洲一体化如何适应全球化的

---

① Tuomas Forsberg, *Integration Theories*, *Theory Development and European Security and Defence Policy*, http://www.jhubc.it/ecpr-porto/virtualpaperroom/137.pdf.

② Chris J. Bickerton, Bastien Irondelle and Anand Menon, "Security Co-operation Beyond the Nation-State: The EU's Common Security and Defence Policy", *Journal of Common Market Studies*, Vol. 49, No. 1(2011).

问题,已经成了推动欧盟自身发展的更加强大的动力因素。而自由主义在这方面的理论更新还远远没有跟上来。在他们看来,欧洲一体化内在动力的作用,仅能保证欧盟成为一个"民事行为体"(civilian actor)而非军事强权。

制度主义者从制度构建和变化的角度分析了欧盟安全与防务政策的出现及其发展。它强调无论是共同外交与安全政策(Common Foreign and Security Policy, CFSP)还是共同安全与防务政策都是欧盟成员国应对他们所面临的安全挑战的一种制度化的安排。针对现实主义者过分强调国家间相对实力的作用,并且轻视甚至忽视制度性作用的观点,制度主义者和治理学派特别是历史制度主义者从两个方面对其加以驳斥。第一,他们认为欧盟共同安全与防务政策就像其他的国际制度一样,有其内在的稳定性和连续性,除非重大事变或拐点性事态出现,一般不会出现改变。这样就反驳了现实主义者所持的共同安全与防务政策只是大国力量作用的边缘性工具的观点。第二,从共同安全与防务政策的作用来看,制度主义者认为国际制度对大国实际上产生了抑制作用,防止了"对权力的回归"(return to power),从而保证了小国的"发言权"(opportunities of voice)。这样就使得共同安全与防务政策发挥作用时具有某种民主性质,而这正符合欧盟所具有的明显的"宪政"性质。[①]　不过,制度主义者的缺陷也是显而易见的,他们强调并关注了欧盟安全防务的制度和实践层面,但却没有体现出历史的深度。例如他们认为共同安全与防务政策的发展在某种程度上是两类成员国不同战略文化博弈的结果,即英国、法国等拥有"海外干涉主义传统的大国"和瑞典、奥地利、爱尔兰等信奉"中立主义"的国家之间斗争的结果。而共同安全与防务政策只是从制度上固定了这一结果。但是这一观点却解释不了例如英国态度在1998—1999年前后的巨大转变,这一转变对于共同安全与防务政策的出现乃至今日的发展具有举足轻重的意义。然而英国态度的变化必须从历史(包括冷战时期以及冷战后)角度加以深入探讨,绝非仅仅由国际制度的视角就可以说清楚、说透彻。不同的视角解读欧盟共同安全与防务政策可谓各有千秋,每种

---

[①]　Anand Menon, "Power, Institutions and the CSDP: The Promise of Institutionalist Theory", *Journal of Common Market Studies*, Vol. 49, No. 1(2011).

理论都有自己的独特优势,但与此同时又都有自己的内在不足,无法反映共同安全与防务政策的全貌,仿佛盲人摸象。在此背景下,区域主义(regionalism)的视角就能够发挥自己的独到作用。在区域主义的话语中,区域的利益始终是个核心因素,而在欧洲安全区域主义中,欧洲不同时期、不同性质的安全利益正是衡量这一理论流派的基本标尺。实际上,区域主义诸研究为理解欧洲安全防务一体化提供了重要的理论视角,而战后欧洲共同安全防务(common security and defence)的历史发展脉络也为安全区域主义提供了难能可贵的分析素材与理论抽象的现实基础。客观地说,相比较世界其他区域而言,欧洲的安全区域主义虽然未必具有普遍价值,但它提供了迄今为止内容最丰富、层次最清晰的一副画面。

区域主义理论本身就已经流派纷繁复杂,研究成果浩如烟海,本文从第二次世界大战后区域主义发展的不同阶段,从区域主义发展的前后"世代"(generations)、先后波次(waves)来考察欧盟的共同安全与防务政策。① 区域主义的这些世代在区域合作与一体化的表现形式、表现特点和重点等方面均有所不同,而至今已经被公认在一体化方面水平最高的欧洲,它的经验为我们带来了一幅关于这些世代演进的一个比较清晰和完整的画面。本章把欧洲安全区域主义的历史划分成三个世代的主要依据正是区域合作与一体化的表现形式和特点。

那么,这三个世代各有什么样的具体形式与特点呢?

从1945年至今的六十多年里,欧洲共同体(European Community,欧洲联盟的前身)的安全防务作为欧洲区域主义发展的层面之一,其演化经历了三个世代。冷战结束前是第一世代,这个阶段的欧洲安全区域主义起步于第二次世界大战结束不久即开始的安全合作,但收效

---

① 卢克·范·兰根霍夫(Luk Van Langenhove)教授率先提出区域主义的"世代"说,并将之应用于研究欧盟的共同外交政策。可参见其下列代表性论述:"EU's Foreign Policy Identity: From 'New Regionalism' to Third Generation Regionalism?" in J. Bain and M. Holland eds., *European Union Identity*, Baden-Baden: Nomos, 2007, pp. 86 - 104; "Regional Integration and Global Governance", in UNU Nexions, *Point of View*, UNU Press, 2003; "The EU as a Global Actor and the Emergence of 'Third Generation' Regionalism," in P. Foradori, P. Rosa and R. Scartezzini eds., *Managing a Multilevel Foreign Policy—The EU in International Affairs*, New York: Lexington Books, 2007, pp. 63 - 86.

甚微,而且屡遭挫折,中间相当长一段时间内还基本上处于停滞状态。成功的经济一体化带来了政治一体化的萌芽,并在随后触发了欧洲安全防务合作再次启动。但直到冷战结束,这一个世代的欧洲共同安全合作水平依然不高。

冷战结束后,在安全环境剧变与欧洲政治一体化进程深入发展的推动与带动下,欧洲安全区域主义及其现实中的化身——欧洲安全合作进入了第二个世代,这一世代的主要特点依然是内向的,但是程度大大加深,开始在超国家的层面上实体化、机制化,并且迅速完善。第二世代的安全区域主义创立了必要的政策架构和政治机制;在安全治理方面进行了国家与超国家层面上的,以及两个层面相互之间的频繁互动;在对外方面开始和北约(North Atlantic Treaty Organization, NATO)等跨区域(区域间)组织进行初步接触;但是其政策着眼点依然是在内部安全事务上,比如处理内部区域冲突,进行内部反恐合作等。

世纪之交,一系列重要的政治安全事态发展把欧洲安全区域主义推向了第三世代。欧洲自身政治一体化的内在动力和惯性、共同政治文化价值观和共同政治信念与身份意识的构建、既有一体化成果的"外溢"作用,以及外部因素的推动等,在内部和外部联合塑造着第三世代欧洲安全区域主义(欧盟共同安全防务)的形态与特征。这一世代强调外向性,更加关注自身在外部世界中独一无二的形象,充实与完善自身的独特性,简而言之,构造自己的身份主体性。这一世代开始强调区域作为一个整体向外部的力量投送,在全球安全治理方面,在单一外交与安全身份的基础上,发展和全球性组织(如联合国)、其他区域性组织(东盟、非盟等,但北约是个特例)在安全事务上的交流与合作,即区域间主义(inter-regionalism)。也许更重要的,是这一世代逐渐形成了自己的独特价值观,以及这种价值观所要求实现的世界政治安全秩序,2003年出台的首部《欧洲安全战略》(European Security Strategy)就对这方面做了系统的论证和宣示。

## 第一节　为了欧洲的和平:冷战时期的西欧安全合作

在第一世代区域主义的关注中,区域一体化重点强调经济领域内的一体化以及提升区域内部的社会繁荣,相比较而言,发展一种共同的安全防务主体性(security and defence identity)只占次要地位。确保内部和平是安全区域主义要面对的第一个问题,在战后欧洲这个问题通过三个相互补充的途径得到了解决:通过北约让美国的力量防止欧洲国家间的均势再度发生危险的失衡,通过战略经济产业的一体化(如煤钢联营)消除发生武装冲突的物质基础,通过增强法国的政治和军事优势(同时也是人为地削弱德国在这方面的分量)以弥补法国在经济领域内的相对弱势。通过这三种途径,维持内部和平的问题最迟到20世纪60年代已经得到了彻底解决。问题的顺利解决和冷战大背景的限制,使得第一世代的欧洲安全区域主义就此止步,完成了自己的历史使命,同时也早早地陷入了停滞不前的状态。

尽管如此,到了20世纪70年代,第一世代的欧洲安全区域主义由于一体化逻辑的扩展,开始从"后二战"的阴影中逐渐摆脱出来,被纳入初露头角的欧洲政治一体化的轨道。在经历了一连串政治一体化的挫折后,西欧一体化的主要注意力一度转向经济功能性领域。欧共体经济一体化也确实在较短时期内取得了一系列重大进展,以至于出现政治一体化明显滞后于经济一体化的不平衡局面。从长远看,这种不均衡一旦继续下去,不仅经济一体化难有更大作为,而且欧洲建设倡导者们所希冀的欧洲联合目标也难最终实现。从60年代末70年代初开始,随着国际形势的变化,欧共体重新开启了政治一体化进程,并且取得了一些有象征意义的初步进展。① 从1970年"达维翁报告"(Davignon Report)到1987年《单一欧洲文件》(Single European Act),欧共体的安全与防务也逐渐成为欧洲政治一体化中不可分割的重要一环。不过直到冷战结束,共同安全防务更多地体现在书面文件当中,在欧洲安全框架里,欧洲安全区域主义依然从属于北约;在欧洲一体化进程中,安全防务一体化在经济领域一体化面前还无足轻重,所谓欧洲共同体"既是巨人又是矮子"即这一场景的真实写照。

---

① 房乐宪:《欧洲政治一体化:理论与实践》,北京:中国人民大学出版社2009年版,第92页。

一、早期的成功与挫折：从《布鲁塞尔条约》到西欧联盟

1945 年 5 月，当第二次世界大战的硝烟在欧洲逐渐散去的时候，一种强烈的不安情绪却依然笼罩在欧洲的上空。欧洲人对安全的渴求几乎从来没有像此时这样强烈；同时，他们内心那种安全感的缺失也从来没有像此时这样严重。

这场史无前例的大战摧毁了欧洲人的生存条件，欧洲各个民族国家自从近代陆续诞生以来就一直不断进行着的激烈竞争在这场战争中达到了顶点，其残酷性也臻于极致。其实，早在 19 世纪后期德国统一之后，这个强大的中欧帝国就使许多欧洲有识之士预感到：以往长达数个世纪的欧洲均势即将结束了。史无前例的庞大人力动员规模、前所未有的科技水平与工业生产能力，再加上狂热到近乎失去理智的民族主义浪潮，都在把欧洲国家往这个残酷竞争的悬崖边缘推去。如果说第一次世界大战（the First World War）已经摧毁了欧洲文明曾经辉煌的灯火，那么时隔不久的第二次世界大战甚至向欧洲人民的基本生存发出了挑战。

尽管 20 世纪 20 年代特别是 30 年代国联（League of Nations）的失败经历使得欧洲国家不得不反思战后为了制约德国以维护和平及其他欧洲国家独立而采取的种种外交行动的得与失，但是在第二次世界大战刚结束的年代里，以传统均势的方法压制德国以防止其复兴甚至复仇，却依然是西欧国家优先考虑的方法与途径。另外，此时与 1918 年的形势相比非常不同，那时的俄罗斯在共产主义革命爆发以后已经暂时退出了欧洲外交舞台，而美国在孤立主义的强大影响下也迅速离开了"旧大陆"；如今这一切已经不可能再重演了，1945 年的欧洲无情地被来自东、西两个方向的超级大国所控制。在战后欧洲格局中起重要作用、"发言权"最大的，当然只能是实力最强的美国和苏联，美国基本上控制着西欧，苏联基本上控制着东欧。这种历史上从未有过的形势不是偶然形成的，而是战争结束时实力对比的一种反映。① 由于社会制度及意识形态等方面的原因，除了面对再一次被打倒的德国之外，西欧国家的许多政治家与民众还对已经深入到中欧心脏地带的苏联力量

① 　陈乐民：《战后西欧国际关系（1945—1984）》，北京：中国社会科学出版社 1987 年版，第 12 页。

深怀恐惧。

第一世代的欧洲安全区域主义围绕的核心问题可以简单地归纳为两点:防范德国再起与抵抗苏联压力。正是这两大问题成为欧洲安全区域主义的起点。但是这两大问题对欧洲安全区域主义的含义却是不同的:防范德国相对来说蕴含着更多第一世代欧洲安全区域主义的内在本质、特征及其价值,而抗御苏联却并非其主旨所在;然而颇富戏剧性的是,在冷战加剧、两大阵营对抗升级的情况下,更多体现第一世代欧洲安全区域主义内涵的使命却在冷战的大背景下被化解了,第一个问题采用第二个问题的方式解决。当然另一方面,一个必然的结果就是第一世代的欧洲安全区域主义只能成为另外一种截然不同的政治与安全架构的附属品。这也恰恰是第一世代欧洲安全区域主义的尴尬所在。

几乎与冷战的全面展开同时发生,西欧国家之间最初的安全与防务合作也开始了。如前所述,这一合作最早的目标是为了制止德国再次发动侵略战争,保证西欧国家,特别是法国、荷兰、比利时、卢森堡等与德国相邻国家的安全。这一安全合作最主要的成果体现在《布鲁塞尔条约》(Treaty of Brussels)的缔结和西欧联盟(Western European Union)的建立上面。在条约的缔结以及联盟的建立方面,发挥积极作用的除了西欧国家,尤其是英、法两大国之外,美国也扮演了关键性的角色。

战争刚结束的时候,法国依然心有余悸。过去的80年里三次惨遭德国入侵,并且两次惨败的痛苦经历让法国人记忆犹新。因此,对于战后初期欧洲安全事务包括安全合作在内的任何安排,法国都势必要把对德国的安全关注置于头等重要的位置。然而,法国深知自己也许永远都无力单独面对德国,而且它也很清楚,没有美、英军队的作战,法国将很难解放自己。正是这一情况决定了战后的法国在两种情境中都将被迫扮演弱者的角色,其一是面对着未来复兴的德国,其二是面对着现实中的盎格鲁—撒克逊国家。因此,对于法国而言有一个难以逾越的双重矛盾:德国依然是战后法国最深切的安全关注对象,这个老对手虽然暂时再一次被打败了,但是依然有着复兴的希望,因此,法国还将不得不面临着有朝一日面对一个强势德国的前景;因此,为了最可靠地防止这一前景出现,法国必须仰赖西方盟国的大力支持与协调。另一方面,在战后初期的西方三强当中,法国无论是在政治还是经济领域内都是最弱的,因此必然存在着对英、美两国的战略依赖,进而使其对德国的战略目标不得不建立在英、美两国目标的前提下。在戴高乐(Charles de Gaulle)将军成功的外交运筹下,法国在战后初期的国际舞台上取得了一些令人瞩目的成就,它获得了联合国安理会(UN Security Council)常任理事国的席位,并且作为四强之一参加了对德国的管制。不过,在没有强大实力做后盾的情况下,法国对于战后欧洲在安全领域内的安排,哪怕是在自己极为关注的对德国的处理方面,也不得不仰人鼻息。戴高乐企图利用德国战败之际,用国际强制手段肢解德国,从而永远削弱德国。戴高乐的对德政策不仅出于保障法国安全的战略考虑,而且同利用德国资源、恢复和发展法国经济相联系,以期在剥夺德国大部分工业潜力的同时,使法国在经济上压倒德国。① 但是,美、英、苏三国出于各种考虑纷纷拒绝了巴黎试图彻底分裂、灭亡德国的提议,这使得法国只能寻找其他途径来解决这头等安全关注。像50年前一样,在传统的均势原则下与英国结盟成为法国不得不考虑的现实之举。

英国的处境显然比法国好得多。与遭到严重破坏的德国和蒙受屈辱的法国相比,英国在第二次世界大战结束时相对来说是没有受到损伤的。因为胜利,英国人仍可以对他们的制度充满信心,并且把他们自己看作世界政治中的一支主要力量和对拼凑一个新的国际体系负有责任的三大国之一。英国实力和政策的连续性因素给人以深刻的印象。② 不过,真实的现状却是,随着第二次世界大战的结束,所有欧洲大国的传统的世界强国地位都被取消了。不仅是重新获得了解放的法国、被再一次打倒的德国如此,即使以全胜者姿态出现的英国也难逃这一无情的命运。德国在近代的崛起使得英国"欧陆制衡者"的角色迅速变得越来越难以胜任;为了有效地抑制德国的扩张野心并最终打败它,英国必须与苏联联手;这样一来也就不可避免地要把苏联的实力引入欧洲的核心地带,由此造成在英国看来更大的力量失衡;紧接着,英

---

① 张锡昌、周剑卿:《战后法国外交史(1944—1992)》,北京:世界知识出版社1993年版,第12—13页。

② W.F. 汉里德、G.P. 奥顿:《西德、法国和英国的外交政策》,徐宗士等译,北京:商务印书馆1989年版,第228页。

国就只能引入并借助美国的力量才能平衡苏联的强大实力。F.S.诺塞奇认为:"二十世纪三十年代,不管哪个英国政府执政,结局几乎肯定是一样的;没有苏联的帮助就不能打败德国。这个事实包含着第二次世界大战以后苏联主宰东欧的由来,由此产生了美国进驻西欧以维持力量均势的必要性。反过来,这意味着在1945年德国被打败以后英国的政策与美国的政策的密切协调一致。"①

由此可见虽然表现方式不同,实质却都是英国与法国已经无法在战后继续随心所欲地安排欧洲未来的安全防务架构,只能把这个问题交给两个超级大国来掌握。他们面临着的老的传统的安全问题——制服德国,由于超级大国的介入已经彻底地、安心地、一劳永逸地解决了;但是由此而来的代价也是沉重的:丧失了对自己这块大陆安全的主导权,并被扔到了超级大国安全和战略的时常是脆弱的天平上。

第二次世界大战后在欧洲新出现的实力对比以及地缘政治现实,使得美国有了一个千载难逢的机会去塑造欧洲安全的面貌,由此也就为战后第一世代的欧洲安全区域主义设定了基调和生长的范围。和英、法等西欧国家,特别是法国不同,德国在未来的复兴对美国来说并不构成严重的安全关切,这既是由地缘政治也是由实力对比决定的。相对于德国的威胁,对美国来说更严重的同时也是更现实的威胁来自苏联这个不久前战时的盟国。苏联作为一个新崛起的超级大国把其势力范围直接推进到了欧洲的心脏地带,并带着浓厚的意识形态上的敌对色彩。担心欧洲国家的独立自主刚刚摆脱纳粹的魔掌,又将落入克里姆林宫的红色手掌,这才是美国难以摆脱的梦魇。因此也就不奇怪,法、美两国在战后德国的重新武装问题上,立场为什么会有如此大的差距:法国从传统地缘政治的视角理所当然地把其视为威胁,而美国虽同样也是从地缘政治出发,却把实力强大的德国视为一笔政治、军事和战略上的资产。

在这样一种背景下,《布鲁塞尔条约》的成功签订与"普利文计划"(Pleven Plan)的流产之间并没有发生冲突,"条约"开启的西欧防务联合没有随着"计划"的失败而付诸东流。冷战的加剧使得美国顺理成

---

① F.S.诺塞奇:《英国外交政策的调整》,转引自 W.F.汉里德、G.P.奥顿:《西德、法国和英国的外交政策》,第236页。

章地接管了欧洲联合防务的主导权,并把一个更大的安全框架,服务于一个更大目标的安全体系凌驾于单纯的欧洲联合防务之上。在这个更大的框架中,《布鲁塞尔条约》最初的目标逐渐地淡化于无形之中,昔日的敌人兼潜在的对手现在变成了亲密合作的盟友。因此随着原初目标(压制德国)的缺失,欧洲联合防务一度似乎失去了存在的理由。然而另一方面,在一个更大的目标(抗衡苏联)面前,单纯的欧洲联合防务又承受不起这一重任,因此只能把自己委身于美国所主导的大西洋安全防务共同体之中。

从某种意义上说,第一世代的欧洲安全区域主义要实现的目标并不困难,但同时也因此缺乏充足的动力;从另一层意义上说,第一世代欧洲安全区域主义面对的目标却又过于艰巨,使得自己无力承担。因而,附属于他者却又保持自己最低限度的存在,似乎也是第一世代欧洲安全区域主义最佳的表现形式。

## 二、欧共体政治合作:从海牙会议到《单一欧洲文件》

虽然欧洲一体化最初的动因很难说经济因素多于政治因素,但是随着"欧洲政治共同体"(European Political Community)和"欧洲防务共同体"(European Defence Community)计划的相继搁浅,"欧洲统一"这一伟大理想的建筑师们开始另辟蹊径,并寻找到了另一条道路推动欧洲的联合:先经济后政治,从经济领域内的一体化着手为政治欧洲的最终建成铺平道路。"欧洲第一公民"让·莫内(Jean Monnet)等主张循序渐进,一个阶段一个阶段地进行,只有前一个阶段胜利完成,才能顺利过渡到后一个阶段,在把统一拓展到其他领域之前,应该先把经济合作拓展到煤钢共同体(European Coal and Steel Community)之外的部门。[①] 在这一新的思路指导下,西欧的法国、德国、意大利、比利时、荷兰、卢森堡六国于20世纪50年代相继建立了煤钢、原子能、经济等三个共同体。

1958年1月1日《罗马条约》(Treaty of Rome)的正式生效标志着欧洲经济一体化开始迈入快车道。煤钢共同体的诞生和运作把欧洲工

---

① 法布里斯·拉哈:《欧洲一体化史:1945—2004》,彭姝祎等译,北京:中国社会科学出版社2005年版,第48页。

业化国家的强大生产能力加以优化组合,超国家机构的共同体委员会对西欧六国的重工业生产展开统一调度,法国的铁矿资源与德国的煤炭资源在这里得到了最好的结合,两国的重工业生产能力得到了淋漓尽致的发挥。欧洲煤钢共同体不仅从制度和结构上彻底消除了法、德两国再一次兵戎相见的可能性,而且通过资源的优化配置,为战后西欧亟待复兴的经济源源不断地提供了大量的基础性材料。欧洲原子能共同体(European Atomic Energy Community)建立的目标是为发展强大的核工业创造条件,从而改善成员国的能源状况。原子能共同体为建立共同核市场奠定了基础。作为一个共同体,它要为可裂变物质的自由流通提供框架,控制其使用,负责为使用者定期且公平地提供核矿石和核燃料;此外,它还负责核领域的研究工作。①

相比较而言,发挥了更大作用的是欧洲经济共同体(European Economic Community)。该共同体在 1957 年 3 月《罗马条约》的基础上建成,"矢志为欧洲各国人民之间的一个愈益紧密的联盟奠定基础;决心以共同行动消除分裂欧洲的障碍,确保各国的经济和社会进步;确定以不断改善各国人民的生活和工作条件为其努力的根本目标。"②后来的经历证明,欧洲经济共同体才是欧洲一体化的真正标志,它凭着自身的魅力和活力充当了欧洲一体化的主要发动机。随着经济共同体的不断扩大和深化,欧洲一体化涉及并惠及的国家越来越多,最终覆盖了从北欧的芬兰、瑞典到南欧的希腊、马耳他在内的绝大部分欧洲国家;涉及的领域也不断扩大和加深,共同体取消了关税壁垒,建立了共同市场(common market),实现了商品、人员、资本、信息的自由流动;制定了共同农业政策(Common Agricultural Policy,CAP),保持了共同体各国行业阶层利益的平衡;建立了关税同盟(customs union),在世界经济舞台上有力地推动着西欧国家商贸利益的实现并对其加以保护。

经过短短十几年的实践,欧洲的经济发展和一体化水平就取得了显著成就。贸易的增长速度十分惊人,1958—1970 年,欧洲经济共同体成员国的出口量增加 3.2 倍,进口量增加 3.4 倍。而同期美国的出口量才增加 1.9 倍,进口量增加 2.4 倍。同时期,共同体的内部贸易量也

① 法布里斯·拉哈:《欧洲一体化史:1945—2004》,第 50 页。
② 见《建立欧洲共同体条约》"前言",1957 年 3 月 25 日。

增加 3.6 倍,与第三国的贸易量增加 3 倍。所有这些都是最显著的指标,表明虽然大量的非关税壁垒仍然存在,六国经济正在朝着一体化的方向发展。同时在农业领域,生产率得到大幅度提高,经营方式也大多实现了现代化。上述成就表明,共同体实现了《罗马条约》第 39 款的经济目标:合理发展农业生产;为农业生产者保障公平的生活水准;保持市场稳定,保障食品供应安全,向消费者保障合理的物价。[①]

西欧在经济一体化领域内的成功为政治领域提供了哪些借鉴呢?首先,经济上的不断一体化增大了共同体内各国的共同利益,增强了相互依赖,从客观和主观上使得欧洲国家相互征战变得越来越难以想象。融合与一体化的方法完全不同于传统的力量均衡和权力制衡原则,不同于那种以邻为壑、以强力压制竞争对手的传统做法。实际上从某种意义上说,过去那种做法在很大程度上有助于德国复仇主义的兴起和第二次世界大战的爆发,历史的教训可谓极其惨痛。一体化的方法提升了共同利益,使得和平与战争变成一荣俱荣、一损俱损的选择,从根本上熄灭了传统的国家竞争的内在动力,从而也就为第一世代欧洲安全区域主义要实现的目标之一(抑制德国复仇、防止欧洲再战)提供了一种彻底的解决办法。

其次,冷战背景下的西欧防务联合还负有抗衡苏联压力的另一重目标(虽然只有美国充分介入这个目标才能实现),对于西欧国家来说,唯有团结协作才有可能做到。从 60 年代开始,与西欧在政治与安全领域内同苏联对峙相映衬的,是西欧国家共同体在世界经济与贸易领域内和美国、日本之间越来越激烈的竞争。西欧的经济一体化在确保西欧国家经济增长的同时,在世界经济舞台上有效地起到了保护西欧国家利益并使之有能力与美国抗衡的作用。冷战结束后出现的第二世代的欧洲安全区域主义正是受到了这一启示,以外交、安全和防务政策上的合作来保障欧洲自己的政治与安全利益。

总而言之,冷战期间西欧经济一体化的成功经验既为第一世代欧洲安全区域主义目标的彻底完成提供了一条解决途径(另一条途径是由北约提供的,尽管在这里欧洲安全区域主义处于附属地位),也为第二世代欧洲安全区域主义的诞生提供了重要启示。

---

① 　法布里斯·拉哈:《欧洲一体化史:1945—2004》,第 63—64 页。

  欧洲一体化从经济领域逐渐扩展、"外溢"到政治、外交和安全领域,是欧洲大厦的建筑师们从一开始就抱有的坚定理想,欧洲一体化从经济和社会领域向政治外交领域的延伸从始至终都是欧洲区域主义的应有之义。当经济一体化发展到了一定阶段的时候,这个目标就被自然而然地提上了共同体各国的议程。当然,这其中也包含着欧洲政治生态的某些重大变化,尤其是爱丽舍宫的新总统乔治·蓬皮杜(Georges Pompidou)接替戴高乐将军执掌法国大权,为欧洲共同体的政治合作铺平了道路。

  1969 年 12 月召开的海牙会议(Hague Conference)是欧洲共同体政治合作的开端。在这次会议的基础上,共同体于 1970 年 10 月出台了两份重要文件,其中一份是关于建设经济和货币联盟的所谓维尔纳报告(Werner Report),另一份是关于开启欧洲政治合作(European Political Cooperation, EPC)的达维翁报告。达维翁报告旨在建立欧洲政治联盟,并建议把合作扩大到成员国有共同利益的领域,其中首先是外交政策领域。报告开启的"欧洲政治合作"规定:进行持续的政府间协调,以确保成员国之间的互相理解;在外交机构代表之间定期举行会议,以加强成员国在重大国际政策问题上的一致性。

  达维翁报告的出台背景是欧洲一体化政治环境内两大新特点的出现:其一,共同体即将展开其历史上的第一次扩大,成员国的数量将从原初的六国增加到九国,而且其中还将包括拥有较强国际影响力以及保持着欧洲国家中最密切的大西洋关系的英国。新形势要求欧洲共同体必须在政治领域展开协调,以确保共同体继续正常运转。此外,英国等新成员的加入不仅带来了挑战,也带来了机遇。英国的加入使得共同体内政治力量更加均衡,在某些小国(如荷兰)看来有助于平衡法国的影响[20 世纪 60 年代的富歇计划(Fouchet Plan)充分印证了这一点],从而使得政治合作能够真正在所有各方都能接受的平台上进行。其二,经过近二十年的发展,欧洲共同体已然形成了一定的规模,在世界经济舞台上拥有了相当的实力;在 20 世纪六七十年代之交,美苏关系酝酿缓和,从而也将给欧洲的外部政治环境带来巨大影响的时候,如何能够让整个世界特别是超级大国听到并重视欧洲国家自己的声音,将是维护欧洲政治与安全利益的关键所在。1972 年 10 月,蓬皮杜在共同体峰会之后发表讲话指出:"西欧不应该也不能够切断同美国的联系。然而,它也应当直言不讳地申明,它是作为一个新的实体存在的。"[1]

在 1973 年的欧洲理事会(European Council)哥本哈根会议上,欧共体的元首和政府首脑们又一致同意加快成员国之间的政治协商,重点是在各国的外交领域。但是,尽管有着良好的愿望,在安全问题上"欧洲政治合作"却没能超越纯粹的经济范畴。回头来看,从 1970 年起,共同体国家发展了它们在外交政策上的合作,目的是要让人听到欧洲的声音,这方面取得了一些重要的进展:各国间进行商讨的习惯更加形成了,在某些国际问题上它们在越来越多的情况下都采取共同的态度。但这还不能说是真正的共同体外交政策,而只能说是由组成欧洲政治合作的一整套机制在各国对外政策中进行协调。[2]

诞生不久的欧洲政治合作之所以未能继续深入,尤其是没有进入更加敏感的安全与防务领域,主要原因有两点:内部缺乏强有力的法律和制度机制加以规范,外部受到美国因素的强有力制约。法国学者热尔贝认为:欧洲在外交政策等政治议题上合作的首要限制是它的结构过于松散,缺乏必要的约束力,因而也就没有应有的凝聚力。在外交方面,共同体成员国彼此之间以及和委员会之间没有条约,没有司法框子,也没有强制性的义务。尽管 20 世纪 70 年代达维翁报告的出台尝试着把政治与外交合作朝着更加紧密、制度化,甚至是法律化的方向推进,但是最关键的一步,即把要求成员国遵守共同的外交政策作为一项强制性的义务,始终无法在各成员国那里通过。廷德曼斯报告(Tindemans Report)的流产就是鲜明的证据。此外,即使成员国真的有诚意推动政治合作深入下去,那么它们彼此间外交利益上的分歧也使得这种合作只能保持在较低的水平上。比如,在世界舞台上"政治地位"较高的成员国英、法等国,就和"政治地位"较低的德、意、荷兰等国有着显著不同的外交合作目标与期待上的差距:英、法尤其是法国希望共同体伙伴们成为它们自己的后院,通过欧洲政治合作这一管道在

---

[1] 亨利·基辛格:《动乱年代——基辛格回忆录》,刘丽媛等译,北京:世界知识出版社 1980 年版,第 171 页。转引自惠一鸣:《欧洲联盟发展史》,北京:中国社会科学出版社 2008 年版,第 594 页。

[2] 皮埃尔·热尔贝:《欧洲统一的历史与现实》,丁一凡等译,北京:中国社会科学出版社 1989 年版,第 374 页。

外交政策上更加趋向自己的立场;与之相比,德、意等国更愿意建立更加名副其实的"共同体"外交机制,希冀通过它弥补自己在外交地位与资源方面与英、法的差距。尤其是德国,更希望借助共同体外交这一舞台释放出自己强大经济实力蕴含着的巨大外交潜力。因此,在20世纪70年代的国际环境里,尚不存在着足以改变上述既有利益拼图的因素,在此情况下,维持较低层次上的政府间外交磋商,并定期召开成员国外交部门之间的协调会议,已经是欧洲政治合作的极限了。

欧洲政治与外交合作在内部缺乏强有力的机制,然而在外部却始终受到来自大西洋对岸的巨大牵制。热尔贝认为肯尼迪(John. F. Kennedy)之后美国对欧洲统一的态度变得犹豫多了,它把欧洲经济共同体看作经济上的竞争对手,把它的一部分支付赤字的责任归咎于共同体。在军事上,美国希望把联盟的担子分得更公平些,而它还要保持联盟的领导权;在政治上,它不愿意让欧洲在国际关系中发挥自己的作用,因为它认为西方是美国负责的一个整体,欧洲的自立在这种情况下本身不应该是个目的。[1] 美欧政治关系中的不平等对于欧洲内部的外交合作产生的负面影响主要体现在两个方面:首先是欧洲作为一个整体在国际事务中对美国过度依赖,其次是美国的影响经常加剧欧洲内部的分裂。虽然到了20世纪70年代欧共体在总体经济实力方面已经与美国难分伯仲,但是在处理国际经济重大事态变故的能力方面,譬如石油危机等方面,还远远达不到美国的水平。能力上的巨大落差导致欧共体在对外经济事务的处理方面难以摆脱美国的影响,即使这种影响已经明摆着对欧洲的外交合作产生了严重的负面效应。1973年的第四次中东战争(Yom Kippur War)导致了战后最严重的能源危机,为了团结一致保护共同利益,欧共体国家曾经一度非常接近于在法国立场的基础上出台一项对海湾阿拉伯产油国的共同政策。但就在这时,美国政府的一项设想(在讨论和石油输出国关系的问题之前先组成一个消费国集团)打乱了欧共体的政策程序,法国担心美国的做法将影响它和阿拉伯国家的传统关系,并使得欧洲的独立愿望横遭摧残。不过令巴黎无可奈何的是,它的伙伴们尤其是联邦德国与英国却同意美国的建议,而否定了法国的主张;它们认为在这件事情上大西洋团结甚

---

[1] 皮埃尔·热尔贝:《欧洲统一的历史与现实》,第378页。

至比欧洲团结更重要。

20 世纪 80 年代欧共体经历了自己的两次扩大,希腊于 1981 年、伊比利亚国家于 1986 年先后加入了共同体。在地理范围上扩展的同时,欧洲一体化也在向纵深发展:20 世纪 70 年代的相对停滞所造成的死气沉沉的政治气氛被 80 年代再一次燃起的雄心所取代,而这一次的基本动力依然来自经济一体化那已经势不可挡的磅礴力量。为了在 1993 年 1 月 1 日建成统一的内部大市场,欧共体不仅需要通过一系列条文,而且需要更新《罗马条约》。这一鼓舞人心的日期和使这一雄心勃勃的计划变为可能的法律条文被写进《单一欧洲文件》之中,文件签署于 1986 年 2 月,次年 7 月生效。

除了经济领域内的推动力,欧洲政治与外交合作也在循着自然发展的逻辑和规律向前,即使是缓慢地推进。虽然 20 世纪 70 年代的外交合作还很原始,成员国在外交领域内各行其是十分普遍,但是频繁的信息交换、定期会晤和立场观点的协调还是不断地发挥了作用。在进行《单一欧洲文件》的谈判进程中,共同体成员国就发现有必要把欧洲政治合作程序用条约正式固定下来,并在布鲁塞尔设立了规模不大的欧洲政治合作秘书处。当 1987 年《单一欧洲文件》生效时,它规定欧洲政治合作可包括“政治与经济两个方面的安全”,并认为欧洲议会(European Parliament)应该密切关心欧洲政治合作。① 《单一欧洲文件》用法律的形式确立了欧共体的政治目标,即“制定和实施共同的对外政策”以及“在欧洲安全问题上实行更紧密的合作”,并把欧共体的活动领域扩大到政治、安全、技术、环境等方面,使欧共体在政治合作方面具有更高的形态和强制性的法律约束力。将政治合作写进欧共体法律,是西欧政治一体化的一个重要发展,它标志着各成员国在政治领域的合作承诺已转化为法律协议。②

《单一欧洲文件》的签署是欧洲政治合作在冷战期间达到的最高峰。受此文件的影响,欧共体国家在政治与安全领域内采取了一系列尽管步伐有限但却具有突破性意义的行动:西欧联盟在沉寂了 30 年之

① 约翰·平德:《联盟的大厦:欧洲共同体》,潘琪译,沈阳:辽宁教育出版社 1998 年版,第 209 页。

② 中国国际关系学会:《国际关系史》(第 11 卷),北京:世界知识出版社 2004 年版,第 120 页。

后终于酝酿着复苏了,而且西欧国家普遍把这一历史悠久的安全联盟视为未来欧洲(相对的)独立防务的支柱;新的多边或双边安全合作也开始呈现,"法德旅"(Franco-German Brigade)、"欧洲军团"(Eurocorps)等新的军事单位在数年内纷纷跃上欧洲政治的舞台。不过,就像20世纪40年代末冷战刚开始时那样,第一世代的欧洲安全区域主义是在冷战的环境中出生长大的,更大范围的政治安全共同体——大西洋安全同盟和北约,既是保护欧洲安全的襁褓,同时也是一种禁锢,使其只能按照大西洋安全(很大程度上是美国)所要求的轨迹运行。因此,在冷战并未结束、苏联"威胁"(至少是竞争)依然存在的时候,欧洲安全区域主义能够施展的空间无法得到实质性的扩展。这一切只有等待着冷战的终结来改变。

## 第二节　安全防务实体化:冷战结束后的欧盟安全防务建设

随着冷战的结束,欧洲安全区域主义演进到了第二世代。国际格局的剧烈变化既伴随着某些行为体的骤然消失,也为新的行为体走上世界政治安全舞台扫清了道路。在此背景下,欧洲一体化的政治色彩日益浓厚并呈现出加速发展的趋势。其实,政治安全领域日益成为焦点正是冷战后"新区域主义"(new regionalism)的最重要特征。新区域主义认为:一体化的表现应该是多层面的,它应该包括经济、政治、社会、文化各领域。仅仅建立一个区域基础上的自由贸易体制和确保内部和平的安全共同体是远远不够的。要建立的不仅仅是安全状态共同体,还应该是安全行为共同体。因此,建立区域层面上的政治安全一致性,并进而发展出一种区域主体性,就具有了首要意义。新区域主义的上述主张,其基本依据是认为:人们不可能把贸易和经济从社会生活的其他领域中孤立出来,一体化在非经济领域譬如司法、安全以及文化领域之中同样具有可行性。

除了内务司法领域之外,外交与安全领域是欧洲政治一体化的另一支柱,共同外交与安全政策和欧洲安全与防务政策(European Security and Defence Policy,ESDP)是政治一体化的主要体现,也是第二世代的欧洲安全区域主义的现实载体。在始于20世纪70年代的欧洲政治合作的基础上,欧盟在马斯特里赫特创建了一个真正意义上的政治联盟,该联盟囊括了民族国家主权涉及的最核心的领域——外交与安全防务,共同外交与安全政策赫然成为支撑起欧洲联盟的三个支柱之一。该政策致力于推动欧盟成员国在国际事务中以一个声音说话,在随后的一系列欧盟条约[《阿姆斯特丹条约》(Treaty of Amsterdam)、《尼斯条约》(Treaty of Nice)等]中,该政策不断地得到加强和完善。

冷战结束后新区域主义层次上的第二世代欧洲安全区域主义,其最重要的特征之一就是区域一体化机构作为处理区域安全问题的主要工具日益发挥着越来越重要的作用。这一新趋势的出现首先是由于冷战结束后安全威胁性质上的根本变化,这一变化在欧洲集中体现为主要威胁因素从两极格局下的军事对峙转变成了区域性低烈度武装冲突的扩散。与此同时,安全因素也不再仅仅同军事斗争相联系,而是扩展到了更加广泛的领域,包括政治、经济、社会甚至生态环境等领域,这种综合性的新安全概念已经被称为"社会安全"(societal security)。马斯特里赫特与阿姆斯特丹诸条约为欧盟成为一个强有力的国际安全行为体奠定了日益坚实的法律基础,在此基础上,第二世代的欧洲安全区域主义为共同的外交、安全和防务政策设计打造了许多新的机制架构,其中最重要的包括外交与安全高级代表职位的设立、"彼得斯堡任务"(Petersberg Tasks)的出台、欧洲安全与防务政策框架内各种机构的建立、欧洲快速反应部队(European Rapid Reaction Force)的组建、旨在推动欧洲统一军备市场建设的欧洲防务局(European Defence Agency)的建立,等等。在此基础上,欧洲安全区域主义开始实体化,欧洲安全防务一体化进程50年来第一次具有了实质性内涵。

一、欧洲安全的新变化:区域冲突、恐怖主义、综合安全

冷战结束后不久,欧洲的第一场区域冲突(regional conflict)就在巴尔干爆发。巴尔干半岛素来有"欧洲火药桶"之称,20世纪初的"萨拉热窝刺杀事件"直接引爆了第一次世界大战。1980年后,这里再次成为欧洲安全问题备受瞩目的焦点。

巴尔干区域是欧洲不同民族、不同宗教混杂程度很高的区域,斯拉夫人、阿尔巴尼亚人、希腊人、罗马尼亚人等千百年来在此共同生活,东正教、天主教、伊斯兰教等也在此长期共存,这种混居既带来了文化交

流与融合,也难以避免地造成了不同民族与宗教之间的矛盾冲突,这种矛盾最集中地表现在前南斯拉夫境内。冷战结束后,原南斯拉夫社会主义联邦共和国境内发生了重大的政治变化与版图变迁。1991 年 6 月,斯洛文尼亚率先宣布脱离南斯拉夫独立,其后不久,克罗地亚、马其顿、波斯尼亚—黑塞哥维那等相继宣布独立,南斯拉夫解体了。随之而来的是一连串战争,尤其是 1992 年开始的波黑内战,赞成独立的波黑克族和波黑穆斯林与反对独立的波黑塞族进行了三年半的战争,几经国际社会斡旋调解,才终于在 1995 年达成了《代顿协议》(Dayton Agreement),结束了战争。

然而波黑战争的结束并没有使巴尔干恢复和平,科索沃区域愈演愈烈的民族冲突迅速成为欧洲安全新的焦点问题。科索沃是南联盟塞尔维亚共和国的一个省,其政治归属在历史上屡经变迁,历史上的南斯拉夫王国曾经采取过"大塞尔维亚主义"政策,歧视和压迫科索沃阿族。第二次世界大战后铁托(Tito)总统当政期间,南联盟政府对阿族的政策比较得当,因此在 20 世纪 80 年代以前科索沃的民族矛盾比较缓和。铁托去世以后,科索沃阿族的分裂独立势力开始抬头。到 20 世纪 90 年代前南斯拉夫解体之后,阿族分裂主义势力进一步甚嚣尘上。科索沃阿族分裂势力制造的事端纯属南斯拉夫内政,因此遭到了南联盟政府的坚决镇压。在阿族武装分子多次制造暴力事件,并造成了大量平民和警察伤亡的情况下,为了维护主权和领土完整,打击分裂主义势力,1998 年南联盟政府派遣军队进入科索沃同阿族武装组织展开了激烈战斗,科索沃战火愈演愈烈。

南联盟政府派军进入科索沃镇压阿尔巴尼亚族分裂主义武装是南联盟的内政,这一点毫无疑问。但是,战火却并非仅仅局限于科索沃省甚至整个南联盟境内,随着冲突规模的扩大,它对巴尔干以及整个东南欧区域的和平与稳定都产生了严重的负面影响。实际上,这场危机开始不久就越过了国境,南斯拉夫军队与阿尔巴尼亚军队在边界附近发生了激烈交火。由于民族混居,邻近的马其顿共和国人口中有四分之一是阿尔巴尼亚族,如果科索沃区域的冲突得不到控制,危机进一步蔓延到马其顿境内是极有可能的,让欧盟更加无法袖手旁观的是,小小的马其顿南边紧邻着自己的成员国希腊,而在北方,波黑区域的和平依然十分脆弱,科索沃局势会否在那里引发民族主义的联动反应殊难预料,一旦波黑重燃战火，势必将威胁到欧盟在中、南欧的另两个成员国——奥地利和意大利。

科索沃区域的血腥冲突越来越多地见诸媒体报道，冲突造成的人道主义灾难引发了世界各地的强烈关注，也对欧盟及其成员国，以及美国的决策层产生了重大影响。1998 年 3 月，美国国务卿奥尔布赖特（Madeleine Albright）提醒欧洲国家注意，由于人道主义灾难和出于对区域安全与稳定影响的考虑，必须对科索沃局势进行干预。[①] 1998 年 10 月，联合国安理会通过第 1203 号决议，再次强调"南斯拉夫联邦共和国科索沃境内的危机始终得不到解决，已经对区域和平与安全构成了持续威胁"。[②]

与区域冲突构成的威胁同样重要的是，"9·11"事件（terrorist attacks of 11 September）开启了新型恐怖主义（terrorism）对社会目标（不再区分军用、民用目标）展开极端暴力的袭击，从而造成大规模无辜伤亡的时代。此后，一系列新型恐怖主义袭击事件接二连三地发生：在印度尼西亚巴厘岛，发生了针对西方游客的两次严重爆炸事件；在土耳其伊斯坦布尔发生了连环爆炸事件；在沙特阿拉伯首都利雅得，发生了针对民用目标的恐怖袭击事件；在莫斯科，发生了劫持人质与自杀性炸弹袭击事件；在埃及旅游胜地沙姆沙伊赫，发生了数次爆炸事件等。这些只是其中的一部分。"9·11"事件最有意义的影响之一就是，整个 20 世纪 90 年代人们不断争议那些缘自主权国家或非国家组织的威胁，是否能够对高度发达的军事大国展开成功的不对称攻击行动，现在这个争议已经有了明确的答案。[③]

"9·11"新型恐怖主义事件发生后，欧盟各国在宣布同美国并肩打击新型恐怖主义的同时，其安全部门也开始加强防范措施，追踪并监视恐怖主义嫌疑组织和人员。可是尽管如此，新型恐怖主义灾难依然殃及了欧盟国家。2004 年 3 月 11 日，一辆旅客列车从马德里近郊的阿尔卡拉驶近位于马德里市中心的阿托查火车站时发生剧烈爆炸，几

---

① S. Erlanger, "Albright Tours Europe to Whip up Resolve to Punish Yugoslavians", *New York Times*, 9 March 1998.

② 联合国安理会第 1203 号决议，1998 年 10 月 24 日。

③ J. Sedivy, "Enlargement and European Defence after 11 September", The EU Institute for Security Studies, June 2002, p. 28.

与此同时,另外两辆驶近圣欧亨尼娅和埃尔波索火车站的旅客列车也发生了强烈爆炸。整个事件有至少二百人丧生,受伤人数更是高达一千八百多,"马德里火车爆炸案"(terrorist attacks of 11 March in Madrid)成为西班牙自第二次世界大战结束之后遭受到的损失最为惨重的恐怖主义袭击,也是在欧盟历史上前所未有的。虽然此前西班牙巴斯克分离主义势力"埃塔"(Basque Homeland and Freedom,ETA)也曾经制造过许多恐怖袭击案,但是其规模、后果和影响均远远无法和"3·11"马德里爆炸案相提并论。因此,人们普遍将这次袭击事件视为欧洲的"9·11"事件,新型恐怖主义袭击欧盟已经不再是设想。

欧洲国家对恐怖主义其实并不陌生,至少从 20 世纪 70 年代开始欧共体国家就在对付恐怖主义方面展开了大量合作,对付爱尔兰共和军(Irish Republican Army, IRA)、巴斯克分离主义运动(Basque separatist movement)的"埃塔"等组织制造的恐怖主义案件。但是,新型恐怖主义的行径与过去的恐怖主义有很大不同,像"埃塔"、爱尔兰共和军这样的组织在欧洲已经活动多年,并且制造了许多恐怖主义事件,但是,它们为了实现各自特定的政治目的往往都需要赢得普通民众的同情与支持,而不是纯粹恐吓民众、慑服整个社会以达到心理效果,所以它们不得不在制造恐怖暴力事件时有所收敛,对手段的暴力水平进行适当控制,而且极少采取自杀式袭击手段。长期研究欧洲恐怖主义问题的专家哈拉德·穆勒指出:"('埃塔'之类)恐怖主义组织希望社会大众关注它们的行动以提高政治影响力,而不是导致大量无辜民众的死亡。"[1]与之相比,不论是从"9·11"美国恐怖主义事件还是从"3·11"西班牙恐怖主义事件,都可以看出在新型恐怖主义那里,恐怖分子根本不考虑限制暴力水平,反而抱着将杀伤程度最大化的非理性的疯狂想法。在这种完全不同的新型恐怖主义组织眼里,斗争是你死我活的,不存在哪怕是对无辜平民的怜悯与同情。此外,在宗教极端主义的蛊惑下,这种恐怖分子认为只要可以摧毁敌人,使用任何程度的暴力都是可以接受的。新型恐怖主义的这种非理性与极端性的特征,加之它难以定型的组织形态,使得人们很难用常规方式加以遏制。

---

[1] H. Muller, "Terrorism, Proliferation: a European Assessment", Chaillot Paper, No. 58, EU Institute for Security Studies, March 2003, p. 22.

从纽约"9·11"事件到马德里"3·11"事件,新型恐怖主义袭击一再发生,恐怖暴力的蔓延和扩大无情地提醒着欧盟国家:欧洲决不能想当然地认为自己可以免遭新型恐怖主义的威胁。"9·11"事件后,欧盟国家安全情报部门在大量的情报跟踪、拘捕以及审讯恐怖组织嫌疑人的过程中,不断确证了恐怖主义对欧洲的威胁是现实存在的。从"9·11"事件的相关调查结果来看,在纽约实施新型恐怖主义行动的人员曾经把某些欧盟国家作为后勤基地,而且欧洲大陆本身也成为一些阴谋计划的目标:根据情报,巴黎的美国驻法大使馆、位于斯特拉斯堡的商品市场、在比利时的美国军事基地以及位于英国的美国军用设施,都曾经出现在藏匿于伦敦、鹿特丹和法兰克福等地的恐怖组织袭击的黑名单上。越来越多的证据显示,那些对本·拉登(Osama bin Laden)"基地"(al-Qaeda)组织抱以同情的极端主义地下团体在欧盟国家相当活跃。[1]

欧盟与美国一样,在急剧凸现的新型恐怖主义面前暴露出严重的脆弱性。欧盟也有漫长的、开放式而且非常容易被渗透的边界,也有开放式的社会和人口,以及基础设施高度集中的情况,也有大量可能成为恐怖袭击的民用目标。此外,欧盟这个高度发达的工业化社会严重依赖于某些关键性的基础设施,而这些基础设施又依赖于那些通过网络模式进行信息智能化管理的系统,可以说是"牵一发而动全身"。这些核心部门如果遭到新型恐怖主义的毁灭性破坏,对欧盟及其成员国正常的社会、经济与政治生活的打击都将是难以承受的。除此以外,让人更加无法乐观的是,许多欧盟国家都有相当规模的穆斯林族裔,而欧盟国家在将这些人口同社会主流整合起来的工作方面还做得远远不够,导致其社会的边缘出现了那些被疏远的群体。这些被边缘化的群体可能成为潜在的安全威胁,因为出于共同宗教信仰上的同情,以及对自身处境的不满,这些欧盟国家的边缘化社会群体可能会被反西方的极端主义势力所利用,为他们提供招募人员的来源,成为他们的资金和后勤基地,甚至为这些极端主义势力在欧洲或其他地方发动袭击提供重要的社会网络加以协助或庇护。已经有调查表明极端分子通过欧洲领土

---

[1]　"Non-confidential Report on the Terrorism Situation and Trends in Europe", EU TE-SAT 14280/2/02, pp. 19-27.

上穆斯林社区进入欧盟社会内部,其中社会秩序比较混乱的西巴尔干区域尤其值得关注。[①]

全球化带来了世界各个角落人类社会之间越来越紧密的联系,这是历史发展和社会进步的重要体现,然而凡事皆有两面,与日益发达和便捷的正常联系相伴的,是威胁与安全因素在全球范围内的迅速扩散,安全因素的区域性特征越来越淡,全球性特征却越来越浓,安全因素跨越国界甚至大陆的能力越来越强。在新型恐怖主义面前,假设美国始终处于恐怖主义袭击的第一线,也仍然存在着很多可能性使得在美国发动的袭击几乎可以立刻殃及欧洲。比如,如果恐怖主义在美国的机场发动了使用生物武器的袭击,而又没有被及时发现或者阻止的话,那么仅仅7个小时以后欧洲就难逃厄运,国际航班把生物恐怖主义袭击的场所从北美带到欧洲大陆只需要7个小时而已。另外,假设恐怖主义对至关重要的计算机网络系统实施打击,那么大西洋两岸的欧美将同时面临灾难,甚至连一秒钟都不需要。现在,大西洋两岸联系之紧密是前所未有、规模空前的,欧洲和美国之间通过无数的运输、贸易、金融网络等渠道彼此相连,这就意味着无论在大西洋哪一边发生了严重的恐怖主义袭击,都将不可避免地马上在另一边产生剧烈动荡。因此,在欧洲发生大规模的新型恐怖主义事件绝不是遥远的预想,而是残酷的现实。欧盟只能采取前所未有的安全防范措施,以和美国协同打击新型恐怖主义。[②]

冷战后的安全格局比以前更加复杂多样。一方面,世界主要大国之间传统性质的军事对抗已经不像冷战期间那样突出、明显,大国之间的竞争日益朝着经济、科技、综合国力等领域转移。另一方面,对安全的威胁与挑战因素正在加速"碎片化"。所谓"碎片化",是和冷战时期东西方两大阵营之间"板块化"的对抗局面相比较而言的。冷战时期,尽管在两大阵营内部也有相当程度上的不和与摩擦,如在美国与其西欧盟国之间、苏联与其东欧盟国之间的矛盾与冲突等,但是这些都不足以改变基本安全态势。

---

① "Reassessing EU Foreign Policy Challenges and Tasks in the Post September 11 Era", Center for Applied Policy Research, May 2002, p. 20.

② Jess Pilegaard, "The Politics of European Security", Danish Institute for International Studies, 2004, pp. 171 – 172.

冷战结束后,世界安全秩序朝"碎片化"方向转变,是有着多重原因的:一方面,冷战结束导致原来由超级大国建立与维持的安全秩序崩溃,原来那些为了服从超级大国的宏观战略而对某些区域性问题的强制约束作用迅速瓦解,使得世界部分区域某些由来已久、具有深刻历史背景的民族矛盾、宗教矛盾或地缘与政治矛盾迅速从冷战秩序强制性的压抑下释放出来,使得那些被美苏对抗所掩盖的矛盾重新暴露出来;另一方面,后冷战时代也是全球化加速发展,世界各国在政治、经济、文化等领域相互依存迅速提升的时期。但是,由于现存的国际政治经济秩序带有某些不公正或不合理因素,某些欠发达国家并没能借助全球化浪潮发展起来,这种情况在某些古老的伊斯兰国家尤其突出,进而在社会上引起非常不满乃至怨恨的情绪,并很自然地将矛头指向现存秩序的实际主导者,从总体来看也就是西方的优势地位。此外,美国等西方国家采取的某些外交政策与行动不仅在物质利益层面上,而且在精神利益层面上也损害了这些国家的利益,这种情况在中东区域阿以(巴以)冲突等那些久拖不决的问题上表现得更加突出。在这些复杂因素的综合作用下,一些新型的威胁与安全因素逐渐浮出水面。

欧盟意识到,新型威胁这个新的挑战具有前所未有的显著特征:它拥有多重面孔。多重面孔有几层含义,从构成上看它指的是新型威胁本身实际上是一系列因素的混合物,这些构成因素既有相对较老的安全因素,又有较新的安全因素;从表现形式上看,它既能以一种比较单一的方式表现出来,又能以一种混合的方式表现出来;从活动范围来看,新型威胁构成的危害既可能从外部,也可能从内部造成。大规模杀伤性武器(weapons of mass destruction,WMD)扩散、区域冲突、有组织犯罪(organized crime)这些已经不是新的安全因素了,但是以"9·11"事件的形式表现出来的新型恐怖主义却是一种新的成分;从表现上来看,区域冲突与有组织犯罪等都可以单独对安全构成威胁,现在新型恐怖主义开始在其中扮演起一个关键性角色:它不计后果的无限制暴力袭击方式使得大规模杀伤性武器的扩散由潜在威胁变成了活生生的现实。欧盟委员会(European Commission)对外关系委员彭定康(Chris Patten)就认为,恐怖主义已经从过去那种以某个特定的政治目标为行动指针的传统类型,衍生出了像"基地"组织那样难以捉摸的无形的组织形态。这种新的恐怖主义正在变成一种日益普遍的暴力模式,就像常规战争那样使人们越来越熟悉。它不再仅仅服务于过去那种特定的政治目标,而是演化成一种可以为任何目标服务的暴力袭击模式。从"9·11"事件充分表现出来的特点看,不计目标代价,甚至不计自身代价的无限制暴力行动,使这种恐怖主义难以受到有效的遏制。

此外,大规模杀伤性武器扩散本身不是个新的安全问题,但是当它与新型恐怖主义结合时就构成了新的威胁。在欧盟看来,两者结合将制造出最可怕的场面。由于新型恐怖主义具有使用无限暴力的特征,仅仅利用常规武器(甚至一般情况下并非是军用的器具,如"9·11"恐怖主义袭击事件中使用的民航客机)都可以给目标造成巨大伤亡。如果核武器、生物与化学武器等大规模杀伤性武器与之结合,产生的后果将不堪设想。更令人不安的是,冷战结束后世界范围内的有核国家数量在增加,核不扩散机制(nuclear non-proliferation regime)受到严峻挑战,某些原苏联加盟共和国的内部局势动荡不安,明显存在着使原超级大国掌握的那些大规模杀伤性武器材料及技术外流扩散的潜在威胁。一旦极端组织获得了这些材料和技术,再用常规办法加以遏制就几乎不可能了。2007年3月,在伊拉克境内与美军作战的武装组织首次使用了氯气爆炸装置,化学武器在21世纪重回战场,从某种意义上宣告了国际安全领域一个新阶段的来临,使用大规模杀伤性武器的可怕现实正在迅速、无情地降临。尽管反美武装的氯气爆炸装置还很简单,只能与第一次世界大战时期最早投入使用的化学武器相比,但是依然开创了一个极其危险的先例。伊拉克境内反美武装在使用氯气爆炸装置给美军造成伤亡的同时,也殃及了大量无辜民众。

如果说大规模杀伤性武器扩散为新型威胁的加剧提供了物质与技术上的支持,那么由区域冲突、失败国家(failed state)①等原因而引起的社会秩序崩溃,则会成为极端主义思想与组织产生的温床,进而成为国际恐怖主义或跨国有组织犯罪集团的人员潜在供应源(这种情况在巴尔干,以及非洲部分国家如大湖流域的卢旺达、刚果民主共和国和西非的塞拉利昂已经是现实)。失败国家可以从几个方面对国际安全构

① 特注:本文使用的所谓"失败国家"概念借自西方学界,但是仅指其所描述的客观安全状态(如中央政治权威的瓦解、社会基本秩序的崩溃等),并非认同其可能暗含的任何意识形态或价值观的好恶。

成威胁,其中最突出的方面就是这些区域极容易成为国际恐怖主义与极端主义势力的天堂与避风港,这些势力一旦得逞,将会对国际和平与安全造成可怕后果。失败国家内部政治上中央权威消失与基本法律秩序瓦解,使得它们很容易成为跨国犯罪网络的源头或中转地。① 如果说新型恐怖主义为各种新老威胁与安全因素提供了一个将危害程度急剧提高的手段的话,那么区域冲突与失败国家则从源头上为这一系列威胁因素提供着源源不断的动力与人力来源。冷战时期遗留下来的某些安全问题,如阿以冲突(Arab-Israeli conflicts)、印巴克什米尔问题以及在非洲部分区域发生的种族与教派冲突等,都有现实或潜在的可能为极端主义的滋生提供土壤。② 失败国家在自己国内引发冲突甚至内战的同时,还会向周边区域散布这些动荡因素,这是 20 世纪 90 年代在巴尔干以及其他区域已经实际证明了的教训。从失败国家蔓延出来的动荡与冲突会波及周围国家,其通过的方式主要有内乱引发的强制性移民与难民潮,及有组织犯罪集团借机传播等。

区域冲突和失败国家引起的社会秩序混乱产生着极端主义思想与组织,新型恐怖主义的出现为他们把对安全造成危害的程度尽可能地放大提供了可能性,而大规模杀伤性武器的扩散又使得那种种威胁因素有能力造成毁灭性的灾难。这样,诸种新老威胁与安全因素不再是彼此孤立了,而且释放出来的能量已经不可同日而语。这种种因素在新的条件下实现了彼此之间的充分互动与高度结合,通过有机地联系在一起,这种复杂状态形成了可怕的、具有多重面孔的"新型威胁"。欧洲制宪大会防务专题小组的报告指出:"目前的形势已经具有了全球性不安全的特点,其中新的威胁因素彼此交杂在一起,难以严格划分界限。那些与国际恐怖主义和大规模杀伤性武器扩散紧密联系的其他因素,使得传统意义上的危机控制采取的手段已经远不足以应对了。"③

---

① Judy Batt and Dov Lynch, "What Is a 'Failing State', and When Is It a Security Threat?" EU Institute for Security Studies, November 2004, p. 7.

② D. Hannay, "No Easy Answers to Today's Threats", *Financial Times*, 15 March 2004.

③ "Final Report of Working Group Ⅷ—Defence", The European Convention, CONV 461/02, p. 14.

二、机制建设：从共同外交与安全政策到欧洲安全与防务政策

1993 年 11 月 1 日，《马斯特里赫特条约》(Treaty of Maastricht)正式生效，欧洲联盟成立。《马斯特里赫特条约》明确规定了"共同外交与安全政策"(CFSP)要作为欧洲联盟的三大支柱之一，条约载明：联盟"尤其要通过实施一种共同外交与安全政策——将来会包括共同防务政策在内，而且最终会适时导向共同防务行动——以在国际舞台上显示欧洲联盟的身份"。由此可见，当欧洲一体化进程发展到了一定阶段的时候，在具备了某些重要条件的前提下，欧盟追求共同安全防务主体性(common security and defence identity)的努力成为欧洲政治一体化的重要组成部分，它是长期的欧洲一体化进程向政治领域内继续发展的自然延伸。当然同时也要看到，世界安全格局的变化以及种种外界因素对欧盟构建共同安全防务主体性的影响也是举足轻重的。换句话说，欧盟构建共同安全防务主体性的工作既是内部成员国和联盟之间、成员国彼此之间的互动过程，也是联盟整体与外部环境的互动过程。

不过，欧盟共同外交与安全政策，尤其是其中的安全领域在《马斯特里赫特条约》生效后头几年内取得的实际进展却乏善可陈。在 1996 年欧盟成员国政府间会议(Intergovernment Conference, IGC)以及 1997 年《阿姆斯特丹条约》签署之前的五六年里，共同外交与安全政策的发展并没有什么重要突破。除了 1997 年 6 月《阿姆斯特丹条约》对相关政策做出了一些新的规定或改进以外，共同外交与安全政策的基本内容，以及在实际执行中体现出的发展水平，与 1991 年刚刚提出《马斯特里赫特条约》的第二支柱时相比几乎没有什么变化。[1]

1996 年欧盟政府间会议是从《马斯特里赫特条约》到《阿姆斯特丹条约》这几年当中，欧盟共同外交与安全政策发展的重要一页。根据《马斯特里赫特条约》的规定，欧盟计划于 1996 年召开成员国政府间会议，重新评估《欧洲联盟条约》(Treaty on European Union)，并且特别要注意修订在欧洲安全防务领域内的相关条款。这次重要的政府间

---

[1] Simon Duke, "From Amsterdam to Kosovo: Lessons for the Future of CFSP", Eipascope 99/2, p. 2.

会议以 1997 年 10 月 2 日签署《阿姆斯特丹条约》的形式宣告结束,该条约在不少领域内对《欧洲联盟条约》(《马斯特里赫特条约》)做了大量修订,并且为共同外交与安全政策领域引进了一些虽然没有剧烈变化,但却是比较重要的改进,为欧盟在安全防务领域第一次引入了某些具有实质性意义的内容。[1]

1996 年欧盟政府间会议对共同外交与安全政策做出的最主要贡献之一,是把西欧联盟承担的"彼得斯堡任务"与欧盟共同外交与安全政策联系了起来,把它变成了欧盟第二支柱共同外交与安全政策的有机组成部分,使欧盟的"共同安全"(common security)真正开始具有了某种实质性内涵。所谓"彼得斯堡任务"指的是 1992 年 6 月,西欧联盟部长理事会在德国波恩附近的彼得斯堡举行会议,一致通过了《彼得斯堡宣言》(Petersberg Declaration),该宣言赋予了西欧联盟几种类型的安全防务使命。这些使命概括起来主要是三项:人道主义和救援任务(humanitarian and rescue tasks);维持和平任务(peacekeeping tasks);在危机控制与管理过程中作战部队的其他相关任务,其中包括缔造和平(tasks of combat forces in crisis management, including peacemaking)等。这就是通称的"彼得斯堡任务"。在彼得斯堡会议上,西欧联盟各成员国还宣布为了有效执行"彼得斯堡任务",它们拥有的常规军事力量在使用上既对西欧联盟,也对北约和欧盟开放。[2]

1996 年欧盟政府间会议肯定了《彼得斯堡宣言》的精神与内容,在讨论未来把西欧联盟并入欧盟的可能性时,也在积极策划使欧盟在西欧联盟执行"彼得斯堡任务"时拥有决定权的设想。这一设想得到了大多数成员国与欧盟机构的欢迎与支持。按照《马斯特里赫特条约》赋予的任务,政府间会议着重讨论了欧盟与西欧联盟之间的关系问题,提出了三种可能的选项:第一,保持欧盟与西欧联盟彼此的独立性,不对两者之间的关系做出重大改变;第二,渐进性地合并两大组织;第三,

---

[1]　F. Pagani, "A New Gear in the CFSP Machinery: Integration of the Petersberg Tasks in the Treaty on European Union", *European Journal of International Law*, Vol. 9(1998), p. 739.

[2]　"Petersberg Declaration", Western European Union Council of Ministers, Bonn, 19 June 1992.

把西欧联盟的一部分功能吸收进《欧洲联盟条约》。① 其中最后一种选项经过激烈争论,作为各方均可以接受的比较现实的折中方案,最终使"彼得斯堡任务"被吸收进了《欧洲联盟条约》。此外,这项选择还带动欧盟做出了更进一步的设想,正如《阿姆斯特丹条约》第 J 条 7 款所言:"西欧联盟是欧盟发展的组成部分。西欧联盟为欧盟提供特别是在第 2 款所指范围内的军事行动能力。西欧联盟支持欧盟制定本条所规定的含有防务内容在内的共同外交和安全政策。因此,欧盟应加快同西欧联盟在机构方面的更紧密的联系以实现可能将西欧联盟并入欧盟的目的。将西欧联盟并入欧盟的决定应由欧洲理事会做出。"②《阿姆斯特丹条约》所指的第 2 款范围内的军事行动能力就包括:人道主义和救援任务、维持和平任务以及在危机控制中战斗部队的相关任务,包括缔造和平。

除了给共同外交与安全政策赋予了具体任务之外,《阿姆斯特丹条约》还第一次提出了"共同战略"(common strategies)、"联合行动"(joint actions)这些关键的字眼。《阿姆斯特丹条约》新增加的这些内容具有重要意义,它是所有的国际组织中,在具有法律约束力的条约里,第一次将关于维持和平以及与缔造和平有关的军事行动的决议,以法律条款的形式明确地写入该国际组织的条约。欧盟与《阿姆斯特丹条约》开创了先例。不过困难也由此而来。这些敏感条款的首次引入,非常容易引起各种不同的解读,比如"维持和平"(peacekeeping)与"缔造和平"(peacemaking)这一类字眼很容易导致出不同的政治与法律层面上的理解,进而为联盟在实际执行这些条款的时候带来隐忧。1996年政府间会议最终还是把所谓属于"强制和平"(peace enforcement)性质的行动从"彼得斯堡任务"清单中排除出去了,也就是说,"缔造和平"的行动不允许采取武力措施。这一规定的确不可思议,因为它使得"缔造和平"的实质内容变得空洞了,严格地限制了欧盟在进行危机控制行动时可以拥有的能力和可以采取的手段,因此不可能在危机发生时有能力指导欧盟的行动。在将来可能执行的区域危机控制行动

---

① F. Pagani,"A New Gear in the CFSP Machinery: Integration of the Petersberg Tasks in the Treaty on European Union", p. 740.

② *Treaty on European Union*, Article J.7.

中,对武力手段的明确排除将使得"缔造和平"成为空话,必将影响到"维持和平"行动的实施。波斯尼亚和科索沃的危机其实已经一再证明了这一点。最后,直到《阿姆斯特丹条约》签署之日,西欧联盟还从未进行过一次"彼得斯堡任务"所规定的那些行动,当然更不可能发展出一套关于实施"彼得斯堡任务"的详细的防务行动原则。因此,这时候谈论欧盟的危机管理能力,无异于纸上谈兵。

在机制建设方面,《阿姆斯特丹条约》设立了共同外交与安全政策的高级代表,此人同时担任欧盟理事会(Council of the European Union)秘书长。但是关于高级代表的职责权限,这个职位与欧盟委员会里负责对外关系的委员,以及和欧盟轮值主席国之间的关系却没有得到清晰的界定。此外,外交与安全高级代表由欧盟秘书长兼任还给秘书长增加了难以承受的额外负担,因为秘书长这一职位的工作量本来就已经不堪重负了。[1] 与此同时,《阿姆斯特丹条约》的谈判过程依然体现了欧洲一体化历史中屡见不鲜的所谓"大西洋主义"(Atlanticism)与"欧洲主义"(Europeanism)之争,条约规定共同外交和安全政策领域内的联合行动或者采取的共同立场,必须遵守全体一致的原则。共同外交与安全政策的制定、行动的实施,其决策过程都严格保留在政府间协商的层面上,而对于欧盟委员会在其中的作用,条约仅仅赋予了它"全面合作"(full association)的权利,这就使得超国家机构在欧盟外交决策中的地位和权限都低于其成员国。这种决策机制的制定,就把共同外交和安全领域严格地与欧盟第一支柱——根据《罗马条约》精神建立的欧洲共同体区分开来了。[2]

直到 1998 年 12 月英法两国签署《欧洲安全防务合作宣言》(Anglo - French Joint Declaration on European Security and Defence Cooperation)[即《圣马洛宣言》(Saint Malo Declaration)]和 1999 年 6 月科隆欧洲理事会召开之前,对于从 1991 年《马斯特里赫特条约》就开始的欧盟共同安全防务建设历程来说,1996 年政府间会议及其最终成果《阿姆斯特丹条约》是其取得的唯一重要进步。尽管它还无法和

---

① G. Wyn Rees, *The Western European Union at the Crossroads: Between Trans-Atlantic Solidarity and European Integration*, Boulder: Westview Press, 1998, p. 123.

② Brian Crowe, "A Common European Foreign Policy after Iraq?" *International Affairs*, Vol. 79, No. 3(2003), p. 534.

科隆理事会启动了欧洲安全与防务政策以后欧盟共同安全防务的迅速发展相提并论,但是它为共同外交与全安政策的安全层面引入的新内涵还是具有相当重要的意义的。通过把西欧联盟"彼得斯堡任务"赋予欧盟共同外交与安全政策,《阿姆斯特丹条约》的新规定在欧盟的共同安全防务与西欧联盟的安全防务功能之间架设了一座桥梁,首次为欧盟安全防务带来了实质性的内容,并且使欧盟从法律上可以借助于西欧联盟获得对区域危机控制的实际行动能力,尽管西欧联盟自己还从未实施过军事干预区域危机的行动。

客观地说,1996 年欧盟政府间会议与 1997 年《阿姆斯特丹条约》为欧盟共同安全防务的发展做出了积极贡献,但是其缺陷也很严重。经过各方的争论与妥协,它最终还是未能将西欧联盟在法律层面上具有的安全防务功能,特别是其中能够实施高强度军事任务的重要功能吸纳进欧盟的共同外交与安全政策之中。它在将西欧联盟的危机控制功能吸收进欧盟的同时(但还是严格排除了在危机控制中采取武力行动的可能),又明确地排除了西欧联盟集体安全保障的功能,这一功能在修订后的《布鲁塞尔条约》第 5 款里是有明确阐述的:"五、条约任何一方如果成为发生在欧洲的武装侵略的目标,根据《联合国宪章》(UN Charter)第 51 条的相关规定,其他各方将提供所拥有的一切军事手段和其他手段加以援助。"[①]政府间会议与《阿姆斯特丹条约》对西欧联盟防务功能有选择的吸纳,使得欧盟尽管在安全防务领域承担了具体的义务,并且通过《阿姆斯特丹条约》在法律层面上拥有了合法依据,但是对于那些绝非杞人忧天的场景却视而不见,那些极有可能要求强制武力干预的危机设想和相应措施都被严格地排除了。事实证明,政府间会议的设想和决定都过于理想化了。上述这些严重缺陷使欧盟对共同外交与安全政策的改进效果大打折扣,甚至有名而无实。这些弱点即使暂时得到了掩盖,但是隐患却始终存在,一旦严峻的危机再次到来将暴露无遗。一年以后的科索沃危机就以深刻教训把这一缺陷充分地展示在欧洲人面前。

可以说,欧盟直到 20 世纪 90 年代中期都并没有真正发展出一套能够可靠、有效地保证区域安全与处理危机的共同安全防务机制,在极

---

① *Brussels Treaty* (modified October 1954), Article 5.

大程度上仍然依赖于美国和北约的介入。但是,假如冷战后的欧洲安全环境始终和平、稳定,假如没有出现像巴尔干冲突那样接二连三的区域危机,可以想象欧盟的共同外交与安全政策仍旧会徘徊不前,至少不可能有 1999 年科隆峰会之后那么迅速、显著的发展。然而,现实毕竟不会照顾到美好的幻想,从 1998 年开始,科索沃危机急剧恶化成为欧洲安全新的焦点问题,它无情地把共同外交与安全政策这一欧盟处理安全问题的唯一机制置于现实的严峻考验之中。

干预科索沃危机的痛苦经历使欧盟真切地感受到,如果没有美国出面解决,欧盟与其成员国没有能力解决自己周边的区域危机。和北约相比,无论是在危机干预措施的效率还是在可信度方面,欧盟都有非常大的差距,在美国主导的北约军事力量面前,欧盟更是令人尴尬地软弱。科索沃危机确证了一个痛苦的现实,那就是欧盟自己在安全防务领域内的无能。对此,欧盟委员会对外关系委员彭定康在 2000 年的一次演讲中无奈承认:"坦率地说,欧洲没能在北约内部显示出应有的分量,数据说明了一切。欧洲北约盟国的军事开支总和相当于美国的60%,但是他们的实际军事能力却只有美国的 10%—15%。总数高达200 多万的欧洲盟军,能够用来在科索沃执行任务的竟只有区区 4 万人。在南斯拉夫的行动中,超过四分之三的战机、五分之四的弹药以及绝大多数军事情报都是美国提供的。我们本不应该成为如此软弱的盟友,我们必须把这些弱点纠正过来。"[①]

欧盟与北约干预科索沃的经验表明,如果不实质性地提高自己的军事能力,欧盟的外交影响力与安全影响力都将非常有限,甚至在对自己利益攸关的安全问题上也难有作为。此外,欧盟进一步认识到,如何影响美国的军事战略也是一件非常重要的事,因为战后重建以及战后维持和平等任务,这些繁重的善后使命都将首先需要欧盟去承担,因此欧盟必须拥有影响战争进程的能力。换句话说,也就是能够对共同干预危机的美国的行为施加影响。然而不幸的是,就像科索沃危机充分暴露出欧盟军事上的无能一样,美欧联合干预危机的经历也无情地展

---

① Chris Patten, "The EU's Evolving Foreign Policy Dimension—the CESDP after Helsinki", Speech to a Joint Meeting of the European Parliament Foreign Affairs Committee with Members of the NATO Parliamentary Assembly, 00/51, 22 February 2000.

示了另一幅让欧洲尴尬的景象:在北约框架内,拥有盟友身份的欧盟国家能够对美国施加的影响也小得可怜。其原因不言而喻,欧洲盟国军事上的软弱迫使其只能依赖美国。实际上,就是美国对此情况也相当不满,因为按照北约组织的原则,美国在北约框架内的军事行动理论上要与其他成员国协商,虽然欧洲盟友现实中很难对美国战略施加多大影响,但美国依然认为北约组织内的盟友限制了他们的行动。与 1991年的海湾战争相比,美国感觉自己在科索沃的军事行动受到了盟国更多的限制,尽管欧洲盟国认为由于自身能力所限,他们理应对美国施加更大的影响才对。因此,科索沃危机不仅暴露出欧盟军事安全能力与控制区域冲突的需要之间的矛盾,而且也暴露出了危机处理过程中美欧之间能力差距与战略差距之间的矛盾。这两大矛盾使欧盟国家一致认识到提升欧盟军事安全能力的迫切需要。

作为在欧盟内军事实力位居前列的国家,英、法两国受到的震动更大。很大程度上由于历史和文化因素的影响,英国一直扮演着第二次世界大战后美欧战略同盟内部跨大西洋纽带的角色,加之英国拥有欧盟内部名列前茅的军事力量,因此它的立场是能够决定欧盟安全防务合作进展的关键因素之一,不可或缺。1997 年 5 月上台执政的工党(the Labor Party of Great Britain)布莱尔(Tony Blair)政府对欧盟抱着比前任更加积极的态度,在某种程度上标志着英国对联盟的立场发生了较大幅度的转变。布莱尔政府决定让英国在欧盟机制内采取一种建设性接触的政策,比前任梅杰(John Major)政府采取了更加积极的立场。为了消除人们普遍认为英国是欧洲共同体内"落后生"的形象,布莱尔要让本届政府的欧洲政策具有一种"新的合作性特征",使其与前任保守党(the Conservative Party of Great Britain)的政策拉开距离。[①]英国对自己的军事实力在欧盟中的分量有清楚的认识,布莱尔相信英国有能力为欧盟在安全防务领域内的合作提供必要的可信度和领导能力。随着 1999 年欧元区(Euro Area)的正式诞生,欧洲经济一体化又一次发生了质的飞跃,然而在创建欧元的历史进程中英国却并未展现出和法、德等国一样的闪亮姿态。这对始终自视为欧洲内举足轻重力

---

① Simon Duke, "Assessing the UK Presidency: A Second Pillar Perspective", European Institute of Public Administration, Working Paper, 98/W/04, p. 2.

量的英国来说，的确是个令人难堪的场面。所以，在被排除出了欧元区与申根协定（Schengen Agreements）区之后（当然，英国自身的立场要对这种局面负重要责任），英国想对欧盟建设施加影响的话，手里的牌已经越来越少了。其中，安全防务领域就是一张英国能对欧盟建设施加至关重要影响的为数不多的王牌。[①]

整个冷战期间，英国外交与防务政策的重点之一都是保持与加强美英特殊关系，架设美欧之间的跨大西洋桥梁。但是，冷战后的欧洲安全格局却发生了彻底变化，巴尔干半岛一系列严重的流血冲突与内战最早在斯洛文尼亚，然后在波黑与塞尔维亚科索沃境内相继出现，且呈现蔓延之势。这些安全局势的恶化逐渐引起了英国的不安，英国政府意识到欧盟必须在欧洲的安全防务领域承担起更多的责任和义务。在1998年7月发表的一份战略防务评论中，英国着重谈到了欧盟对巴尔干危机的干预。在此问题上英国政府开始流露出一丝明显的沮丧与不安情绪。它失望地承认，虽然欧盟国家的经济总量已经超过了美国，但是联盟的军事安全能力却远远不成比例地软弱，因此评论总结道，如果欧盟的这种经济与军事力量的失衡继续发展下去，那么将会损害而不是增强大西洋同盟的基础。虽然英国拥有欧盟内名列前茅的军事力量，但是伦敦的战略雄心与其现实力量之间的差距却无法视而不见：它的防务预算与其他欧盟国家平均相比实际上高出不少，这种情况对英国经济的影响已经在部分人士眼里成了颇具争议的话题。此外，1998年英国1.25万亿美元的国内生产总值只有德国的三分之二而已，更是只相当于美国的七分之一。[②] 这种实力上的限制使伦敦感到心有余而力不足。因此在英国看来，能够改进这一局面的最有效办法就是增强欧盟整体的军事能力，英国再凭借自己的"领导作用"站在整个欧盟巨人的肩膀上，换句话说，借助欧洲实现英国自己的抱负。

作为联盟内另一拥有独立核力量与安理会常任理事国席位的军事大国，法国的态度对于欧盟内的安全防务合作也至关重要。对于欧洲，

---

① Esther Brimmer, "Seeing Blue: American Visions of the European Union", Chaillot Paper, No. 105, EU Institute for Security Studies, September 2007, p. 18.

② L. Unterseher, "Europe's Armed Forces at the Millennium: A Case Study of Change in France, the United Kingdom, and Germany", Project on Defense Alternatives, Briefing Report, No.11, November 1999.

特别是不管任何形式的欧洲防务而言,没有法国的全身心投入都将一事无成。[1] 长期以来,法国的国防战略都把维持欧洲及其附近区域,特别是地中海沿岸的南欧区域的和平与安全,列为自己最重要的战略目标之一,这是由法国的地理位置决定的。[2] 它的军事战略原则过去主要基于威慑,另外再加上通过北约或者其他的多国合作模式采取军事行动,以保证其常规军事力量的效能。这种模式带来了一些有益的经验,比如 20 世纪 90 年代中期在波黑的维和军事行动就增进了法、英两军的协调能力。与英国相比,对于欧盟内部的政治与安全合作事务,法国一向持有更加积极的态度,因此,以巴尔干冲突为焦点的冷战后时代欧洲安全受到的挑战必然给法国带来很大的触动与刺激。巴黎逐渐认识到由于安全形势的彻底变化,以前那种通过欧盟成员国的内部稳定以及让更多的联盟外国家加入欧洲一体化进程的传统做法已经不足以保障欧洲的和平与安全了。况且法国外交安全政策长期以来追求的一个目标就是创建一个相对独立的欧盟安全防务政策,以平衡美国的影响力并与北约的作用相互补充。在此基础上,法国进一步希望这个政策将能够有助于建立更加平衡的大西洋安全伙伴关系。

英、法的战略考虑为《圣马洛宣言》奠定了基础,两国在圣马洛峰会中采用的语调"发展欧盟独立行动的能力"就充分体现了两者意图的融合,"欧盟必须拥有独立行动的能力,此能力将得到可靠的军事力量的支持,以及在应对国际危机时使用它们的手段与决心"。[3] 这既是英国在军事上接近欧盟的一大转折点,也标志着法国愿意更加接近大西洋同盟以发展欧盟自己的防务力量。对英国来说,欧盟成了它可以发挥军事影响力的重要途径,对法国来说,现有的大西洋同盟可以利用来发展欧盟自己的独立安全能力,在手段与意图之间,英、法两国的战略考虑找到了汇合点。具体地说,英国认为对于科索沃危机这一类欧盟附近的安全问题,如果欧盟(当然包括英国)都无力解决的话,那将持久地损害欧洲盟国的安全影响力,进而危害到美欧同盟的基础,所以

① M. Quinlan, "Atlanticism and European Defence", Atlantic Council of the United States, Washington, 8 December 2000.

② Shaun Gregory, *French Defence Policy into the Twenty-First Century*, London: Macmillan Press Ltd., 2000, p. 8.

③ "Joint Declaration", British-French Summit, St-Malo, 3-4 December 1998.

增强欧盟的军事力量就很有必要。而法国始终坚定不移地追求一个拥有独立政治与军事行动能力的强大欧盟,然而科索沃危机这样的安全问题暴露出来的欧盟在安全防务上的软弱使其成为欧盟发展道路上的障碍。尽管英国的忠诚始终令人怀疑,但是作为欧盟内数一数二的军事力量,最终建立一个军事上强大的欧盟又不能将其抛开。所以两国的想法都以科索沃为起点,而且最终又殊途同归,最后都集中到提高欧盟军事能力,以便有能力执行"彼得斯堡任务"之类危机控制使命这一共同问题上。

在大西洋另一边,美国对于欧盟内部任何一种安全合作动向都极为关注,同样,美国从外部施加的影响也总是欧盟发展内部安全防务合作时始终无法回避的因素。在欧洲安全防务合作即将真正启动的当口,美国的关注更加强烈了。《圣马洛宣言》在美国引来了许多怀疑主义的目光,许多高层人士包括国务卿奥尔布赖特纷纷公开表达了对英法合作宣言的密切关注。奥尔布赖特表示:"当欧洲人寻求他们之间外交与安全政策合作的最好方式时,其中的关键问题是保证任何机制变化都要与五十多年来作为大西洋伙伴关系基础的那些根本原则相一致。我把它简称为三个防止:防止在北约内制造分裂,防止在军事领域内产生不必要的重复以浪费同盟的防务资源,防止产生对北约内非欧盟成员国的歧视。"①美国担心布莱尔与希拉克(Jacques Chirac)的防务合作倡议将在美欧关系中打进一个楔子,担心该倡议将来会发展成拥有可观军事力量的欧盟共同防务政策,最终动摇北约的基础。② 这种忧虑在欧盟内部也引起了一些回音,部分欧洲人感受到了美国的忧虑并且担心独立的欧盟防务能力一旦建立起来,可能会使得美国失去介入欧洲安全事务的兴趣。

不过巴尔干危机的深刻教训带来的刺激,显然超过了美国的忧虑可能使欧洲产生的犹豫。在英、法发出加强欧盟内安全防务合作的倡议之后,所有成员国均给予了积极响应。成员国政府的支持与彼此合作是欧盟推动内部政治一体化的重要条件,与欧盟自身机制的建立与

---

① *Financial Times*, 7 December 1998.

② Martin Agüera, "ESDP and Missile Defense", Strategic Studies Institute, December 2001, p. 1.

完善彼此相辅相成,共同推动着包括共同外交与安全政策在内的欧洲一体化事业的发展。在安全防务领域,鉴于成员国各自不同的国情,他们各自对欧盟共同外交与安全政策的实际影响力也不同。具体到欧盟在共同外交与安全政策的基础上向欧洲安全与防务政策起步这个历史关头,英、法这两大欧盟军事强国起到了不可替代的关键作用。

科索沃危机打开了通往圣马洛的路,而《圣马洛宣言》打开了通往科隆的道路。在科索沃战争还未结束时,欧盟成员国首脑们就已经走到了一起。1999 年 6 月,欧洲理事会在科隆召开会议,时任主席国的德国开始着手将英、法两国的双边声明转变成欧盟一项新的政策框架,在会上正式宣告了欧洲安全与防务政策(ESDP)的诞生。① 在理事会会议上,15 个成员国的首脑们一致表示:"欧洲联盟应该在国际舞台上全面发挥作用。为此目标,首脑们决心赋予欧盟必要的手段与能力,使它能够在一项共同的欧洲安全与防务政策方面担负起责任……联盟必须具有独立自主行动的能力,具备能够为这一能力提供可靠支持的军事力量,并且拥有使用这支力量的手段及决心。这样做的目标也是为了在不需要牵扯到北约的情况下,能够有效地应对国际危机的挑战。"巴尔干危机向所有欧盟成员国清楚地表明,如果想拥有真正的共同外交与安全政策,那么欧盟就必须具备以军事力量支持的能力。② 在《阿姆斯特丹条约》的法律基础上,以及在社民党占大多数的欧盟国家政府的大力支持下,尤其是在英、法、德、意等主要成员国的积极配合下,随着欧洲安全与防务政策在科隆正式启动,联盟内的各项相关工作马上紧锣密鼓地开展起来了。③ 从 1999 年 6 月科隆会议开始到 2000 年 12 月法国尼斯召开的欧洲理事会会议之间,欧洲安全与防务政策在机制建设与能力建设等领域迅速推进,欧洲安全区域主义开始实体化。

欧盟于科隆会议上提出在联盟内部建立三个新的永久性的政治、安全与军事机构的设想,它们分别是政治与安全委员会(Political and Security Committee)、欧洲军事委员会(European Military Committee)

---

① 当时称为"欧洲安全与防务政策"(European Security and Defence Policy, ESDP)。

② F. Burwell, "Transatlantic Transformation: Building a NATO - EU Security Architecture", the Atlantic Council of the United States, Policy Paper, March 2006, p. 5.

③ Otfried Nassauer, "Europe's Road to Military Integration", Berlin Information Center for Transatlantic Security, 2000.

和欧洲军事参谋部(European Military Staff)。这个设想在 1999 年年底的赫尔辛基欧洲理事会上得到了正式阐明:"欧盟将建立起新的政治军事机构与组织,这些新的机构与组织将在欧盟理事会的框架内运作,为联盟采取安全领域内的行动提供必要的政治和军事指导。这些机构将在单一的框架内运行。"一年后,2000 年年底的尼斯欧洲理事会正式认可了上述新的政治、军事机构的组建,为欧洲安全与防务政策的具体机制奠定了初步基础。除了上述委员会以外,联盟还做出了重要的人事任命,在欧洲安全与防务政策领域内任命了自己的首位负责共同外交与安全事务的高级代表(High Representative for the Common Security and Defense Policy)——西班牙人加维尔·索拉纳(Javier Solana)。

由成员国首脑组成的欧洲理事会,在首脑们取得共识的基础上向欧洲安全与防务政策提供最高的政策指导。但是欧洲理事会一般不介入欧洲安全与防务政策的日常运作,它只需要为其提供一般性的指导意见,然后把意见交给欧盟理事会去具体实施。欧盟负责对外事务的机构是欧盟理事会,欧洲安全与防务政策就是在它的架构内运行的。欧盟理事会是欧洲安全与防务政策的主要决策机构,其中由各成员国外长组成的总务与对外关系委员会(General Affairs and External Relations Council of the EU)负责对其提供专门的政治指导。此外,总务与对外关系委员会还会与各国国防部长进行磋商,同时掌握着由欧盟所领导的对外安全行动的政治控制权。欧盟理事会在高级代表的协助下处理欧洲安全与防务政策事务,依据《欧洲联盟条约》第 23 条的规定,它可以就危机控制任务做出决定,但是如果决定涉及军事或防务要求,那么就必须在欧盟理事会内采取全体一致的原则。成员国有权就决定投弃权票,这样就没有义务卷入带有军事意义的对外行动,而且他们也有权决定是否以及如何部署自己的军事力量。

政治与安全委员会是欧洲安全与防务政策的一个重要组成部分,它由来自成员国的常设代表组成,这些代表必须是大使级别的高级代表,负责处理委员会的日常事务并且每周在布鲁塞尔召开两到三次会议。欧盟理事会(这里主要指其总务与对外关系委员会)可以对欧洲安全与防务政策独自做出具有法律约束力的决定,而政治与安全委员会则在它的支持下运作。政治与安全委员会的主席职位一般由现任主席国派出的常设代表担任。政治与安全委员会负责处理与欧洲安全与防务政策相关的所有事务,而且要为欧盟对危机做出的反应提供政策咨询与建议,但不是做决定(决定要由欧盟理事会中的总务与对外关系委员会来做)。政治与安全委员会负责关注国际形势的发展并且监督欧盟对外安全政策的执行情况,当需要对危机做出军事反应的时候,政治与安全委员会将在欧盟理事会的授权下对欧盟的军事行动行使政治控制权,并且为行动的下一步进展提供战略性的指导。此外,政治与安全委员会还发挥着为一系列欧盟机构、北约机构以及第三国的机构提供协调与咨询的作用,在欧洲安全与防务政策架构内部,它享有优先和共同外交与安全事务高级代表联系的权利,以及负责指导欧洲军事委员会的权力。

欧洲军事委员会是欧盟内部最高级别的军事机构,而且还作为一种论坛为欧盟成员国在军事方面进行磋商与合作提供平台。该委员会由欧盟所有成员国的总参谋长组成,它的基本任务是在自己内部达成共识的基础上,向政治与安全委员会提供军事专业领域内的意见和建议,并且为在欧盟框架内实施的所有军事行动提供技术指导。该委员会的主席职位由一名来自某成员国的四星级将军担任,经过所有成员国总参谋长的一致推选,并且得到欧盟委员会的任命后,这位将军就会开始为期三年的任期。此外,当欧盟理事会需要就有关军事问题做出决定时,该主席还将代表欧洲军事委员会出席欧盟理事会会议。

欧洲军事参谋部直接在欧洲军事委员会的指导下运作,负责为欧盟的军事行动,尤其是在实施对危机的军事干预行动时提供专业性质的军事建议。它由成员国选派的二百余名职业军官组成,主要发挥三大职能:早期预警、军情评估与战略策划。在"赫尔辛基总目标"(Helsinki Headline Goal)与"2010 总目标"(Headline Goal 2010)的要求下,欧洲军事参谋部还负责监督欧盟在提高军事能力方面取得的阶段性进展。为了能够胜任欧盟安全任务所有类型的要求,欧洲军事参谋部又细分为六大部门:政策与计划、情报、行动与演习、后勤与资源、通信与信息系统,以及民事与军事协调小组。① 当潜在危机即将发生

---

① "The Institutional Set-up of ESDP", International Relations and Security Network, Geneva Center for Security Policy, www.esdp-course.ethz.ch.

的时候,政治与安全委员会将要求军事委员会从军事参谋部那里得到一份启动预案,该预案会列出欧盟领导下的一系列安全行动可以采取的各种选项。[①]

在建立新机构的同时,欧洲安全与防务政策也着手制订了实施防务行动以及调用欧盟防务力量的规则与程序。这些规则与程序的设计以实效性与灵活性相结合为原则,为欧盟及其成员国制订并执行不同要求的安全防务行动提供了灵活多变的渠道。首先,欧盟可以通过任何一个成员国的国防部门制订一项行动计划,也可以通过欧盟专门组建的多国部队的联合指挥部门制订行动计划,在这些行动计划的基础上执行一项安全任务。

其次,欧盟可以通过北约军事参谋人员制订的多国行动计划去执行安全任务。经过一系列艰苦谈判,欧盟与北约于 2002 年 12 月最终解决了"柏林附加"协定(Berlin-Plus Agreements)的相关问题,规定在欧盟领导的危机控制行动中,欧盟可以借助北约的军事计划能力。为了提高利用北约设施制订行动计划的先期准备的水平,欧盟已经向北约的军事计划部门欧洲盟军最高司令部派遣了一部分自己的行动计划人员。这部分人员的主要任务就是在执行"柏林附加"协定基础上的安全使命时,确保欧盟与北约之间通畅的联络与协调。

第三条渠道是,如果一次联合军事或民事行动无法指定某个成员国的国防指挥部门承担起行动计划工作,那么欧盟理事会将授权欧洲军事参谋部下辖的行动指挥中心负责制订计划。该指挥中心并非军事参谋部里的常设机构,其核心是军事参谋部内常设的民事军事任务小组。当需要执行欧盟理事会下达的指令时,临时指挥中心将得到来自军事参谋部、欧盟理事会秘书处以及成员国军事部门人员的支持。

欧盟安全防务行动的程序采取一种高度开放的设计,除了成员国与北约组织外,第三国的防务力量也可以加入联合行动。如果行动涉及北约的设施与力量,那么欧洲的非北约欧盟成员国如果有意愿就可以加入行动,他们将按照北约制订的程序参与到制订行动计划的过程中。如果行动不牵涉北约,欧洲的非欧盟成员国将被邀请加入行动,具

---

[①]　S. Riggle, "EU Officially Adopts Military Tasks: A Summary of the Nice Conclusions", Center for European Security and Disarmament, Briefing Paper, 18 December 2000.

体安排将视欧盟理事会的决策而定。此外,那些既非欧盟也非北约成员国,同时又与欧盟建立了政治对话的国家,其中主要有俄罗斯、乌克兰等国,也将视欧盟理事会的决定,被邀请加入到危机控制行动中。①

　　除了建立新政治安全机构、制订安全防务行动的程序与规则,欧盟还任命了自己的首位共同外交与安全事务高级代表,从而彻底解决了基辛格曾经提出的那个略带讽刺的问题——"谁能以个人形象在国际舞台上代表欧盟?"如上文所述,尽管设立欧盟外交与安全高级代表的建议在1996年的政府间会议上已经提出来了,但是却没有马上着手任命具体人选以增强联盟的外交与安全统一协调能力,也是直到科索沃危机突出了共同安全防务的紧迫性之后,这个问题才得到了解决。欧洲安全与防务政策启动的同时,北约前秘书长加维尔·索拉纳,深谙欧洲与大西洋安全事务的资深外交家,作为首位高级代表走马上任。高级代表的主要任务是负责协助欧盟理事会在共同外交与安全领域内的工作,并且和政治安全委员会之间保持密切的协调与联系,"负责协助欧盟理事会工作的外交与安全事务高级代表,在确保共同外交与安全政策的效率与凝聚力,以及发展共同安全与防务政策方面将做出关键性贡献。遵照《欧洲联盟条约》,高级代表将为政策决定的形成、准备与贯彻等各环节做出贡献。"②此外,1999年11月在马赛召开的西欧联盟理事会上,索拉纳本人还被任命为西欧联盟秘书长,这样做的目的是为了更有效地把西欧联盟具有的安全防务功能整合进欧盟,而这一点也在科隆欧洲理事会上得到了强调,"加速用西欧联盟拥有的安全资源,去充实欧盟的安全防务臂膀"。③ 高级代表的作用在行动中也得到了体现,从2000年首次出现在国际性的谈判场合开始,索拉纳代表欧盟已经在有关中东以及巴尔干的多次国际协调中露面并陈述欧盟的主张。在欧盟内部,高级代表发挥着就外交安全政策的出台提供自主性倡议的作用,这一点在其后(2003年)起草首份《欧洲安全战略》的

---

① "Presidency Progress Report to the Helsinki European Council on Strengthening the Common European Policy on Security and Defence", European Council, Helsinki, 10–11 December 1999.

② Ibid.

③ "Luxembourg Declaration", WEU Ministerial Council, Luxembourg, 22–23 November 1999.

过程中得到了集中体现。有观察家指出:高级代表的实际作用,加上索拉纳本人的个人因素,已经在逐步消蚀共同安全事务上可能出现的政府间性质的障碍,通过塑造并表达欧盟在外交安全事务上的共同立场,高级代表发出的声音其意义已经超过了成员国声音彼此交叠的简单含义。

除了机构建设和程序设计之外,从 1999 年夏科隆理事会开始,欧洲安全与防务政策向前取得了重大进展的另一领域是欧盟安全防务能力的建设。

经过 20 世纪 90 年代中期的波黑内战及战后维和,以及科索沃战争的直接刺激,欧盟认识到要想有效、成功地干预区域危机,必须拥有包括军事与民事在内的两种能力。随着欧洲安全与防务政策的启动,能力方面的建设马上在两大领域内迅速推动起来。与以往常规的国防力量建设的概念不同,欧洲安全与防务政策从一开始就不仅仅只看重必要的军事力量的建设,从已经转移过来并成为其有机组成部分的"彼得斯堡任务"三大使命来看,不论是危机预防还是冲突后的重建都不可能撇开必需的民事能力。此外,早在 20 世纪 90 年代对波黑内战的干预与善后的经历,特别是由西欧联盟所接手的在波黑莫斯塔尔的战后民事管理经验,在阿尔巴尼亚实施的多国保护部队(Multinational Protection Force,MPF)的维和行动等,使欧盟在民事危机干预与管理方面已经积累了相当的经验。因此,把这方面的成果吸收进欧洲安全与防务政策综合架构并进一步发展就是顺理成章的事了。在科隆峰会一年之后举行的葡萄牙费拉(Santa Maria da Feira)欧洲理事会上,欧盟把在民事危机预防与管理方面的能力发展列为四大优先领域,它们分别是警政(the police)、加强法治(strengthening the rule of law)、民事管理(civil administration)与民事保护(civil protection)。[①] 成员国的任务包括为国际干预和管理行动提供警察力量。由于事先取得的经验和民事方面的特殊条件,该领域内的进展超过了预期,成员国对欧洲安全与防务政策民事危机能力的贡献甚至比费拉会议上提出的要求还要大。截至 2002 年 2 月,欧盟已经完全有能力宣布从次年 1 月开始,全

---

① "Presidency Report on Strengthening the Common European Security and Defence Policy: Appendix 3", European Council, Santa Maria da Feira, 19 - 20 June 2000.

面接管联合国国际警察部队（UN's International Police Task Force, IPTF）在波黑的使命了。欧洲安全与防务政策在民事危机能力方面的建设取得了重大进展。

除了民事以外，欧洲安全与防务政策要执行的"彼得斯堡任务"还包括对强度比较高的军事力量的使用，以维持和平甚至在必要条件下以武力创造和平局面。与欧盟在波黑危机中相对比较成功的民事经验相比，科索沃危机的教训将欧盟在军事能力上的无能暴露得一览无余。欧盟国家的军队大多数还是停留在冷战时期着眼于本土防御的基础上，所以几乎抽调不出什么兵力进行欧盟领土以外的危机控制行动，这也正是让欧盟委员会委员彭定康颇为感慨的地方。① 鉴于此，建设一支能够有效部署以执行危机干预任务的军事力量势必成为了欧洲安全与防务政策能力建设的重点。1999年冬，在《圣马洛宣言》发表整整一年后，欧盟赫尔辛基峰会制定了欧洲安全与防务政策军事能力方面的总目标，通称"赫尔辛基总目标"。总目标规定，欧盟军事力量必须能够执行所有类型的"彼得斯堡任务"，其中绝不排除对武力使用要求最高的类型。这支力量须具备集团军一级的规模，也就是总数在5万至6万人左右。成员国应该在2003年之前达到这样的能力要求，即部署在军事方面拥有自我维持的能力，其中包括必要的指挥、控制与情报能力，后勤与其他战斗支援能力，以及某种程度上适度的空中与海上力量。成员国应该能够坚持在60天里部署这样一支达到上述水平的部队，此外还须为紧急状态准备小规模的快速反应部队，该部队必须能坚持部署至少一年。② 这就是"赫尔辛基总目标"的基本要求。此外，峰会还重申了欧洲快速反应部队的"彼得斯堡任务"的范围：人道与救援任务、维持和平任务与危机控制中的战斗任务，包括强制实现和平等对武力水平要求最高的类型。③

对于欧盟军事力量的任务要求，也即相当于对"彼得斯堡任务"的具体阐释在科隆会议后还是经历了一个发展过程的。在科隆峰会上，

---

① Raymond A. Millen, "Tweaking NATO: the Case for Integrated Multinational Divisions", Strategic Studies Institute, June 2002, p. 5.

② "Presidency Conclusions Ⅱ: Common European Policy on Security and Defence", European Council, Helsinki, 10 – 11 December 1999.

③ Ibid.

这些任务被阐释为包括"冲突预防(conflict prevention)与危机控制任务涉及的所有问题"①,而在赫尔辛基峰会上,为了使"彼得斯堡任务"拥有更加具体的对成员国的要求标准,峰会重点解释了进行成功的危机干预所必须具备的具体手段,包括部署能力(deployability)、维持能力(sustainability)、相互协同能力(interoperability)、灵活性(flexibility)、机动性(mobility)、生存能力(survivability)以及指挥与控制(command and control)。② 经过联盟与成员国两年多的努力,到2001年12月比利时拉肯欧洲理事会召开的时候,欧盟宣布欧洲安全与防务政策框架内的军事力量已经具备了实际行动能力。自从1987年法德两国的混合旅组建以来,随着欧盟联合军事力量的组建,欧洲安全区域主义已经变成了一支活生生的、看得见的现实安全力量,特别是欧盟在这个框架内拥有了独具特色的民事安全力量之后,欧洲安全区域主义势必将通过物质影响力向世界展现它的身影。

## 第三节 构建欧洲主体性:全球安全领域中的欧盟行为体

第三世代欧洲安全区域主义的接踵而至,发端于新千年伊始。如果说冷战的结束直接催生了第二世代欧洲安全区域主义,那么其第三世代的出现就是全球化加速发展的产物。第三世代的欧洲安全区域主义最重要的特征是其凸现的"外向性",具体表现在向欧洲以外区域的投送(可以是物质与社会力量等有形因素,也可以是政治安全影响力、价值观等无形因素),以及与其他区域组织之间日益紧密的联系,即所谓"区域间主义"(inter-regionalism)的发展。

与前两代已然不同,第三世代欧洲安全区域主义极为强调欧洲"区域"的安全防务主体性,强调在全球治理(global governance)的舞台上以及在欧洲大陆以外的其他区域和国家面前,提升和强化欧洲的主体意识。欧盟共同安全与防务政策在这个阶段不仅负有推动政治

① "Declaration of the European Council on Strengthening the Common European Policy on Security and Defence", European Council, Cologne, 3 - 4 June 1999.

② "Presidency Progress Report to the Helsinki European Council on Strengthening the Common European Policy on Security and Defence", European Council, Helsinki, 10 - 11 December 1999.

一体化的重任,而且在塑造欧盟的全球行为体身份方面也具有核心作用。在内部,欧洲安全区域主义继续深入发展。尽管经历了一些坎坷(譬如 2005 年《欧盟宪法条约》危机、2007 年签署的《里斯本条约》直到 2009 年底才生效),欧洲仍然在向更加紧密的政治安全一体化迈进,其中尤为值得一提的是新设立的欧洲理事会常任主席和欧盟所谓"外交部长"一职,这些新的机制设计将把欧盟委员会等一体化机构和成员国更加密切地结合起来;与此同时,在军事防务领域内引入更加牢固的结构性合作(structured cooperation)也是前所未有的。如果说一系列条约正在从合法性的层面塑造着欧洲安全区域主义的"肌体",那么,2003 年《欧洲安全战略》的出台和发展就在打造着欧洲安全区域主义的"灵魂",为其存在提供合理性。该战略向世界说明了最关键的几个问题:欧洲怎样看待安全问题,为什么是这样,欧洲将怎么做。

在外部,第三世代的欧洲安全区域主义越来越积极主动地致力于达成区域间(inter-regional)协议,而且这些协议早已超过了区域间双边合作的范围,正在对全球层面上的治理产生越来越大的影响。新千年开始以来的十年中,区域间主义日益成为欧盟对外安全政策的基础,区域间主义的信念开始深深地扎根于欧洲共同体(譬如委员会)的对外政策框架之中,并且正在成为欧洲安全区域主义与世界其他区域之间安全关系的主要特点。欧盟的区域间合作战略,其最主要的部分就在于推动其他区域的一体化合作与融合,让它们分享欧洲的经验,并由此强化与欧盟的合作。欧盟对拉丁美洲以及非洲的政策正是基于这样一种战略考虑。① 譬如在解决索马里海盗问题上,欧盟就积极敦促非洲联盟(African Union,AU,简称非盟)加强内部安全防务合作,并与欧盟协作争取从根本上解决问题。通过东南亚国家联盟(Association of Southeast Asian Nations,ASEAN,简称东盟)、南亚区域合作联盟(South Asian Association for Regional Cooperation,SAARC)、亚欧会议(Asia-Europe Meeting,ASEM)、南方共同市场(South American Common Market,MERCOSUR,简称南共市)等世界其他区域的国际组织,欧洲安全区域主义正在积极参与把区域之间的安全合作塑造成新的世界安

---

① Mary Farrell, "The EU and Inter-Regional Cooperation: In Search of Global Presence?" UNU – CRIS e-Working Papers, W – 2004/9, p. 26.

全秩序的重要一环。

除了其他区域性组织，欧盟认为作为唯一具有全球影响的政治安全架构，其与联合国的关系是不可替代的。在区域间主义的层面上，欧洲安全区域主义的核心诉求是以联合国为唯一合法性基础的全球安全治理。在不同的领域，欧盟对联合国的活动提供了直接或间接的支持。欧盟在世界各地都很活跃，它参与联合国所有的组织、机构和计划，为联合国在不同领域的活动做贡献：维护世界和平，人道主义援助，帮助发展、环境、文化和人权。在欧盟与联合国关系巩固的基础上，双方有共同的优先目标。联合国的主要目标有维护世界和平与安全，发展国与国之间的和平关系，促进合作以解决国际上经济、社会、文化、贸易与人道主义的问题。联合国组织是国际舞台上为达到这些目标而协调各国行动的关键。欧盟支持联合国把维护世界和平与安全作为首要任务，为了实现这个目标，与联合国和其他区域性组织进行合作。① 同样，对于联合国来说，欧洲的价值也是举足轻重甚至不可或缺的。因此，对于联合国主导下多边主义（multilateralism）基础上的国际安全秩序而言，第三世代的欧洲安全区域主义愈益成为强有力的支柱之一。仅仅在数年里，欧盟就与联合国在冲突预防、危机管理、维持和平与重建和平等诸多方面展开了卓有成效的合作。对于欧洲安全区域主义而言，参与全球安全治理的下一步战略行动将是在联合国安理会中争取获得欧盟的独立席位，为区域性组织真正参与到全球安全治理，为形成联合国—区域性组织—国家—次区域组织的一种多层次安全结构，也为在全球化时代对人类的安全真正做到民主而又有效的治理开辟一条崭新的途径。

一、合法性与合理性：从《欧洲联盟条约》到《欧洲安全战略》

在国际政治领域，条约是在两个或多个国家之间书面达成并签署的国际协定。从欧洲一体化的历史实践看，所有各种各样的欧洲共同体均是由条约建立的，而且，自从《马斯特里赫特条约》开始还建立起了欧洲联盟。条约签署后，需经成员国按照各自宪法规定的程序批准后方能生效。根据欧共体法院的解释，组建了诸共同体的条约对于共

---

① 福尔维奥·阿蒂纳等：《全球政治体系中的欧洲联盟》，第 126 页。

同体而言,就如同宪法对国家一样扮演着相同的角色,因而是欧洲共同体(欧洲联盟)的根本大法,是欧盟所有政策、机构、组织、行动等的法律依据,是它们的合法性之所在。

在 1992 年《马斯特里赫特条约》里,欧洲安全区域主义第一次被明确地载入了欧共体的法律文本中,条约的"第二支柱"即共同外交与安全政策的出现首次为安全区域主义在欧洲一体化架构中奠定了合法性基础。在此之前,欧洲安全区域主义的努力要么以失败告终,如欧洲防务共同体计划、富歇计划等;要么只是以成员国双边条约的形式体现出来,如法德两国之间的《爱丽舍条约》(Elysee Treaty),而始终未能在共同体的根本法律属性中得到表述,换言之,欧洲安全区域主义还没有在共同体层面上获得合法性。

建设政治联盟的计划与最初的一批欧洲组织一样古老,可以追溯到第二次世界大战结束后不久。到了 70 年代,尽管欧共体内部再次出现了建立欧洲政治实体的尝试,但是这个愿望直到《马斯特里赫特条约》的出台才得以实现,这是前所未有的质的飞跃,超越了迄今所有的制度变化、新的共同政策和扩大所带来的一切成果。事实上,由《巴黎条约》(Treaty of Paris)和《罗马条约》所建立的组织首次突破了经济一体化框架,开始大胆涉足更加微妙的政治领域——内务、司法与外交。《马斯特里赫特条约》的各项条款所规定的目标很好地表明了《欧洲联盟条约》所依据的一体化逻辑:建立一个没有内部界限的空间,从而促进经济与社会的持续与平衡发展;建立包括单一货币在内的经货联盟,从而加强经济与社会的团结;确立欧盟在国际舞台上的身份,并且在司法与内务领域密切合作;保持与发展共同体成果,防止削弱把所有成员国维系在一起的共同权利与义务基础。因此,把 12 个成员国紧密团结在一起的联系将更加密切,直至最终形成一个尽可能同质的无论对内还是对外都能够自主行事的实体。

《马斯特里赫特条约》除了规定要制定并实施共同外交政策之外,还规定要制定共同防务政策,在适当的时候,该政策将自动导向共同防务。为了实现这些属于第二支柱的目标,欧盟日后将使用自己的法律工具,比如采取共同行动与共同立场等。此外,以后的欧盟还将具有防务成分,因为它在积极接近另一个欧洲组织——西欧联盟。西欧联盟沉寂了几十年,直到 20 世纪 80 年代中期才重整旗鼓并扩展了权限。

按照《马斯特里赫特条约》的规定，西欧联盟作为"欧盟发展的一部分"，保持制度独立，但是它需要参与制订并实施欧盟在防务问题上的决定与行动。两个组织的联合同时还出于以下目的：加强大西洋联盟中的欧洲支柱。以这种方式建立起来的制度联系标志着欧洲统一进程迈上了一个十分重要的新台阶。经过长期的专门化与分化阶段，三个活跃在欧洲政治安全舞台上、负有一体化使命的区域组织——欧盟、北约与西欧联盟终于建立起了联系。

1997年，欧洲共同体在新版的《欧洲联盟条约》（《阿姆斯特丹条约》）中，为欧盟在安全防务领域第一次引入了某些具有实质性意义的内容[1]，把欧盟的共同安全防务又向前推进了一步。

首先，《阿姆斯特丹条约》把西欧联盟的"彼得斯堡任务"和欧盟共同外交与安全政策联系起来，把它变成了欧盟第二支柱共同外交与安全政策的有机组成部分，使欧盟的"共同安全"真正开始具有了实质性含义。所谓"彼得斯堡任务"指的是1992年西欧联盟部长理事会在彼得斯堡举行会议，赋予西欧联盟的安全防务使命，主要是三项：人道主义和救援任务；维持和平任务；在危机控制与管理过程中作战部队的其他相关任务，其中包括缔造和平的任务等。

其次，《阿姆斯特丹条约》还第一次提出了"共同战略""联合行动"这些关键字眼。《阿姆斯特丹条约》新增加的这些内容具有重要意义，它是所有的国际组织中，在具有法律约束力的条约里，第一次将关于维持和平以及与缔造和平有关的军事行动的决议，以法律条款的形式明确地写入该国际组织的条约。欧盟与《阿姆斯特丹条约》开创了先例。

第三，在共同外交与安全政策的机制建设方面，《阿姆斯特丹条约》设立了共同外交与安全政策的高级代表一职，此人同时担任欧盟理事会秘书长和西欧联盟秘书长。对共同外交与安全政策高级代表的任命，使得欧盟的对外形象变得更加具体明晰。

《阿姆斯特丹条约》签订数年后，欧洲安全与防务政策诞生了，欧洲安全区域主义正在迅速地实体化，同时，随着《欧洲安全战略》的出

---

[1]　F. Pagani, "A New Gear in the CFSP Machinery: Integration of the Petersberg Tasks in the Treaty on European Union", p. 739.

台,欧洲安全区域主义的核心灵魂也在日益清晰地展现出它的轮廓。在这种情况下,欧盟继续在法律层面为安全区域主义夯实它的合法性基础。

2005 年,《欧盟宪法条约》(Constitution Treaty of the European Union)草案在法国、荷兰的批准过程中遭到否决,欧盟制宪进程一度受阻。宪法条约在 1997 年《阿姆斯特丹条约》、2000 年《尼斯条约》的基础上对欧盟共同安全防务做了进一步的法律层面上的诠释,并且拟定了更多与之相关的法律条文以推动它的发展。虽然《欧盟宪法条约》未获得通过,但是它对欧洲安全区域主义的推动作用却被紧随其后的《里斯本条约》继承了下来。除了个别小规模改动之外,《里斯本条约》在共同安全防务领域全面承袭了宪法条约的相关规定。

《里斯本条约》对欧盟共同安全与防务政策做了迄今为止最全面、最权威,以及发展水平最高的阐述。这个条约的相关内容可以说就是共同安全与防务政策的"法人身份"。具体来看,条约主要从两个方面大幅度地提高了共同安全与防务政策的法人水平、运行效率以及潜在功能:第一,条约使共同安全与防务政策的行动能力大大提高。这表现在条约一方面强化了欧盟共同外交与安全政策高级代表(同时也全面负责共同安全与防务政策)的职责和权力,另一方面使得建立事实上的欧盟"外交部"——欧盟对外行动署(External Action Service, EAS)成为可能。第二,条约新增或修订了若干涉及共同安全与防务政策的重要条款,使得欧盟某些关键性的对外安全与防务行动,由特例变为常规,由习惯变为制度。

在关乎共同安全与防务政策行动能力的机构设置和调整方面,《里斯本条约》设立了欧洲理事会常设主席(俗称"欧盟总统")一职,并且把以前欧盟负责共同外交与安全政策的高级代表一职升级为事实上的"欧盟外长",全面掌控欧盟的对外政策和安全政策。

欧洲理事会常设主席部分取代了欧盟由成员国轮流担任六个月主席国的传统机制,此人负有召集、协调欧盟成员国元首会议,并在对外场合代表欧盟的职责。虽然常设主席目前还不能大权独揽,但至少使过去主席国席位轮流转的欧盟元首理事会拥有了一个相对固定的核心,其所具有的"软影响力",至少其潜力不容小觑。此外,由于欧洲理事会拥有指导共同外交与安全政策政治和战略发展方向的最高权力,因此这一机构本身的"集中化"无疑将有助于共同安全与防务政策运行中的连贯性和凝聚力。因此，欧洲理事会常设主席进一步增强了欧盟在外交与安全事务中立场、政策等的延续性。

以前就设立的欧盟共同外交与安全政策高级代表（即欧盟外长）现在得到了《里斯本条约》的进一步支持和提升。《欧盟宪法条约》曾经准备把欧盟委员会对外关系委员和欧盟外交与安全高级代表的职位合而为一，设立一个名为"欧盟外交与安全政策部长"的职位，但条约本身却不幸没有获得法国、荷兰等成员的批准。而接替它的《里斯本条约》基本上继承了宪法条约的核心内容，只不过对这一雄心勃勃的新职位换了个名称而已，依然保留了"高级代表"而不用"部长"之称。但是，新条约对这一职位权限的授予和强化，除了在对外交往时使欧盟的形象更加清晰具体之外，它更大的意义则在于增强了欧盟相关机构之间的协调性，因而大大提高了欧盟整体对外行动的效率。这个新的高级代表职位把以前的欧盟外交与安全政策高级代表（前任为西班牙人加维尔·索拉纳）和欧盟委员会对外关系委员（前任为奥地利人贝妮塔·费雷罗－瓦尔德纳（Benita Ferrero-Waldner））合二为一，新高级代表同时兼任委员会副主席，并且主持欧盟理事会中的成员国外长会议。① 这一安排跨越了理事会与委员会之间互不相通的界限，打破了欧盟第一支柱（欧共体）与第二支柱（共同外交与安全政策）之间彼此协调的障碍。要知道，欧盟在对外行动方面确实有着许多独特的、引以为豪的外交和安全工具，包括民事、军事、文化、援助、贸易、规则等，这些被称为欧盟的"百宝箱"。② 这些工具赋予欧盟在处理对外关系时拥有巨大的灵活性和优越性，甚至令美国的外交资源在某些方面也相形见绌。但是，《里斯本条约》之前欧盟外交的一大弱点正是这些资源的分散使用，不能形成合力，有时甚至会相互制约。这是因为这些工具的授权者（这点非常重要）和使用者既有欧盟委员会，又有欧盟理事会，还有外交与安全政策高级代表，因而时常发生冲突。所以毫不奇怪的是，同样是欧盟的政策，譬如外贸政策、安全政策、援助政策、睦邻政策、

---

① 参见 the *Lisbon Treaty*，Article 18(1)，17(3)，17(7)。

② "Mainstreaming Human Rights Across CFSP and Other EU Policies"，Council of the European Union，Brussels，7 June 2006.

维和政策,他们之间的冲突屡屡发生。政出多门,必然混乱不堪。因此,把对它们的授权和使用权限集中起来就尤为重要。新的高级代表横跨第一、第二两大支柱,并且被明确赋予掌控外交大权,因此渴望有力地克服以前的混乱局面。不过,高级代表和欧盟总统之间行使外交权方面的界限仍然有待于进一步厘清。

在共同安全防务领域的性质定义以及运行规则方面,《里斯本条约》也进行了大胆的创新。条约明确规定,"联盟将具备法律人格",这是欧洲共同体在历史上第一次被赋予了法人地位,由于拥有了法律上的主体性,欧盟将有权在国际上签署安全防务领域内的条约与协定。这具有重大意义,因为外交、安全与防务是国家主权最敏感的区域,历来是成员国竭力防止主权流失的核心区域,是主权让渡的最后底线。因此,《里斯本条约》的相关规定无疑设立了一块里程碑,欧洲安全区域主义在合法性方面取得了实质性的突破。

除了新的机构和人事安排之外,《里斯本条约》还增加或修订了几大与欧盟共同安全与防务政策密切相关的条款,其中包括强化型合作条款(Enhanced Cooperation Clause)、永久结构性合作条款(Permanent Structured Cooperation Clause)、相互援助条款(Mutual Assistance Clause)、相互团结条款(Mutual Solidarity Clause)等几项。[①]

强化型合作条款与永久结构性合作条款有着紧密联系。强化型合作条款并非《里斯本条约》的首创,早在 1997 年的《阿姆斯特丹条约》中它就被欧盟引入自己的基本法律框架中。不过,强化型合作条款那时只适用于共同体事务、司法合作以及打击犯罪等领域,并未牵涉欧盟的外交与安全领域。2000 年的尼斯峰会及其条约在强化型合作条款的适用范围方面做了重要扩展,把它引入到欧盟的第二支柱即共同外交与安全政策中来。但是鉴于军事问题的高度敏感性,《尼斯条约》明确排除了把强化型合作用于欧盟防务一体化的任何可能性,也就是说,如果共同外交与安全政策涉及的问题包括军事含义,那么这项条款就无效。而《里斯本条约》则做了实质性的突破:强化型合作条款被《欧洲联盟条约》和《欧洲联盟运行条约》(两者构成了所谓《里斯本条

---

① "The European Security and Defence Policy(ESDP) after the Entry into Force of the *Lisbon Treaty*", Spanish Institute for Strategic Studies, April 2010, pp. 81 – 92.

约》)共同确认为适用于共同外交与安全政策的基本条款之一,军事与防务层面包括在内。此外,《里斯本条约》还做出附加承诺,决定在强化型合作条款的基础上,为欧盟的安全防务领域专门制订更进一步的永久结构性合作条款。

在军事防务领域内适用的永久结构性合作条款是《里斯本条约》创新的一大亮点,充分反映了欧盟着眼于一体化的立法手段的进一步成熟与更加灵活的性质,因为它把有差别的一体化(differentiated integration)方法成功地、明确地应用到了欧盟的基本法律框架当中。从历史上看,欧洲防务一体化的最大软肋之一恰恰是难以实现"多样化中的统一"(united in diversity,这也是欧盟自己的座右铭),因为安全防务问题涉及的领域对于国家主权来说实在是太敏感,而安全防务利益又是任何国家最重大的利益关切。光是从冷战结束后的20年来看,欧盟防务一体化步履维艰,屡屡受阻于"大西洋主义"与"欧洲主义"、"干涉主义"与"中立主义"等诸多矛盾的重重对抗。这使得欧盟陷入了进退两难的困境之中:要推动一体化的水平进而实现欧盟的全球政治抱负,就必须在防务领域内向前迈进;然而,如果硬要把历史传统、利益取向、价值判断等并不相同的成员国捆绑在一起,先不说难以做到,就是做到了,这样的安全防务共同体也不可能具有高效运作的能力。因为它违背了成员国国家的意志,进而也就没有把统一和多样性这两者协调好。对此,《里斯本条约》做了巧妙的创新。条约首先为永久结构性合作条款设计了运行框架,继而在框架内制定了欧盟以及成员国执行的标准,最后又设定了具体的操作程序。条款本身规定得很细,简而言之:欧盟的那些成员国如果自身的军事能力达到了某种标准,而且针对某些安全与防务行动相互之间做出了具有约束力的承诺,那么它们就可以启动建立永久结构性合作程序。不过,相关成员国必须事先通知欧盟理事会以及高级代表,理事会再通过多数有效表决的结果确定参与国家的名单。当然,一个成员国能否参与合作使命并不仅仅取决于表决的结果,而是首先要看它是否达到了欧盟《里斯本条约》设定的标准,大体即拥有相关的军事动员、行动、后勤保障等能力以及执行使命的政治意愿等。可以说,永久结构性合作条款体现了欧洲一体化和欧盟建设的弹性(flexibility)特征。更倾向于海外行动的成员国可以得到欧盟法律的充分授权,同时在合作框架内寻找最适当的伙伴并通过欧洲防务局调动相关资源;另一方面,具有中立主义传统的成员国则可以合法地置身事外,同时又不影响欧盟的政治团结。

《里斯本条约》首次大胆地引入了相互援助条款,而这项条款的出台此前一直饱受争议,因为它涉及了欧盟可能具有军事同盟性质,以及欧盟与北约的战略关系等诸多重大问题。所以即使在最新的《里斯本条约》规定中,这项条款尽管最终出台了,但也是四平八稳、措辞高度平衡的。它的核心内容是:如果某成员国成为领土入侵的受害者,那么其他成员国将在联合国宪章第51款的基础上,提供一切可能的手段和资源加以援助。这样的规定难免让人把它和1954年修订的《布鲁塞尔条约》相比较,那也是一个西欧国家之间的军事同盟条约,并且是后来西欧联盟的法律基础。但是,鉴于当代早已不是冷战时期,而北约半个多世纪的经营在欧洲安全架构中已经留下了根深蒂固的影响,因此《里斯本条约》的这一新条款充分考虑并照顾到了各类成员国的利益。例如,某些成员国希望通过彼此间的安全承诺加深防务一体化的水平,条款核心内容满足了它们的要求;有些成员国是传统的中立国家(瑞典、爱尔兰、奥地利等),因此条款又规定在执行相互援助义务时不得损害这些国家特殊的安全和国防政策要求;鉴于许多欧盟成员国同时还是北约国家,因此该条款还明确承诺,相互援助义务的实施应该与这些国家对北约组织的承诺相一致,因为北约"仍然是它们集体防御的基础"。[①]

如果说相互援助条款需要兼顾的问题还很多,那么《里斯本条约》关于相互团结的条款则更加干脆,也更体现出了欧盟自身的主导性质。该条款的大意是:如果某成员国成为恐怖主义袭击、自然灾害或人为灾难的受害者,那么在该国政治当局的要求下,其他成员国将提供一切办法加以援助,其中包括军事手段。如果把这一条款和相互援助条款进行比较,更能看出欧盟的独具匠心之处。首先,作为北约作用的传统基础,欧盟成员国的领土安全受到军事侵略的威胁在当前还有多大的现实可操作性暂且不提,除此之外,这一条款几乎把欧盟国家所可能遭遇到的重大威胁都包括进来了,尤其是目前高度紧迫的恐怖主义和极端

---

① Simon Duke, "The EU, NATO and the *Lisbon Treaty*: Still Divided Within a Common City", March 2011, http://euce.org/eusa/2011/papers/5k_duke.pdf.

主义侵害问题。其次,相互援助条款并没有做出程序上的详细安排,与之相比,相互团结条款则要具体得多。它规定当上述威胁发生时,欧盟理事会要和欧盟委员会、高级代表一起做出决定,同时欧洲议会也要被告之相关情况;决定出台后,欧盟政治与安全委员会(EU Political and Security Committee,PSC)将在共同安全与防务政策的框架内,制订相关计划以协助相互团结条款的实施。鉴于欧盟委员会、欧洲议会以及政治与安全委员会的超国家性质,可以说这一要求对于安全防务一体化具有明显的积极作用。

在《里斯本条约》奠定的更加坚实的法律基础上,欧盟共同安全与防务政策迈出了最新的步伐。外交与安全政策高级代表凯瑟琳·阿什顿(Catherine Ashton)女士作为欧盟的官方形象,以前所未有的高频率往来穿梭于世界主要热点区域,参与斡旋并解决欧盟所面临的各种现实和潜在的外交与安全问题。以前在人们面前经常出现的欧盟面孔——轮值主席国领导人、委员会负责对外关系的委员,以及外交与安全政策高级代表等,现在都由阿什顿取而代之。尤其令人印象深刻的是,在 2011 年春夏的中东北非变局中,欧盟高级代表的身影频频出现在国际舞台上,其出现的频率和参与的力度远远超过了欧盟以往的水平。

在《里斯本条约》的推动下,原本就以"安全防务需求驱动、军事能力目标带动"为原则的欧洲防务局也向前迈进了一大步。从 2008 年 11 月开始,欧洲防务局以鲜明的一体化方式推进欧洲安全防务能力的建设,采取联席会议的形式把四大责任区连接起来,同台办公、互通有无。这四大责任区覆盖了欧盟安全防务能力的几乎所有重点领域:军事能力规划区、研发与技术专区、军备合作项目区以及军工产业与市场区。由于《里斯本条约》有效地打通了外交、安全与防务领域内的条块分割,拆除了欧盟第一支柱和第二支柱之间的若干重要壁垒,因此,欧洲防务局如今可以把第一支柱(产业、市场、研发)和第二支柱(安全、防务)的相关资源更加有效地整合起来为欧盟所用。在此基础上,欧洲防务局已经实现了工作重点从战略到项目的跨越。截至目前,欧洲防务局为自己的四大责任区分别制订了相应的战略:《欧洲能力发展计划》(该战略旨在确定欧洲未来的能力需求,推动研发并促进军备和防务产业合作)、《欧洲防务研究与技术战略》(该战略旨在详细确定哪些防务技术需要投资,以及如何才能更有效地利用资金)、《欧洲军备合作战略》(该战略旨在实现从协调欧盟国家的军备需求到有利于节约资金的军备合作等一系列目标)、《欧洲防务技术与产业基础战略》(该战略旨在以三个原则,即能力驱动、能够胜任和具有竞争力为基础,规划出欧洲防务产业的未来蓝图)。根据这些战略,欧洲防务局目前确定的重点项目主要有:能够执行危机管理任务的军用直升机,战略空运能力(重点是发展泛欧洲的 A400 机型),海上行动能力,天基地球卫星目标侦察能力等。

性质复杂、目标广泛以及手段多样化,始终是欧盟对外安全与防务行动的基本特征,同时,在机构和能力建设往往遭遇阻力的情况下,欧盟多次成功的安全防务行动也使共同安全与防务政策一直成为引人注目的亮点。《里斯本条约》生效后,欧盟的行动不仅没有停止,而且进一步开阔视野,扩大实践范围,取得了更多成熟的经验。这其中尤其具有重要意义的包括:欧盟在科索沃继续进行的旨在促进当地法制和民主建设的民事使命,欧盟首次在远洋海域进行的国际合作打击索马里海盗的独立军事使命。欧盟在科索沃的法治使命(代号 EULEX Kosovo)是欧盟展开的规模最大的民事使命,其目的在于协助科索沃当局建立起法治社会,特别是建立并顺利运行警务、司法、海关等关键机构。科索沃对于欧盟的安全防务政策具有至关重要的价值,它的状态直接关系到西巴尔干区域的稳定,关系到塞尔维亚、阿尔巴尼亚、马其顿等国的局势,从而最终影响欧盟向东南欧区域扩大的历史进程从 2009 年 4 月开始,欧盟已经委派了超过 1 700 名各类法治专家以及相关人员投入到这一使命之中。同样,作为欧盟有史以来第一次海上独立军事行动,旨在打击海盗以维持国际重要商业航线安全的"阿塔兰特行动"(代号 EUNAVFOR Somalia)也取得了阶段性成功。截至 2011 年 4 月中旬,已经有来自超过 10 个欧盟成员国的海军舰机参与了此次行动,有效地维护了印度洋及其周边海域的安全。以这一行动为契机,并在此行动的基础上,欧盟还在 2010 年 5 月实施了一次规模较小的军事行动,即旨在训练索马里安全部队的 EUTM Somalia 使命。这些任务的开展体现了欧盟一以贯之、独特鲜明的战略文化,即安全问题是个社会综合性问题,解决安全问题不能纯粹依靠军事手段,必须从社会与国家的全面视角出发才能有效应对。

如果说从马斯特里赫特直到里斯本的一系列条约奠定了欧盟安全防务的法律基础,那么《欧洲安全战略》则从逻辑的角度阐述了欧盟安全防务的理性所在。2003 年年底,欧盟制定了自己的首份《欧洲安全战略》,第一次向全世界明确阐释了自己对于安全问题的总的看法。战略分为四大部分:导论、安全环境("全球挑战与关键威胁")、战略目标、对欧洲的政策含义。下面的阐述将通过把某些段落或语句与美国定大致同期出台的 2002 年版《美国国家安全战略》(National Security Strategy of the U.S.)加以对比的方式,更加突出地展示欧洲安全战略的独特性。

导论的第一句就开宗明义地指出:"欧洲从未有过像今天这样的繁荣、安全与自由。"[①]这种局面是欧洲自近代以来从未有过的,虽然在过去也曾经有过比较长的和平时期,但是那时的情况与现在不同,那时的和平大多属于大国之间力量均衡的副产品,更多的是争霸而非合作的产物,例如维也纳体系等。但是今天的欧洲形势已经不可同日而语了,当今欧洲的和平、安全与繁荣来自一种新的历史进程,那就是一体化,"欧洲联盟的创立是这一历史进程的核心,它既改变了欧洲国家之间的关系,也改变了欧洲人民的生活方式。欧洲国家致力于以和平方式解决彼此之间的争端,并通过共同的机制进行合作。"[②]

欧盟承认美国在欧洲一体化进程中曾经扮演过的关键角色,尤其是在它的初创阶段,"美国在欧洲一体化和安全领域内扮演了关键角色,特别是通过北约",冷战后美国地位的上升使它拥有军事领域内支配性的力量,但是欧盟的话锋随之一转,明确指出军事威力并非万能,"没有任何国家可以单凭一己之力,解决今天的复杂问题"。[③]

尽管和平是今天欧洲形势的主流,但是世界也包括欧洲在内,并非已经不受武装冲突和战争的威胁。欧洲战略尤其注意到"冲突更多地是发生于国家内部而非国家之间,受害者大多数是普通民众"。[④]据瑞典斯德哥尔摩国际和平研究所(Stockholm International Peace Research Institute)调查发现:"2001 年,世界大多数国家所面临的安全挑战与冷

---

① "European Security Strategy", Brussels, 12 December 2003, EN, p. 1.

② Ibid.

③ Ibid.

④ Ibid.

战结束后就一直盛行的安全因素相似,(文章所调查的)全部 15 场主要武装冲突均属于国内冲突。尽管它们都有各自的特殊动因,但是也经常受到外部因素和行为体的影响。反之,大部分冲突同样也对邻国构成了影响,这种武装冲突跨越国境的现象现在通常被称为'外溢效应'。"[1]

欧盟认为自己"作为一个拥有 25 个成员国和超过 4 亿 5 000 万人口的联盟[2],出产了世界国民生产总值的四分之一,并且拥有一套覆盖面广泛的措施和手段,理所当然地要成为全球舞台上的行为体"。[3] 在这里,欧盟认为自己要成为全球行为体的理由,完全是基于客观的人口规模和占世界国民生产总值的比重。在这一点上,美国战略和它迥然不同。美国战略的出发点是"天定使命",是一种强烈的优越感,是一种"历史终结"的意识,是一种冷战结束后要把所谓美式"自由""民主"和"自由企业制度"推向全世界的不可阻挡的政治热情。美国战略宣称任何美国的安全战略"都必须以核心信念为出发点,尽一切可能地扩展自由"[4],对于那些否定天赋人权的行为,"历史赋予美国的职责是明确的,即消灭世界上的邪恶力量"[5]。这种语气不仅是政治热情,甚至都带有了明显的宗教色彩。与之相关的是,诸如"自由"这种包含着强烈意识形态色彩的用词在美国战略中出现了多达 57 次,而在欧洲战略里仅仅出现了两次。[6]

在《欧洲安全战略》的第一部分"安全环境:全球挑战和关键威胁"当中,欧盟认为"在后冷战时代,随着边界的日益开放,安全的内在层面与其外在层面之间已经无法融为一体、难以分割",这是全球化造成的必然现象。这种现象"已经增加了欧洲对外部世界的依赖,以及欧洲在安全方面的脆弱性。这种依赖和脆弱性表现在欧洲拥有的与外部世界相联系的各种基础设施,它们广泛地分布于运输、能源、信息以及

---

① *SIPRI Yearbook* 2002: *Armaments*, *Disarmament and International Security*, Oxford: Oxford University Press, 2002, p. 21.

② 此为《欧洲安全战略》出台时即 2003 年的数据。

③ "European Security Strategy", Brussels, 12 December 2003, EN, p. 1.

④ "the National Security Strategy of the United States of America", September 2002, p. 3.

⑤ Ibid., p. 5.

⑥ Felix Sebastian Berenskoetter, "Mapping the Mind Gap: A Comparison of US and European Security Strategies", *Security Dialogue*, Vol. 36, No. 1 (March 2005), p. 76.

其他领域"。① 以能源为例,进口国将尽力使自己的能源供应渠道分散化,与之相比,出口国处于更加有利的位置来选择自己的客户。双方的战略能否成功都在很大程度上取决于已有的和预想中的基础设施。在任何情况下,进口国都将为确保能源供应而展开更加激烈的竞争,与此同时,能源生产国也严重依赖出口以确保自己的经济发展和政治稳定。就拿石油市场来说,进口国既面临着供应突然中断,或者石油大幅度减产的直接威胁,也面临着石油供应区域发生社会动荡造成的间接威胁。在一个全球化的市场上,这些动荡会立即影响油价,而不管这些动荡发生在什么区域。② 这对欧盟是个非常现实与严峻的安全挑战,毕竟大部分欧盟国家是能源进口国,又在一个已经高度一体化了的欧洲经济环境中运作,可以说任何欧盟国家的经济都与其他成员国密切相连,牵一发而动全身。欧盟对东欧区域天然气的依赖,对中东区域石油的依赖显著地增加了欧盟安全的脆弱性。从这些能源产地到欧盟消费市场,存在着能源运输等许多环节,其中不少都面临着安全隐患。"对能源的依赖引起了欧洲的特别关注。欧洲是世界最大的石油和天然气进口方,今天欧洲的进口已经占到了其消费总量的50%,而且到2030年还将进一步攀升到70%。而大部分的能源进口都来自海湾国家、俄罗斯与北非国家。"③

发展中国家的贫困问题构成了对欧洲安全的间接威胁,"在很多发展中国家,贫穷与疾病在带来灾难的同时,也成为了诱发安全问题的因素"④,例如,艾滋病可以导致某些"社会的崩溃。新的疾病可以迅速传播并成为全球性的威胁"⑤。近年来,某些出现比较晚的疫情,如非典型性肺炎(atypical pneumonia, SARS)与各种各样禽流感(avian influenza)在世界部分区域的肆虐就是活生生的例子。贫穷也绝非仅仅经济问题,例如"撒哈拉以南非洲现在比十年前更穷,在许多地方,

---

①　"European Security Strategy", Brussels, 12 December 2003, EN, p. 2.

②　Nicole Gnesotte and Giovanni Grevi, "The New Global Puzzle: What World for the EU in 2025?" EU Institute for Security Studies, 2006, p. 58.

③　"European Security Strategy", Brussels, 12 December 2003, EN, p. 3.

④　Ibid., p. 2.

⑤　Ibid.

经济崩溃总是和政治问题与暴力冲突密切相连"①。欧盟认为安全是发展的前提条件，冲突不仅会摧毁社会基础设施，还会滋生犯罪，阻吓投资，使正常的经济活动难以开展。某些国家和区域已经陷入了冲突、不安全和贫困的恶性循环。

《欧洲安全战略》对全球挑战做了极其宏观、全面和富有逻辑性的阐述，为下文继续分析欧洲面临的几大威胁、需要达成的目标，以及最后应该采取的政策手段，铺陈了一个总的背景。从这部分可以看出，欧洲战略最重要的特点之一——"综合安全"的大安全观（grand concept of security）已然出现。

《欧洲安全战略》把所面临的关键威胁分为五大类：恐怖主义、大规模杀伤性武器的扩散、区域冲突、国家失败（state failure）、有组织犯罪。

客观地说，欧盟国家对恐怖主义并不陌生，数十年来出于各种政治目的，形形色色的政治组织在欧洲各地制造过无数的恐怖主义袭击事件，其中比较著名的显然要包括爱尔兰共和军、巴斯克民族分离主义运动（"埃塔"）等组织。欧洲战略要强调的是"最近的恐怖主义浪潮在规模上是全球性的，而且与暴力性的宗教极端主义相联系"②。欧盟认为这种恐怖主义起因很复杂，其中包括"现代化的压力，文化、社会与政治危机，以及外侨社区中那些年轻人怀有的被社会疏离的感觉"。欧盟特别强调"这种现象也是我们自己社会的一部分"。③ 这种阐述，既反映了欧洲认为安全问题的内部与外部层面是密切联系的观点，同时也避免了人们有可能把恐怖主义仅仅归结为外部因素，在欧洲战略已经把这种恐怖主义和宗教极端主义联系起来的时候，进一步想当然地把恐怖主义和伊斯兰教联系起来的危险倾向。欧洲战略还用事实证明，欧洲既是这种恐怖主义的目标也是它的策源地，"'基地'组织的后勤基地已经在数个欧洲国家被发现了，其中就有英国、意大利、德国、西班牙和比利时。"④与欧洲的分析相比，美国战略虽然篇幅更长，但是其

---

① "European Security Strategy", Brussels, 12 December 2003, EN, p. 2.

② Ibid., p. 3.

③ Ibid.

④ Ibid.

分析却显得比较肤浅，而且没有脱离一种情绪化的色彩。美国战略基本上没怎么在恐怖主义的动机上花费笔墨，只是泛泛地谈到"（恐怖分子）试图制造恐惧的欲望"，把恐怖分子的行为动机解释成"士兵渴望一种烈士般的死法"，以及"恐怖分子被一种错误的信仰所引导，以为杀戮、绑架、敲诈、抢劫等是政治行为的合法方式"。总之，恐怖主义基本上等同于"20 世纪所有凶残的意识形态"。最后，美国战略对恐怖主义完全做了外化处理，认为它起源于"自由世界"之外，自然也包括所谓"美国文明"之外，更可怕的是，索性直接将它定位于伊斯兰社会内部。①

欧盟对大规模杀伤性武器的扩散极为关注，把它称作"对我们的安全构成了最大的潜在威胁"。② 在欧洲看来，大规模杀伤性武器的扩散主要通过两种途径，一种是国家之间的军备竞赛，另一种是非国家行为体如恐怖主义组织等试图非法获得。关于第一种，欧盟认为中东的局势尤其严峻："一场大规模杀伤性武器的军备竞赛，特别是在中东。"③自从 2002 年伊朗宣布重新启动核计划以后，伊朗核问题（Iran's nuclear issue）已经成为国际舞台关注的焦点。但是，即使伊朗的核计划的确是个安全问题，那也要放在区域核竞赛的背景中去理解。美国和拥有核武器的以色列始终被伊朗视为现实的威胁，而伊朗的东部邻国巴基斯坦和印度也都拥有核武器，同样使伊朗感到不安。在这种情况下，人们似乎应该理解伊朗对核问题的关心，在大部分伊朗人看来，拥有核能力既可以威慑潜在的侵略者以保障国家安全，也能够帮助伊朗赢得国际社会的尊重。④ 自从广岛和长崎之后，核武器就再也没有于实战中被任何国家使用过，相反，化学与生物武器的威胁离人们的日常生活倒更近一点。欧盟认为最骇人的情况当属恐怖主义组织获取大规模杀伤性武器，为此它还在战略中特别列举了日本的奥姆真理教（Aum Shinrikyo）在东京两次使用化学毒剂杀伤普通平民的例子。

---

① Felix Sebastian Berenskoetter, "Mapping the Mind Gap: A Comparison of US and European Security Strategies", p. 78.

② "European Security Strategy", Brussels, 12 December 2003, EN, p. 3.

③ Ibid.

④ Walter Posch, "Iranian Challenges", Chaillot Paper, No. 89, EU Institute for Security Studies, May 2006, p. 24.

在前面的"全球挑战"部分中,欧洲战略已经把冲突定义为其他许多安全问题的策动源,区域冲突能够"摧残人的生命,摧毁社会和物质基础设施,威胁着少数族群、基本自由与人权"。[①] 不仅如此,区域冲突还能诱发其他威胁因素,"冲突能导致极端主义、恐怖主义和国家失败,为有组织犯罪提供机会,区域环境的不安全还迫使人们寻求大规模杀伤性武器"[②],"区域冲突本身就成了其他威胁的源头,其中包括极端主义、恐怖主义、国家失败、有组织犯罪和大规模杀伤性武器扩散等。"[③]由此可见,欧洲战略列出的五种类型的威胁都与区域冲突有着不同程度的联系,所以防止并解决区域冲突就成了应对威胁、保障安全的关键。

从西方的意识形态与某些价值标准出发,欧盟认为有些国家的内部治理非常糟糕,存在着所谓"恶政"(bad governance)。"腐败、对权力的滥用、脆弱的机制,缺乏透明度和责任感,再加上国内冲突,这些都从内部腐蚀着国家的基础,在某些情况下甚至可能导致国家机能的瘫痪。索马里、利比里亚和塔利班统治下的阿富汗,这些国家都是最近为人们所熟知的例子。"[④]国家失败带来的消极影响并非仅仅局限于一国内部,它还会造成区域形势的不稳定,增加全球治理的难度。2004 年11 月,欧盟安全研究所(EU Security Institute)举办了一次以"失败国家与欧盟的安全议程"为主题的研讨会,与会专家们发现,"失败国家"在从微观到宏观三个层面上威胁着世界和平与安全:在当地(the local level)安全层面,由于法律与社会秩序缺失,实施"恶政"的当权者有计划地对国内某一人群加以迫害,以及非法武装组织横行,"失败国家"对平民个人或群体的人身安全构成了威胁;在区域(the regional level)安全层面,20 世纪 90 年代的一个严重教训就是,"失败国家"会向外传播失败。由于内部战乱而被迫背井离乡的难民流出国境对邻国造成了安全压力,犯罪组织也会借机混入邻国,在这方面,塞拉利昂和利比里亚对整个西非区域安全的负面影响就是个活生生的例子;在国际(the international level)安全层面,"失败国家"内部的混乱为他们成为国际

---

① "European Security Strategy", Brussels, 12 December 2003, EN, p. 4.

② Ibid.

③ "Research for a Secure Europe", European Communities, 2004, p. 10.

④ "European Security Strategy", Brussels, 12 December 2003, EN, p. 4.

恐怖主义和极端主义组织的巢穴提供了条件。这些组织要么把"失败国家"当作犯罪活动的中转站,要么利用当地人民对生活的绝望而招兵买马,壮大自己的力量,形成对世界安全的持久威胁。以"失败国家"为基地,国际恐怖主义等还会对全球的经济安全构成挑战,例如威胁那些具有战略意义的运输线路。[①] 最近一两年迅速升温的印度洋和亚丁湾海盗袭击事件,极好地证明了欧洲战略对"失败国家"安全威胁的准确把握和高度预见性。

有组织犯罪作为五大威胁类型的一种被欧洲战略放在了最后加以阐述,并不意味着欧盟不重视这个问题。实际上,这种暴力程度看似与其他四类相比不算太高的威胁,由于有着更加广泛的社会基础,更加久远的历史记录,与普通人们日常生活的联系更加密切,所以打击起来难度就更大,要想根除就更是难上加难。此外,就像区域冲突和国家失败一样,有组织犯罪问题也和其他几类威胁有着千丝万缕的联系。"跨国毒品走私、贩卖妇女、非法移民以及走私非法武器等行为,已经构成了犯罪团伙的很大一部分活动。这些能够和恐怖主义建立联系。而且这些犯罪活动也和国家失败经常联系在一起。"[②]"在欧洲,百分之九十的毒品海洛因来源于在阿富汗种植的罂粟,在那里,毒品交易的所得又被用于支付私人武装的薪水。这些毒品主要通过巴尔干区域的犯罪网络流向欧洲各地。除了毒品,巴尔干区域犯罪网络还染指性奴贸易,全世界总计 70 万的性奴受害者中,有 20 万是经过他们的黑手的。有组织犯罪一个值得关注的、新的发展趋势可能是与海盗行为的合流。"[③]

逐一分析了五大类威胁之后,欧洲战略对已经面临或者即将面临的安全形势深表忧虑,认为如果这些威胁汇合在一起相互呼应的话,欧洲将面临着极为紧迫的安全挑战,"恐怖主义将把暴力发挥到极致,大规模杀伤性武器的使用正在变为现实,有组织犯罪,国家体系的弱化,军队的私人化"[④]等,形势的确相当严峻。

通过对全球安全环境和威胁性质及其表现的分析,人们已经对欧

---

① Judy Batt and Dov Lynch, "What Is a 'Failing State', and When Is It a Security Threat?" pp. 6 – 7.

② "European Security Strategy", Brussels, 12 December 2003, EN, p. 4.

③ Ibid., p. 5.

④ Ibid.

盟眼中的世界安全状态有了清晰的认识,下面自然而然地进入到了战略目标部分。欧盟提出了三大战略目标:解决威胁,在欧盟周边营造安全地带,推动建立有效多边主义基础之上的国际秩序。

在解决威胁方面,欧盟提出的达成目标的途径具有显著的三大特征:协同性、预防性、综合性。

欧盟一直强调协同应对全球安全挑战的重要性,在外部,欧盟以一个整体与美国和国际原子能机构(International Atomic Energy Agency)等国家与组织协调行动,而在内部,欧盟也在最大程度上为成员国之间的安全协作提供条件。"作为对'9·11'事件的反应,欧盟批准了'欧洲逮捕令'(European Arrest Warrant),加强了对恐怖分子资金链的打击,同时与美国就(对付恐怖主义的)双边法律援助问题达成了协议。"①"9·11"事件后的数月之内,欧盟理事会就欧洲各国对恐怖主义的定义达成一致,协调了对恐怖主义犯罪行为的处罚措施,出台了共同的逮捕令,并制定了一系列条款以用于冻结或剥夺恐怖分子的资产。此外,一份将涉嫌恐怖主义活动的组织及个人登记在案的共同名单也开列出来了,一个新的机构欧洲司法局(Eurojust)组建起来了,该机构由高级别的法官和检察官们组成,他们负责协助调查跨国犯罪;最后,欧洲警察署(European Police Office)内部一个专门的反恐小组也建立起来了。② 在防扩散方面,欧盟一向重视多边机构的作用。"欧盟刚刚通过了一项行动计划以加强国际原子能机构,包括强化出口控制、打击非法转运和采购。欧盟致力于推动世界各国对多边条约制度的严格遵守……"③尽管存在着制度缺陷和漏洞,国际核不扩散机制还是发挥了极其重要的作用,在欧盟看来它是不可替代的,"随着核不扩散条约的签署,一套严格的国际制度建立起来了。正是在这套制度的作用下,才会出现今天这样的局面,即全世界只有不超过十个国家拥有军用核能力,那些潜在的扩散者受到了有效的监督和应对。"④

欧盟途径的第二大特征是其预防性。在欧盟看来,随着全球化的

---

① "European Security Strategy", Brussels, 12 December 2003, EN, p. 6.

② Jess Pilegaard, "The Politics of European Security", pp. 166 – 167.

③ "European Security Strategy", Brussels, 12 December 2003, EN, p. 6.

④ Martin Ortega, "Building the Future: The EU's Contribution to Global Governance", EU Institute for Security Studies, April 2007, p. 19.

发展,时空距离对于判明威胁并采取措施,已经越来越失去了其往日的意义。地理上相隔万里的威胁,可能会通过一系列想象不到的途径迅速逼近欧洲的大门口。"在全球化时代,遥远距离上的威胁可能和近在身边的威胁一样值得关注。朝鲜的核活动,南亚的核风险,以及中东区域的核扩散问题都是欧洲所密切关注的。恐怖分子和犯罪分子已经具有了全球活动的能力:他们在中亚或是东南亚的活动就有可能威胁到欧洲国家及其公民。"①就拿中亚来说,这个区域的安全问题不仅影响着周边国家,甚至像俄罗斯、中国这样的大国,而且对欧盟国家也产生着这样或那样的影响。首先,欧洲国家黑市上出售的绝大多数毒品海洛因都产自阿富汗,与阿富汗相邻的中亚国家是这些毒品输入欧洲的主要走私路线。第二,圣战伊斯兰主义(Jihadi Islamism)对欧洲构成了越来越大的压力,可对于这些伊斯兰政治主张,欧洲对它们的意识形态动力、征募人员的行动、社会形态及其在国际上的联系还知之不多。欧盟与中亚国家合作符合欧洲的利益,可以帮助欧洲更好地理解上述这些政治安全问题并加以应对,同时也可以加强这些温和的伊斯兰国家的生存能力。第三,如果该区域发生了严重的社会动荡,就会触发大批的难民潮,打断在当地的投资活动,并且在阿富汗边境区域制造出更大的不稳定。最后,尽管有外部援助,中亚国家应对安全挑战的能力依然很弱,激烈的暴力冲突一旦发生,这些国家将难免要向外部世界寻求帮助。这样一来,俄罗斯将很可能马上陷入一种困境,但是欧盟也需要做好充分准备,知道如何在政治与行动方面加以应对。②

同样,如果不未雨绸缪,潜在的危机火种没有及时判明甚至提前判明,一旦爆发出来,欧洲将措手不及,根本没有时间展开抵抗。总之,时间与空间上的缓冲地带对于今天的世界安全来说正在加速萎缩,欧洲的战略途径必须显示出高度预见性。"新的种种威胁是不断变化的,(大规模杀伤性武器)扩散的风险在逐日增长;如果置之不理,恐怖主义网络就会变得更加危险;如果受到忽视,国家失败和有组织犯罪这些威胁因素就会进一步向外传播,正如我们在西非观察到的那样。这些

---

① "European Security Strategy", Brussels, 12 December 2003, EN, p. 6.

② Anna Matveeva, "EU Stakes in Central Asia", Chaillot Paper, No. 91, EU Institute for Security Studies, July 2006, p. 33.

都要求我们必须在危机发生以前就做好行动准备。"不过,欧盟在这里补充强调:"冲突预防和威胁预防不能开始得太早。"①实际上,这正是欧洲战略里独具匠心的一处,也使它与美国战略之间呈现出明显的差异。欧盟强调"冲突预防"(conflict prevention)而美国强调"先发制人行动"(pre-emptive action),相对于美国战略,欧洲战略把重点放在了解决安全问题产生的社会、经济根源方面,放在了冲突后的重建和平任务上面,而不是进攻性的军事行动。欧盟虽然提到了"可能需要采用军事手段以恢复秩序",但是这些军事手段只能在这样的框架中运用,即作为一种冲突后(post-conflict)的政策工具来稳定(stabilize)秩序。欧洲战略认为,"区域冲突需要政治解决方案,但是在冲突结束以后,军事措施和有效的警务行动可能也是需要的。"②欧盟把军事力量仅仅视为冲突后恢复秩序的工具,没有把它当作冲突中的工具,更没有把它当作引发冲突的工具。美国就完全不同了,在那里,军事力量被视为安全战略诸多措施中最重要的工具。美国战略再次确认了美国军事力量的核心作用,并且把先发制人行动称为"自卫"(self-defense)和一种"常识"(common sense),美国军事人员的全球部署被描绘成"对盟国和朋友做出承诺的意义最为深远的象征"。不管这些语言多么华丽,美国战略最终还是把它的本质一言挑明:在美国的利益和其独一无二的责任需要的时候,美国绝不排除单边行动这一选择。③

欧盟途径的第三大特征是综合性。"与冷战时期清晰明了的大规模威胁不同,没有一种新的威胁是纯军事意义上的,因而也就不可能用纯军事手段加以解决。相反,每一种安全挑战都需要一整套综合性的应对手段。"④在欧洲战略中,欧盟就每一种威胁所适用的应对措施进行了简要概括,证明所有威胁都应该从政治、经济、社会、文化,当然也包括军事层面综合地加以解决,而且也只有从所有层面下功夫,问题才能解决。欧盟最后充满自信地表示:"在应对这些多层面(multi-

---

① "European Security Strategy", Brussels, 12 December 2003, EN, p. 7.

② Felix Sebastian Berenskoetter, "Mapping the Mind Gap: A Comparison of US and European Security Strategies", p. 85.

③ Ibid., pp. 83 – 84.

④ "European Security Strategy", Brussels, 12 December 2003, EN, p. 7.

faceted)的形势的时候,欧盟拥有特别好的条件。"①

欧洲战略提出的第二个目标是在欧盟周边营造一片安全地带。虽然欧盟着眼于整个全球政治安全舞台,但是,"即使在一个全球化的时代里,地理仍然是个重要因素"②,地缘政治的重要性并没有减弱。"我们边界上的国家得到良好治理,这符合欧洲的利益。在欧盟的邻国内部,如果发生了激烈的武装冲突,如果由于国家权力的软弱而导致有组织犯罪活动猖獗,如果社会机能瘫痪,或人口爆炸性增长,这些都会对欧洲构成问题。"③越来越多的国家自愿加入欧洲联盟这一历史工程,造就了欧洲历史上前所未有的和平与安宁,如今欧盟正在以吸收新成员国的方式把安全与繁荣带给越来越多的民族,但是与此同时,欧盟也在不断地接近某些存在着安全挑战的区域。欧盟要营造的安全地带以它自己为中心,呈一面扇形向东方与南方两个方向展开。

由于久远的历史、文化因素和不久前的冷战,欧洲东西两部分的分裂不仅对欧洲统一的梦想构成了严重阻碍,而且带来了现实的安全问题。冷战期间,处于超级大国争夺前沿的东欧与西欧国家长期武装对峙,欧洲人(更不用说德国人)之间随时可能自相残杀的惨痛经历给欧洲人的心理投下了深深的阴影,对此,欧洲战略明确指出:"(欧盟的)扩大不应该在欧洲再制造出一条分裂线,那不符合我们的利益。我们需要把经济合作与政治合作带来的好处带给我们的东方邻居,与此同时(参与)解决那里的政治问题。"④作为欧盟最大的邻国(不仅仅是东方),俄罗斯始终是欧盟发展安全防务合作的重点对象之一。进入新世纪以后,冷战时代苏联对西欧造成的安全压力已经不再支配欧盟对俄罗斯的看法,相反,在欧盟眼里,俄罗斯可以成为一名有益的安全合作伙伴。从德涅斯特河畔的摩尔多瓦到连接着中东与俄罗斯的外高加索,布鲁塞尔发现了许多可以和莫斯科合作的地方,而自从"9·11"事件之后,欧盟发现俄罗斯即使在更加遥远的中亚区域,也是不可或缺的安全伙伴。此外,欧盟在发展与俄罗斯安全关系的时候,还对双方危机

---

① "European Security Strategy", Brussels, 12 December 2003, EN, p. 7.

② Ibid.

③ Ibid., p. 8.

④ Ibid.

控制行动方面的合作深感兴趣,特别是俄罗斯空军的大型运输机能为欧盟快速反应部队的行动提供战略空运能力,这正是欧盟急需的。①

关于欧盟东部邻近区域的安全热点,欧洲战略特别提到了高加索,"现在我们应该在南高加索问题上采取一种更强有力和更加积极的兴趣与姿态,因为这里不久以后就会成为欧盟的近邻。"②新千年伊始,与阿塞拜疆和亚美尼亚两国相比,格鲁吉亚是前苏联高加索三个加盟共和国当中安全形势最严峻的,因此是欧盟高加索问题关注的焦点。欧盟认为自己在格鲁吉亚有五大直接安全利益:第一,自从玫瑰革命(Rose Revolution)之后,格鲁吉亚就陷入了内乱,而那场革命所承诺的在格鲁吉亚实现"民主"转变的目标并未实现,因此,协助实现革命目标,在格鲁吉亚建立良好的治理(good governance)就成了欧盟的责任。第二,欧盟东扩后,格鲁吉亚就会成为欧盟的重要邻国。从地缘政治的角度看,如果格鲁吉亚成了"国家失败"的例子,国际犯罪组织、来自中亚的毒品走私,以及非法劳工输出等活动都会把格鲁吉亚作为进入欧洲的捷径。同时,格鲁吉亚位于黑海东岸,而整个黑海区域对于欧盟的战略重要性正与日俱增(2007年1月1日,罗马尼亚、保加利亚加入欧盟,欧盟与黑海直接相邻)。第三,欧盟需要里海区域输出的石油,输油管线途经的格鲁吉亚是否安全与稳定直接关系着欧盟的利益。第四,欧盟的安全利益还受到了格鲁吉亚国内冲突的影响,由于阿布哈兹和南奥塞梯问题的存在,格鲁吉亚冲突有进一步蔓延到其他国家的危险,其中就包括申请加入欧盟的准成员国。第五,国际恐怖主义随时企图对格鲁吉亚国内的乱局加以利用,尤为让人担心的是格鲁吉亚国内前苏联留下的核材料,虽然大部分核材料受到了有效监控,但却不是全部。③

地中海区域是欧盟营造周边安全地带的另一个重点,其中,"解决阿以冲突在欧盟的战略日程中处于优先位置。不解决阿以冲突,要处

---

① Esther Brimmer, "The EU's Search for a Strategic Role: ESDP and Its Implications for Transatlantic Relations", Washington, D. C.: Center for Transatlantic Relations, 2002, pp. 86 – 87.

② "European Security Strategy", Brussels, 12 December 2003, EN, p. 8.

③ Dov Lynch, "Why Georgia Matters", Chaillot Paper, No. 86, EU Institute for Security Studies, February 2006, pp. 66 – 68.

理中东区域的其他问题几乎就没有成功的可能。欧盟必须保持介入并为化解阿以冲突提供资源，直到问题彻底解决"。① 能否彻底解决阿以冲突所代表的地中海区域的安全挑战，将是欧盟营造周边安全地带的关键。持续不断的中东暴力冲突对欧洲安全产生了严重的消极影响：冲突把一个区域的动荡传播到整个地中海区域；在阿拉伯人眼里，阿以冲突得不到公正合理的解决引起了整个民族的强烈不满，这种愤怒的情绪极有可能为恐怖主义火上加油；此外，阿以冲突对中东区域的经济也产生了破坏性的影响，过去的经历充分证明了这一点。在最坏的情况下，暴力冲突将导致该区域其他国家的政治出现动荡，并引起大规模杀伤性武器的扩散。反过来，如果阿以冲突得到了解决，欧盟就会从该区域积极的政治经济发展势头中受益，而且欧洲的民意也强烈支持一种公正持久的解决方案。② "（解决阿以冲突）需要欧盟、美国、联合国、俄罗斯以及当地国家相互之间的合作和努力，不过最重要的还是以色列人和巴勒斯坦人自己的努力。"③

　　欧洲战略提出的第三个目标是推动建立有效多边主义基础之上的国际秩序。这个目标充分体现了欧盟要成为一个全球政治安全行为体的决心：具备全球视野，分析全球问题，提出全球解决方案。欧盟认识到："在一个包括全球性的威胁、全球性的市场和全球性媒体的世界里，我们的安全与繁荣日益依赖于一个有效的多边主义体系。帮助国际社会发展得更强大，推动国际机制良好运作，并且建立法制基础上的国际秩序，是我们的目标。"④

　　欧盟认为各种各样的国际组织与条约体系是多边主义国际秩序赖以建立的不可或缺的基础，其中居于首要地位的就是联合国，"我们致力于维护并发展国际法，而国际关系的基本框架是《联合国宪章》，联合国安理会对于维护国际和平与安全负有首要责任。加强联合国，为它提供条件以便更好地履行它的职责，使它能够更有效地行动，这在欧

① "European Security Strategy", Brussels, 12 December 2003, EN, p. 8.
② Martin Ortega, "The European Union and the Crisis in the Middle East", Chaillot Paper, No. 62, EU Institute for Security Studies, July 2003, p. 57.
③ "European Security Strategy", Brussels, 12 December 2003, EN, p. 8.
④ Ibid., p. 9.

盟的日程中处于优先地位。"①欧洲战略在分析和归类安全挑战和威胁因素的时候,展示了一个十分广泛的安全关注领域,体现出显著的"大安全观"的思路,从逻辑上说,要与这样一种史无前例的"安全关注"(security concern)相呼应,必须提出一种足够宏大的安全思想(security thinking)和安全行动的框架。欧盟在战略中提到了不少国际组织的名字,其中包括联合国、北约、世界贸易组织(World Trade Organization,WTO)、欧洲安全与合作组织(Organization for Security and Cooperation in Europe)等,但是在欧盟看来,提供这种"大安全框架"非联合国莫属。从性质上说,贫困与艾滋病等疾病引发的安全顾虑是和恐怖主义、大规模杀伤性武器扩散以及区域冲突所引起的威胁显著不同的,它们本身并不是暴力威胁,因而也就不可能以政治军事手段加以解决。更准确地说,正是社会、经济和其他因素成为了某些特定的政治军事威胁的背景和根源。要对付这种错综复杂的局面,一个最好的办法就是引入"全球公共产品"(Global Public Goods)这一概念,并在它的框架中思考对策。

"全球公共产品"这一概念从20世纪90年代末开始在联合国的日程中越来越受瞩目。约瑟夫·奈(Joseph Nye)等学者在2002年一本讨论"美国霸权的矛盾"的著作中,认为"全球公共产品"这种概念强调以一种全面的途径(comprehensive approach)处理全球政策事务(global policy issues)。一般地讲,公共产品的消费不会在消费者之间产生对抗,也不具有排他性,而全球公共产品所提供的利益会在人类的不同国家、不同族群和不同世代之间进行均衡公正的分配。联合国前秘书长科菲·安南(Kofi Annan)指出,全球公共产品按其性质可以划成四类,它们在一起服务于人类,为人类提供了"更大的自由"(larger freedom)。这四类包括:人身安全和稳定,这意味着"免于恐惧的自由"(freedom from fear);通过政治参与和得到加强的法律秩序,以确保人权和人人平等;一个开放和覆盖面广泛的经济秩序,以为每个人提供福利,这意味着"免于欲望的自由"(freedom from want);为人人共享的社会福利,比如医疗、教育服务、清新美好的自然环境等。

"全球公共产品"很好地体现了全球化时代"人类安全"(human

---

① "European Security Strategy", Brussels, 12 December 2003, EN, p. 9.

security)的深刻内涵,安南认为:"没有安全我们无法享受发展,没有发展我们无法享受安全,而如果没有对人的权利的尊重,我们什么都享受不到。"有效的全球治理必须确保人人都能够享受到"全球公共产品",不能提供"全球公共产品"的国际体系注定缺少合法性。全球安全,从而也是所有国家的安全,都依赖于能否充分地享受"全球公共产品"。①

欧洲战略对联合国作用的高度评价,最集中地体现了欧盟追求建立有效多边主义国际秩序以应对新世纪新威胁的坚定决心和意志。可以说,这一基调和美国战略大相径庭。美国的原则为:只要是国家利益所要求的,美国就会毫不顾忌地采取任何方式,即使是单边主义(unilateralism)方式也在所不惜。因此毫不奇怪,对多边主义的论述在美国战略里几乎微不足道,而且它也基本上没怎么提到把联合国体系作为国际行动的框架。美国与别国合作的意愿不是基于多边主义,而是所谓的"美利坚国际主义"(American internationalism),这种"国际主义"体现的是"我们的价值观和国家利益的联盟"。此外,美国还拒绝了国际刑事法庭(International Criminal Tribunal)的任何限制。② 很明显,在这一部分,欧洲战略与美国战略没有任何相通之处。

《欧洲安全战略》的第四部分是"对欧洲的政策含义"。当欧盟进行具体政策的制定与实施的时候,战略提出了四大要求:更加积极主动(more active),更有能力(more capable),更有一致性(more coherent),与伙伴们协作(work with others)。

由于新的威胁和安全因素具有越来越明显的变化不定的特点,所以欧盟也必须以更加积极主动、更具灵活性和弹性的行动加以应对,"需要积极主动的政策来对付新的、动态的威胁。我们需要发展一种战略文化以推动具有前瞻性、迅速,以及必要时强有力的干预"。③ 对欧盟安全政策提出更加积极主动的要求,呼应了前文提到的欧盟目标途径所具有的"预防性"的特点。"我们需要能够在周边国家的形势开

---

① Martin Ortega, "The European Union and the United Nations: Partners in Effective Multilateralism", Chaillot Paper, No. 78, EU Institute for Security Studies, June 2005, pp. 17 – 19.

② Felix Sebastian Berenskoetter, "Mapping the Mind Gap: A Comparison of US and European Security Strategies", p. 84.

③ "European Security Strategy", Brussels, 12 December 2003, EN, p. 11.

始恶化之前就采取行动,能够当(大规模杀伤性武器)扩散已经被监测到的时候采取行动,能够在人道主义危机升温之前采取行动。预防性的干预可以避免在未来出现更加严重的问题"[1],也就是说,要把危机消灭在萌芽状态。

欧洲战略对"更有能力"的要求表现在很多方面,其中既有对军事能力的要求,"把我们的军事力量改造得更有弹性,更加灵活机动,使他们有能力去应对新的威胁。要做到这一点,投入更多的防务资源,并更加有效地利用这些资源是必不可少的"[2],也有对外交能力的要求,"我们需要一个系统,让它把成员国的资源与欧盟机构的资源结合起来。要处理那些更加遥远和更加具有外在性(more foreign)的问题,成员国之间需要彼此理解和相互沟通。"[3]欧洲战略认为欧盟的能力的确在不断增强,实际行动一刻也没有停止,其中特别是拟议中的新机构——欧洲防务局的建立。实际上,欧盟国家进行军备工业合作的想法早已有之,还在 20 世纪 90 年代,欧盟的六个主要军工生产国(法国、德国、意大利、西班牙、瑞典、英国)就达成了一项初步共识,认为应该协调各国防务市场的规则。1998 年,他们签署了一项协议,即所谓的"意向函"(Letter of Intent)。但遗憾的是,六国协议并没有对欧盟跨国防务市场制度的建设产生重要影响,这部分是因为"意向函"的主要目标仅仅是帮助六国的军火跨国公司发展跨境业务,而不是为了建立签约国共同的防务市场。为了从根本上解决问题,实质性地推动欧洲共同军备市场的建设,为欧盟安全防务力量打造出一副强壮的臂膀,2004年,欧盟成员国政府一致同意建立欧洲防务局,它的一个主要任务就是鼓励成员国军备采购程序的集中化,来自欧盟所有成员国的一切军工企业都可以参与竞标欧洲内部的绝大多数军备合同。[4] 欧洲防务局的核心任务之一就是通过推动军工生产、研发、销售、采购的全欧化,建立一个统一的欧盟军火市场,为将来执行安全任务的欧盟军事人员提供可靠的、高水平的装备保障。

---

[1] "European Security Strategy", Brussels, 12 December 2003, EN, p. 11.

[2] Ibid., p. 12.

[3] Ibid.

[4] Daniel Keohane, "Towards a European Defence Market", Chaillot Paper, No. 113, EU Institute for Security Studies, November 2008, pp. 6 - 7.

欧洲战略对欧盟政策提出的第三个要求是"更有一致性"。"共同外交与安全政策、欧洲安全与防务政策,它们的核心要点就是,当我们联合在一起时,我们就会更强大。在过去数年当中,我们已经打造出了一些性质不同的政策工具,它们都有自己的独特的结构和逻辑。"[1]但是,有了政策工具不一定就能高效运作,欧洲战略认为目前面临的主要挑战是:"把不同的政策工具和能力结合起来。这些工具和能力包括:欧洲援助计划、欧洲发展基金、来自成员国的军事和民事能力,以及其他工具等。所有这些工具和能力都能对我们的安全以及第三国的安全产生影响。"[2]欧洲战略对"一致性"的要求具体表现在两个方面:一个是欧盟政策工具之间的一致性,"外交努力,发展、贸易和环境政策,都应该遵循着同一个议程。在危机当中,统一的指挥是不可替代的"[3];另一个是成员国之间的一致性,"更大的一致性不仅是对欧盟各种政策工具的要求,也应该体现在单个成员国的对外行动中"。[4] 应该说"一致性"这个要求,虽然乍一看比较模糊而且理论色彩比较强,但却是欧盟全方位的安全途径能够有效发挥作用的关键。欧盟的安全途径在政策目标、工具和方式方法上,实际上涉及欧盟的三大支柱(three pillars)。考虑到欧盟的规模和这些政策领域的多样性,要使"一致性"这一要求得到制度性保障,就绝非一件轻而易举的事情。正是着眼于此,与《欧洲安全战略》的制定同步进行的《欧盟宪法条约》引入了一些影响深远的主张,特别是设立欧盟外交部长这一职位集中体现了"一致性"的要求。该职位将把欧盟委员会对外关系委员和欧盟外交与安全高级代表的权责合而为一,并将得到欧洲对外行动援助机构的全力支持。尽管欧盟三大支柱内部各自不同的决策程序对共同行动还会继续产生影响,但是,宪法条约草案的新主张已经是一次意义深远的突破了,它冲击了欧盟建立时规定不同政策分属不同支柱的传统结构,而这一结构早就严重影响了政策之间的协调。[5]

---

[1] "European Security Strategy", Brussels, 12 December 2003, EN, p. 13.

[2] Ibid.

[3] Ibid.

[4] Ibid.

[5] Sven Biscop, "The European Security Strategy: Implementing a Distinctive Approach to Security", Royal Institute for International Relations, March 2004, pp. 28 – 29.

最后，欧洲战略要求欧盟与伙伴们加强合作，"仅靠我们自己解决不了什么问题，以上谈到的那些威胁具有普遍性，我们所有最密切的合作伙伴们都得面对。国际合作是必不可少的，要达成我们的目标，既需要通过国际组织展开多边合作，也需要和关键伙伴进行直接合作。"①欧洲战略首先提到了美国，认为"大西洋关系是无可替代的。如果协同行动的话，欧盟和美国联合在一起将是建立一个美好世界的不可阻挡的强大力量"。②不过，鉴于欧美关系的特殊历史和现状，欧洲战略还不得不补充道，"我们的目标应该是与美国建立有效的和平衡的伙伴关系"③，突出强调了平衡的关系特征，而且"这正是欧盟要推动建设自己的能力，以及增强自身一致性的额外原因"④。在提到俄罗斯的时候，欧盟强调了价值观的作用，"对共同价值观的尊重，将有力地推动建立战略伙伴关系的进程"⑤。最后，由于历史、地理和文化纽带，欧洲曾经在塑造今日世界的过程中发挥过举足轻重的作用，也使得它与世界几乎每一个区域都保持着这样或那样的联系，因此欧盟认为必须和中东邻国，和非洲、拉美和亚洲的伙伴国家进行安全合作，尤其是日本、中国、加拿大、印度等国。

## 二、安全区域间主义：从联合国到北约

欧洲安全区域主义旗帜鲜明地以多边主义作为自己实践的基本原则，这就决定了必然要把联合国置于自己行动的中心位置。在欧盟的首个纲领性战略文件中，联合国的地位与作用、欧盟与联合国的关系，以及欧洲安全区域主义与联合国的安全合作等内容都得到了详细的重点阐述。

就像前文谈到的那样，欧盟认为联合国是国际干预行动最好的、具有权威性的框架，欧盟的一切国际干预行动都必须建立在联合国决议的基础上，所以当提到积极主动的安全干预时，欧盟再次强调了与联合国的合作，"欧盟承诺加强与联合国的合作，协助相关国家摆脱冲突的

---

① "European Security Strategy", Brussels, 12 December 2003, EN, p. 13.

② Ibid.

③ Ibid.

④ Ibid.

⑤ Ibid., p. 14.

困扰,并且在短期的危机管理当中,进一步加大对联合国的支持力度。"①从 2001 年开始,欧盟理事会就提出与联合国共同"建立一个平台,以促进更紧密的合作",从此开始了联合国与欧盟这两大国际组织之间的制度性合作。理事会的建议具体包括四个层面的合作:联合国秘书长与欧盟部长级官员之间的磋商,欧盟外交与安全高级代表、委员会负责对外关系的委员与秘书长、副秘书长之间的磋商,欧盟政治安全委员会与秘书长及其相关机构之间的磋商,欧盟理事会秘书处、欧盟委员会与联合国秘书处之间的磋商。进入 2003 年,随着欧盟在共同安全与防务政策框架内两次安全行动的展开,欧盟与联合国之间的安全合作被注入了更加充实的内容。一次是欧盟接管了联合国在波黑境内的维和警察任务,另一次是欧盟军事力量在刚果民主共和国开展的行动[即著名的"阿特米斯"行动(Operation Artemis)]。欧盟的行动大大地缓解了联合国的压力,而且"阿特米斯"行动还特别增强了欧盟在共同安全防务领域内的信心,这次行动提供了宝贵的实地经验,为共同安全与防务政策在随后的发展中提出的许多关键计划提供了重要的标准和参考依据[尤其值得一提的是,欧盟战斗群(EU Battlegroups)计划的提出就主要是以这次行动为蓝本的]。② 欧洲战略对联合国作用的高度评价,最集中地体现了欧盟追求建立有效多边主义国际秩序,以应对新世纪新威胁的坚定决心和意志。

　　欧盟安全行为体与北约之间的关系也非常复杂,其原因主要有:首先,欧洲安全区域主义的诞生和北约的起源密不可分地纠结在一起;第二,冷战期间西欧安全防务共同体曾经长期地委身于大西洋安全共同体及其主要框架北约组织;第三,虽然冷战后的欧洲安全环境已经发生了翻天覆地的变化,欧洲安全舞台上诸多安全行为体各自的状态也已经和过去不可同日而语,但是,历史的惯性依然发挥着影响,地缘政治的特征更是抹不掉的印记,而日益加速的全球化带来的新因素从一个方面在今天与往昔之间划清了界限,另一方面却把当今和历史更加牢

①　"European Security Strategy", Brussels, 12 December 2003, EN, p. 11.

②　Claudia Major, "EU‐UN Cooperation in Military Crisis Management: The Experience of EUFOR RD Congo in 2006", Occasional Paper, No. 72, EU Institute for Security Studies, September 2008, pp. 9‐10.

固地黏结在了一起。

欧盟安全行为体和北约各自代表了一种安全区域主义,它们分别是欧洲安全区域主义和大西洋安全区域主义。欧盟在安全领域内面对北约所要处理的关系,是一种独特的安全区域间主义的表现形式,这一关系充满了困惑。诸如欧盟与非洲联盟、阿拉伯国家联盟(Arab League)、南方共同市场等,这些区域间主义的互动双方是在彼此相对孤立的状态下成长起来的,在各自达到了一定的发展程度从而能够建立起某种安全合作关系之前,两位主体是沿着各自独特的历史轨迹发展的。而欧盟与北约的关系则不同,两者从一开始就紧密地纠结在一起,从某种意义上说,在安全领域内,北约是欧洲安全区域主义长期的监护人。而监护本身则既带来了保护,也带来了限制。冷战结束后的第二世代欧洲安全区域主义,以及新世纪初渐具雏形的第三世代欧洲安全区域主义正是在这样的条件下起步的。

从《马斯特里赫特条约》《阿姆斯特丹条约》《尼斯条约》到《里斯本条约》,一路走来的欧洲政治一体化历程,正在不断塑造并强化着欧洲的安全防务身份,与此同时,对欧盟国家来说,作为一种极为特殊的安全区域间主义,欧盟安全行为体与北约之间的关系是独一无二的。这种关系之所以独特,在很大程度上是因为欧洲安全区域主义还没有解决完第二世代的问题,就不得不马上面对新一世代的即第三世代安全区域主义的问题。具体而言,第二世代的欧洲安全区域主义所建构的欧洲安全防务主体性至少在北约面前还没有足够成熟,就不得不马上同时以这个还很稚嫩的结构去和历史悠久并坚如磐石的大西洋安全区域主义(北约为其代表)打交道(尽管有人认为冷战后的北约结构也在弱化)。

新世纪的欧盟安全行为体,对北约既有依赖,又欲摆脱北约的制约,还想影响甚至修正北约的行为方式,最后但也许最关键的一点是,欧盟安全行为体对于北约对自己身份的合法性不无质疑甚至虎视眈眈始终心有余悸。这些意识交织在一起,使得欧盟与北约的关系注定要弥漫着困惑。

冷战期间,美国和北约曾经不止一次地要求欧洲盟国加大防务投入,承担更多的军事义务。在冷战背景下这些要求有着非常现实的意义,特别是当20世纪70年代美国在战略、政治和经济上陷入低谷的时候,欧洲盟国增强防务自主性可以有效分担美国作为盟主的重任。但是,正如基辛格等美国战后领导人所一再表达的那样:欧洲自主防务应该是对北约的补充,它不能也不应该对北约构成挑战甚至取而代之。这一观点已经渗入美国决策层的骨髓之中,并在很大程度上成为欧洲大多数领导人的潜意识(只有法国在这里孤零零地例外着)。

冷战结束后,俄罗斯实力急剧衰退,中东欧广大区域在战略安全领域形成了一片权力真空。如果说美国对冷战时期欧洲发展自主防务的信心有着充分的保证(华盛顿深知美苏两大势力之间的夹缝已经框死了欧洲自主防务的极限,只要苏联还在,欧洲就只能仰美国之鼻息。在这一点上美苏之间客观上达成了默契),那么,冷战后由于苏联消失所敞开的近乎无限广阔的战略空间所能够为欧洲独立自主提供的希望与潜能,却着实让美国真正感到紧张起来:敌人消失了,盟友也将离去。不过,任何宏大的政治或战略计划都须有一定的先期准备或积累,欧共体国家在冷战时期的长期跛足(经济上的巨人,政治、军事上的矮子)不可能不对冷战后的发展构成现实的约束。和布鲁塞尔的北约指挥机构相比,欧盟的安全防务机制简陋得可怜,法德旅、欧洲军团与北约部队的庞大规模与实力相比更是相去甚远。在 20 世纪 90 年代的大部分时间里,欧盟都深受相邻区域武装冲突的困扰,尤其是在巴尔干前南斯拉夫境内,而欧盟缺乏解决冲突的必要强硬手段。北约的干涉尽管饱受争议,但是欧盟国家发现这却是它们能在一起发起集体行动的唯一框架,而这个框架要受美国的指挥。这一令人尴尬与痛苦的现实直接推动欧盟在共同安全领域迈出了重大一步:推出共同防务政策,重新唤起 50 年代的防务共同体精神。

半个多世纪的冷战并没有为欧盟在安全与防务一体化领域内留下什么丰厚的遗产,欧盟国家发现要发展起一项真正的共同防务政策,它们还是得从头起步、白手起家。冷战结束后的北约于 20 世纪 90 年代初期开始了向传统防区外以及应对区域冲突领域的转型,尽管受到的评论褒贬不一(对波黑内战的干涉相对比较成功,而对科索沃局势的干预则不尽然),但其毕竟拥有转型的现实的物力和人力。与之相比,欧盟的共同防务事业则几乎要从零起步。但是,现实中的安全态势又不允许欧盟国家慢腾腾地发展起足够应对的能力(不客气地说,北约所拥有的行动力量基本上来自美国,欧洲盟国贡献甚少),因此欧盟不得不借助于别人。欧盟委员会原对外关系委员彭定康曾经尴尬地指出：在处理巴尔干区域危机的过程中，总数多达 200 万人的欧盟各国军队里竟然抽调不出 4 万机动部队去执行任务。由于自身基础薄弱，欧盟可以借助的唯一现实的力量只能是北约，虽然在名义上它是通过西欧联盟向北约求助的。共同安全与防务政策启动以后的数年里，尽管欧盟进行了卓有成效的防务力量建设，并且尝试着发起了数次成功的、完全独立自主的安全与防务使命[2003 年年初在马其顿的"协和女神"行动（Operation Concordia）、2003 年年中在刚果民主共和国的"阿特米斯"行动]，但是，迄今为止，欧盟防务力量的建设还远远谈不上羽翼丰满，被欧盟国家寄予厚望的欧洲快速反应部队、欧盟战斗群等新型力量要么还未完全成军，要么还没有真正的实战经验。从中短期来看，欧盟还无法完全摆脱对北约力量的依赖。

由于历史原因，欧盟和北约两大组织的成员国在很大程度上是重叠的，但并不能就此认为欧盟借助北约的资源将变得合情合理、畅通无阻。实际上，欧盟与北约在成员国构成数量上差异并不大，而其影响却是巨大的，具体而言，尤其是美国与土耳其这两个非欧盟北约成员国，通过北约这一框架对欧盟安全行为体造成了极大的牵制与制约。作为对这种制约的反应，与北约的牵制相伴相生的是，从一开始特别是 90 年代末共同安全与防务政策出台之后，欧盟安全行为体就表现出了试图以温和（英国、荷兰为代表）或激进（法国、比利时为代表，某种程度上也加上德国）的办法影响甚至修正北约行为方式的趋向，而且这一趋向变得日益明显。对美国牵制的抵抗有着很深的历史根源，法国作为这一力量的旗手其源头甚至可以追溯到第二次世界大战后期；而到了冷战后特别是新世纪以来，这股历史根源又得到了现实政治因素的加强：虽然今天的欧盟并不完全是戴高乐那个"从大西洋到乌拉尔"的欧洲计划的精确现实，但不容否认的是一个前所未有的欧洲主体性的出现及日益强化。产生自社会民主党（Social Democratic Party）和基督教民主党（Christian Democratic Party）折中混合的立法，以及"欧洲共同体"和它的后身"欧盟"似蟹行般的制度延伸，是规范社会交往和国际关系方面特征明显的"欧洲式"道路。这种欧洲方式囊括一切，从儿童保健到国际法律规范，代表的不仅仅是欧洲联盟及其成员国的官僚实务；到 21 世纪初，它已变成有抱负的欧盟成员国的一座灯塔，一种范例,是对美国、对富有竞争性魅力的"美国生活方式"的一种全球性挑战。新欧洲不是预先构想的共同计划,没有人从一开始就提出这样的计划。但它在 1992 年后变得明晰,欧洲的确占据了这种国际事务中的新地位,尤其是它同美国的关系产生了一种新的方式——这对欧洲人和美国人都一样。[①]

实际上,从一开始美国在鼓励欧洲发展自主防务的时候就带着深深的戒心,如果说第二次世界大战刚结束时美国军队留在欧洲是为了"把俄国人挡在外面,把德国人压在下面",那么到了 20 世纪 70 年代,特别是欧洲政治合作已然开始之后,这一最初的愿望多少已经变成了"把俄国人挡在外面,把欧洲人攥在手中"了。冷战后,在鼓励欧洲盟友分担防务负担的同时,美国的这一戒心变得更加明显,更加强烈。克林顿(Bill Clinton)政府一再强调大西洋联盟不容分裂,前国务卿奥尔布赖特在共同安全与防务政策即将出台的历史性时刻明确地提醒欧盟:欧洲自己的防务政策不能在大西洋造成分裂,不能对非欧盟国家构成歧视,也不应该造成防务领域内不必要的重复建设。但不幸的是,欧盟安全行为体在其发展的关键时刻恰逢共和党(the Republican Party of the US)政府大力推行单边主义的对外政策,这让美欧之间渐行渐远,大西洋同盟内部产生了难以弥补的裂痕。美欧矛盾终于在 2003 年伊拉克战争前后达到了高潮。围绕着伊拉克危机发生的美欧争吵使得无论是欧盟还是北约都面临着极大的威胁:比利时禁止美军飞机越境前往中东,法、德威胁在大西洋理事会内投票否决美国保护盟国土耳其的动议,拉姆斯菲尔德(Donald Rumsfeld)蔑称法、德为"老欧洲",布莱尔毅然决定抛开法、德与美国单独行动。凡此种种,都使人绝难相信这会发生在世界历史上最强大、最成功的军事同盟内部,而这个同盟还是在战时。希拉克怒斥"北约已经无关紧要了",布莱尔坚称"致使战争最终不可避免的责任在他们(法、德、俄)"。为了惩罚英国并真正地向美国及北约的牵制还以颜色,法、德等国甚至不惜把英国踢出去单独组建欧洲防务联盟,冒着完全分裂欧盟安全行为体的风险。一场激烈的混战之后,当人们冷静下来思考的时候才发现,这一切矛盾的根源都来

---

[①] 托尼·朱特:《战后欧洲史》(上),林骧华等译,北京:新星出版社 2010 年版,"导言"第 7 页。

自欧盟安全行为体与北约之间恩恩怨怨、纠缠不清的关系。这场冲突正是这种关系内在紧张状态的集中释放和激烈爆发。

相对而言,土耳其能够对欧盟安全行为体施加的影响不能像美国那样使其伤筋动骨,但是也依然能使其举步维艰。加入欧盟几乎是现代土耳其国家矢志追求的最重要的目标,因为在土耳其人的眼里这意味着自凯末尔(Mustafa Kemal)开始的现代化道路的最终成功。然而,由于历史、政治、经济、文化和宗教等领域内错综复杂的原因,土耳其始终未能如愿,"入盟"之路依然前途未卜。这毫无疑问会影响土耳其对欧盟安全行为体的态度和立场。尤其是除了加入欧盟的反复所造成的心理伤害以外,欧盟部分现成员国还与土耳其之间有着现实的矛盾与冲突,特别是希腊和塞浦路斯。

土耳其学者认为对于本国的战略利益来说,有三大问题乃重中之重,它们分别是伊拉克的未来、塞浦路斯问题、爱琴海争端。[①] 由此可见,土耳其的两大顶尖战略利益都和与塞浦路斯、希腊的矛盾(也就是与欧盟的矛盾)有关。希土矛盾和塞浦路斯问题都是国际政治中的顽疾,解决起来远非一日之功,尽管欧盟自 20 世纪 90 年代东扩,特别是2004 年扩大到东欧以后加大了对上述问题的调节力度,但是离完全解决还差得很远。在这种情况下,欧盟安全行为体在展开行动,特别是在巴尔干区域(土耳其在历史上的长期领地,当地有欧洲最集中的穆斯林人口)以及需要利用北约资源(土耳其有否决权)的场合下就难以避免来自土耳其的阻力。2002 年,欧盟内部讨论在巴尔干发起自己首个维和军事行动的时候,就是因为在与北约的关系如何协调以便利用其资源,同时突破土耳其的阻挠这个事情上陷入了僵局,致使行动被迫推迟到了次年。可见,只要土耳其与欧盟之间的关系依然存在变数(在中短期内几乎是肯定的),欧盟依然需要利用北约的资源以便展开行动(在短期内也是肯定的),那么欧盟安全行为体就不得不继续面对这一"土耳其困惑"。

---

[①] Giovanni Gasparini, "Turkey and European Security", Istituto Affari Internazionali, Roma, February 2007, p. 52.

## 结　　语

五十多年来,欧洲安全区域主义的核心内涵有一个明显的从内向往外向的发展演化过程,其关注点从保障欧洲内部的安全,逐渐转向在欧洲外围的近邻地带维持和平与稳定,然后又进一步迈向整个全球安全舞台,试图以一种深具欧洲特色的战略文化影响并改造世界安全舞台上的行为方式,以此保障欧洲自己的安全。这构成了迄今为止欧洲安全区域主义发展的三个世代。战后欧洲安全区域主义的发展,是欧洲历史发展逻辑的自然延伸。这种发展的最深层动力是欧洲对于人的基本需要即安全的追求:先是为了克服第二次世界大战所代表的传统民族主义政治的恶性互动与竞争;继而是为了稳定周边安全环境而合理调动并整合欧洲共同体国家的资源;到第三世代,欧盟进一步发现所谓周边安全远远不限于巴尔干、高加索或地中海区域,安全的含义也远远不限于制止兵戎相见。同时应当指出,欧洲安全区域主义的形成与发展,是 20 世纪中后期开始的世界区域化发展进程的重要体现。这种区域化发展是在加速发展的全球化背景中发生的,全球化进程是欧洲安全区域主义发生、发展的宏观舞台。

欧洲联盟的共同安全防务(安全区域主义)与欧洲经济一体化(经济区域主义)之间有着密不可分的联系。虽然从取得突破性、实质性成就的时间上看,经济一体化[从 20 世纪 50 年代开始相继建立三个共同体、关税同盟、经济与货币联盟(the Economic and Monetary Union)到启动欧元等]远在共同安全防务(50 年代初掀起过一阵高潮,但随着防务共同体的夭折,西欧联合防务一度沉寂了 30 年,直到 20 世纪 80 年代才复苏)之前,但实际上两者是互为因果的。欧洲一体化从一开始就不单纯是个经济项目,而是一个对欧洲历史进程彻底改弦更张的整体改造。政治安全一体化和经济一体化,在莫内、阿登纳(Konrad Adenauer)、斯皮内利(Altiero Spinelli)等人的脑海中,就像欧洲一体化的两个车轮,缺一不可。其实,战后欧洲政治家最早瞄准的一体化领域是政治与安全领域,只是由于冷战降临并加剧等不可抗拒之因素,才使得欧洲一体化被迫走上了"先经济后政治"的现实主义道路(在莫内眼中则是功能主义道路)。经济一体化在自己丰富但曲折的发展道路中为政治一体化积累了大量的经验(当然同时也有教训),并在 20 世纪 70 年代取得了实质性重大进展的情况下向其他领域溢出,为政治安全一体化注入了一股新的强大动力。① 但是政治安全一体化也绝非经济一体化的附带产物。一旦政治气候和战略环境允许,政治安全一体化必将顺势上马。其实,20 世纪 80 年代末以来欧盟走过的道路已经向人们表明,作为欧洲一体化两大引擎(或曰车轮)之一的政治一体化,借着 20 世纪末冷战结束、西方战略格局彻底重组的历史时机,乘势发力,成为继经济一体化之后欧洲前进的另一强劲推手。这一新变化使得如今的欧洲一体化,在经历了将近半个世纪的发展之后(大部分在冷战时期),终于呈现出莫内等"欧洲之父"们梦寐以求的景象——经济一体化与政治一体化齐头并进。两个引擎同时发力使当前的欧洲一体化事业动力更加强大也更加稳定,且两大引擎已经形成了成熟的互补关系。未来高度发达的经济与政治联盟为一体化发展指明了方向,另一方面,一旦遭遇挫折,现有的政治与经济一体化"混合动力"也为防止欧洲统一进程急剧倒退划定了难以逾越的底线。

随着国际形势的变化,欧洲目前这种以外向性为特征的安全区域主义面临着严峻的挑战。欧盟对 2011 年中东、北非变局,特别是利比亚危机的应对即可窥见一斑。客观地说,欧盟应对这次危机的能力与巴尔干危机时相比已经大有增强。《里斯本条约》基础上的欧盟已经有了自己的外交机构和战略规划部门,高级代表阿什顿女士频频出现在危机的关键地方,欧盟成员国英、法在鼓动联合国制裁利比亚问题上发挥了急先锋的作用,更破天荒的是,欧盟第一次提出在联合国要求的前提下,将把自己的军事力量"欧盟战斗群"投入到扑朔迷离的利比亚局势当中。其理由是,欧盟坚持以联合国为基础的多边主义路线去处理安全问题,联合国的许可和邀请是前提。② 然而,欧洲安全区域主义的外向性并不意味着而且也不应该是重蹈霸权政治的覆辙。但这其中的界限被模糊了。就拿在利比亚危机中的表现来看,欧盟似乎屡有对第三世界国家使用武力的政治冲动。而欧盟重要成员国如英、法等国

---

① Deutscher Bundestag, "History of European Cooperation after 1945", http://www.bundestag.de/htdocs_e/artandhistory/history/factsheets/europe_cooperation.pdf.

② Nicole Koenig, "The EU and the Libyan Crisis: In Quest of Coherence?" Istituto Affari Internazionali, July 2011.

在北约的旗号下对利比亚明目张胆地狂轰滥炸,实际上已经完全超出了联合国相关决议的授权范围,严重践踏了国际法以及公认的国际关系准则。虽然欧盟本身作为《里斯本条约》生效后独立的国际法人并没有参与军事行动,但它的这种倾向是极其危险的,应当引起世人的警惕。

当前的世界金融危机和欧洲主权债务危机(European Sovereignty Debt Crisis),对欧洲安全防务发展也造成严重的制约。尽管欧洲许多国家的政府并非不想在自己的安全防务领域内做必要的投资,但欧盟国家的公民实在看不出为什么要把宝贵的资源放在耗资巨大的军事领域而不用在能够改善民生的领域,如教育、医疗、就业等。本来在冷战结束后,欧洲国家就开始削减防务开支以享受和平红利,如今在严峻的经济形势和财政条件下,随着金融和债务危机的蔓延、加深,欧洲的几乎每一个首都都制订了进一步削减防务的计划:德国计划到2015年前再削减25%的国防预算,英国到那时候将要削减7.5%。相比之下,某些欧盟小国削减的幅度更加惊人,例如拉脱维亚在2008至2010年的短短两年间就裁减了一半的军事力量。[①] 难怪2011年6月才退休的前国防部长盖茨(Robert Gates)在自己任职期间的最后一次公开讲话中猛烈批评欧洲盟国的"吝啬",断言如果欧洲大幅度削减军费的趋势继续蔓延下去,那么北约的前景"即使不是彻底无望,也是非常灰暗"的。在欧洲国家军费预算整体下滑的情况下,欧洲安全区域主义自然面临着"难为无米之炊"的窘境。

截至2011年12月,欧盟面临的经济金融危机(特别是欧元区成员国的主权债务危机)已经到了最关键的节点,希腊接下来的命运如何以及欧盟能否拯救希腊吸引了全世界的目光。就经济形势而言,欧洲安全区域主义显然置身于多难之秋,欧盟各国拮据的,甚至是危险的收支状态显然在物力供应层面没有为欧洲安全区域主义的发展营造理想的环境。不过另一方面,欧盟遭遇到的经济困境未必没有在治理(governance)和政治层面为欧洲安全区域主义的未来前景带来某些重要的启示。欧洲主权债务危机最深层的根源是欧元区货币、金融的高

---

① Tomas Valasek, "Surviving Austerity: The Case for a New Approach to EU Military Collaboration", Center for European Reform, April 2011, p. 3.

度一体化与各成员国财政政策各自为政的矛盾,是欧洲经济高度统合与欧盟政治依旧分散的矛盾,说到底,是欧盟治理与各国主权之间的矛盾。因此要从根子上解决这次的危机并避免将来重演,就得从加强欧盟治理的合法性、提高欧盟的政治一体化水平这个角度入手。为此,欧盟及其成员国付出了巨大的努力并取得了一定程度的进展:在2011年12月9日结束的欧盟峰会上,绝大多数成员国一致同意签署一项新的政府间协议,彼此承诺约束各自的财政纪律并控制借贷水平,尤为重要的是赋予欧盟前所未有的、监督各国财政的强制性权利。由此看来,欧洲货币联盟(European Monetary Union, EMU)似乎开始在向欧洲财政联盟(European Fiscal Union, EFU)的方向发展。

在人类安全时代,严重经济危机的负面效应带有浓厚的安全特征,因此哪怕是从技术性问题的关联性来看,欧盟也必须着手强化安全一体化水平,以应对经济形势产生的社会和安全效应。另一方面,从这次的主权债务危机可以看出,欧盟各国经济利益的彼此交融已经到了牵一发而动全身的程度(经济相对落后、重量级较小的希腊如果发生债务违约,都可能让欧元区甚至是欧盟解体,这在20年前是不可想象的),因而也存在着这样的可能性,即进一步加强欧盟层面的合法性并以成员国主权为代价。实际上在主权债务危机甚嚣尘上之际,包括欧洲理事会主席范龙佩等欧盟重量级政治人物,纷纷提出了有必要加强欧盟治理,甚至建立统一的欧洲经济政府以及为此修改《里斯本条约》的问题。而欧洲一体化沿用多年,并早已成为一项特征的"全体一致"决策原则也受到了严重质疑。就未来欧盟各国的安全和防务领域而言,同样不存在绝对不容欧盟染指的禁区。近年持续肆虐的欧洲债务危机的教训已深深铭刻在了欧盟及各成员国决策者的脑海中。总而言之,在各种安全挑战与威胁日益泛欧化的今天,安全与防务领域应对的理念与方法却依然被三百多年前《威斯特伐利亚和约》所确定下来的民族国家主权原则所束缚,这种内在的矛盾如何消解仍然是个谜,它实际上关系到安全与防务领域是否会随之出现程度更深的统合的前景。

诚如上文所言,欧洲如今严峻的经济形势及其对安全防务领域的冲击,也可能为进一步深化安全防务合作提供机遇。集中与共享资源始终是欧洲国家防务合作的一条捷径,德国和瑞典在此方面迈出了开创性的一步:2010年11月,德、瑞两国达成协定,确定将在军事能力建设、战备支持方面共享大范围的资源，并为此设定了可操作的标准，即"根特倡议"（Ghent Initiative）。此后，德国防长古滕贝格（Karl-Theodor zu Guttenberg）和瑞典防长托尔格福尔斯（Sten Tolgfors）联合呼吁在整个欧盟范围内推广"根特倡议"的理念。在德、瑞两国倡议的基础上，2011 年 5 月，欧盟理事会出台了名为《"集中与分享"军事能力》（Council Conclusions on Pooling and Sharing of Military Capabilities）[①]的重要决议。这项决议为 2004 年投入运作的欧洲防务局提供了进一步的政治支持与动力，况且防务局目前已经在推动欧盟国家的防务合作方面取得了一定的成效并积累了相关的经验。不过，尽管欧洲防务局能够发挥关键性的作用，但是考虑到欧盟安全与防务领域目前仍然具有的强烈的政府间性质，所以在这个过程中，成员国政府还是发挥着核心作用。就目前欧盟防务的发展水平和现有条件来看，欧盟成员国可以重点在以下三个层面做文章：第一，成员国政府集中并分享它们的防务采购和服务。第二，成员国政府可以对它们的部分军队构成进行一体化重组。从资金的节约使用方面考虑，甚至可以把一部分军队整体合编为一体化部队。第三，成员国政府可以考虑彼此间分工以促成军事能力的专业化发展。此外，经济形势还迫使部分成员国想办法采取各种灵活多样的形式展开双边或多边合作，在这方面引人注目的包括：由瑞典和芬兰牵头的北欧防务合作（Nordic Defence Cooperation）（瑞典、芬兰、丹麦、挪威、冰岛五国参加），由德国、波兰、丹麦组建的东北司令部，2010 年年底由法国总统萨科齐（Nicolas Sarkozy）和英国首相卡梅伦（David Cameron）共同签署的《英国—法国防务合作条约》（Anglo - French Defence Cooperation Treaty），以及最新的由"魏玛三角"（Weimar Triangle）——德国总理默克尔（Angela Merkel）、法国总统萨科齐、波兰总统科莫罗夫斯基（Bronislaw Komorowski）于 2011 年 7 月宣布联合组建的欧盟"魏玛战斗群"。这些安全防务领域内的一体化合作不仅在现实中为欧洲安全区域主义提供了进一步的物质基础，而且也在观念中塑造并强化着欧洲安全区域主义的主体性。

其实，欧洲安全区域主义所反映的现象和历史内涵既有特殊性，也有一定的普遍性，它构成了人类不同区域一体化建设经验的一部分。

---

① 3091$^{st}$ Foreign Affairs Council Meeting, Brussels, 23 May 2011.

从历史的角度看,欧洲安全区域主义就像欧洲一体化的许多其他层面一样,非常重视机制的建设,而且无论是在第一、第二还是第三世代的发展过程中,都受到了外部因素特别是美国以及北约的巨大影响。从目前来看,在全球各区域,区域主义在发展水平方面还参差不齐,在此情况下,欧洲的发展显得格外突出。与此同时,欧盟已经与其他区域(譬如非洲、阿拉伯世界、南美、东南亚区域)产生了频繁的互动,这种区域之间的互动程度也在不断地加深。

# 第二章　东亚安全区域主义：一种综合安全视角

　　冷战结束以后，尤其是 1997 年东亚金融危机以来，随着东亚区域安全问题的日益彰显和复杂化，东亚区域安全研究很快成为国际关系学界一个重要的新研究课题。总体上看，这一研究有两个明显的趋势：一是在理论方法上，从单一的现实主义转向自由主义、建构主义、折中主义等多种视角；二是在现实和前景分析上，从最初的过分悲观逐渐出现谨慎乐观乃至过分乐观的论断。两者结合起来就形成了一些不同的理论观点：现实主义者强调国家权力尤其是大国权力的作用和国家之间的安全竞争关系（即安全困境），并把军事威胁作为主要动力，他们主要关注传统的军事安全和国家主导的均势、霸权、联盟等安全秩序模式，总体上属于过分悲观的论断①；自由主义者除了和现实主义者一样关注国家主导的军事安全议题外，更关注经济相互依存、民主、自由、制度的作用和国家间通过正式的国际组织和国际机制等建立起来的安全竞争与合作关系并存的状况，即安全机制的建构，总体上属于谨慎乐观

---

① 参见 Aaron L. Friedberg，"Ripe for Rivalry：Prospects for Peace in a Multipolar Asia"，*International Security*，Vol. 18，No. 3（Winter 1993/ 94），pp. 5 – 33；Richard K. Betts，"Wealth，Power and Instability：East Asia and the United States after the Cold War"，*International Security*，Vol. 18，No. 3（Winter 1993/ 94），pp. 34 – 77；Robert S. Ross，"The Geography of the Peace：East Asia in the Twenty-first Century"，*International Security*，Vol. 23，No. 4（Spring 1999），pp. 81 – 118；Thomas Christensen，"China，the U.S.– Japan Alliance and the Security Dilemma in East Asia"，*International Security*，Vol. 23，No. 4（Spring 1999），pp. 49 – 80；David C. Kang，"Getting Asia Wrong：The Need for New Analytical Frameworks"，*International Security*，Vol. 27，No. 4（Spring 2003），pp. 57 – 85；David C. Kang，"Hierarchy，Balancing，and Empirical Puzzles in Asian International Relations"，*International Security*，Vol. 28，No. 3（Winter 2003/04），pp. 165 – 180；Julie Gilson，"Strategic Regionalism in East Asia"，*Review of International Studies*，Vol. 33，No. 1（January 2007），pp. 145 – 163.

的论断①；建构主义者强调规范、认同、信任和制度等主体间因素以及国家之间的安全合作关系，强调军事、政治、经济、社会、环境等综合安全议题和社会建构的、认知的"安全共同体"等安全秩序模式，总体上属于过分乐观的论断②；折中主义将前三种理论观点结合起来，除了和自由主义一样关注国家间的安全竞争与合作关系并存的安全机制的建构外，着重强调国家权力、区域制度和集体认同等物质与观念因素以及军事、政治、经济、社会、环境等多个安全议题在区域安全结构变化中的互动作用，总体上也属于谨慎乐观的论断。③

总体上看，上述论断理论视角不同、研究重点不同，只是探讨了东亚区域安全结构变化动力的和安全秩序模式建构的不同侧面，明显缺乏整体的综合研究。更重要的是，由于这些研究聚焦于区域安全结构本身，而忽略了对结构变化的进程及其主要推动力量（即行为体）的综合分析，致使他们常常强调来自某一层次的国家行为体或政府间组织，如东北亚的中国和日本、东南亚的东盟、外部大国（如美国等）、跨区域论坛（如东盟区域论坛、亚太经济合作组织、六方会谈等）等，明显

---

① 参见 Ming Wang, "Economic Interdependence and Economic Cooperation: Mitigating Conflict and Transforming Security Order in Asia", in Muthiah Alagappa ed., *Asian Security Order: Instrumental and Normative Features*, Stanford: Stanford University Press, 2003, pp. 280 - 310; Etel Solingen, "Domestic Politics and Regional Cooperation in Southeast and Northeast Asia", in Edward Friedman and Sung Chull Kim eds., *Regional Cooperation and Its Enemies in Northeast Asia: The Impact of Domestic Forces*, New York: Routledge, 2006, pp. 17 - 37.

② 参见 John Grarofano, "Power, Institutions, and the ASEAN Regional Forum: A Security Community for Asia?" *Asian Survey*, Vol. 42, No. 3 (May/June 2002), pp. 502 - 521; Begi Hersutanto, "Prospect for East Asian Community: Security Perspective", CSIS Working Paper Series WPI063, October 2005; David Martin Jones et al., "Making Process, Not Progress: ASEAN and Evolving East Asian Regional Order", *International Security*, Vol. 32, No. 1 (Summer 2007), pp. 148 - 184.

③ 参见 Barry Buzan and Gerald Segal, "Rethinking East Asian Security", *Survival*, Vol. 36, No. 2 (Summer 1994), pp. 3 - 21; Barry Buzan and Ole Waever, *Regions and Powers: The Structure of International Security*, Cambridge: Cambridge University Press, 2003, pp. 144 - 170; Peter J. Katzenstein and Dudra Sil, "Rethinking Asian Security: A Case for Analytical Eclecticism"; Allen Carlson and J. J. Suh, "The Value of Rethinking East Asian Security: Denaturalizing and Explaining a Complex Security Dynamic", in J. J. Suh, Peter J. Katzenstein and Allen Carlson eds., *Rethinking Security in East Asia: Identity, Power and Efficiency*, Stanford: Stanford University Press, 2004, pp. 1 - 33, 209 - 232.

表现出"国家中心"的倾向性；这些研究还常常将东亚区域安全置于更大范围的亚太区域合作框架内分析，而明显忽略了东亚区域层次的安全动力，即没有从东亚安全区域主义的发展进程来探寻东亚区域安全合作的现实路径。总之，这些研究尚没有形成关于东亚安全区域主义的整体分析框架。① 朱锋明确指出了东亚区域安全研究的此种不足，并强调："加强'区域层次'的分析，努力探索和找寻影响东亚各国国际行为的'区域变量'，应该成为未来东亚研究重要的理论探索的方向。否则，我们将难以真正地掌握和理解东亚安全的内在特性和自身不同于其他地区的演化路径。"②

鉴于此，本章以综合安全观为视角，对东亚安全区域主义的基本动因、发展进程及现实路径进行整体分析，以期勾勒出东亚安全区域主义理论与实践紧密结合的"新图景"。

## 第一节　东亚安全区域化的综合性特征

与其他任何形式的区域主义一样，东亚安全区域主义既有外部动力，也有内部动力。按照权威的定义，所谓"安全"就是"消除威胁"。③ 就东亚区域安全而言，威胁的来源既有全球、区域间等外部层次的，也有区域（含次区域和微区域）、国家等内部层次的④；既有军事领域的，也有政治、经济、环境等非军事领域的。从而形成内外部交融、多层次与多领域互动的综合安全格局。

---

① 参见郑先武：《安全、合作与共同体：东南亚安全区域主义理论与实践》，南京：南京大学出版社 2009 年版，第 8—15 页。

② 朱锋：《"区域性"特征与东亚安全研究》，《当代亚太》2008 年第 2 期，第 80 页。

③ 参见 Ken Booth, "Introduction to Part Ⅰ", in Ken Booth ed., *Critical Security Studies and World Politics*, Boulder: Lynne Rienner Publishers, 2005, p. 21; Stephen M. Walt, "The Renaissance of Security Studies", *International Studies Quarterly*, Vol. 35, No. 2 (June 1991), pp. 211 - 239; David Baldwin, "The Concept of Security", *Review of International Security*, Vol. 23, No.1 (1997), pp. 5 - 26.

④ 这里"区域间"指"东亚区域"与外部区域之间的互动层次；"区域"特指"东亚区域"，它包括东北亚、东南亚两个"次区域"和一些跨国的"微区域"，即"自然经济区"或"增长三角"；"国家"包括东北亚的中国、日本、韩国、朝鲜、蒙古、俄罗斯等 6 国和东南亚的东盟 10 国和东帝汶。

一、全球、区域间:东亚区域安全的外部威胁

东亚区域安全的外部威胁主要来自全球和区域间两个重要层次,这两个层次通过军事与非军事安全多领域的互动紧密地联系在一起。就全球层次而言,对东亚区域安全的威胁既有全球相互依赖加深所聚集的安全问题,又有来自外部大国(主要是美国等西方国家)的军事和非军事威胁。

在军事安全方面,主要是美国的军事介入。美国在东亚的军事存在具有两面性:对美国的盟国而言,这可能是一种维护安全的必需,对其他东亚国家而言,这无疑是现实的或潜在的威胁。冷战结束以后,美国调整了在东亚的安全政策,它在不断增强在东亚的军备和能力的同时,还不断强化在东亚的军事联盟,从而对一些非同盟国家形成直接或间接的威胁。直接的威胁主要体现在其指名道姓的确定性军事战略指向。美国一直把中国列入其在亚太地区最重要的潜在对手和军事战略的首要目标。2002 年 3 月,美国在其《核态势审议报告》中将俄罗斯、中国和朝鲜列入使用核武器的对象国;美国还把朝鲜列入"支持恐怖主义"的黑名单中,将之与伊朗等国一起称作"无赖国家"或"邪恶轴心"。[①] 2008 年 7 月美国国防部公布的 2008 年版《美国国防战略》仍将朝鲜称作所谓"流氓国家",并明确指出需特别关注"美国的潜在竞争对手中国"和"民主主义日益衰退的俄罗斯"今后的动向。该战略报告认为,中国国际影响力日益增强,"卫星攻击能力和电子战能力"得到提升,为此美国须提高警戒,防止中国超越美国在核军事和常规部队方面的地位。[②]

美国的间接威胁主要体现在其通过双边军事联盟提升了盟国在东亚的军事地位和军事自主性,进而影响了东亚的和平与稳定。这在美日军事联盟上表现得最为明显。冷战结束后,美国将美日联盟的定位从过去以保护日本本土安全的双边关系转变为目前的以保障东亚地区安全为目的的"新安保关系"。这种新定位导致了日本 1999 年《周边

---

① 阎学通、金德湘:《东亚和平与安全》,北京:时事出版社 2005 年版,第 268 页。

② 参见 U. S. Department of Defense, "2008 National Defense Strategy", June 2008 / Released 30 July 2008, http://www.mindfully.org/Reform/2008/National-Defense-Strategy30jul08. htm.

事态法案》的出台和 2001 年开始的"有事法案"框架下的防卫体制和政策调整。在美国的支持下,日本近年发表的防卫白皮书和防卫计划大纲中,越来越明确地将中国视作日本的主要威胁。2005 年 2 月,美日两国发表了一份联合声明,首次将"鼓励对话方式和平解决台湾海峡相关问题"列入两国共同战略目标之一。[①] 2010 年 9 月,中日发生钓鱼岛撞船事件,美国表示钓鱼岛适用于日美安保条约。[②] 近年来,美韩联盟也进一步强化,其目的已不局限于通过共同防御应对"共同的危险",而是拓展为防御危及双方利益以及东北亚地区安全的不稳定因素。[③] 在东南亚,近年来,美国不但相继宣布菲律宾、泰国为其"非北约主要盟友",还不断深化与马来西亚、印度尼西亚、越南、新加坡等国的军事合作。最突出的是高调介入南海问题。2011 年 11 月,美国国务卿希拉里·克林顿在访问菲律宾时甚至使用"西菲律宾海"这一菲律宾单方面宣示争议海域主权的称呼来指代南海[④];2012 年 1 月,美国与菲律宾举行"战略防务对话",旨在"增加美国在菲律宾的军事存在",以加强菲方防卫领土领海的能力。[⑤] 泰国朱拉隆功大学政治学系主任提塔南·蓬苏迪拉克表示,菲律宾近来不惜损害与中国的关系,在南海问题上态度越来越强硬,显然与美国向亚洲倾斜的新军事战略有关。[⑥] 毋庸置疑,美国等外部势力的介入使朝鲜半岛、中日领土争端、南海问题等敏感的东亚安全问题更加复杂化。

与军事安全相比,来自全球层次的非军事威胁更为多样化。在全球化背景下,东亚区域与外部世界的联系变得日益紧密,其政治、经济、环境等诸方面的全球性互动不管在深度上还是广度上都变得日益明显,从而使许多全球性非军事安全问题不断"内溢"到本区域。在经济安全方面,来自外部的威胁主要是全球性金融危机。最为典型的就是

① 王缉思、倪峰等:《美国在东亚的作用:观点、政策及影响》,北京:时事出版社 2008 年版,第 157—158 页。
② 魏玲:《东亚地区化:困惑与前程》,《外交评论》2010 年第 6 期,第 30 页。
③ 李志斐:《东亚安全机制构建:国际公共产品提供与地区合作》,北京:社会科学文献出版社 2012 年版,第 68 页。
④ 《2011 年 11 月 17 日外交部发言人刘为民举行例行记者会》,中华人民共和国外交部官方网站,2011 年 11 月 17 日,http://www.fmprc.gov.cn/chn/pds/wjdt/fyrbt/t878272.htm.
⑤ 《美菲举行战略防务对话》,《人民日报》2012 年 1 月 27 日,第 3 版。
⑥ 《中国海监船制止菲军舰骚扰我渔船》,《人民日报》2012 年 4 月 12 日,第 3 版。

2008 年美国次贷危机引发的全球性金融危机。这场金融危机对东亚区域经济安全的影响主要体现在三个方面：一是出口形势急剧恶化。东亚各国对外出口依赖度较高。世界经济明显减速尤其是美国、欧盟等发达经济体经济相继步入衰退，东亚国家外部需求明显下降；加之，在经济衰退背景下，这些经济体的贸易保护主义有所抬头，导致东亚国家出口增速明显下滑。二是外资流入骤减。东亚多为发展中国家，外资在本国经济发展中起着至关重要的作用，而金融危机致使外资大举撤出，已明显触及这些国家的经济安全。三是金融风险上升。这场金融危机不但使东亚国家在美欧发达经济体的金融资产急剧缩水，而且使本区域各国的金融市场遭受重创，进而给各国宏观经济带来巨大的冲击。危机发生后，美国推行的"量化宽松"货币政策加剧了这一负面影响。①

在政治安全方面，这种威胁主要来自国际恐怖主义和西方价值观。"9·11"事件发生后，国际恐怖主义迅速向东亚区域渗透。这在东南亚表现得更加突出。实践表明，东南亚的恐怖主义与基地组织存在明显的联系，以致东南亚已被广泛认为是反恐战争的"第二前线"(the second front)和"薄弱地点"(weak spot)以及"潜在基地组织中心"。②东南亚最有影响的恐怖组织伊斯兰祈祷团(Jemaah Islamiah，JI)已被广泛认为与本·拉登基地组织和阿富汗塔利班有牵连。有研究表明，盘踞在东南亚的恐怖集团和军事人员"或者在前塔利班掌控的训练营受训过，或者与本·拉登及其全球恐怖网络建立了密切联系"。来自全球层次的恐怖集团和宗教极端势力也与东南亚国家的民族分离主义和国内动乱有千丝万缕的联系。比如，泰国南部的分离主义运动的地方目标已经与全球性伊斯兰革命运动融合起来。泰国国防部长切他(Chettha Thanajaro)称，外部伊斯兰组织曾为泰国南部的分离主义者提供 260 万美元的资金支持。伊斯兰祈祷团或许没有直接参与其中，但泰国南部的"地方叛乱得到了该集团的技术支持"。菲律宾棉兰老

---

① 石建勋：《美国量化宽松政策负效应不容小觑》，《人民日报》(海外版)2010 年 11 月 8 日，第 1 版。

② 参见 David Jones and Milke Lawrence Smith，"The Changing Security Agenda in Southeast Asia：Globalization，New Terror，and the Decisions of Regionalism"，*Studies in Conflict and Terrorism*，Vol. 24 (2001)，pp. 271 – 288.

岛的摩洛伊斯兰解放阵线、印度尼西亚的自由亚齐运动等分离主义者也被认为得到了基地组织的资金和后勤支持。菲律宾前总统阿罗约甚至将棉兰老岛的巴西兰岛称作"小阿富汗"。①

　　西方价值观对东亚国家政治安全的威胁主要表现在其对东亚权威主义的挑战。在这里，一些西方国家政府和该区域内部的一些人权组织相结合，将人权、民主与安全紧紧联系起来，试图以此推动东亚政治的西方民主化。东盟与来自欧美的国家在缅甸加入东盟问题上的激烈交锋就是这一问题的集中体现。1988 年 9 月，经过一场全国支持的民主示威高潮后，缅甸政府再次被军队集团所掌握。该集团成立了"国家法律与秩序恢复委员会"来管理动乱的国家。这导致西方国家中止了对缅甸的援助。西方国家谴责缅甸"国家法律与秩序恢复委员会"侵犯人权，破坏民主进程。1991 年 9 月，在卢森堡召开的一次东盟与欧盟外长会议上，当欧盟坚持把关注人权与环境作为任何东盟与欧盟之间经济合作协议的组成部分时，东盟予以坚决反对。美国政府则明令禁止美国人在缅甸进行投资，其理由是缅甸"大规模镇压民主反对派"。美国国务院发言人指出："我们试图运用我们的影响给缅甸一个强烈的信息，使之明白：它并不受欢迎。"西方的观点与东盟国家的观点产生了很大的分歧。东盟一直反对以一国的人权记录和缺乏真实的民主作为是否外交接触的基础。它认为，将人权与民主挂钩是对一个国家内政的外来干涉。1997 年 5 月，东盟不顾欧盟与美国等西方国家的强大压力，决定接受缅甸加入。可以说，西方国家的反对削弱了东盟对缅甸加入的反对，使其决心采取"一种与西方对立的立场"。② 另外，西方大国还常倚仗这些价值观对东亚某些民族分离主义予以支持。比如，2008 年 3 月中国境内藏独分子的叛乱就得到了欧美国家的公开支持。4 月 9 日和 4 月 10 日，美国众议院和欧洲议会先后通过涉藏决议案，对中国政府依法处理拉萨严重暴力事件进行无端指责。9 月 20 日美国参议院通过了类似的涉藏决议案。显然，这是对中国内政的干涉，

---

① Jörn Dosch, *Changing Dynamics of Southeast Asian Politics*, Boulder: Lynne Rienner Publishers, 2007, pp. 79 - 80.

② 参见 Amitav Acharya, *Constructing a Security Community in Southeast Asia: ASEAN and Problem of Regional Order*, London: Routledge, 2001, pp. 108 - 114.

也是为藏独分裂势力张目。①

在环境安全方面,来自全球层次的威胁除了气候变化外,最严重的就是世界能源问题。东亚是能源消费增长最快的地区,也是能源储备较为贫乏、能源进口依赖很大的地区。据统计,2004 年,东亚地区能源依赖度为 28.5%,远高于北美的 17.7% 及欧洲和欧亚地区的 10.3%。能源进口中最重要的石油进口依赖度更高。2006 年,东亚石油进口依赖度为 66.62%,大大超过北美的 42.5%;在全球十大石油净进口国家或地区中,东亚占了 4 席,分别是日本、中国、韩国和中国台湾地区。② 然而,由于东亚国家在国际石油市场上未能掌握定价权,所以不但其从中东进口的原油价高于欧美的歧视性价格——"亚洲溢价",而且常常成为国际石油价格波动的主要受害者。东亚石油安全面临的另一个重要问题是其石油进口对中东地区的严重依赖。目前,东亚 70% 的石油进口来自中东,其中日本、菲律宾分别高达 90% 和 95%。③ 由于东亚石油运输线路必须经过波斯湾、南亚、中亚-里海、南海等政治不稳定地区,因此其能源运输安全问题非常突出。所以,石油安全已成为东亚能源安全的核心。

就区域间层次而言,近年来,对东亚区域安全的威胁主要体现在非军事领域,最突出的就是来自中亚、南亚等毗邻区域的恐怖主义、宗教极端主义和民族分离主义"三股势力"的挑战。他们以宗教极端面目出现,以"民族独立"为幌子,一方面制造舆论,蛊惑人心,另一方面大搞暴力恐怖活动,破坏社会安定。他们的根本目的就是制造混乱,在乱中推翻中亚各国的世俗政权,按照他们的"纯粹教义"建立"纯粹伊斯兰政权"。"东突"就是"三股势力"的典型代表。目前,它成为对东亚国家最具危害性的国际恐怖组织之一。20 世纪 90 年代以来,"东突"势力不断渗入中国境内。2003 年 12 月,中国公安部公布的首批认定的"东突"恐怖组织,包括"东突厥斯坦伊斯兰运动""东突厥斯坦解放组织""世界维吾尔青年代表大会""东突厥斯坦新闻信息中心"等,

---

① 《中方对欧洲议会通过涉藏决议表示坚决反对和强烈愤慨》,《人民日报》2008 年 4 月 12 日,第 5 版;《中方坚决反对美国会参院通过干涉中国内政的涉藏决议案》,《人民日报》2008 年 9 月 21 日,第 4 版。

② 王缉思、倪峰等:《美国在东亚的作用:观点、政策及影响》,第 233—234 页。

③ Christopher M. Dent, *East Asian Regionalism*, New York: Routledge, 2008, pp. 252-259.

都是以中国的新疆等地为主要活动区域的。"东突厥斯坦伊斯兰运动"旨在通过恐怖手段分裂中国,在新疆建立一个政教合一的所谓的"东突厥斯坦伊斯兰国";"东突厥斯坦解放组织"旨在通过暴力恐怖手段,在新疆建立所谓的"东突厥斯坦";"世界维吾尔青年代表大会"旨在将新疆从中国分裂出去;"东突厥斯坦新闻信息中心"致力于在中国境内外发展网络,进行极端宗教和"圣战"宣传煽动等恐怖活动。他们与国际恐怖势力合流,在新疆等地策划、组织、实施了一系列爆炸、暗杀、纵火、投毒、袭击等恐怖暴力活动,对中国及周边国家和地区的安全与稳定构成了严重威胁。①

二、区域、国家:东亚区域安全的内部威胁

　　与上述外部威胁相比,来自本区域和国家层次的内部威胁对东亚区域安全的挑战更加强烈,因为东亚区域内部安全相互依存程度远比它与外部世界的安全相互依存程度要高得多。与外部威胁一样,这种内部威胁既有军事方面的,也有非军事方面的。

　　从整个区域层次看,东亚区域军事安全的核心源于关于南海的争端。该争端是冷战结束后东亚区域内领土主权和海洋权益争端中涉及范围最广、问题最复杂、冲突最激烈的军事"热点"之一。"南海争端"包括岛屿主权归属、海域划分和资源开发三大类。争端的核心既有岛屿、沙洲、暗礁等主权归属,如中国与越南、菲律宾、马来西亚有关南沙群岛主权的争议,也有大陆架及海域的划分,主要是各国宣布专属经济区后造成相邻或邻近国家主要海域的重叠,焦点是南沙群岛。中国对南沙群岛及其附近海域拥有无可争辩的主权,但越南、菲律宾、马来西亚、文莱、印度尼西亚5个国家对南中国海诸岛或附近海域亦提出主权要求,主要有:越南宣称拥有南沙群岛全部岛屿和海域主权,并占领了鸿庥岛、南威岛、南子岛等30多个岛礁;菲律宾宣称拥有南沙群岛的大部分和中沙群岛的全部主权,并占领了中业岛、马欢岛、司令礁、黄岩岛等10多个岛礁;马来西亚宣称对南沙群岛南部的一些岛礁拥有主权,并占领了弹丸礁等5个岛礁;文莱宣称拥有南沙群岛中的南通礁及附

---

① 《首批"东突"恐怖组织、恐怖分子情况简介》,《人民日报》(海外版)2003年12月16日,第4版。

近水域的主权;印度尼西亚没有岛屿主权要求,但其产油区纳土纳岛(Natuna)的 200 海里专属经济区与中国海疆线内海域和东南亚其他国家的专属经济区要求有重叠之处。[①] 所以,"南海问题本质上是中国同南海周边一些国家对于南海岛礁主权和海洋划界的争议。"[②]

南海争端还有一个显著的特点,那就是传统的军事安全与环境安全等非军事安全紧密地结合在一起,突显出全球化背景下区域安全的综合化特征。实际上,环境安全,尤其是海底油气和海上捕鱼等资源之争已成为这一争端背后重要的驱动力量。目前,南海石油探明的储量有 70 亿桶左右,但据预测,仅西沙群岛和南沙群岛附近海域的石油远景储量就可达 1 050 亿桶,整个南海可达到 2 310 亿桶。这里的天然气资源也很丰富,乐观估计,该海域天然气远景储量超过了 2 000 万亿立方英尺(Tcf),仅南沙群岛附近海域就可能达到 1 575 亿桶油当量(900Tcf)。[③] 就此,一些一度缓和的领土或领海纠纷再度显现出来。在这里,与油气潜能有关的海域争端主要有越南、印度尼西亚、马来西亚与中国在纳土纳岛的北部、西部和东部各区域的争端,文莱、马来西亚等国在文莱近海的争端,中国和越南在北部湾的争端,文莱、马来西亚、越南、菲律宾和中国在南沙群岛附近海域的争端等。[④] 近年来,不少东南亚国家紧盯这里的油气资源,不断采取强硬立场。如 2011 年 6 月底,菲律宾宣布了对南海涉及主权争议地区的几个区块的石油开采国际招标计划。中国驻菲律宾大使馆提出严正交涉。[⑤] 2012 年 3 月,菲律宾宣布中国的中业岛为菲律宾领土并表示将继续在中业岛修建码头。2012 年 4 月,在柬埔寨金边举行的东盟峰会期间,菲律宾总统阿基诺再次试图将南海问题"搅"进议程,但并没有得到多数东盟成员国的支持。[⑥]

在南海,因海上捕鱼引发的冲突更是时有发生。1995 年 3 月,马

① 关于"南海争端",参见阎学通等:《东亚和平与安全》,第 219—225 页。
② 《外交部发言人洪磊举行例行记者会》,中华人民共和国外交部官方网站,2011 年 9 月 23 日,http://www.fmprc.gov.cn/chn/pds/wjdt/fyrbt/t861647.htm.
③ 罗振兴:《美国与东亚能源安全》,《美国研究》2008 年第 3 期,第 79—97 页。
④ Amitav Acharya, *Constructing a Security Community in Southeast Asia*, p. 130.
⑤ 《中国企业没有参与菲有关能源项目竞标》,《人民日报》2011 年 8 月 6 日,第 3 版。
⑥ 《中国海监船制止菲军舰骚扰我渔船》,《人民日报》2012 年 4 月 12 日,第 3 版。

来西亚海军巡逻船向沙捞越海岸外的中国拖网渔船开火,使 4 名中国船员受伤;1998 年,越南先后驱赶在南沙海域作业的中国渔船 200 艘;1995 年 1 月至 2000 年 5 月间,菲律宾军方多次在南沙附近海域扣留和枪杀中国渔民,其中 1996 年一年就先后 8 次开枪射杀中国渔民,并扣留中国渔船 12 艘。[①] 2011 年 6 月,越南在中国南沙群岛万安滩海域进行非法油气勘探,并用武装舰船驱赶在那里正常作业的中国渔船,导致其中一艘渔船的渔网与在现场的越南油气勘探船的电缆缠绕在一起,越方船只不顾中国渔民的生命安全,拖曳中国渔船倒行长达一个多小时。在中国渔船主动剪断渔网后,双方才脱离接触。越方船只的做法严重威胁了中国渔民的生命安全。[②] 2012 年 4 月,在黄岩岛海域作业的中国数艘渔船被菲律宾军舰非法堵在黄岩岛环礁湖内,菲方欲抓扣被困中国渔船渔民。中国国家海洋局迅速派出正在附近执行南海定期维权巡航执法任务的中国海监 84、75 船编队赶赴该海域,对中国渔船和渔民实施现场保护。双方舰船出现“对峙”。[③]

　　鉴于此,南海一直是东亚有关国家军事现代化方案和应急计划背后考虑的一个重要因素。比如,就马来西亚而言,冷战结束前后,南沙群岛在其防御计划中的地位已从“第二位上升到至关重要的优先位置”。菲律宾前总统拉莫斯(Ramos)早就指出,南海争端在亚太地区引发了“一种小规模的军备竞赛”。[④] 2011 年 6 月,菲律宾智库人民参政权研究中心学者博比·图亚松指出,领土争端可能会被用来证明有理由为菲武装部队现代化提供巨额预算,购买军事物资并维持 1999 年的菲美军事协议。[⑤] 新加坡东南亚研究所研究员伊恩·斯多瑞表示,菲律宾如今依靠美国强化军力建设,希望美国为菲提供更多武器和军事训练,使得其可以增强在南海的监控能力并在领土诉求方面获得支持。[⑥]

---

① 阎学通等:《东亚和平与安全》,第 230—232 页。

② 《外交部发言人洪磊就越南在南沙海域驱赶中国渔船答记者问》,中华人民共和国外交部官方网站,2011 年 6 月 9 日,http://www.fmprc.gov.cn/chn/pds/wjdt/fyrbt/t829297.htm.

③ 《中国海监船制止菲军舰骚扰我渔船》,《人民日报》2012 年 4 月 12 日,第 3 版。

④ Amitav Acharya, *Constructing a Security Community in Southeast Asia*, pp. 108−114.

⑤ 《“航海自由”的背后玄机》,《人民日报》(海外版)2011 年 6 月 29 日,第 1 版。

⑥ 《中国海监船制止菲军舰骚扰我渔船》,《人民日报》2012 年 4 月 12 日,第 3 版。

　　来自整个区域层次的经济安全问题也变得日趋严重,其中,最具杀伤力的当属 1997 年 7 月爆发的东亚金融危机。对东亚国家而言,这场金融危机至少在三个方面成为安全问题:一是它威胁一些国家的政治稳定。金融危机导致东亚区域经济增长急剧放慢,货币大幅贬值,银行、企业纷纷倒闭,居民失业率明显上升,居民收入明显下降,贫困化和贫富悬殊化增加。这加剧了居民对政府的不满。受到危机冲击最严重的国家印度尼西亚国内出现了最严重的政治动乱,不但东帝汶、亚齐等民族分离主义势头更猛,针对华人和其他形式的暴乱也频繁发生。这导致印度尼西亚政权出现严重的政治危机,最终迫使苏哈托下台。二是威胁到该区域的经济发展模式。东亚绝大多数国家长期奉行注重外商投资和出口导向的工业化经济发展战略,笃信经济发展带来稳定的哲学。但金融危机表明,没有有效管理机制的外向型经济发展会使国家经济更加脆弱。三是加剧了东亚内部的紧张状态,使原来被经济发展所掩盖的军事、政治安全问题公开化。新加坡与马来西亚和印度尼西亚之间一度紧张的关系就是明显的例子。受危机影响较小的新加坡被这两个邻国指责为在帮助它们克服危机方面不够真诚。马、新两国的军事合作也受到影响,如 1998 年 9 月,马来西亚废除了允许新加坡救援飞机无须事先征得许可飞越其领空的长期协定。所以,正是这场东亚金融危机把东南亚和东北亚国家的命运真正联系起来,使它们认识到:"东亚各国从东亚金融危机中得到的教训之一就是,它们将为各自的单独行动付出沉重代价。面对一种金融风暴,单个国家的力量是有限的。只有通过多边联合和区域合作才能避免各种多米诺骨效应并将损失降到最低。"[1]新加坡著名外交官许通美直言,正是东亚金融危机"激发了东亚新的区域主义意识"。[2]

　　上述军事与非军事安全问题还常常通过次区域聚集起来。军事安全方面,最重要的还是各国之间的领土、领海边界争端。在东北亚,各国间悬而未决的问题主要有朝鲜、韩国关于黄海水域划界问题,中国与日本、韩国关于东海大陆架及黄海海域划分问题,日本与韩国关于独岛

---

[1]　Samuel S. Kim, "Regionalization and Regionalism in East Asia", *Journal of East Asian Studies*, Vol. 4 (2004), p. 50.

[2]　David Martin Jones et al., "Making Process, Not Progress", pp. 148 – 149.

（日本称"竹岛"）的争端，日本与俄罗斯的"北方四岛"之争等。① 在东南亚，各国间边界问题主要有马来西亚与菲律宾的沙巴争端，越南与印度尼西亚纳杜岛周围海域争端，越南、马来西亚和泰国的暹罗湾内相邻海域争端，新加坡与马来西亚的巴图普查岛争端，印度尼西亚与马来西亚利吉坦岛和西巴丹岛纠纷，泰国与马来西亚葛鲁克边界问题，马来西亚与文莱林邦边界划界纠纷，泰国与缅甸的贸宜河边界纠纷，泰国与老挝湄公河边三村落纠纷等。实际上，在南海和泰国湾中的大多数海上边界都处在争端之中。这些边界问题不但是各国"紧张、怀疑和误解的来源"，也"为区域冲突提供了十分肥沃的土壤"。②

　　东亚内部次区域的非军事安全问题更多地来自东南亚。政治安全的主要威胁是恐怖主义。目前，在东南亚，有超过 41 个团体组织被美国国土安全部列为恐怖组织。③ 最有影响的是伊斯兰祈祷团（JI），又称伊斯兰团。该集团 1990 年建立，目前已发展为一个拥有严格管理结构的恐怖组织，已被美国和欧盟国家列为与"基地"组织有牵连的恐怖组织。在东南亚，比较有影响的恐怖组织还有印度尼西亚"伊斯兰捍卫者阵线"（The Front Pembela Islam，FPI）、印度尼西亚"拉斯卡圣战组织"（Laskar Jihad，LJ）、马来西亚"穆查希丁圣战组织"（Kumpulan Mujahidin Malaysia，KMM）、菲律宾"阿布·沙耶夫集团"（Abu Sayyaf Group，ASG）、菲律宾"新人民军"（New People's Army，NPA）、泰国"团结阵线"（Bersatu）等。这些组织与伊斯兰祈祷团有密切联系，并已形成从印度尼西亚、菲律宾、新加坡、马来西亚延伸到泰国、缅甸和柬埔寨的一个"新月形"恐怖活动的高危地带。④ 他们不但四处展开爆炸、暗杀，挑起宗教冲突等恐怖活动，还企图联合起来实现其政治野心，以建立"泛区域的伊斯兰哈里发国家"。在东南亚，恐怖主义已成为一个跨国安全问题，要解决这些问题必须是各国开展实际

---

① 阎学通等：《东亚和平与安全》，第 203—213 页。

② Desmond Ball，"Arms and Affluence Military Acquisitions in the Asia – Pacific Region"，*International Security*，Vol. 18，No. 3（Winter 1993/94），pp. 87 – 88.

③ 刘复国：《东南亚恐怖主义对亚太区域安全影响之研究》，《问题与研究》（台北）2006 年第 6 期，第 86 页。

④ 陈佩修：《9·11 后东南亚恐怖主义与安全情势的演化》，《恐怖主义与国家安全学术研讨暨实务座谈会论文集》，http://iir.nccu.edu.tw/hjourn/is_c/pdf/45/45 – 6 – 079 – 106.pdf.

的合作。

经济安全的主要威胁是日益频繁的海盗侵袭。东南亚水域尤其是马六甲海峡,是世界上最繁忙的海运通道之一,通过这里的商业流动,对东南亚乃至整个东亚经济发展至关重要。而且,多数东南亚国家依赖于自由贸易发展,这些国家地理位置上又多属于岛国和半岛国家,所以在很大程度上海洋通道成了它们经济发展的生命线。但这一生命线受到海盗恐怖活动的极大威胁。尽管海盗活动在东南亚已存在上百年,但冷战结束以来,这些活动明显增多了。有数字表明,到20世纪90年代末,亚洲海盗活动增加了70%,而受到海盗攻击的报告多出现在东南亚水域。2000—2003年,全球海盗袭击报告总次数为1 619,东南亚区域就有786次,占全球总数的48.55%。[1] 发生在东南亚海域的海盗活动和恐怖主义联系在一起,最有名的就是阿布·沙耶夫集团。1995年它在菲律宾埃皮尔镇登陆,发起第一次大规模恐怖袭击,有7家银行被抢、100多人被杀死。从此,该组织活跃在菲律宾南部和马尼拉附近以及马来西亚的西部海域,进行了多起袭击。2004年2月,在马尼拉附近,一艘商船被击沉,造成116人死亡。菲律宾政府证实,阿布·沙耶夫集团声称对此事负责。[2]

在东南亚次区域,环境安全更多地表现在陆地环境的恶化、空气污染、近海环境恶化与资源之争等方面。森林减少是东南亚陆地环境恶化的最明显例证。东南亚拥有全世界现存的热带雨林的约25%,马来西亚和印度尼西亚是世界热带木材贸易的主要供应方。[3] 而森林面积以年均1.2%的比例在削减。[4] 空气污染的跨边界形态中最著名的就

---

[1] John F. Bradford, "The Growing Prospects for Maritime Security Cooperation in Southeast Asia", *Naval War College Review*, Vol. 58, No. 3 (Summer 2005), p. 72; Faizai Yahya, "India and Southeast Asia: Revisited", *Contemporary Southeast Asia*, Vol. 25, No. 1 (April 2003), p. 90.

[2] John F. Bradford, "The Growing Prospects for Maritime Security Cooperation in Southeast Asia", p. 72.

[3] Maria Seda, "Global Environmental Concerns and Priorities, Implications for ASEAN", in Marra Seda ed., *Environmental Management in ASEAN: Perspectives on Critical Regional Issues*, Singapore: IDSS, 1993, p. 131.

[4] UNDP, "Human Development Report 1994", http://hdr.undp.org/en/media/hdr_1994_en.pdf.

是"烟雾事件"(Haze Incidents)。由 1997 年印度尼西亚森林大火引发的"烟雾"曾覆盖了印度尼西亚及其邻国新加坡和马来西亚的大部分地区,并扩散到文莱、泰国等国。据估计超过 4 000 万人的健康受到影响。官方称,由此造成的经济损失达 14 亿美元,而民间估计,如果再加上这场大火造成的烟雾的持续影响,其造成的损失总计达 50 亿至 60 亿美元。"烟雾事件"一度引起东盟内部的紧张关系,被认为是自 1979 年越南侵柬以来"东南亚中间最大的内部挑战"。[①]

在东南亚,近年来,与石油潜能有关的海域争端时有发生,如缅甸和印度在北部安达曼海的争端,越南、泰国和柬埔寨在泰国东部海湾的争端,马来西亚、泰国、越南在泰国西南海湾的争端等。最严重的是发生在 2005 年 3 月 7 日印度尼西亚和马来西亚之间关于苏拉威西岛海域油气资源的争端。争端的起因是 2005 年 2 月 16 日马来西亚国家石油公司与世界石油巨头壳牌石油公司签署了勘探开采靠近苏拉威西岛的锡帕岛和利吉坦岛附近海底油气资源的协议。印度尼西亚方面称,这片海域属于印度尼西亚,它早已授权一家意大利公司和一家美国公司在那里进行勘探开采。这使两国关系骤然紧张。印度尼西亚政府在婆罗洲海岸地区部署了 7 艘战舰,并向有争议的海域派遣了 4 架 F-16 战斗机。在印度尼西亚首都雅加达,一些印度尼西亚民众在马来西亚大使馆外高举"马来西亚下地狱"的标语示威,并要求印度尼西亚政府出兵消灭马来西亚。示威者还自发成立"粉碎马来西亚阵线"。马来西亚外交部长阿尔巴强调,马来西亚不会在领土利益和国家主权方面做出任何妥协。后来,双方政府都采取克制态度才未导致武装冲突。[②]

在东北亚次区域,近年来近海资源之争也日趋激烈,尤以黄海、东海为甚,最重要的还是海底石油与海上捕鱼引发的冲突。比较严重的例子有:1999 年 6 月,朝鲜的渔船队进入双方有争议的延坪岛海域捕捞,遭到韩国海军驱逐,双方的海军舰艇相互冲撞驳火,造成两艘朝舰沉没,至少 30 名水兵丧生,韩国海军也遭受一定损失,由此酿成朝鲜战争以来双方最严重的一次海上冲突;2004 年 7 月,日本政府在与中国

① James Cotton, "The 'Haze' over Southeast Asia: Challenge the ASEAN Mode of Regional Engagement", *Pacific Affairs*, Vol. 72, No. 3 (Fall 1999), p. 348.

② 菲利普·赛比耶-洛佩兹:《石油地缘政治》,潘革平译,北京:社会科学文献出版社 2008 年版,第 47—48 页。

有争议的东海海域开始进行海底资源调查,并于次年 8 月正式授权日本帝国石油公司在该海域开采油气田,而该公司开采区域正好紧靠中国开采中的"春晓"等油气田,由此引起中国政府的严重交涉和抗议①;2010 年 9 月,日本海上保安厅巡逻船在钓鱼岛附近海域两次冲撞一艘中国拖网渔船,日本海上保安厅以涉嫌妨碍执行公务为由逮捕中国渔船船长,再次引起中国政府的严重交涉和抗议。②

微区域是东亚区域安全所遭受的内部威胁的另一个来源地。微区域是上世纪 90 年代以来随经济区域化的纵深化而成长起来跨越各国边界的一种新的区域互动层次,通常被称为"自然经济区"或"增长三角",主要有"新加坡—柔佛—廖内增长三角区"(成立于 1993 年),包括新加坡、马来西亚、印度尼西亚的部分省份;文莱、印度尼西亚、马来西亚、菲律宾之间的"东盟东增长区"(成立于 1994 年),包括马来西亚的沙巴、沙捞越、拉布安,印度尼西亚的苏拉威西北部、加里曼丹岛东部和西部,菲律宾的棉兰老岛和文莱等;"印尼—马来西亚—泰国增长区"(成立于 1993 年),包括印度尼西亚北部的两个省、马来西亚北部的 4 个省和泰国南部的 5 个省;"大湄公河增长区"(成立于 1991 年),包括中国云南省、老挝、柬埔寨、越南、泰国、缅甸等③;"图们江开发区"(启动于 1991 年),包括中国的东北三省和内蒙古、朝鲜罗津经济贸易区、蒙古的东部省份、韩国的东部沿海城市和俄罗斯滨海边疆区的部分地区;"泛北部湾经济合作区",包括中国和东盟各国以北部湾为中心的沿海区。④

这些微区域的发展加深了东亚区域层次安全相互依存,成为一些区域安全问题的新来源。比如,在东南亚,自然经济区在某些情况下会被指责为利益分配不平等,而导致国家之间关系紧张。马来西亚和印度尼西亚内部的一些派别对"新加坡—柔佛—廖内增长三角区"就有

① 阎学通等:《东亚和平与安全》,第 204—207 页。

② 《日本军船钓鱼岛连撞中国渔船》,《国际金融报》2010 年 9 月 8 日,第 1 版。

③ Min Tang and Myo Thant, "Growth Triangles, Conceptual and Operation Considerations", in Myo Thant, Min Tang and Hiroshi Kakazu eds., *Growth Triangles in Asia: A New Approach to Regional Economic Cooperation*, Oxford: Oxford University Press, 1994, pp. 19－20.

④ Christopher M. Dent, *East Asian Regionalism*, pp. 73－76.

一些担心。他们认为新加坡是该自然经济区的主要受益人。马来西亚的反对者曾断言,柔佛会变成新加坡和巴丹的"后院"。印度尼西亚国内批评把廖内省"廉价出售"给了新加坡,印度尼西亚担心新加坡在该自然经济区内部只占有 3% 的地域,却涵盖了大约 1/2 的人口和 90%的收入。① 再如,湄公河区域已成为影响东南亚环境安全的主要微区域。湄公河作为东南亚最大的河系,它流经缅甸、泰国、老挝、柬埔寨和越南等 5 个国家。20 世纪 90 年代以来,随着各国不断建立水库大坝,湄公河的安全问题变得越来越突出。湄公河水系水资源分布的不平衡、上下游国家利益之争、各国不同的要求以及与之相关的脆弱性,构成了该地区潜在的冲突,从而使之成为严重的跨边界安全问题。② 如2010 年夏,缅甸因不满泰国对湄公河河道的整修,曾采取封关措施,致使两国边境贸易每天损失上亿泰铢。③ 在这一水域活动频繁的贩毒走私集团和武装抢劫集团亦已影响了各国正常的商业、旅游活动。2011年 10 月,发生在该水域的 13 名中国船员遭武装分子枪杀遇害事件对各国船只和人员造成重大危害,该航道航运因此全面暂停,直到 2012年 1 月才恢复通航。④ 大湄公河流域已成为影响中国—东盟间环境、经济、政治等多种安全议题的主要次区域。

在东亚,许多安全问题源于本区域国家层次内部。在军事安全方面,这种内部威胁主要来自国家间自我激发的军事竞争。这种竞争"为保护它们自己的军事努力,导致它们提升对彼此的威胁",这就是通常所说的"两个或多个行为体之间竞争或互动导致"的"军备竞赛"。⑤ 冷战结束后,全球与区域安全的复杂性以及各国军事自主性的提升,都使东亚各国普遍加快了自身的军备建设。最明显的就是日本借重美国的力量,不断加强自身的军备。近年来,日本军费开支一直维

---

① Amitav Acharya, *Constructing a Security Community in Southeast Asia*, pp. 144 – 145.

② 参见 Milton Osborne, "The Strategic Significance of Mekong", *Contemporary Southeast Asia*, Vol. 22, No. 3 ( December 2000), pp. 429 – 444.

③ 《走进泰缅边境小镇——湄索(行走东盟)》,《人民日报》(海外版)2010 年 10 月 21 日,第 2 版。

④ 《澜沧江—湄公河客运恢复》,《人民日报》2012 年 1 月 5 日,第 3 版。

⑤ Barry Buzan, *An Introduction to Strategic Studies: Military Technology and International Relations*, London: Macmillan, 1987, p. 69.

持在 4.5 万亿至 5 万亿日元之间,明显高于除美国之外的世界各国。①
同时,日本军事战略由原来的"专守防御"转向"先发制人"。为此,日本一方面与美国一道加快导弹防御系统的开发和部署,仅 2006 年度相关预算总额就达 1 399 亿日元之巨②;另一方面借口反恐将海外派兵合法化。2008 年 9 月,日本政府通过了防卫省提交的 2008 年版《防卫白皮书》,首次提到有必要为向海外派遣自卫队制定一般性法律。白皮书说,日本要发挥作为"和平合作国家"的作用,制定向海外派遣自卫队的一般性法律是最理想的。③ 东亚金融危机以来,东盟各国的军备扩充也格外引人注目。资料显示,1989—1997 年,印度尼西亚、马来西亚、菲律宾 3 国的军费开支分别增长 78.36%、64.76%、- 11、63%;1997—2002 年,分别增长 432.26%、183.33%、41.59%④;2000—2009 年,东盟 10 国军费开支总和增长了 49.20%⑤。这些国家的军队建设重点是通过添置先进的战斗机、海上巡逻飞机、大型水面战斗武器,如轻型护卫舰和大型驱逐舰、巡航导弹装载机以及早期预警系统,来发展具有更高战斗能力的空中和海上军事力量。阿查亚称,"东盟的军队建设可能成为未来区域不稳定的一种源泉。"⑥

　　来自国家层次的对东亚军事安全的另一个重要威胁就是朝鲜核问题引发的核扩散的可能性。这一问题引发的危机起始于 1993 年 3 月朝鲜第一次宣布退出《不扩散核武器条约》。2002 年 10 月,朝鲜正式表示"有权开发核武器和比核武器更厉害的武器",朝核问题正式公开化。2006 年 10 月,朝鲜宣布成功进行了一次地下核武器试验,朝核危机炽热化。2009 年 4 月,朝鲜发射卫星再次引发危机。4 月,朝鲜宣布退出朝核问题六方会谈。2009 年 5 月,朝鲜宣布第二次核试验。6 月,

①　阎学通等:《东亚和平与安全》,第 272 页。

②　崔立如:《东北亚地区安全政策及安全合作构想》,北京:时事出版社 2006 年版,第 75—77 页。

③　《日本出台 2008 年版〈防卫白皮书〉》,《人民日报》2008 年 9 月 6 日,第 3 版。

④　Amitav Acharya, *Constructing a Security Community in Southeast Asia*, p. 141.

⑤　斯德哥尔摩国际和平研究所:《SIPRI 年鉴 2010:军备、裁军和国际安全》,中国军控与裁军协会译,北京:时事出版社 2011 年版,第 281 页。

⑥　Amitav Acharya, *Constructing a Security Community in Southeast Asia*, p. 141.

联合国安理会通过第 1874 号决议，对朝鲜实施贸易制裁。[①] 历经十余年迟迟不能解决的朝核问题已经成为威胁朝鲜半岛乃至整个东北亚和平与稳定的"一个关键问题"。[②]

在非军事安全领域，来自国家层次的威胁最具影响力的就是民族分离主义。最近 10 年来，东亚已经成为民族分离主义的"重灾区"。目前，比较活跃的民族分离主义主要有：菲律宾棉兰老岛的"摩洛民族解放阵线"和"摩洛伊斯兰解放阵线"，泰国南部的"北大年联合解放阵线""北大年马来民族革命阵线"和"新北大年联合解放组织"，印度尼西亚亚齐省的"自由亚齐运动"和伊利安查亚省的"巴布亚独立组织"（又称"自由巴布亚运动"），缅甸、泰国边界的"克伦民族联盟""缅甸掸邦独立组织"，中国新疆等地的"东突"、西藏等地的"藏独"和台湾的"台独"等。[③] 这些民族分离主义的溢出效应，已使之成为东亚区域性的政治安全问题。例如，1996—1997 年，大约 10 万缅甸克伦人难民在缅甸军队的冲击下逃往泰国，一度引起两国间的军事紧张。2000 年 1 月，一个反对缅甸政府的游击队组织越过边境，突袭泰国一间医院，并挟持了 800 名病人及职员做人质。泰国政府发言人谴责这次围攻行动侵犯了泰国主权。[④] 2001 年 2 月，泰国北部与邻国缅甸接壤处，因缅甸政府军围剿掸族叛军而伤及泰国境内平民，致两国军队发生交火。缅甸军队及其盟友为追击叛军，一度越过泰缅边界，进入泰国边境小城湄赛（Mae Sai）。冲突中有 2 名泰国人在混乱之中被流弹击中身亡，10 多人在袭击中受伤。[⑤] 2002 年 6 月，缅甸政府指责泰国军队在两国边

---

① 参见郑先武：《"大国协调"：解决朝核问题的有效的途径》，《中国社会科学报》2009 年 6 月 16 日，第 2 版。

② Yong-Pyo Hong, "The Two Koreas in Northeast Asia Linkages Between Domestic, Inter-Korean, and Regional Politics", in Edward Friedman and Sung Chull Kim eds., *Regional Cooperation and Its Enemies in Northeast Asia: The Impact of Domestic Forces*, p. 85.

③ 许利平：《亚洲极端势力》，北京：社会科学文献出版社 2007 年版，第 103—173 页；温北炎、郑一省：《后苏哈托时代的印度尼西亚》，北京：世界知识出版社 2006 年版，第 84—97 页。

④ 《缅甸武装分子占领泰国医院挟持 800 人质》，中新社，2000 年 1 月 25 日，http://dailynews.sina.com.cn/world/2000 - 1 - 25/56133.html.

⑤ 《泰缅边界冲突升级 泰国再次关闭边境检查站》，中国日报网站，2001 年 2 月 13 日，http://news.sina.com.cn/w/184910.html.

境线上向缅政府军开枪,支持缅甸国内反政府武装对政府军的攻击。为此,缅甸政府命令国内 500 多名泰国工人立即返回泰国。① 泰、马、印尼边界的分离主义渗透也影响着三国关系。2004 年 12 月,泰国总理他信(Thaksin Shinawatra)愤怒地指控,泰国南部的叛乱者得到了马来西亚的培训和支持。② 2009 年 8 月,缅甸果敢地区先后发生武装对峙和武装冲突,造成果敢地区边民心理恐慌,导致 3.7 万名边民涌入中国境内。其间,缅甸 3 发炮弹射入中国境内,造成中国边民 1 死 2 伤。中国外交部为此向缅方提出严正交涉。③

正是这种安全的多层次和多领域的紧密互动导致各种安全议题很轻易地跨越各种安全层次而四处扩散,并最终形成以日益增强的安全相互依存为核心特征的东亚安全的区域化,进而推动东亚安全区域主义的产生和发展。

## 第二节　东亚安全区域主义的多层次发展

东亚区域安全的多层次动力决定了其安全区域主义的发展也必然是多层次驱动的。东亚全区域主义是从跨区域合作开始的。最初,这种仅涉及少数东亚国家的跨区域合作是由外部行为体,主要是美国等全球性大国驱动的,而且局限于军事领域的合作,如冷战时期的东南亚条约组织和后来的《五国防御安排》④等。但东亚区域内本地驱动的实质性安全区域主义肇始于东南亚次区域,这就是东盟所建构的安全机制。冷战结束后,随着东盟驱动的东盟区域论坛启动,涵盖东亚区域绝大部分的跨区域合作开始出现,直至东盟+3(中日韩)(又称 10+3)合作机制的启动,整体的东亚安全区域主义才正式拉开序幕。目前,东亚内部

---

①《缅泰关系日益紧张 缅甸驱逐数百名泰国工人》,新华社,2002 年 6 月 3 日,http://news.xinhuanet.com/newscenter/2002 - 06/03/content_421444.htm.

② John F. Bradford, "The Growing Prospects for Maritime Security Cooperation in Southeast Asia", p. 81.

③《缅甸果敢地区局势趋于平稳》,《人民日报》2009 年 8 月 31 日,第 3 版.

④《五国防御安排》是英国、澳大利亚、新西兰、新加坡和马来西亚五国于 1971 年 4 月签署的军事合作协定。

的安全区域主义呈现出次区域主义、区域间主义和全区域主义①"三驾马车"并进的态势。这三支基本力量从不同的侧面,以不同的程度共同推动着东亚安全区域主义的持续发展。

一、次区域主义:从东南亚到东北亚

　　东亚本地的区域主义是从东南亚次区域开始的。东南亚也即整个东亚首个最具代表性的区域政府组织便是东南亚国家联盟(简称东盟)(ASEAN)。该组织于 1967 年 8 月由印度尼西亚、马来西亚、泰国、新加坡、菲律宾五国宣布成立。最初,东盟虽被成员国强调为非政治组织,但本质上它是一个具有浓厚政治目的的区域组织。这表现在其五个创始国创立这一组织的主要动因是试图创建一个预防战争和解决冲突的机制。泰国总理当时就点明,东盟成立的动机"确实是政治的"。李光耀后来也回忆说,当初各国就是"为支持政治目标、稳定和安全"联合起来的。② 印度尼西亚外长马利克明确指出东盟缔造者创立东盟的这一基本愿望。他说:"尽管从一开始东盟被设想为一个追求经济、社会和文化合作的组织……但事实上,五个成员国在政治上的观点是趋同的。"马利克这样阐述这五个国家所拥有的共同政治观点和战略建构:"在东盟诞生之前的时间里,东南亚国家在经历了萧条和冲突之后,普遍谋求其区域的稳定并确保其发展……在东南亚国家之间构建解决和平、稳定发展的合作的方法由此成为当务之急……"③

　　总体上讲,到目前为止,东盟所驱动的东南亚安全区域主义经历了三个重要的发展阶段,即初创期(1967—1991 年)、拓展期(1992—2002年)和增强期(2003 年至今)。冷战时期是东盟安全区域主义的创始期。东盟在大国竞争的夹缝中曲折成长,通过规定共同的区域规范和

---

① 这里的东亚"次区域主义"特指由来自东北亚或东南亚次区域国家和非国家行为体驱动的、以所在次区域合作为核心指向的安全区域主义,"区域间主义"特指东亚国家、区域组织或其他行为体和"外部合作者"之间与安全相关的制度化合作安排,"全区域主义"特指东亚国家和非国家行为体驱动的、涵盖东北亚和东南亚两个次区域的、以整个东亚区域合作为核心指向的安全区域主义。

② Nicholas Tarling, *Regionalism in Southeast Asia: To Foster the Political Will*, New York: Routledge, 2006, p. 134.

③ Adam Malik, "Regional Cooperation in International Politics", in CSIS, *Regionalism in Southeast Asia*, Jakarta: Center for Strategic and International Studies, 1974, pp. 161 – 162.

规则来建构并实践着一种日趋成熟的次区域安全机制。东盟安全机制确立的基本标志就是东盟合作的基本准则即"东盟规范"(Norms of ASEAN)和独特的决策程序即"东盟方式"(ASEAN Way)的确立。按照权威的解释,"东盟规范"主要包括:非武力原则,即成员国以和平方式解决分歧或争端,放弃使用武力或以武力相威胁;不干预原则,即确保成员国相互尊重彼此的独立、主权、领土完整和国家认同,确保自身的稳定和安全不受任何形式的外部和内部的干预;区域自主,即"地区问题地区解决",并将东盟作为对外政策的基石;"协商"和"共识"的决策程序与方式。① 这些规范集中体现在宣布东盟成立的《曼谷宣言》、1971年11月颁布的《东南亚和平、自由和中立区宣言》、1976年2月东盟首届首脑发布的《东盟协调宣言》(又称《巴厘协议》)和《东南亚友好合作条约》等权威文件中。通过"东盟规范"的建构,"东盟方式"也得以固定下来。按照新加坡前外长加亚库马(S. Jayakumar)的解释,"东盟方式强调非正式、组织微边主义、包容性,通过细致的协商达成共识和冲突的和平解决。"②实际上,"东盟方式"是一种以高度协商和共识为特征的决策程序,是一种与西方多边主义谈判中惯用的对抗姿态、多数表决和其他法律程序相反的,以自主、非正式达成共识和非对抗性谈判形式为基础的区域互动与合作的过程,是东盟特有的"社会文化规范"。③

就东盟安全机制的具体形式而言,它明显表现出一种"均势"特征。这一时期,东盟所建构的"弱安全机制"本质上是一种"心照不宣的"均势机制。在东盟框架内,"均势"的解释建立在两种假定之上:一是权力的抑制被认为是运行中的一种安全安排的一个组成部分。在这里,合作性的特征包括共同的规范和规则、增强行为规则的一定程度的制度化和相互利益的存在。二是权力抑制依赖于政治而非军事的手段。也就是说,权力抑制主要通过外交合作实践的政治渠道,而不是共同的军事力量来实现。在东盟框架内,"均势"有一个基本特征,即通

---

① Amitav Acharya, *Constructing a Security Community in Southeast Asia*, pp. 47 – 70.

② "Stick to Basics", Opening Statement by Professor S. Jayakumar, Minister for Foreign Affairs, at the 31st ASEAN Ministerial Meeting, Manila, 24 July 1998, http://www.aseansec.org/amm/amm31oss.htm

③ Amitav Acharya, *Constructing a Security Community in Southeast Asia*, pp. 47 – 72.

过区域安全合作来否定区域内部的霸权,这种考虑既可以通过将霸权安排融入一种以规则为基础的机制来抑制任何霸权的野心,也可以通过基于一种包括规范和规则的制度化进程的外交联合来抑制代表上升权力的霸权安排。[①]

东盟的创立就明显表现出"均势"的基本特征。这主要表现在,通过"均势"平衡战略制度化,即通过将其参与者融入以规则为基础的安全安排来抑制潜在的霸权。尽管东盟的建立标志着印度尼西亚和马来西亚这两个成员国之间对抗时期的结束,但东盟内部的关系仍然以不信任和紧张状态为主要特征。除了马来西亚仍然担心印度尼西亚之外,区域内部的安全环境中还充满许多紧张的双边关系。这导致东盟各国在进行合作努力的同时,仍然保持不同的战略观点和安全利益。其中一种表现就是,马来西亚、新加坡和菲律宾等国对印度尼西亚影响普遍存有戒心,尤其是马来西亚更为明显。马来西亚同意成立东盟"一方面想促使印度尼西亚与其邻国建立起和谐和建设性的关系,另一方面他们担心印度尼西亚的规模和影响力"。马来西亚外交部长沙菲曾表示:"马来西亚不会拖区域合作的后腿",因为"如果我们从该区域抽身,我们就将给印度尼西亚留下介入的真空"。[②] 这样,它们将东盟作为一种工具,即通过"驯化"印度尼西亚的"内部化"政策来确保其推行一种负责任的与和平的对外政策。也就是说,让印度尼西亚承担一种积极的区域角色是这些东南亚邻国热心于东盟的核心意图。[③] 最后的政策选择是,其他东盟成员国承认印度尼西亚在该区域中的"自然首要地位",而印度尼西亚开始采取政治上"自我克制"的政策。

东盟的均势政策也适用于对东盟外部区域霸权的否定和抑制上,它主要通过结成东盟框架内的"外交共同体"(又称"集体政治防卫")来实现。1979 年越南入侵柬埔寨而引发的"柬埔寨问题"的反应便是东盟将均势机制扩大到抑制非东盟国家区域霸权的重大尝试。东盟国家认为,越南入侵柬埔寨侵犯了其核心原则,并影响了东南亚区域的权

① Ralf Emmers, *Cooperative Security and the Balance of Power in ASEAN and ARF*, London: Routledge Curzon, 2003, pp. 51 – 55.

② Nicholas Tarling, *Regionalism in Southeast Asia: To Foster the Political Will*, pp. 130 – 132.

③ Amitav Acharya, *The Quest for Identity: International Relations of Southeast Asia*, New York: Oxford University Press, 2000, pp. 84 – 85.

力分配。1979 年 6 月,东盟部长会议发布的联合公报强调,印支冲突"将直接影响东盟成员国安全,并将危及整个东南亚区域的和平与安全"。① 新加坡外长拉贾拉南明确指出:"越南的野心是在东南亚的霸权。"②这样,东盟采取了区域性合作的"一致对外"政策。一是争取国际社会的支持,取消了对越南的经济援助和向越南施加压力,并争取联合国大会在 1979 年 3 月将柬埔寨问题列为会议议题,而且连续 8 年使每届联大都通过了要求越南从柬埔寨撤军的决议。二是支持柬埔寨反越三方于 1982 年在吉隆坡签署了"民主柬埔寨联合政府成立宣言",并促使联大承认民柬在联合国代表柬埔寨。三是坚持政治解决柬埔寨问题,促成了一系列国际会议的召开,比如 1988 年 7 月和 1989 年 2 月两次雅加达非正式地区会议的召开,处理了柬埔寨各派之间权力分配的复杂问题,对最后解决柬埔寨问题起了重要作用。③

冷战结束后,面对全球化背景下区域安全综合化的新现实,东盟安全机制很快进入一个拓展时期。其标志就是合作安全机制的形成。东盟合作安全机制的探索起源于本区域原有的"综合安全"观。东盟的"综合安全"观源于 20 世纪 60 年代末东盟国家提出的"区域抗御力"(regional resilience)和"国家抗御力"(national resilience)概念。按照官方的文件,在东盟框架内,"区域抗御力"是"一个区域的内部动力条件,它反映着每个成员根据国家抗御力的状况、国家间的互动层次、国家对该区域的责任及其面对挑战时的适应能力"。"国家抗御力"是由意识形态、政治、经济、社会、文化以及防御与安全领域的国家生活等动力条件所决定的、相互联系的一个互不可分的整体。每个成员国的"国家抗御力"被认为是"区域抗御力"的重要组成部分,因为它承认各国的集体贡献对整个区域的发展是至关重要的。④ 这两个概念的解释最终促进了东盟独特的"综合安全"观的形成。遗憾的是,鉴于冷战时

---

① ASEAN Secretariat, "Joint Communique of the Twelfth ASEAN Ministerial Meeting", Bali, 28 – 30 June 1979, http://www.aseansec.org/1242.htm

② Ralf Emmers, *Cooperative Security and the Balance of Power in ASEAN and ARF*, p. 95.

③ 参见 Amitav Acharya, *Constructing a Security Community in Southeast Asia*, pp. 80 – 98.

④ 参见 Dewi Fortuna Anwar, "National Versus Regional Resilience? An Indonesian Perspectives", in Derekda Cunha ed., *Southeast Asia Perspectives on Security*, Singapore: Institute of Southeast Asian Studies, 2000, pp. 82 – 90.

期的特殊环境,这一安全观并没有能够完全真正付诸实践。

1992 年 1 月,东盟第四届首脑会议在新加坡召开。从此,一种全新的安全合作机制即"合作安全"开始进入东盟领导人的视野。在东盟框架内,合作安全机制的运行主要表现在三个方面:一是与以前的对手开展区域安全合作,其重要的行动就是将东盟主动扩大到印支国家,完成了由 10 个东南亚国家组成的"一个东南亚"的进程。二是按照"综合安全"观在军事、政治、经济、社会、环境等安全领域展开广泛的区域合作。在合作安全机制中,东盟国家在安全领域继续关注军事、政治议题的同时,开始密切关注非军事安全议题。在非军事安全领域,东盟国家区域安全合作首先在经济领域取得突破性进展,那就是 1998 年 10 月签署的《关于设立东盟监督进程的谅解条款》。它是东盟为促进金融稳定和预防货币危机而设立的协调框架,也是东盟金融合作中最重要的行动之一。这一监督进程导致了一种新机制的创立,包括一个东盟财政和中央银行副行长的论坛以及一个特别工作组,一个建立在东盟秘书处基础上的东盟监管协调机构和建立在马尼拉亚洲开发银行基础上的东盟监管技术援助机构。[1] 这是东盟金融监督程序(ASEAN surveillance process)制度化的开始。东盟在政治领域的区域安全合作主要在打击跨国犯罪和恐怖主义方面取得了重要进展。最重要的是 2002 年 5 月,东盟颁布实施《关于贯彻打击跨国犯罪行动计划的工作方案》,它明确规定了打击跨国犯罪的行动领域和集体措施。[2] 2003 年 7 月,东盟在吉隆坡建立"区域反恐中心"。东盟国家在环境安全合作方面也取得了重要成果,主要是建立了更为制度化的"湄公河理事会"。除了缅甸之外的所有沿河东南亚国家都参加进来,其目标是促进建立在成员国互惠基础上的水和相关资源的合作管理和可持续发展;签署实施《跨边界烟雾污染协定》,并在东盟秘书处设立了一个新的"烟雾任务合作中心",以利于各成员国之间的合作与联合。在军事安全合作方面,东盟国家开始推行东盟框架内的多边军事合作。一个

---

[1] ASEAN Secretariat, "Terms. of Understanding on the Establishment of the ASEAN Surveillance Process", Washington, D.C., 4 October 1998, http://www.aseansec.org/6309.htm.

[2] ASEAN Secretariat, "Work Programme to Implement the ASEAN Plan of Action to Combat Transnational Crime", Kuala Lumpur, 17 May 2002, http://www.aseansec.org/5616.htm.

重要成果是 1995 年东盟通过了《东南亚无核区条约》(Treaty on the Southeast Asia Nuclear Weapon-Free Zone)。1997 年 3 月,该条约正式生效。"东南亚无核区"建设的启动表明,东盟已经开始主动推进旨在避免军事冲突的军事安全合作的机制化。

三是市场组织和公民社会组织直接参与到区域安全合作的进程之中,这主要表现为一种独特的"第二轨道"对话与协商机制的形成以及"东盟人民会议"的启动。"第二轨道"是由非政府组织(经常是思想库)所发起的会议(包括双边和多边会议)。这种会议明确并直接地探讨有关政策问题。东盟战略与国际研究所(ASEAN – ISIS)在发展支持东盟官方地区主义的"第二轨道"机制方面,尤其是在区域安全领域起了一种先导作用。东盟人民会议(the ASEAN People's Assembly, APA)是东南亚安全区域主义进程中另一个有影响的区域公民社会组织。2000 年 11 月,首届东盟人民会议在印度尼西亚巴淡(Batam)举行。以后至少每两年举行一次会议。它的成员更具代表性,包括以私人身份参加的国家和地方政府官员,学术界、商界、文化与艺术、相关的以农业为基础的集团、乡村和社区代表,媒体、劳工、与妇女和儿童联系的部门代表,其他专业技术人员、本科生和研究生,宗教组织、与东盟个体成员有关的其他部门等多领域的代表,所以又被称为"第三轨道"。目前,作为"一种创新方法",东盟人民会议已经成为推动东南亚区域治理和安全的重要的区域机构。①

不过,东盟合作安全机制在应对全球化背景下日益综合化的区域安全形势时虽有独特的优势,但也有其明显的局限性。这主要表现在:一是它过于强调对话而不是法律程序,缺乏更紧密的制度化;二是它过于强调开放性,缺乏更紧密的内聚力。这样,到新千年之初,东盟国家推出一个更宏大的安全区域主义计划,即创建"东盟安全共同体"。

2003 年 10 月 7 日,第九届东盟首脑会议通过了《东盟第二协议宣言》(Declaration of ASEAN Concord Ⅱ)(简称《巴厘第二协议》)(Bali Concord Ⅱ)。根据这一协议,东盟将在 2020 年全面建成以"东盟安全

---

① 参见 Mely Caballero-Anthony, "Non-State Regional Governance Mechanisms for Economic Security: the Case of the ASEAN People's Assembly", in Helen E. S. Nesadurai ed., *Globalization and Economic Security in East Asia: Governance and Institutions*, London: Routledge, 2006, pp. 227 – 231.

共同体""东盟经济共同体"和"东盟社会与文化共同体"为"三大支柱"的"东盟共同体"(ASEAN Community)。① 从此,东南亚安全区域主义开始从建设"安全机制"走向建设"多元安全共同体"阶段。这也是东南亚安全区域主义从"保持现状"的区域安全合作模式走向内部变革的区域一体化模式的真正开始。

那么,东盟"安全共同体"计划内容如何? 目前,它已取得了哪些进展呢? 作为《巴厘协议Ⅱ》正文的第一大部分,有关"东盟安全共同体"的条款主要包括:(1) 东盟安全共同体谋图将东盟政治和安全合作带到一个更高的水平,以保证该区域的各国在公正、民主与和谐的环境中彼此之间以及与全世界和平生活。东盟安全共同体成员将特别依赖于区域内部分歧和平解决的进程,不但将彼此的安全考虑实质地联系起来,而且通过地理位置、共同的观点和目标来界定;(2) 东盟安全共同体承认成员国有权推行自己的外交政策、防御安排,重视政治、经济和社会现实之间的紧密联系,支持包括政治、经济、社会和文化各个侧面的综合安全原则,而不是仅限于防御条约、军事联盟或联合的对外政策;(3) 东盟安全共同体将遵守联合国宪章和其他国际法原则,支持东盟的不干预原则、以共识为基础的决策,及国家和区域抗御力,尊重国家主权,放弃使用武力和以武力相威胁,运用和平方式解决分歧和争端;(4) 用整体的、一体化的和综合的区域方法解决本质上已是跨边界的海事议题,东盟成员间关于海事的双边和多边合作将有助于东盟安全共同体的发展;(5)《东南亚友好合作条约》高级委员会将是东盟安全共同体的重要组成部分,因为它反映了东盟和平解决各种分歧、争端和冲突的责任;(6) 东盟将努力使用现存东盟内部的制度和机构来强化国家和区域打击恐怖主义、毒品、走私和其他跨国犯罪的能力,并确保东南亚区域保持拒绝各种大规模杀伤性武器,也将增强东盟作为东盟区域论坛主要推动者的更大责任和能力;(7) 为实现东盟安全共同体,东盟将探索促进安全和现存方法创新的办法,包括规范建设、冲突预防、冲突解决和冲突后和平建设等。该协议强调:"东盟安全共同体"和"东盟经济共同体""东盟社会与文化共同体"是紧密连接并相互

① ASEAN Basic Documents, "Declaration of ASEAN Concord Ⅱ (Bali Concord Ⅱ)", Bali, 8 October 2003, http://www.aseansec.org/15159.htm

加强的,以此确保该区域持久和平、稳定并共享繁荣。①

"东盟安全共同体"的基本框架表明,其安全议题是综合的,包括军事、政治、经济、环境、社会等各方面;其实现手段是多样的,包括政治、经济、军事等合作;其涉及安全层次是多纬度的,主要是区域的,还有区域间的(东盟区域论坛和其他区域团体)和全球性的(联合国和其他国际团体);其涉及行为主体是多元的,有主权国家、东盟和"认识共同体"(学者之间互动)。这些特征反映了全球化背景下安全区域主义综合化的现实。

"东盟安全共同体"计划出台后很快在共同规范建设及某些领域取得了积极的进展。一是 2004 年 11 月 20 日召开的第十届东盟首脑会议通过了《东盟安全共同体行动计划》和为期 6 年的《万象行动纲领》(Vientiane Action Programme)。该方案旨在通过综合的东盟一体化实现《东盟第二协议宣言》的最终目标。它确定了"东盟安全共同体"的目标,即提高综合的政治和安全合作,增强本区域和平、稳定、民主与繁荣的目标和具体战略。会议还专门制定了《东盟安全共同体行动计划》,进一步细化了"东盟安全共同体"建设的"5 个活动领域"(即"5 个战略重点"),包括政治发展、规范的塑造与共享、冲突预防、冲突解决、冲突后和平建设等。② 该行动计划承认政治、经济和社会现实之间的强有力的相互联系以及综合安全的原则,强调"东盟安全共同体"建设的政治、经济、社会与文化等广泛的领域,也承认这种与社会稳定相关的经济繁荣、缩小发展差距、减少贫困、消除社会不平等是持续的"东盟安全共同体"的强有力基础。③

二是区域公民社会和自然经济区被纳入"东盟共同体"的建设进程之中。2006 年 6 月,东盟发布《东盟与公民社会组织关系指导原则》,规定公民社会组织通过东盟秘书处与东盟建立一种有效的联系,目的是将公民社会组织纳入东盟活动的主流之中,以便它们及时获悉东盟的主要政策、指令和决议,并获得参与东盟活动的机会和特权,确

---

① ASEAN Basic Documents, "Declaration of ASEAN Concord Ⅱ (Bali Concord Ⅱ)".

② ASEAN Secretariat, "ASEAN Security Community Plan of Action", Vientiane, 29 – 30 November 2004, http://www.aseansec.org/16826.htm.

③ Ibid.

保现有的东盟主要部门和公民社会组织之间的活动和成熟的联系,有助于推动以人为本的东盟共同体的发展。① 一个现实的结果是,按照《万象行动纲领》,新兴的东盟人民会议被承认为制定东盟国家间更具人民导向的政策的重要协商机构。东盟人民会议作为"来自底层的声音",已经"将东盟领导人与人民联系起来"。②

三是东盟框架内多边防务合作正式启动。2006年5月9日,首届东盟国防部长会议在吉隆坡召开。会议发布的《成立东盟国防部长会议概念文件》确定:东盟国防部长会议在《东南亚友好合作条约》规定的东盟基本原则指导下行事,该会议也将成为东盟整体的组成部分,以推动东盟总体的进程。③ 2009年2月26日,第三届东盟国防部长会议发布了《关于强化东盟防御机构应对非传统安全威胁挑战的联合宣言》,并通过了《关于在人道主义援助和灾难救助中使用东盟军事资源和机构的概念文件》及《东盟防御机构与公民社会组织关于非传统安全合作的概念文件》。前一个文件旨在增强东盟军事力量在上述议题中行动的有效性,后一个文件阐述了东盟防务机构与公民社会组织在上述议题中合作的框架和指导原则。④ 这标志着东盟在非传统安全领域的军事合作行动正式启动。

四是2007年1月13日第十二届东盟首脑会议通过了《宿务宣言》系列文件,其中包括《加快在2015年前建立东盟共同体》和《东盟反恐公约》(ASEAN Convention on Counter Terroism)等文件。会议对名人小组提交的报告表示满意,并责成一个高级别特别小组根据确定的基

---

① ASEAN Secretariat, "Guidelines on ASEAN's Relations with Civil Society Organisations", Jakarta, 6 April 2006, http://www.aseansec.org/18362.htm.

② APA 2006 Press Releases, "Voices from the Ground: Linking ASEAN Leaders with the People",8 – 10 December 2006, Manila, http://www.asean-isis-aseanpeoplesassembly.net/pdf/Op-Ed_Voices_from_the_Ground.pdf.

③ ASEAN Secretariat, "Joint Press Release of the Inaugural ASEAN Defence Ministers' Meeting"; "Concept Paper for the Establishment of an ASEAN Defence Ministers' Meeting", Kuala Lumpur, 9 May 2006, http://www.aseansec.org/18412.htm; http://www.aseansec.org/18511.htm.

④ ASEAN Secretariat, "Joint Declaration of ASEAN Defence Ministers on Strengthening ASEAN Defence Establishments to Meet the Challenges of Non-Traditional Security Threats", Chonburi, 26 February 2009, http://www.aseansec.org/22314.pdf.

本原则和目标起草东盟宪章。根据《宿务宣言》,东盟将包括"东盟安全共同体"的"东盟共同体"建成时间提前到 2015 年。《东盟反恐公约》要求成员国加强合作追查恐怖嫌犯及资金流动,共享情报以及互相引渡恐怖嫌疑人。这是东南亚地区第一份反恐法律文件。① 这表明东盟在继续注重多渠道、多层次、多领域发展的同时,朝着更高阶段——东盟共同体迈进的政治意愿。

五是《东盟宪章》(Charter of the Association of Southeast Asian Nations)签署并生效。2007 年 11 月 20 日召开的东盟第十三届首脑会议通过的《东盟宪章》,确立了东盟的法人地位,并设立 4 个理事会,其中一个由外长组成,负责协调东盟重要事务,另外 3 个分别负责政治安全、经济一体化和社会文化事务;每个理事会各由一名副秘书长负责;成立一个人权机构,致力于改进本地区人权状况。② 《东盟宪章》是东盟成立以来第一份对所有成员国具有普遍法律约束力的文件,是建立东盟共同体的重要法律保障。

六是 2009 年 3 月 1 日第十四届东盟首脑会议发布了《东盟政治—安全共同体蓝图》和《东盟石油安全协定》。《东盟政治—安全共同体蓝图》以《东盟安全共同体行动计划》和《万象行动纲领》为基础,为2015 年建成"东盟安全共同体"制定了路线图和时间表。其最大亮点是将"东盟安全共同体"置于更高的政治合作的框架之内,为此,它将"东盟安全共同体"改称"东盟政治—安全共同体",强调通过遵守民主原则、法治与善治,尊重、促进保护人权和基本自由等"普世价值"来推动政治发展,并将之作为东盟成员国寻求更紧密地互动和合作的一种工具,以便为实现东盟的政治和安全目标培育共享规范、创建共同制度。以此为基础,该蓝图勾勒出"东盟政治—安全共同体"的三个既相互联系又相互加强的"三大核心特征",即一个以规则为基础的共享价

---

① ASEAN Secretariat, "Cebu Declaration on the Acceleration of the Establishment of an ASEAN Community by 2015"; "Cebu Declaration on the Blueprint of the ASEAN Charter"; "ASEAN Convention on Counter Terrorism", Cebu, 13 January 2007, http://www.aseansec.org/19260.htm; http://www.aseansec.org/19257.htm; http://www.aseansec.org/19250.htm.

② ASEAN Secretariat, "Charter of the Association of Southeast Asian Nations", Singapore, 20 November 2007, http://www.aseansec.org/21069.pdf.

值和规范的共同体,一个内聚的、和平的、稳定的、有抗御力的为综合安全共同负责的区域,一个在日益融合和相互依存的世界中富有活力和外向的区域等。为推动这一蓝图的成功实施,东盟首脑会议决定成立"东盟政治—安全共同体理事会"和"东盟政治—安全共同体行动计划联合会议"两个专门机构。前者对该蓝图的实施承担总体责任,后者作为联合各部门团体的平台,向前者提交关于解决新兴问题的动议和建议。① 借助《东盟宪章》和《东盟政治—安全共同体蓝图》颁布实施这股"春风",东南亚安全区域主义正奋力向前迈进。

与东南亚次区域相比,东北亚本地的安全区域主义起步较晚,制度化水平低,但其发展已显示出合作安全机制的雏形。长期以来,由于东北亚国家的重要的区域合作均是在跨区域合作的框架内进行的,如东盟区域论坛、"东盟+3"、亚太经济合作组织、亚太安全合作理事会、东北亚安全对话会、六方会谈等,该区域一直没有真正属于自己的安全区域主义。尽管 1999 年 10 月中、日、韩三国领导人就在"东盟+3"合作框架内举行非正式会谈,但直到 2003 年 10 月第五次会谈时才签署首份合作文件,即《中日韩推进三方合作联合宣言》。安全领域的合作主要包括:(1)环境保护合作。三国将在三国环境部长会议等各种框架下,就沙尘暴监测和预警,酸沉降监测,大气、水、海洋污染和气候变化等共同关心的环境问题加强合作;扩大三国在环保产业和技术方面的交流与合作,推动三国在水资源管理、森林保护、森林再造和生物多样性保护等方面的对话与合作;加强对全球和区域性重大环境问题的磋商与合作,以推动可持续发展。(2)金融领域合作。为促进地区金融稳定,三国将继续加强经济政策对话,推动《清迈倡议》的落实,深化未来地区金融合作,包括探讨建立区域融资与稳定机制、发展区域债券市场的可能性。(3)渔业资源保护。三国将通过有效的渔业管理,进行双边或三边合作,促进渔业资源的可持续利用和养护。三国将加强安全对话,促进三国国防或军事人员之间的交流与合作。(4)政治、军事领域合作。三国将根据国际机制,通过政治、外交和行政手段,包括有效的出口控制,加强在裁军、防止和控制大规模杀伤性武器及其运载工

---

① ASEAN Secretariat, "ASEAN Political-Security Community Blueprint", Cha-am, 1 March 2009, http://www.aseansec.org/22337.pdf.

具扩散等方面的交流与合作,同时认同遵守有关国际规则的重要意义。三国同意坚持通过对话和平解决朝鲜半岛面临的核问题,支持朝鲜半岛无核化,同时解决有关方面的各种关切,共同致力于维护半岛的和平与稳定。(5)打击跨国犯罪。三国将通过有效合作,在打击犯罪、恐怖主义、海盗、贩卖人口、毒品犯罪、洗钱、国际经济犯罪和网络犯罪等跨国犯罪领域加强合作。为保证有效地开展三方合作,会议还决定成立一个三方委员会,研究、规划、协调和监督现有的和本宣言提出的合作,并向年度领导人会晤提交进展情况报告。① 在此基础上,2004 年 11 月,中日韩第六次领导人会议正式通过三方委员会拟定的《中日韩三国合作行动战略》。这两个文件确定了中日韩三国合作的框架、原则和前进方向,成为三方合作的基础性文件。就此,中日韩三国驱动的东北亚次区域合作开始"显山露水"。

随后,为促进三国合作的实质性展开,2007 年 1 月举行的第七次中日韩领导人会议决定,加强三国领导人交往,在保持现有 10+3 框架下三国领导人会议机制的情况下,三国领导人可视需要轮流在三国举行不定期会晤;建立三国外交高官定期磋商制度,就共同关心的重大问题进行沟通,妥善处理彼此关切,首次会议将于当年在中国举行。② 这样,经过三方的外交高官磋商后,2007 年 6 月,中日韩外长会议在韩国济州岛举行。三国外长就中日韩合作未来发展方向和具体领域的合作,以及共同关心的国际和地区问题交换了意见。③ 这是三国在本地举行的最高级别的会议,它标志着三国制订合作方案的一个新机制的正式启动。一年后,即 2008 年 12 月,在全球金融危机肆虐之时,首届单独的中日韩领导人会议在日本福冈举行。会议结束后,三国领导人共同签署了《三国伙伴关系联合声明》,并发表了《国际金融和经济问题的联合声明》和《中日韩合作行动计划》。根据《三国伙伴关系联合声明》,三国将本着公开、透明、互信、共利、尊重彼此文化差异的原则,在政府和非政府框架内,开展政治、经济、社会和文化等领域的全方位合作;在三国定期举行三国领导人会议,2009 年在中国召开。④

---

① 《中日韩推进三方合作联合宣言》,《人民日报》2003 年 10 月 10 日,第 7 版。
② 《温家宝主持第七次中日韩领导人会议》,《人民日报》2007 年 1 月 15 日,第 4 版。
③ 《杨洁篪出席中日韩外长会议》,《人民日报》2007 年 6 月 4 日,第 3 版。
④ 《中日韩〈三国伙伴关系联合声明〉》,《人民日报》2008 年 12 月 14 日,第 4 版。

　　无疑,三国领导人会议的启动对于东北亚次区域安全合作具有里程碑意义。中国国务院总理温家宝表示:"本次会议确立了三国伙伴关系,并将三国领导人单独举行会议机制化,标志着中日韩合作进入了新的发展阶段。"①日、韩舆论也给予三国领导人会议很高的评价。日本《朝日新闻》发表社论说,领导人之间的信赖关系会为积极应对双边以及地区和全球性问题打下基础。日本《读卖新闻》报道称,三国领导人会晤的背景是三国间相互依存关系的加强和共同应对跨境问题的现实要求,并认为三国领导人定期会晤机制的形成,表明三国关系进入了新阶段。《日本经济新闻》将此次会议称为日、中、韩迈向"共同利益"的一步。该报社论说,三国领导人定期会晤、坦诚对话平台的形成,有利于地区的和平与繁荣。韩国联合通讯社说,此次会议展示了三国在21世纪寻求共存共荣之路的可能性,具有深远意义,并称三国领导人会议的机制化为打造东北亚秩序描绘出了总体框架。②

　　中日韩领导人会议机制和外长会议机制的建立,既是三国合作持续发展的结果,更是对全球金融危机的积极回应,显示了三国合作共同应对这场严重金融危机的政治意愿。在此次领导人会议之前,三国财长已决定就应对金融危机采取联合行动,三国央行行长会议机制也正式启动。2008年11月,中、日、韩财政部长在美国华盛顿举行三国财长非正式会议。三方一致认为,三国应在维护本区域经济金融稳定方面发挥核心作用,这不仅有利于亚洲经济,也有利于世界经济。三方表示有必要加强财政和金融合作,并同意探讨扩大三国间双边货币互换规模,认为加强负责宏观经济和金融稳定的主管部门之间的交流十分必要。三方还呼吁加强区域监测机制,对区域经济与金融市场进行有效监测。③ 12月10日,中国人民银行、日本银行和韩国银行发表联合声明,同意定期召开行长会议,就区域经济金融形势和共同关心的有关央行的议题交换意见。三国央行决定建立中日韩央行行长会议机制,以加强三方行长间多年来保持的对话机制,以有利于推动本地区的货币与金融稳定。④

---

① 《温家宝出席中日韩领导人会议》,《人民日报》2008年12月15日,第3版。
② 《日韩媒体积极评价中日韩领导人会议》,《人民日报》2008年12月14日,第1版。
③ 《中日韩财长举行非正式会议》,《人民日报》2008年11月16日,第3版。
④ 《中日韩三国央行建行长会议机制》,《人民日报》(海外版)2008年12月11日,第5版。

金融危机背景下启动的中、日、韩三国间政治和经济高层对话机制与行动方案很快在金融合作领域取得了重大进展。12 月 12 日,中国人民银行和韩国银行签署一个双边货币互换协议,规模为 1 800 亿元人民币/38 万亿韩元(按 12 月 9 日汇率计算)。双方可在上述规模内,以本国货币为抵押换取等额对方货币。协议的有效期为 3 年,经双方同意可以展期。与此同时,韩国银行与日本央行签订了同样的协议,将两国间货币互换额度由现行的 130 亿美元扩大至 300 亿美元。此前的韩日货币互换协议额度为 130 亿美元,其中包括平时以日元借贷的 30 亿美元和紧急时以美元借贷的 100 亿美元。此次新缔结的协议则将日元借贷额度由 30 亿美元增至 200 亿美元,紧急情况下使用的 100 亿美元互换额度维持不变。签署互换协议意味着双方承诺一定的互换额度,在金融危机深化的特定情况下随时启动。具体而言,货币互换是一项常用的债务保值工具,主要用来控制中长期汇率风险,把以一种外汇计价的债务或资产转换为以另一种外汇计价的债务或资产,达到规避汇率风险、降低成本的目的。[①] 随后,中、日、韩先后在中国北京(2009 年 10 月)、韩国济州岛(2010 年 6 月)、日本东京(2011 年 5 月)举行了三次领导人会议,建立了中日韩水资源主管部长会议机制,启动了航空安全、核安全、能源安全、反恐、海上安全等领域的合作和磋商机制,并于 2011 年 5 月在韩国正式设立三国合作秘书处。[②] 就此,以中、日、韩三方合作为核心的东北亚安全机制进入实质性建构阶段。

最后,需要强调一点,冷战结束以后,在东南亚和东北亚两个次区域内部或某些交汇处,开始生成出一种特殊类型的安全区域主义形态,即前面所说的"自然经济区"。在区域安全日益综合化的今天,这些以发展为导向的自然经济区也承担着一种"安全角色"。与其他任何形式的经济区域主义一样,自然经济区所产生的效应是双重的:它既通过强化经济相互依存方便了一些安全问题的跨边界扩散,又通过经济合作所创造的"和平红利"有助于一些跨边界安全问题的解决。比如,在东南亚,因为其有可能在东盟内部培育较高程度的区域和平与稳定局

---

① 《中日韩扩大货币互换规模应对危机》,《国际金融报》2008 年 12 月 16 日,第 2 版。

② 参见《第二次中日韩领导人会议在北京举行》,《人民日报》2009 年 10 月 11 日,第 1 版;《温家宝出席第三次中日韩领导人会议》,《人民日报》2010 年 5 月 31 日,第 1 版;《第四次中日韩领导人会议宣言》,《人民日报》2011 年 5 月 23 日,第 3 版。

面,自然经济区的出现受到世人的关注。东南亚国家的一些跨国问题一直处于争端之中,而自然经济区有利于通过较大的经济一体化和信任建设将边界地区联系起来,促进更积极的双边或多边环境的形成,从而有助于增强区域内部的安全。在东南亚,这些自然经济区已被认为是对全球政治、经济变革做出回应的区域主义的重要表现,是宏观经济一体化的补充和实现区域一体化的一种途径,因而已合并在更有前景的、政治性更强的宏观区域主义进程之中。其成功不但可以增进东南亚的区域认同,也可以增强东盟在东亚区域主义中所起的作用。所以,这种现象已成为将东南亚持续的民族—国家建设与区域一体化连接起来的"最有意义的进程"。新加坡前副外长也是东盟重要奠定人之一拉热惹南认为:"正像欧洲共同体已经将许多孤立的民族国家整合成一个富有凝聚力的经济与安全组织一样,我们相信,柔佛—廖内半岛—新加坡增长三角也将在把已有 25 年历史的东盟转化为一个强大而又意志坚强的区域实体方面起一个促进作用。"自然经济区的出现也反映了经济国家主义的削弱,而它在过去已经阻碍了区域认同和区域合作的发展。许多包含在"增长三角"内的国家在不远的过去还是死敌。比如,将婆罗洲和棉兰老岛联结起来的"增长三角"的出现正在打破马来西亚与菲律宾关于沙巴的长期争端。[①] 就此,自然经济区成为东亚次区域安全区域主义的一个重要补充。

二、区域间主义:从跨区域安排到区域间集体对话

在东亚,"外部合作者"尤其是大国和区域集团一直在其安全区域主义进程中起着非常重要的作用,由此形成一种新的安全区域主义形态——区域间主义。与东亚安全相关的区域间主义主要有三种类型。一是东亚的区域组织或一组国家(至少两个)或非国家行为体与来自其他区域的国家或非国家行为体构成的跨区域主义(trans-regionalism)。它拥有更分散的成员,不必与区域组织相联系,可以包括来自两个区域以上的成员国;它可以发展至拥有自己的组织构造,如用于负责研究、政策计划、会议的准备和协调以及决策实施的秘书处,因而被赋予某种形式独立的角色性。二是东亚的区域组织或一组国家

---

① Amitav Acharya, *Constructing a Security Community in Southeast Asia*, pp. 143 – 145.

与来自其他区域的区域组织或一组国家构成的"集团对集团"双边区域间主义（bilateral inter-regionalism）。它是区域组织/国家集团与区域组织/国家集团之间的集体对话,通常是带有某种聚焦于特定领域（贸易与投资、环境、预防犯罪、打击走私等）中信息交换与合作计划的定期会议;建立在低层次的制度水平之上,通常是部长、大使和高级官员层次,有时辅以永久的专家工作组;它没有共同的高水平的制度,双方均完全依赖于各自的制度架构。三是东亚的区域组织或一组国家与来自其他区域的某一国家（通常是大国）,或东亚某一国家（通常是大国）与来自其他区域的区域组织或一组国家构成的"集团对单一国家"的准区域间主义（quasi-interregionalism）。与第二种类型一样,它是东亚国家与外部国家或区域组织的集体对话机制,不同的只是它的一方是某一国家。①

冷战结束后,东盟及来自东盟国家的公民社会组织成为与东亚安全区域主义相关的区域间合作核心的推动者。由于东盟所致力于建构的合作安全机制体现了全球化背景下开放区域主义的典型特点,所以它一开始就通过区域间主义将"外部合作者"融入自己主导的这一安全机制之中。1991 年 7 月,东盟发布联合公报,决定将东盟外长后续会议（post-minister conference）作为讨论区域安全议题"合适的基础"。② 1992 年 1 月,第四届东盟首脑会议授权该组织在东南亚内部和亚太层面上处理安全问题,组织区域安全对话。这种区域间主义主要有三种形态,即东盟与单个国家的合作、东盟与区域组织的合作以及东盟或东盟国家公民社会组织所主导的跨区域安排。

东盟与单个国家的区域间制度化合作主要体现在东盟与周边国家和其他区域外国家所建立的"新的对话伙伴关系"。从 1974 年开始至今,东盟已先后与澳大利亚、新西兰、美国、加拿大、日本、韩国、中国、印度、俄罗斯和巴基斯坦等 10 个国家建立起新型的对话伙伴关系。冷战

---

① 参见郑先武:《区域间合作与东亚区域主义》,《国际观察》2009 年第 6 期,第 47—54 页;肖斌、张晓慧:《东亚区域间主义:理论与实践》,《当代亚太》2010 年第 6 期,第 33—48 页。

② "Joint Communique of 14th ASEAN Post-Ministerial Meeting", Kuala Lunpur, 19 - 20 July 1991. Cited in Daljit Singh, "Evolution of the Security Dialogue Process in the Asia - Pacific Region", in Derekda Cunha ed., *Southeast Asia Perpectives on Security*, p. 43. 冷战

结束后,东盟又开始把这种对话伙伴关系上升为"新型的全面合作伙伴关系"(又称"战略伙伴关系")。这种战略伙伴关系,在内容上更加全面,除了原有的经济发展、技术援助、教育、环境等功能性合作外,增加了经济、政治、安全等更高层次的合作议题;在形式上,更加注重建立在平等、互惠基础上的制度化合作。两个最重要的结果是,在经济上,与这些国家启动了"自由贸易区"谈判与建设进程;政治上,将这些国家逐步吸收为《东南亚友好合作条约》的正式成员。1998 年 7 月,东盟修改了《东南亚友好合作条约》,规定在东南亚所有缔约国同意的情况下,东南亚以外的国家也可加入该条约。从 2003 年 10 月中国加入开始,已相继批准日本、印度、巴基斯坦、韩国、俄罗斯、澳大利亚、新西兰、斯里兰卡、孟加拉国、朝鲜、美国等对话伙伴国加入该条约。① 东盟与区域组织的区域间制度化合作主要表现为东盟与欧盟的战略伙伴关系的建设。②

　　东盟或东盟国家公民社会组织倡议建立并主导的跨区域安排主要有东盟区域论坛(ARF)、亚太安全合作理事会(CSCAP)和东盟国防部长扩大会。东盟区域论坛 1994 年 7 月正式启动,是目前东亚乃至整个亚太区域唯一的官方多边安全对话机制,目前有 23 个成员,包括东盟 10 国,中国、俄罗斯、日本、韩国、印度、美国、加拿大、澳大利亚、新西兰和欧盟在内的东盟 10 个对话伙伴,以及东盟观察员巴布亚新几内亚、蒙古和朝鲜。亚太安全合作理事会正式成立于 1994 年 1 月,后与东盟区域论坛并行活动,成为后者的研究分支机构。目前,它有东盟 10 国、俄罗斯、朝鲜、中国、蒙古、欧盟共 15 个成员,已成为东亚乃至整个亚太区域最重要的第二轨道安全对话机制。③ 东盟通过主导东盟区域论坛和亚太安全合作理事会的合作进程,将在亚太地区拥有重要影响的国家和区域组织纳入它在冷战后致力建构的"合作安全"机制建设进程

---

① 参见郑先武:《安全、合作与共同体:东南亚安全区域主义理论与实践》,第 310—320 页。

② 参见肖斌:《双边与多边:东盟与欧盟区域间关系的演变》,《南洋问题研究》2009 年第 2 期,第 17—22 页。

③ 参见陈寒溪:《建构地区制度:亚太安全合作理事会的作用》,北京:世界知识出版社 2008 年版。

之中。① 首届东盟国防部长扩大会（简称"10+8 防长会"）于 2010 年 10 月在越南河内召开。除来自东盟 10 国以及中国、日本、韩国、澳大利亚、印度、新西兰 6 个东盟对话国的国防部长或代表外，美国、俄罗斯的国防部长或代表也应邀与会。其重要目标是推进建立有利于地区共同和平、安全和繁荣的合作机制。越南媒体报道说，这是由越南提议并组织的扩大东盟外部合作的重要会议，具有重要的政治和历史意义，是新的地区国防与安全合作机制形成的开端。越南当时任东盟轮值主席国，总理阮晋勇在致辞时称，"10+8 防长会"在强调东盟机制开放性的同时，要坚持东盟的主导地位。时任中国国防部长梁光烈在会上发言时表示，支持东盟在这一新机制中发挥主导作用，并认为东盟防长扩大会议机制的建立为加强东盟与对话伙伴国在安全和防务领域的合作提供了新平台。②

与此同时，东亚国家开始在区域间的"集团对集团"的集体对话和跨区域合作中发挥更积极的作用，主要有亚太经济合作组织、亚欧会议进程、亚洲安全会议（又称"香格里拉对话"）、朝核问题"六方会谈"和东北亚安全对话会等。世纪之初开始，东亚国家主动倡导和积极推动一些新的区域间合作机制建构，主要包括东亚—拉美合作论坛、上海合作组织、中非合作论坛、中阿合作论坛等。这些区域间合作机制中朝核问题"六方会谈"、东北亚安全对话和上海合作组织属于专门的安全合作机制，其他的也把与安全相关的议题作为合作的重要内容，所以，它们在东亚安全区域主义进程中发挥着各自特有的作用。

具体说来，这些区域间制度化合作对东亚安全区域主义的积极效用主要表现在以下三个方面。一是设置议题与制度、规范建设。这些区域间合作机制在不同程度上创造着新的区域间制度：既有正式的国际组织、各种对话与合作协议、伙伴关系协议等契约性的正式的制度，也有各种固定的高峰会议、部长会议与高官会议及公民社会论坛等对话机制及其所颁布的各种声明、宣言和行动计划等非正式的文件。这些区域间制度虽呈现明显的"弱制度"特征，但已经形成了一种管理区

① 参见 Hiro Katsumata, *ASEAN's Cooperative Security Enterprise: Norms and Interests in the ASEAN Regional Forum*, Basingstoke: Palgrave Macmillan, 2009.
② 《首届东盟国防部长扩大会共谋战略合作》，《人民日报》2010 年 10 月 13 日，第 3 版。

域间关系的新的政策工具,就此在东亚国家、东亚区域和全球之间创造了一个全新的互动层次,从而为东亚国家参与设置合作议题、建构共有规范和新的区域认同提供了一种持续性国际平台。

东亚国家和东盟在这些区域间合作中所发挥的积极作用赋予其设置议题的独特身份。比如,东盟设置议题的过程既是"东盟规范"和"东盟方式"外溢而区域化的过程,也是区域间大多边合作所形成的特定的制度与规范"内溢"而地方化的过程。这两种内外互通、互动与互构的过程引导着这些区域间合作最终朝着有利于东盟国家的方向发展。2007 年 8 月,印度尼西亚总统苏西洛在一次发言中指出,东盟区域论坛、"东盟+3"和东亚峰会"这三个进程需要东盟处于主导地位,首先是因为正是东盟给予它们政治内聚力。如果没有这种内聚力,它们就很难在集体的基础上运作。其次,东盟需要处于主导地位是因为这些紧密联系必须有助于东盟一体化的成功;同时,东盟自身也有助于东亚乃至亚太区域的最终一体化"。① 从东盟区域论坛来看,《东盟区域论坛:概念文件》作为其最重要的成果之一,提出了该论坛逐步演进的"三段论"的基本目标,即促进信任措施建设、开展预防性外交和建立冲突解决机制。② 东盟通过鼓励论坛成员国参加《东南亚友好合作条约》,使该条约所规定的"行为准则"成为该论坛冲突解决机制的指导性原则,并作为亚太区域信任建设措施和预防性外交的重要基础;而该论坛的信任建设措施和预防性外交所形成的规范、规则,又成为东盟区域安全合作中相关规范、规则的重要组成部分。另外,东盟区域论坛的积极成果扩大了该论坛的吸引力,赢得了更多的国家尤其是大国积极参与其中;这反过来有利于东盟大国平衡外交的实施和集体认同的强化。比如美国对东盟区域论坛的态度就经历了从排斥、观望到积极支持、参与的转变。在东盟区域论坛的酝酿阶段,美国对东亚区域安全多

---

① "At the ASEAN Forum: Rethinking ASEAN towards the ASEAN Community 2015", Keynote Speech by H. E. Susilo Bambang Yudhoyono, President of the Republic of Indonesia, Jakarta, 7 August 2007, http://www.aseansec.org/20812.htm.

② ASEAN Secretariat, "The ASEAN Regional Forum: A Concept Paper", Brunei Darussalam, 1 August 1995, http://www aseanregionalforum. org/PublicLibrary/ ARFChairmansStatementsandReports/TheASEANRegionalForumAConceptPaper/tabid/200/ Default.aspx.

边主义持排斥态度,美国强调以自我为中心的双边军事同盟所形成的安全网络。但从 1995 年开始,美国政府转而支持东盟区域论坛的多边合作安排。1996 年 5 月,美国东亚和太平洋事务助理温斯顿表示,美国参与东盟区域论坛是将之视作双边联盟和进行军事拓展的一种补充,因为该论坛通过信任建设措施、增强透明度和其他合作方式对和平与安全有促进作用。[①]

在东盟和东亚国家所参与的区域间合作框架下,各方不断就安全领域的合作达成共识,并逐步形成了东亚所急需的各种区域安全合作机制。如 2002 年 8 月以来,东盟相继与东亚外部国家美国、澳大利亚、新西兰、加拿大、巴基斯坦等国签署了《合作打击恐怖主义的联合宣言》,决定在打击恐怖主义和跨国犯罪方面展开联合行动;2005 年 4 月,东盟与上海合作组织秘书处签署《谅解备忘录》,将在跨国犯罪领域的合作作为优先的合作领域。其他一些多数东亚国参与的亚欧会议进程和亚太经济合作组织等区域间集体对话与合作机制也不断扩大在安全领域的合作:2000 年 10 月,第三届亚欧首脑会议通过了《2000 年亚欧合作框架》,决定将对话会议的议题从经济拓展到区域安全领域;2002 年 9 月,第四届亚欧首脑会议通过了《关于反对国际恐怖主义合作的宣言及合作计划》;2006 年 9 月,第六届亚欧首脑会议通过了《关于气候变化的宣言》;2008 年 10 月,第七届亚欧首脑会议通过《关于国际金融形势的声明》,提出了应对金融危机的对策和倡议,会议还发表了《可持续发展北京宣言》,重申在可持续发展的框架下应对气候变化问题。[②] 目前,亚欧首脑会议已有欧盟 27 国、东盟 10 国和亚洲的中国、日本、韩国、蒙古、印度、巴基斯坦以及欧盟委员会、东盟秘书处共 45 个成员。亚太经济合作组织近几年也开始引入安全合作议题:2001 年 10 月,第九次领导人非正式会议发表《亚太经合组织领导人反恐声明》;2004 年 11 月,第十二次领导人非正式会议发表《圣地亚哥宣言》,重申通过贸易投资自由化促发展,加强人类安全;2008 年 11 月,第十六次领导人非正式会议就全球经济发表声明,承诺密切协作,进一步采

---

① Renato Cruz De Castro, "Managing 'Strategic Unipolarity': the ASEAN States' Responses to the Post-Cold War Regional Environment", in Derekda Cunha ed., *Southeast Asia Perspectives on Security*, p. 70.

② 《第七届亚欧首脑会议在京闭幕》,《人民日报》2008 年 10 月 25 日,第 1 版。

取全面、协调的行动应对当前的国际金融危机。[①] 而 2002 年开始的香格里拉对话经过 10 年的发展已成为亚太地区除东盟区域论坛和亚太地区安全合作理事会之外又一重要的多边安全合作对话机制。香格里拉对话会作为"一轨半"性质的安全对话会议，为各国防务部门和军队领导人提供了和与会各国专家学者以及媒体面对面交流的机会，各方可就国际和地区安全的战略性问题和热点问题交流看法。[②]

东北亚合作对话会（NEACD）和"六方会谈"已形成两个以东北亚次区域安全为核心指向的"前机制性"的跨区域安全合作会议。东北亚合作对话会是一个独特的多边"第二轨道"论坛，始于 1993 年，由中国、美国、日本、俄罗斯、朝鲜和韩国 6 国外交部、国防部、军队的官员和学者共同参加。它致力于建立信任措施，尤其在海事、核不扩散、危机预防、透明化等方面已取得一定进展。该论坛为东北亚国家提供了在多边框架下交流的机会，并已从形成一种共识，即坚持对话过渡为政府间多边对话机制。[③] "六方会谈"从 2003 年 4 月在中国斡旋下于北京启动的中、美、韩"三方会谈"开始，到当年 8 月发展为中、美、日、俄、朝、韩参加的"六方会谈"，旨在谋求朝鲜核问题的和平解决。这一谈判进程虽几经波折目前仍未能有最后的结果，但作为东亚首个由所有"利益攸关"的大国参与的、针对军事安全问题的多边对话会议，不但显露出东北亚区域安全所必需的"大国协调"的"核心原则"[④]，而且日益显示出将其发展成为一种固定的区域安全机制的必要性和可能性。[⑤]

通过这些区域间合作机制，许多安全合作的动议也相继充实到东亚相关区域安全合作安排之中。比如，2001 年 11 月第七届东盟首脑会议颁布的《打击恐怖主义的行动计划》，就吸纳了 2001 年 10 月在上海召开的亚太经济合作组织（Asia - Pacific Economic Cooperation,

---

① 《APEC 领导人就全球经济发表声明》，《人民日报》2008 年 11 月 24 日，第 6 版。
② 《香格里拉对话会今起举行 中国防长首次率团与会》，中国新闻社，2011 年 6 月 3 日，http://www.chinanews.com/gn/2011/06 - 03/3087198.shtml.
③ 崔立如：《东北亚地区安全政策及安全合作构想》，第 170—171 页。
④ Amitav Acharya, "A Concert of Asia?" *Survival*, Vol. 41, No. 3（Autumn 1999）, p. 95.
⑤ 参见朱锋：《国际关系理论与东亚安全》，北京：中国人民大学出版社 2007 年版，第 330—388 页。

APEC)领导人会议通过的《反恐宣言》的成果。这次东盟首脑会议召开不久,菲律宾总统阿罗约就指出:"我们将上月 APEC 上海峰会上通过的反恐宣言加进我们的章程,各国领导人保证以务实的方式合作铲除国际恐怖主义。"①

二是强化集体认同。与冷战时期东亚国家与外部大国关系要么是依赖乃至依附,要么是中立或对抗明显不同的是,在新的区域间合作安排中,它们通过区域间制度化的合作逐步将自己置身于"推动者"乃至"领导者"的位置。这对集体认同感比较缺乏的东亚显得非常重要。比如,除了亚太经济合作组织外,东盟所参与的区域间制度化合作均是东盟国家倡导建立的,东盟在其中的主导地位均得到了各方的广泛承认。从东盟与外部大国的伙伴关系来看,欧盟作为这种关系最早的也是最为成熟的合作者,它在 2001 年 9 月发布的"欧洲与亚洲:一种强化伙伴关系的战略框架"中,将东盟视作一种核心的经济、政治伙伴;2003 年 7 月,欧盟发布《与东南亚的新伙伴关系》文件进一步承认了东盟的"核心角色"。② 东盟的其他对话伙伴大多数通过申请加入《东南亚友好合作条约》而实际上承认了东盟的这种"核心角色"。从东盟区域论坛看,东盟推动建立该论坛的目的就是如《第一届东盟区域论坛主席声明》所言:"依照 1992 年第四届东盟国家首脑会议的《新加坡宣言》,东盟国家与政府首脑宣布,他们谋图通过强化东盟与外部政治安全事务的对话,以此作为与亚太区域国家之间建立合作关系的途径。"③1995 年 8 月,第二届东盟区域论坛通过由东盟制定的《东盟区

---

① "The Philippines' Stake in ASEAN", Address by Her Excellency Mrs. Gloria Macapagal-Arroyo, President of the Philippines, at the ASEAN Secretariat Jakarta, 13 November 2001, http://www.aseansec.org/2803.htm.

② 参见 European Commission, "EU – Asia: A New Strategy for Enhanced Partnership", Communication from the Commission COM(2001) 469 final-Brussels, 04/09/2001, http://ec.europa.eu/external_relations/asia/news/ip01_1238_en.htm; European Commission, "A New Partnership forSouth East Asia", Communication from the Commission-COM(2003) 399/4 of 09/07/2003, http://ec.europa.eu/external_relations/asia/doc/com03_sea.pdf.

③ ASEAN Secretariat, "Chairman's Statement of the 1st Meeting of the ASEAN Regional Forum", Bangkok, 25 July 1994, http://www.aseanregionalforum.org/PublicLibrary/ARFChairmansStatementsandReports/ChairmansStatementofthe1stMeetingoftheASE/tabid/201/Default.aspx.

论坛：概念文件》明确指出"东盟在东盟区域论坛中扮演核心角色"，并规定：东盟区域论坛的参与者包括东盟成员国和东盟观察员国、磋商与对话伙伴国；新的加入申请需提交给东盟区域论坛主席国，由它与东盟区域论坛其他成员协商；该论坛的主席国必须是东盟轮值主席国，且该论坛的高官会议每年将在东盟外长会议和部长会议后举行。这就是东盟对东盟区域论坛的基本立场，由此保证了东盟国家的中心地位，由他们决定着该论坛的发展方向、进程和所应讨论的议题。① 用泰国前副外长素林·皮差旺的话说，就是"东盟应总是处在驾驶员的位置"。② 东盟还促使其合作伙伴承认《东南亚友好合作条约》作为这些区域间合作的"行为准则"，并强调这些合作的决策机制的"东盟方式"。现实的结果是，东盟国家参与的区域间合作安排无一例外地接受了《东南亚友好合作条约》为各方解决各种争端的国际法基础，而"东盟方式"则成了其决策机制的基本程序，包括非东盟主导的亚太经济合作组织，以至于出现亚太区域安全合作模式的"东盟化"。所有这些都在一定程度上减弱了东盟及东南亚国家的脆弱性，突显了其在区域安全合作中的"主体性"和"合法性"，从而强化了东盟所孜孜以求的区域自主能力和集体认同。

更重要的是，在东亚尚无自己的区域合作框架的情况下，由东亚国家集体参加的区域间集体对话机制就成为其领导人会晤并"培育合作默契"的重要平台。这尤以亚欧会议进程表现得更为突出。新加坡前总理吴作栋最初倡议启动亚欧首脑会议的主要目的之一就是强化亚洲的区域主义。后来，东盟采纳了其意见，并建议欧盟和东盟分别确定各自一方的参与国。欧盟接受了这一建议。就此，在亚洲一方，东盟邀请了中国、日本和韩国。三国接受邀请后和东盟国家一起成为亚欧首脑会议创始国。但与欧盟推动其他"集团对集团"的区域间集体对话机制不同的是，其在亚欧会议进程中未能成为实际的"主导者"；亚欧会议进程从决策程序到核心合作议题都更接近于区域间主义的"东盟模

---

① ASEAN Secretariat, "The ASEAN Regional Forum：A Concept Paper", Brunei Darussalam, 1 August 1995.

② Michael Leifer, "The ASEAN Regional Forum", Adelphi Paper, No. 302, International Institute for Strategic Studies, 1996, p. 36.

式"而不是"欧盟模式"。① 实际上,东亚一方在其中占据了优势地位。就此,亚欧会议作为一种"区域融合者"成为东亚成员国"经由区域间主义推动区域主义"的一种"审慎的战略"。② 吴作栋曾评论说:"亚欧会议迫使东北亚和东南亚国家坐在一起,团结成为亚欧会议中的亚洲一方,从而培养了中、日、韩和东南亚之间召开会议的习惯。"③日本财务大臣宫泽喜一也说过:"这些通过亚欧会议与欧洲国家的会谈,帮助我们建构我们自己的认同。"④区域间主义研究专家海纳·汉吉、朱莉·基尔逊、理查德·斯图布斯等人认为,亚欧会议进程定义和促进了"东亚认同"建构,并成为东亚实质性区域联合(如"东盟+10"对话机制的启动)的"催化剂"。⑤

三是大国平衡作用。这种大多边的区域间合作已经成为东亚国家推行大国平衡外交的重要支柱。如东盟倡导和推进区域间合作机制建设的根本目标就是利用与外部国家尤其是大国的制度化合作推进其多层次的平衡战略,既防止一个过分的霸权出现,又借此增强东盟国家自身的实力,将政治与军事安全的风险降至最低,以此维持本区域和平与稳定。⑥ 长期以来,外部大国一直在东南亚扮演重要的角色,甚至经常成为主宰该区域安全的重要力量。用菲律宾前总统拉莫斯的话说:"中、美、日三大国的关系决定这个区域的未来。在过去的 20 多年中,

---

① 参见郑先武:《国际关系研究新层次:区域间主义理论与实证》,《世界经济与政治》2008年第 8 期;《欧盟与区域间主义:区域效用与全球意义》,《欧洲研究》2008 年第 4 期;《区域间主义与"东盟模式"》,《现代国际关系》2008 年第 5 期。

② Yeo Lay Hwee, *Asia and Europe: The Development and Different Dimensions of ASEM*, London: Routledge, 2003, pp. 110 - 111.

③ Takashi Terada, "Constructing an 'East Asian' Concept and Growing Regional Identity: From EAEC to ASEAN+3", *The Pacific Review*, Vol. 16, No. 2 (2003), pp. 251 - 277.

④ Douglas Webber, "Two Funerals and a Wedding? The Ups and Downs of Regionalism in East Asia and Asia - Pacific after the Asian Crisis", *The Pacific Review*, Vol. 14, No. 3 (2001), pp. 339 - 372.

⑤ 参见 Julie Gilson, *Asia Meets Europe: Interregionalism and Asia - Europe Meeting*, Cheltenham: Edward Elgar, 2002; Julie Gilson, "New Interregionalism? The EU and the East Asia", *Journal of European Integration*, Vol. 27, No. 3 (September 2005), pp. 30 - 324; Lichard Stubbs, "ASEAN Plus Three: Emerging East Asian Regionalism?" *Asian Survey*, Vol. 42, No.3 (2002) p. 442.

⑥ 参见 Hidetaka Yoshimatsu, "Collective Action Problems and Regional Integration in ASEAN", *Contemporary Southeast Asia*, Vol. 28, No. 1 (2006), pp. 118 - 119.

美国通过在技术与知识方面的革新与优势地位拥有在该区域的领导权。日本希望在该区域拥有更多的发言权。中国不断扩充的经济与军事实力更是引起东亚的关注。"所以,保持大国势力在东南亚区域的平衡是该区域的和平、繁荣与稳定的重要保证。① 李光耀曾表达了同样的看法:"不把东亚经济体——日本、韩国、中国台湾地区和东盟联合起来,该区域将失去平衡……因此,东盟国家想要拓展自己的空间,美国作为平衡手是至关重要的。对美国的这种需要,韩国、日本、澳大利亚、菲律宾、新加坡和印度尼西亚都是很明显的。"②

东盟积极推动建立的东盟区域论坛最能反映东盟追求大国平衡的基本意图。目前,东盟区域论坛已经成为第一个真正覆盖广大亚太区域的多边安全论坛,也是当今世界唯一的所有有影响的大国都参加进来的区域安全框架。通过该论坛,东盟国家试图创立一种基于包容性基础上的新的区域秩序。东南亚研究专家迈克尔·利弗认为:"东盟区域论坛成功的前提是先验地存在着一种稳定的均势。东盟区域论坛的核心问题是,除了某种程序上被经济相互依存所驱动而对合作给予鼓励外,还有该区域是否出现一种稳定的支撑均势或权力分配的特征,从而使得东盟区域论坛在某种可以预见的条件下进行多边尝试行动。"③实际上,东盟区域论坛作为东盟国家对"他们所处的后冷战国际环境的最有意义的反应",其"心照不宣的又是非常重要的目标"就是既通过美国的军事与政治介入带来平衡,又通过其他国家的参与,将美国与多边主义关系联结起来而减弱其在亚太的霸权,以此保持一种区域权力平衡。④ 就此,作为缔造"战略联盟"的重要举措,区域间合作机制便被赋予了权力平衡的重大意义。这就是所谓区域间合作的"制度

① "The World to Come: ASEAN's Political and Economic Prospects in the New Century", Address of Former President Fidel Valdez Ramos of the Republic of the Philippines, The Economic Strategy Institute's (ESI) Global Forum 2000, "The World to Come—Value and Price of Globalization," Ronald Reagan International Trade Center, Washington, D.C., 17 May 2000, http://www.aseansec.org/2808.htm.

② Lee Kuan Yew, "Need for a Balancer on East Asia's Way to World Eminence", Sydney, 20 November 2000, http://www.aseansec.org/3009.htm.

③ Michael Leifer, "The ASEAN Regional Forum", p. 55.

④ Renato Cruz De Castro, "Managing 'Strategic Unipolarity': the ASEAN States' Responses to the Post-Cold War Regional Enviroment", pp. 67 – 70.

平衡"或"合作平衡"效用。①

　　总之,东亚国家和区域组织与"外部合作者"的区域间制度化合作,不仅通过自己的积极参与,尤其是主导作用以及为这些合作设置议题推进了东南亚区域和次区域的制度与规范建设,并在很大程度上强化了自身的主体地位和集体认同,丰富和加强了东亚区域和次区域合作安全机制,而且通过合作的均势机制构建部分减缓了对大国权力政治的恐惧,有利于本地区的安全建构与维持,同时使东亚国家在安全区域主义中的自主性得到了增强。也正是以区域间合作为纽带,东亚本地驱动的、涵盖东南亚和东北亚两个次区域内绝大多数国家的安全区域主义才得以启动并发展起来。

## 三、全区域主义:从"10+3"到东亚峰会

　　东亚全区域主义是从"东盟+中日韩"(称"东盟+3"或"10+3")领导人非正式会议召开开始的。它是1997年12月在东亚金融危机冲击的背景下召开的,是首次由绝大多数东亚国家领导人参加的、排他性的、最高级别的会议。1999年11月召开的第三次"10+3"领导人会议发布的《东亚合作联合声明》,不但意味着"10+3"领导人会议机制化,而且正式将政治—安全合作作为重要议题,标志着涵盖东北亚和东南亚两个次区域的东亚安全区域主义正式启动。② 由东盟主导的"10+3"机制虽然带有东盟与东北亚国家区域间集体对话的性质,但其核心指向从东南亚次区域和亚太等跨区域转向整个东亚区域,是东亚本地与安全密切相关的公认的"全区域主义"。经过十多年的发展,目前,"10+3"已经发展成为东亚区域内最有代表性的高层对话与合作机制,并成为推动东亚安全区域主义的主渠道。总体说来,"10+3"对话与合作机制具有以下明显特征。

---

① 参见 Jürgen Rüland, "Interregionalism: An Unfinished Agenda", in Heiner Hänggi, Ralf Roloff and Jürgen Rüland eds., *Interregionalism and International Relations*, London: Routledge, 2006, pp. 306 – 307; Kai He, "Institutional Balancing and International Relations Theory: Economic Interdependence and Balance of Power Strategies in Southeast Asia", *European Journal of International Relations*, Vol. 14, No. 3 (2008), pp. 489 – 518.

② ASEAN Secretariat, "Joint Statement on East Asia Cooperation", 28 November 1999, http://www.aseansec.org/5469.htm.

　　一是政府驱动,公民社会跟进。"10+3"在运行过程中是一个"多轨"机制,既包括"10+3"领导人会议、3 个"10+1"领导人会议、特定领域的各国部长会议及高官会议等政府间对话与合作机制,又有作为政府间组织的东盟和一系列非政府组织、认识共同体等公民社会组织构成的"第二轨道"机制。各国政府是机制建设和合作议题的倡导者、决策者和核心推动者,东盟组织是相关合作事宜的执行者、协调者和日常事务的处理者,公民社会组织是合作方案的建言者和一些合作议题的主要推动者。在实际操作中,总是由领导人会议高层驱动,制订统一的合作框架;各国部长及高官会议"各司其职",推动合作框架具体实施。然后,在此政府间合作框架下推动公民社会组织广泛参与其中,从而形成一种"政府主导、公民社会参与"的良性互动态势。首次《东亚合作联合声明》和 2007 年 11 月第十次"10+3"领导人会议发布的《第二次东亚合作联合声明》,就是描绘"10+3"机制内东亚合作路线图的"纲领性文件"[①];而 2000 年 5 月"10+3"财长会议共同签署的《清迈动议》(Chiang Mai Initiative)已成为东亚迄今最实质性的合作领域——货币金融合作的基础性文件和最重要的制度性成果。[②]

　　公民社会组织在"10+3"机制中一直发挥着独特作用。这些组织主要有"东亚展望小组"(East Asian Vision Group, EAVG)、"东亚研究小组"(East Asian Studies Group, EASG)、"东亚论坛"(East Asia Forum)、"东亚思想库网络"(Network of East Asia Think Tanks)等。"东亚展望小组"和"东亚研究小组"是 1998 年韩国总统金大中建议,为促进东亚区域合作而在"10+3"框架内建立的研究机制,目的是为东亚国家的官方合作提供政策建议,其成员由东亚各国著名学者组成。前者于 2002 年 10 月拟定一份题为《走向东亚共同体》的报告,成为"10+3"领导人会议讨论东亚合作的重要依据;后者于 2002 年拟定的《东亚研究小组最终报告》,就东亚区域合作提出了 17 项近期措施和 9 项中远期措施。"东亚论坛"是根据上述两个报告所提建议而设立的,由来自各方的政府和非政府的人员构成,目的在于促进广泛的社会交

①　魏玲:《〈第二次东亚合作联合声明〉与东亚共同体建设》,《外交评论》2008 年第 2 期,第 60 页。

②　何帆、张斌等:《对〈清迈协议〉的评估及改革建议》,《国际金融研究》2005 年第 7 期,第 16 页。

流和区域合作。该论坛由韩国政府承接。"东亚思想库网络"是根据"东亚研究小组"报告的建议设立的,由中国政府承接。这些由认识共同体所构成的公民社会组织已形成东亚跨国性的合作机制,不仅成为推动东亚合作的重要咨询机构,而且通过各种会议的召开和合作项目的实施,成为推动东亚合作的信息交流和观念传播的平台,实际上在东亚社会与各国政府之间构筑了一座沟通和交流的桥梁。①

二是东盟主导,弱制度运行。"10+3"机制是东盟倡导建立起来的,东盟国家也一直强调在其中处于主导地位,所以,在官方文件中都会强调东盟才是"10+3"的核心与主体,旨在以诉诸文字与宣言的方式作为基本的保障。其主要动机与其主导的其他区域间合作机制一样,欲通过自己主导的制度与规范架构在大国之间实施一定程度的平衡,以降低自身被主导的风险。② 这样,一方面,在合作的形式上,除了以东盟"10"为一个合作单位外,每年的"10+3"领导人会议和各类部长会议都在东盟首脑会议结束后接着举行,即东盟首脑会议结束后再把东北亚3国领导人召集来,以东盟为"主"、东北亚3国为"客"举行所谓"10+3"及分别的"10+1"会议。另一方面,在合作的决策程序与行为规范上,按照东盟次区域合作所奉行的"东盟方式"和"东盟规范"运作。所以,"10+3"机制明显表现出东盟机制所固有的"软制度"特征,以至出现东亚区域主义的"东盟化"。③ 与东盟内部的合作一样,在组织形式上,它不建立具有自主能力的国际组织,更没有超国家的制度运作,而是采用政府间首脑会议或部长级会议等合作论坛或会议对话机制;在决策程序上,它以协商、共识为基础,不采用更具法律意义的投票表决方式,也就是说成员国之间的协商一致是讨论问题的基础,所有成

---

① 参见方长平:《从知识社群到东亚共同体》,《世界经济与政治》2008 年第 10 期,第 47—48 页;魏玲:《规范、网络化与地区主义:第二轨道进程研究》,上海:上海人民出版社 2010 年版。

② 参见 Michael E. Jones, "Forging an ASEAN Identity:The Challenge to Construct a Shared Destiny", *Contemporary Southeast Asia*, Vol. 26, No. 1 (2004), pp. 140 – 154; Hidetaka Yoshimatsu, "Collective Action Problems and Regional Integration in ASEAN", pp. 118 – 119.

③ Fu-Kuo Liu, "East Asian Regionalism:Theoretical Perspectives", in Fu-Kuo Liu and Philippe Régnier eds., *Regionalism in East Asia:Paradigm Shifting?* London:Routledge Curzon, 2003, pp. 20 – 23.

员国都力图避免僵硬的谈判过程,而努力在"求同存异"中达成最后的妥协。这种决策方式是一种以高度协商和共识为特征的决策程序,是一种与西方多边主义谈判中惯用的对抗姿态、多数表决和其他法律程序相反的,以自主、非正式达成共识和非对抗性谈判形式为基础的区域互动与合作的过程。[①] 在一些制度中,这种决策方式常常采用一种"多边主义思考、双边主义行动"的政策,但这种双边主义不是排他性的,而是贯穿于多边准则(包括和平解决争端、尊重主权与领土完整等)构成的框架中。[②] 这种"软制度"运行的"软区域主义",已成为东亚安全区域主义的核心特征。[③]

三是软安全优先,多领域推进。东亚区域安全的多领域动力决定了其区域安全合作的综合性,即其所涉及的议题包括军事、政治、经济、环境等多个领域。首份《东亚合作联合声明》表示,东盟与中、日、韩将在政治—安全、经济、货币金融、社会及文化与信息等领域进行合作;《第二次东亚合作联合声明》强调,东盟与中、日、韩将在政治—安全,经济—金融、能源、环境、气候变化和可持续发展、社会文化与发展,以及机制建设与更大范围合作框架关系等方面拓展和加强合作。[④] 在"10+3"合作框架内,区域安全合作已经取得了一些重要进展,其中最著名的就是《清迈动议》框架下"10+3"国家之间货币互换安排。《清迈动议》决定,根据东盟10国与中、日、韩共同达成的基本原则建立区域性货币互换网络,以便在一国发生外汇流动短缺或出现国际收支问题时,由其他成员提供应急外汇资金,以稳定金融市场。该动议还有两个主要内容,即建立关于东亚短期资本流动的信息交换机构和监控金融危机的早期预警系统,以及启动财政副部长之间的定期会议,以评议所有与该动议相关的进展情况。截至2008年年底,在《清迈动议》下,

---

① Amitav Acharya, *Constructing a Security Community In Southeast Asia*, pp. 47 – 72.

② 阿米塔·阿查亚:《观念、认同与制度建设:由"东盟模式"到"亚太模式"》,见王正毅、迈尔斯·卡勒、高木诚一郎主编:《亚洲区域合作的政治经济分析:制度建设、安全合作与经济增长》,上海:上海人民出版社2007年版,第134—139页。

③ 参见 Jorn Dosch, "The Post-Cold War Development of Regionalism in East Asia", in Fu-Kuo Liu and Philippe Régnier eds., *Regionalism in East Asia· Paradigm Shifting*? pp. 45 46.

④ 《10+3领导人会议发表〈第二份东亚合作联合声明〉》,中华人民共和国中央人民政府门户网站,2007年11月20日,http://www.gov.cn/zwjw/2007 – 11/20/content_810972.htm.

"10+3"各国共签署了 16 份双边货币互换协议,总规模为 840 亿美元。① 2006 年 5 月,第九次"10+3"财长会议就强化《清迈动议》达成一致,对主要原则进行了修改,主要内容包括:各国在启动双边货币互换协议的过程中执行集体决策机制,并启动共同的救助机制;各国签订的《清迈动议》所承诺的额度自动扩大一倍,互换启动与国际货币基金组织的条件性贷款比例从 90% 下调到 80%。② 2008 年 5 月,第十一次"10+3"财长会议决定,为落实《清迈动议》多边机制,13 国将至少出资 800 亿美元,其中,中、日、韩 3 国分担 80%,余下 20% 由东盟国家负担。2009 年 2 月,面对全球金融危机形势恶化,"10+3"财长举行了特别会议,就进一步深化区域财金合作达成了广泛共识。会议发表了《亚洲经济金融稳定行动计划》。在这份行动计划中,各方承诺要加快《清迈动议》多边化进程,尽早建成区域外汇储备库,并同意将储备库规模从 800 亿美元扩大到 1 200 亿美元,以增强本地区危机自救能力。③ 2009 年 2 月至 2010 年 7 月,为应对全球金融危机,中国、韩国、马来西亚、印度尼西亚、新加坡等国相继签署新的双边货币互换协议,与缅甸、越南签署了自主选择的双边货币结算协议,东亚国家间的双边货币互换规模进一步扩大。④

在"10+3"框架内,"10+1"的安全合作进展更为显著,主要成果有:从 2003 年 10 月开始,中国、日本、韩国相继加入《东南亚友好合作条约》;东盟与中国 2002 年 11 月签署《南海各方行为宣言》和《关于非传统安全领域合作的联合宣言》,2003 年 10 月签署《东盟—中国面向和平与繁荣的战略伙伴关系联合宣言》,2011 年 7 月就落实《南海各方行为宣言》指针案文达成一致,并就今后工作达成一系列重要共识,为推动落实《南海各方行为宣言》进程、推进南海务实合作铺平了道路;东盟与日本 2003 年 8 月签署《东盟—日本全面伙伴关系框架协议》,2003 年 12 月签署《新千年动态和持久的东盟—日本伙伴关系东京宣言》及《行动计划书》,2004 年 11 月签署《关于打击恐怖主义的联合宣

① 《中国与东盟各领域合作情况》,《人民日报》2009 年 4 月 10 日,第 6 版。

② Christopher M. Dent, *East Asian Regionalism*, pp. 156-157.

③ 《推进建立区域外汇储备基金》,《人民日报》2009 年 2 月 23 日,第 3 版。

④ 杨权:《全球动荡背景下东亚地区双边货币互换的发展》,《国际金融研究》2010 年第 6 期,第 30—40 页。

言草案》；东盟与韩国 2004 年 11 月签署《关于实施东盟—韩国全面合作伙伴关系联合宣言》，2005 年 7 月签署《合作打击恐怖主义的联合宣言》，11 月签署《关于落实东盟与韩国全面合作伙伴关系联合宣言的行动计划》。[①] 这种战略伙伴关系的建立和非军事安全领域的合作，将鼓励各方在政治、经济和安全事务中建设性地接触，由此增强区域安全与稳定。[②]

以东盟—中国合作为例。对于东盟国家而言，中国—东盟战略伙伴关系建设具有十分重大的意义。冷战结束以来，随着中国经济的迅速发展，中国政治、经济上的国际影响力不断上升。对这个最大也是综合实力最强的邻国，东南亚国家日益表现出一种"中国威胁"感。尤其是印度尼西亚、菲律宾、越南等与中国领土或领海相邻的国家，对中国抱有比较深的怀疑，而"南海的冲突"是他们最为担心的。[③] 东南亚国家这种深疑观念下的"中国威胁"感常常从他们的一些国家最高领导人的公开言论中表现出来。2000 年 5 月，菲律宾前总统拉莫斯在美国华盛顿"2000 年全球论坛"的演讲中称，"东亚的最不确定因素是复兴的中国"，其日益增强的实力会"对本区域内海上，尤其是被各方认为是海上心脏的南海"产生威胁。而且，"从历史上看，一个统一的、稳定的中国总是本区域天然的主导者"。[④] 2001 年 7 月，新加坡前总理李光耀公开表示："中国正变成难以对付的区域角色扮演者。"2003 年 9 月，马来西亚总理马哈蒂尔在接受记者采访时强调："马来西亚人认为，中国不会做出军事冒险行为，东南亚没有理由害怕中国会进行军事扩张，但是建立一个相关的机构以缓和潜在的危险冲突是必要的。"[⑤]不过，东南亚国家在应对这种怀疑时，并没有简单地推行传统的对抗政策，而是主要选择建立东盟—中国对话伙伴关系和其他区域间合作框架。在东盟国家看来，东盟—中国合作关系有助于在双方之间缔造共同利益和相互信任，最终达到既让中国成为一个在区域关系中负责任的大国，

---

① 参见郑先武：《安全、合作与共同体：东南亚安全区域主义理论与实践》，第 310—311 页。

② Nicholas Tarling, *Regionalism in Southeast Asia: To Foster the Political Will*, p. 207.

③ David B. H. Denon and Wendy Friman, "China's Security Strategy: The View from Beijing, ASEAN, and Washington", *Asian Survey*, Vol. 35, No. 4 (April 1996), pp. 422 – 439.

④ "The World to Come: ASEAN's Political and Economic Prospects in the New Century".

⑤ 曹云华、唐翀：《新中国—东盟关系论》，北京：世界知识出版社 2005 年版，第 108、311 页。

又帮助东南亚国家减轻乃至消除对中国崛起的担忧。

事实证明,东盟国家的这些目标正逐步得到实现,这主要表现在以下几方面。一是东盟—中国首脑会议的制度化,是东盟与中国构建面向 21 世纪睦邻、互信伙伴关系的重要保障和具体步骤,有助于双方信任关系的发展。① 二是东盟—中国"自由贸易区"的建设,作为中国首个与一个区域集团启动的自由贸易安排,使其与所有东南亚国家之间首次获得了一致的利益。通过这一具体行动,彼此建设性地专门探讨合作性问题,这可以被看作双边政治信任的一种建构。② 三是《南海各方宣言》作为中国与东盟签署的第一份有关南海问题的政治文件,确认东盟与中国致力于加强睦邻互信伙伴关系,共同维护南海地区的和平与稳定;建立相互信任的途径,包括开展海洋环保、搜寻与求助、打击跨国犯罪等合作;强调通过友好协商和谈判,以和平方式解决南海有关争议。在争议解决之前,各方承诺保持克制,不采取使争议复杂化和扩大化的行动,并本着合作与谅解的精神,寻求保持南海地区和平与稳定,增进中国与东盟互信。③ 2011 年 7 月,中国与东盟就落实《南海各方行为宣言》的"后续行动指针"达成一致,体现了双方不断向前迈进的合作精神。④ 东盟国家与中国在此宣言下逐步形成和平解决争端的"南海机制"。四是《东盟—中国面向和平与繁荣的战略伙伴关系联合宣言》作为中国首次与一个区域集团签署的战略伙伴关系的文件,宣布双方建立面向和平与繁荣的战略伙伴关系。宣言指出,"面向和平与繁荣的战略伙伴关系"的目的,是通过在 21 世纪全面深化和拓展中国与东盟的合作关系,培育睦邻友好,加强互利合作,为本地区的长期和平、发展与合作做出更大贡献。宣言还说,中国与东盟"面向和平与繁荣的战略伙伴关系",是全面的和面向未来的关系,重点是加强在政

---

① 曹云华、唐翀:《新中国—东盟关系论》,第 208—209 页。

② Sheng Lijun, "China – ASEAN Free Trade Area: Origin, Developments and Strategic Motivations", ISEAS Working Papers Series on International Politics and Security Issues, No. 1, 2003.

③ ASEAN Secretariat, "Declaration on the Conduct of Parties in the South China Sea (2002)", http://www.aseansec.org/13163.htm.

④ 《东亚领导人系列会议肩负重任》,《人民日报》2011 年 11 月 17 日,第 3 版。

治、经济、社会、安全以及国际和地区方面的合作。[①] 2004 年 12 月和 2011 年 11 月,双方相继签署两个 5 年期限的《落实中国—东盟面向和平与繁荣的战略伙伴关系联合宣言的行动计划》,增加了强化双方军事关系的措施的内容,包括增进高层双边访问和互动,加强军事人员训练的合作,探索开展联合军事演习的可能性,扩大维和领域的合作等。[②]

需要强调的是,"10+3"机制下的东亚区域安全合作主要是非军事领域的,虽也涉及像"南海争端"这样的军事安全议题,但就其手段而言,它本质上是一种非军事的"软安全"合作。正如《东盟—中国面向和平与繁荣的战略伙伴关系联合宣言》所称,双方战略伙伴关系是非结盟性、非军事性和非排他性的。[③]

四是进程导向,奉行渐进主义。决策程序上的"东盟方式"决定了"10+3"框架下的东亚区域安全合作是进程导向的。作为一种对话进程,"东盟方式"下的多边互动更多时候是"无构架的,决策和执行没有明确的模式",并且"通常是问题出现时,才在特定的基础上对它做出进行协商的约定,但并不为取得所希望的结果而设定明确的协商方式"。事实上,这种协商倾向于自由的方式,并不规定具体的时间表。也就是说,在这种多边互动中,进程即使不比结果更重要,至少也一样重要;进程是独立于结果的,即使没有最终的结果,它仍可能有用。即使要对制度和程序进程进行规则设计,那也只能是临时的,而不是长期的。[④] 例如《清迈动议》下的双边货币互换协议,通常以 3 年为期限。而且,"如果预设目标的实现可能带来进程脱轨的风险,各国宁愿推迟甚至新设目标来维持进程的延续",以致"进程的维持可能比任何实质

---

① ASEAN Secretariat, "Joint Declaration of the Heads of State/Government of the Association of Southeast Asian Nations and the People's Republic of China on Strategic Partnership for Peace and Prosperity", Bali, 8 October 2003, http://www.aseansec.org/15265.htm.

② 《落实中国—东盟面向和平与繁荣的战略伙伴关系联合宣言的行动计划》,中华人民共和国外交部官方网站,2004 年 12 月 21 日,http://www.fmprc.gov.cn/chn/pds/gjhdq/gjhdqzz/lhg_14/zywj/t175786.htm.

③ 《中华人民共和国与东盟国家领导人联合宣言》,《人民日报》2003 年 10 月 10 日,第 7 版。

④ 阿米塔·阿查亚:《观念、认同与制度建设:由"东盟模式"到"亚太模式"》,第 35 页。

性的、立竿见影的结果都更为重要。"①所以,总体上说,这种进程导向的区域合作总是渐进地、缓慢地演进,而不是一系列戏剧性的突破,这就是东亚区域主义进程中独特的渐进主义②,又被称为一种进程主导的社会建构模式。③

"10+3"机制的这些核心特征赋予了其在东亚安全区域主义中无可替代的重要功能。除了推动启动了真正由来自东亚内部的国家和其他行为体主导的合作安全机制建设外,它还起到了东亚次区域主义和相关的区域间主义难以企及的独特作用,即东亚区域认同的建构。"10+3"机制首次排他性地将"东亚"区域概念引入东亚区域合作进程之中,并通过共同的制度和规范建设、紧密的跨国互动和高度的相互依赖,以及相互利益和相互信任的构建,催生东亚区域主义所必需的集体认同。其最重要的体现就是"东亚共同体"构想的提出,并成为"10+3"机制所追求的长期目标。关于"东亚共同体"的构想广为流行的主要有三种,即东亚展望小组及日本和马来西亚分别提出的方案。2001年11月,东亚展望小组向第五次"10+3"领导人会议提交了一份题为《迈向东亚共同体》的东亚展望小组报告,提出建设一个"东亚共同体"的构想。该报告确定了"东亚共同体"的三个主要目标,即区域和平、共同繁荣和人类进步;它将"东亚"视作"由国家构成的面向共有挑战、共同抱负和相似命运的、真诚的区域共同体"。2003年12月,在日本与东盟建立伙伴关系30周年纪念峰会上,双方发表了旨在加强双边合作的《东京宣言》。在日本的建议下,该宣言写进了日本"东亚共同体"的构想,即"寻求建设一个外向的、富有生机活力和共有相互理解精神、维护亚洲传统和价值观,又尊重普遍规则和原则的东亚共同体"。2003年8月,马来西亚总理马哈蒂尔在首届"东亚论坛"开幕式上发表的题为"建设东亚共同体:前方的路"的长篇演讲中,提出建立"共同的、合作的、和平与繁荣的东亚共同体"。2004年12月,马来西亚总理巴达维在第二届"东亚论坛"上发表题为"迈向一体化的东亚共同体"

---

① 秦亚青、魏玲:《结构、进程与权力的社会化:中国与东亚地区合作》,《世界经济与政治》2007年第3期,第10—11页。

② Fu-Kuo Liu, "East Asian Regionalism: Theoretical Perspectives", p. 21.

③ 秦亚青、魏玲:《结构、进程与权力的社会化:中国与东亚地区合作》,第7—15页。

的演讲,明确提出"未来的东亚共同体应该是东盟共同体在整体上的拓展"。① 这些"东亚共同体"构想作为可贵的"东亚意识"的一种表露,显示出"10+3"机制作为东亚区域合作中"持续的制度成果"和"最有意义的进展",已成为"东亚区域组织的雏形"和"东亚共同体建设的一支活跃力量"。②

关于"10+3"机制在东亚合作中的重要作用,时任中国国务院总理温家宝在 2007 年 11 月第十一次"10+3"领导人会议上的讲话中给予的评价非常中肯。他说:"10 年来,在第一份《东亚合作联合声明》指引下,10+3 合作生机勃勃,不断壮大。10+3 国家间建立了双边睦邻伙伴关系,保持了密切交往,增进了相互理解与信任。10+3 框架内成立了 50 多个对话机制,在 20 个领域开展了上百个合作项目,密切了相互依存,促进了地区繁荣。10+3 继承和弘扬亚洲宝贵的精神遗产和优秀文化传统,倡导相互尊重,包容开放,促进不同文明间的对话交流。10+3 培育和树立的平等参与、循序渐进、求同存异、协商一致、共同发展模式,成为新的历史条件下区域合作的成功范例。"③

也正是对以"东亚共同体"构想为支撑的"东亚认同"建构的追求,推动了首个以"东亚"命名的区域对话与合作机制东亚峰会的启动。东亚展望小组报告提议将"10+3"领导人会议转变为东亚峰会,以期通过更紧密的制度化合作推动"东亚共同体"的建设。巴达维将首届东亚峰会视作探索"东亚共同体"道路上的政治标志和走上"东亚共同体"的首个里程碑。遗憾的是,由于种种原因,2005 年 12 月正式召开的首届东亚峰会决定"不谈'共同体'",对于"共同体"的期望仅以"我们理解的东亚共同体是项长远的目标"一语带过。④ 2007 年 1 月在菲律宾召开的第二届东亚峰会对"东亚共同体"更是只字未提,曾经热火

---

① 郑先武:《"东亚共同体"愿景的虚幻性析论》,《现代国际关系》2007 年第 4 期,第 53—60 页。

② Nick Thomas, "ASEAN+3: Community Building in East Asia?" *Journal of International and Area Studies*, Vol. 8, No. 2（2001）, p. 10; David Martin Jones et al., "Making Process, Not Progress", p. 163.

③ 温家宝:《凝聚共识　再创辉煌——在第十一次东盟与中日韩领导人会议上的讲话》,《人民日报》2007 年 11 月 20 日,第 4 版。

④ ASEAN Secretariat, "Kuala Lumpur Declaration on the East Asia Summit", Kuala Lumpur, 14 December 2005, http://www.aseansec.org/18098.htm.

朝天的"东亚共同体"讨论在东亚峰会上实际上已经被冷却了。而且，东亚峰会吸收了澳大利亚、新西兰和印度三个东亚区域外的国家参加，它实质上成为一种跨区域的合作。就此，东亚峰会未能取代"10+3"领导人会议，而是成为与之并行的一种东亚领导人会议，即每年同时同地举行"10+3"和东亚峰会两场会议。与"10+3"和东盟区域论坛一样，东亚峰会由东盟主导。早在2005年7月东盟外长会议就达成共识，认为加入东亚峰会的国家要符合三项条件，即必须是东盟的对话伙伴，与东盟有实质性联系，认可和签署《东南亚友好合作条约》。① 首届东亚峰会通过的《吉隆坡宣言》确定，东亚峰会将由东盟主席国主办并担任主席，峰会的模式将由东盟和东亚峰会其他所有参加国共同审议。② 这就承认了东盟在其中的主导性。第二届东亚峰会发布的《宿务宣言》更是规定，东盟峰会框架下的合作计划将由东盟秘书处经协商推动。在运作程序和合作领域上，东亚峰会与"10+3"机制并无二致，合作的核心指向依然是东亚。

不过，东亚峰会也有自己的独特之处。除了吸收东亚外部国家外，最重要的就是从机制名称到合作成果均以"东亚"名义出现。与"10+3"相比，这在某种程度上突显了"东亚"的符号意义。更重要的是，东亚峰会一开始就将东亚区域安全合作作为核心的议题。首届东亚峰会通过的《吉隆坡宣言》和《主席声明》都表示，东亚峰会的目标是"促进东亚的和平、稳定与经济繁荣"，本质为"开放、包容、透明与外向型的论坛"，成员将"就共同感兴趣和关切的议题及广泛的战略、政治和经济等问题进行对话"，并表示将致力于朝鲜半岛的非核化，鼓励"六方会谈"的召开，反恐、加强能源合作等。③ 第二届东亚峰会发布了《东亚能源安全宿务宣言》，提出了东亚地区能源合作的具体目标和措施，主要包括：推动更为清洁和更低排放的技术，以实现矿物能源持续、经济的使用；鼓励生物能源的使用；强化有关能效和节能计划；自愿设定各国提高能效的目标，制订相应的行动计划；通过创新融资机制提高可再生和可替代能源的效率，并降低成本；探索可能的战略能源的储备模

---

① 吴玲君：《东协国家与东亚经济合作：从"东协加三"到"东亚峰会"》，《问题与研究》（台北）2007年第2期，第128页。

② ASEAN Secretariat, "Kuala Lumpur Declaration on the East Asia Summit".

③ Ibid.

式;促进煤炭清洁使用、清洁煤技术的开发和旨在减缓全球气候变化的国际环境合作。[1] 2007 年 11 月召开的第三届东亚峰会讨论的主题是气候变化问题,体现了东亚共同促进地区应对气候变化,推动建设一个和谐发展、清洁发展、可持续发展东亚的努力。会议签署的《气候变化、能源和环境新加坡宣言》表示,16 国将加强在气候变化、能源和环境等领域的合作,并承诺将降低对传统能源的依赖,推广生物燃料应用,以确保区域经济持续发展。[2] 2010 年 12 月,第五届东亚峰会正式确定美国和俄罗斯的成员资格,并再次强调东亚峰会是讨论地区重大战略问题的政治安全论坛。[3] 这显示出东亚峰会机制作为"东亚区域合作进程的维持和加强"[4],已成为以"10+3"机制为主渠道的东亚安全区域主义的重要补充。

## 第三节 东亚安全区域主义的局限与突破

在过去的几十年中,东亚安全区域主义取得了令人瞩目的成就,已形成一种符合本地实际的发展路径。然而,面对全球化与区域化日益加深所带来的区域安全日益综合化的新形势,东亚安全区域主义解决问题的能力仍显严重不足。尽管这与东亚区域安全复杂的形势密切相关,但更多的还是受自身发展水平及其所固有的局限性所制约。在这种情况下,针对东亚区域安全的现实和东亚安全区域主义固有的局限,从大国制度化的合作入手,打造其与现实更切合的制度化根基,将是东亚安全区域主义取得突破性进展的关键所在。

一、自身局限:东亚安全区域主义的现实问题

从整个东亚角度看,安全区域主义仍处于制度化和认同化都比较

---

[1] ASEAN Secretariat, "Cebu Declaration on East Asian Energy Security", Cebu, 15 January 2007, http://www.aseansec.org/19319.htm.

[2] ASEAN Secretariat, "Singapore Declaration on Climate Change, Energy and the Environment", Singapore, 21 November 2007, http://www.aseansec.org/21116.htm.

[3] ASEAN Secretariat, "Chairman's Statement of the East Asia Summit", Hanoi, 30 October 2010, http://www.mofa.go.jp/region/asia-paci/eas/pdfs/state101030.pdf.

[4] 秦亚青、魏玲:《结构、进程与大国的社会化:东亚共同体建设与中国崛起》,见王正毅等主编:《亚洲区域合作的政治经济分析》,第 487 页。

低的水平。这主要表现在以下三个方面。

一是从区域性程度看,内聚力不足,外倾性明显。"区域性"(regionness)是指一个特定的地理区域从被动的客观向积极的主观转变,并能够将这个兴起中的区域的跨国利益联结起来的进程。它是与"国家性"和"民族性"相类似的理论化的术语,显示出一个特定区域不断发展的多维的区域化进程,可以作为从历史和多纬度视角理解区域建构、巩固,及相关行为主体形成的比较分析的工具。实践表明,一个区域的区域性程度越高,该区域经济相互依存、交流、文化同质性、内聚力、行为能力尤其是解决冲突的能力就越高,而随着区域性的日益增强,区域将成为拥有自己权利的行为主体。而区域内聚力已成为衡量区域性程度的基本标准。① 东亚安全区域主义的核心特征和低水平的发展阶段决定了其区域内聚力尚不够强,致使其区域性程度仍处于一种低级阶段。这种区域性程度的低水平主要通过东亚区域政治、经济上明显的外倾性表现出来。在政治领域,现实最重要的表现就是,许多东亚国家仍热衷于与本区域外的国家开展更紧密的以双边或单独加入为主的安全合作。比如,日本、韩国、菲律宾、泰国等国与美国保持着紧密的双边军事联盟关系,马来西亚、新加坡等国通过《五国防御安排》与英国、澳大利亚和新西兰维系着军事合作关系,中国最具组织化也是最紧密的安全合作载体是上海合作组织,俄罗斯安全合作重点在欧洲和中亚,主要通过独联体集体安全体系和上海合作组织表现出来。

这种外倾性尤以东亚国家通过与美国的双边军事联盟建构起的亚太联盟体系表现得最为突出。无论是美国还是相关的东亚国家,它们都寄希望于以美国在该区域的军事存在作为维持区域权力平衡和军事安全的一种重要手段。在美国方面,其冷战后的亚太战略核心就是探寻新的区域平衡。首先是建立盟友间的平衡机制。正如美国国防部发布的 2001 年《四年防务审查报告》所言:"美国应深化并扩大双边安全联盟,从而建立一种更加广泛的伙伴关系。这种多边机制将补充而不是取代现有的双边联盟机制,它最终将包括美、日、韩、澳,也许还有新

---

① Björn Hettne, "Globalization and the New Regionalism: The Second Great Transformation", in Björn Hettne, András Innotai et al. eds., *Globalism and the New Regionalism*, Basingstoke: Macmillan, 1999, pp. 11 – 16.

加坡、菲律宾和泰国。"其次是在亚洲正在崛起的主要大国和关键性地区国家(包括中国、印度和目前受到削弱的俄罗斯)间实行一种大国平衡战略。第三是维持有力的地区力量对比。平衡的实质在于形成有利于美国的战略态势。①

在东亚国家方面,它们将美国看作东亚区域权力平衡的核心保持者。东南亚国家政府高级官员的观点最能反映东南亚人对美国的这种态度。1996 年春,许通美撰文《美国与东南亚:冷战后时代伙伴关系的基本原理》称:"东南亚人想从美国那里得到什么呢? 首先,他们希望美国继续维持在东亚可靠的军事存在。最近,克林顿政府决定维持先前派出的在亚太的军事存在,并将军力保持在 10 万人的水平。这极大地鼓舞了东南亚人。东南亚人希望美国在亚太充当平衡者和稳定器,因为他们把美国看作一种温和的超级大国。"② 1996 年 7 月,菲律宾总统拉莫斯在菲律宾独立 50 周年纪念庆典上谈及美菲关系时说:"我们两国的安全关系是坚固地建立在我们的共同防御条约之上的。该条约仍然是稳固的堡垒,固守着整个亚太地区的和平与安全。""如果菲律宾与美国不再是友邦,那么,我们的区域将更哀愁,或许也会成为一个更加危险的地区。"③2000 年 9 月,新加坡总理吴作栋在访问美国时则称:"美国的存在是亚洲享有今日的和平与稳定的一个决定性因素。美国曾经保证充满紧张和纷争的不稳定的东南亚走向迅速增长和充满活力。"他强调:"东盟与美国不断扩大和加深的合作将促进该地区的稳定与繁荣。如果这种合作削弱了,双方的利益也会受到损害。因此,我们要为促进东盟与美国的这一极为重要的联系做出最大努力。"④泰国学者库苏马·斯尼王塞说得更明确:"冷战时期,美国是该地区的安

---

① 王帆:《美国的亚太联盟》,北京·世界知识山版社 2007 年版,第 81—82 页。

② 许迪美:《探究世界秩序:一位务实的理想主义者的观点》,门洪华等译,北京:中央编译出版社,第 349 页。

③ 陈奕平:《依赖与抗争:冷战后东盟国家对美国战略》,北京:世界知识出版社 2006 年版,第 99 页。

④ Goh Chok Tong, "ASEAN - US Relations: Challenges", Prime Minister of Singapore Keynote Speech at the ASEAN - United States Partnership Conference, New York, 7 September 2000, http://www.aseansec.org/2806.htm.

全监护人。冷战结束以后，美国变成区域力量的平衡者。"①然而,这种以双边军事联盟为支撑、以美国为"平衡者"、预设"现实或潜在敌人"的均势政策恰恰显示出东亚安全机制建设中依然突显的竞争性成分,并成为东亚安全合作中一种基本的"区域特征"。②

2011年11月,第六届东亚峰会正式接纳美国和俄罗斯加入后,东亚峰会由"10+6"机制变为"10+8"格局,从而进一步强化了东亚区域安全的外倾性。美、俄主要将东亚峰会用作战略平台。美国明确提出,希望东亚峰会成为核不扩散、海事安全、气候变化以及其他战略和政治问题的论坛。③ 而且,美国着眼的地区不是东亚,而是亚太。因此,有学者认为,东亚峰会可能成为一个"反地区"因素,其使命就是要防止出现一个亚洲人的东亚区域共同体。④

总之,这种"内聚力不足,外倾性明显"的现实,使东亚区域主义本质上成为一种"地理泛化的层叠重合的区域主义",使得其"目标难以界定,主体无法明晰",并"导致东亚不同国家选择必要的区域主义组织作为自身努力建设的对象",而始终缺乏一个具体而有力的本地"内核"。⑤ 这已成为影响东亚安全区域主义纵深化发展的一个重要因素。

二是从主导的行为体看,大国作用不足,中小国作用明显。在东亚,东盟所推动的东南亚次区域主义率先发展的经验已经表明,印度尼西亚作为东南亚最强大的国家,在东盟的成立和相关文件的制定以及东盟的持续存在中起了关键作用。而且,长期以来,印度尼西亚是东南亚国家中最为强调区域自主的国家。在全球化背景下的明显表现是,当印度尼西亚在1997年金融危机中受到重创并陷入内部动乱时,东盟的区域合作几乎难以有大的作为;而2003年10月启动的"东盟安全共同体"建设计划正是恢复元气后的印度尼西亚首次建议并付诸实

① Kusuma Snitwongse, "Thailand Foreign Policy in the Global Age", *Contemporary Southeast Asia*, Vol. 23, No. 2 (August 2001), pp. 203 – 205.

② Tong Whan Park, "Regions Matters: The Return of Power Politics in East Asia", *Mershon International Studies Review*, Vol. 40, No. 3 (Winter 1996), pp. 343 – 345.

③ Hilary Rodham Clinton, "America's Engagement in the Asia – Pacific", Speech Given in Honolulu, 28 October 2010, http://www. state. gov/secretary/rm/2010/10/150141. h tm.

④ 魏玲:《东亚地区化:困惑与前程》,第33页。

⑤ 肖欢容:《泛化的地区主义与东亚共同体的未来》,《世界经济与政治》2008年第10期,第34—35页。

施的。在东南亚安全区域主义进程中,印度尼西亚经常被邻国和弱小的国家视作潜在的威胁,致使它们时常通过"均势"政治制衡并削弱印度尼西亚的领导权力。这既限制了印度尼西亚追求国家私利的野心,也限制了它对安全区域主义实际推动作用的发挥。即便如此,印度尼西亚仍是"东南亚安全的核心"。① 许通美就对印度尼西亚在东南亚区域主义进程中的重要作用给予很高的评价。他列举了印度尼西亚起重要作用的三点实事,包括印度尼西亚对东盟的"可靠支持"、印度尼西亚在柬埔寨冲突解决中的"关键作用"、印度尼西亚在寻求和平解决南沙群岛争端中的"领导角色"等。他强调:"作为东南亚最大的国家,印度尼西亚对东盟的支持是绝对重要的。在过去的 27 年里,印度尼西亚在东盟历史发展的紧要关头做出了许多贡献,使东盟成为非西方世界的最成功的区域性组织。"② 然而,当东盟通过全区域主义融入东亚以后,印度尼西亚便从一个次区域大国降为一个东亚区域内的中等国家。面对东北亚更大、更强的国家,印度尼西亚的这种领导作用便不复存在了。

冷战结束后,虽然本地国家在东亚安全区域主义进程中逐渐占据主导地位,但起核心作用的领导力量是东盟和中小国家,而该地区最强大的国家中国和日本没有能够起到这样的作用。出现这种状况的根本原因在于,中国不愿、日本不能,而两国又难以联合,致使两个核心国家没有起到应有的领导作用。近年来,中国虽然积极参与东亚区域合作,但一再公开声明"无意谋求东亚区域合作的领导地位";日本虽然积极谋求东亚区域合作的领导权,但因历史等复杂原因其意图遭到广大东亚国家的反对。而且,日本因深恐中国在东亚区域合作中处于领导地位,时常对中国在区域合作中的作用采取限制乃至排斥行为。日本提出"东亚共同体"架构就是这种态度的明显体现。加之,长期以来中日

---

① 关于印度尼西亚在东盟中的角色,参见 Anthony Smith, "Indonesia's Role in ASEAN: The End of Leadership?" *Contemporary Southeast Asia*, Vol. 21, No. 2 (August 1999); Paul Dibb, "Indonesia: The Key to Southeast Asia's Security", *International Affairs*, Vol. 77, No. 4 (2001), pp. 829 – 842.

② 许通美:《探究世界秩序:一位务实的理想主义者的观点》,第 229—230 页。

关系的复杂性和敏感性,中、日两国很难形成一种联合的领导力量。①
东盟国家和韩国对取得这种领导权抱有强烈的愿望。如前所述,东盟
一直强调其在各种东亚国家参加的跨区域和区域制度中占据主导地
位,韩国则一直强调在东北亚次区域合作中的领导地位。韩国前总统
金大中早在 1993 年就声称:"我们一定要依靠自己的力量迎来一个使
我们在东北亚能发挥主导权的时代。我们一定要创造只有一个姑娘、
却有 4 个小伙子来求婚的条件。"②在这种情况下,东亚区域合作的领
导权就自然而然地落到东盟身上;韩国在东北亚次区合作中扮演了核
心角色。就此,"在中、日合作领导东亚一时不可能的情况下,东亚地
区一南一北两个举足轻重的力量可以联合起来填补东亚地区领导空
缺"。③然而,这种"大国作用不足,中小国作用明显"的状况无疑是东亚
安全区域主义发展的一大缺陷。徐进认为,目前东亚多边安全合作机
制的最根本的问题是军事大国之间不能提供领导力,使合作机制缺乏
权威性。他说,当一个地区安全机制没有权威时,它就丧失了行动能
力;小国虽然可以提供领导,但缺乏持续能力;单独一个或少数大国虽
然也能提供领导,但在其他大国不参与、不配合,甚至抵制的情况下,
也无法达到目的。④

　　的确,经验表明,成功的区域主义需要一个在其中起着关键驱动与
辐射作用的"核心区",而且这种"核心区"的启动和发展常常需要本区
域内具备一定的政治、经济和社会能力的"中枢国家",比如欧洲的
欧盟(欧共体)及其中的法国和德国,北美的北美自由贸易区及其中的
美国,东南亚的东盟及其中的印度尼西亚,南美的南方共同市场及其中
的巴西和阿根廷,南部非洲的南部非洲发展共同体及其中的南非共和
国等。遗憾的是,在东亚区域,东盟难以发挥这种"核心区"作用,因为
无论是欧盟在欧洲、北美自由贸易区在北美,还是南方共同市场在
南美、南部非洲发展共同体在南部非洲,其主要成员都囊括了本区域中
最强大的国家,由此使这些区域集团成为该区域最具实力的区域权力

---

① 参见刘少华:《论东盟在东亚区域合作中的领导作用》,《当代亚太》2007 年第 9 期,第
　　40—42 页。
② 陈峰君、祁建国:《新地区主义与东亚合作》,北京:中国经济出版社 2007 年版,第 233 页。
③ 同上,第 233 页。
④ 徐进:《东亚多边安全合作机制:问题与构想》,《当代亚太》2011 年第 4 期,第 104 页。

中心。唯独东盟是由本区域中的中小国家组成的，其实力只占整个东亚区域总体实力的一小部分；韩国在东北亚的地位亦是如此。另外，关乎东亚区域安全的重大热点问题，尤其与军事安全相关的问题，都与东北亚国家尤其是大国密切相关。在这种情况下，东盟和中小国家何以能够成为东亚安全区域主义进程中的主导力量？赋予其此种重大责任岂不是让小马拉大车？可以说，让东盟成为东亚安全区域主义进程中的主导力量并不是一种历史的必然，而是一种现实的无奈！

诚然，东盟在长期的次区域主义发展中通过"东盟方式"和"东盟规范"所积累起来的"东盟经验"的确是东亚安全区域主义可资利用的一笔宝贵的精神财富，东盟本身也可以作为一种重要的道德力量；在东亚安全区域主义发展初期，东盟也可以以自己特有的"规范权力"在其中起着重要的推动作用，但东盟不应该也不能够成为这一进程持久的主导力量。[1] 正如孔福运等人所言，在东亚安全合作中，"不管是从能力还是从地理热点看，东盟都不是一个天然的中心"。[2] 相反，比照欧洲一体化进程中法国和德国的核心国家作用，在东亚区域主义进程中，"中、日两国责无旁贷地应该担负起核心大国的职责"。[3] 亦如日本学者谷口诚所言，东亚的发展和稳定"能否得到实现，还要看能否建立起日本和东亚的相互信赖关系，尤其是日本与中国的合作关系"。[4] 遗憾的是，这种现实还没有出现，"这就是东亚区域一体化进展如此艰难的症结所在"。[5]

三是从关键变量看，"硬力量"不足，"软力量"明显。东亚安全区域主义的发展进程表明，它是由国家、区域政府组织和公民社会组织等多元行为主体，通过影响权力、利益、规范、认同和制度等复合关键变量来共同推动的，但站在东亚全区域的角度来看，各种关键变量的实际作

---

① 参见郑先武：《"东亚共同体"愿景的虚幻性析论》，第58—59页。

② Yuen Foong Khong and Helen E. S. Nesadurai, "Hanging Together, Institutional Design, and Cooperation in Southeast Asia：AFTA and ARF", in Amitav Acharya and Alastair Iain Johnston eds., *Crafting Cooperation：Regional International Institutions in Comparative Perspective*, Cambridge：Cambridge University Press, 2007, p. 68.

③ 陈峰君、祁建国：《新地区主义与东亚合作》，第234页。

④ 西口清胜：《东亚共同体的构筑与日本的战略》，刘晓民译，《南洋资料译丛》2006年第3期，第6页。

⑤ 陈峰君、祁建国：《新地区主义与东亚合作》，第234页。

用存在明显差异。最重要的表现就是,作为"软力量"的规范因素的作用明显强于作为"硬力量"的物质因素。东盟处于领导地位已是这种状态的真实写照。这种状态导致的一个直接后果是,东亚区域主义发展所急需的区域性国际公共产品供应明显不足。在现实中,这些区域公共产品作为共有利益的一种聚集,主要表现为区域安全保障和国际多边机制等,并分别成为物质力量和观念力量的典型代表。由于与其他任何形式的公共产品一样,区域公共产品具有非排他性和非竞争性的重要特征,可以为区域内所有行为体所共享,因而已成为区域主义发展的基本推动力量。然而,东亚安全区域主义"软安全"合作和"软制度"运行的核心特征,使作为物质基础的区域安全保障这一区域公共产品供应严重缺失。东亚军事安全领域的热点很多,但区域性的军事合作实质上并不存在。相反,东亚许多国家的这种硬安全外部保障主要通过与美国的军事联盟来提供,其构成了一个所谓的"扇形体系"。但是,这种以美日联盟为核心的、以双边军事联盟为纽带的"扇形体系""只侧重于各自迫切的并且是小范围的安全需求"①,并不能真正服务于整个东亚的区域安全。

物质力量的软弱还直接导致了东亚区域多边机制能力和有效性的不足。在东亚,至今尚未形成一个真正能代表整个东亚的区域政府间组织,甚至"没有一个区域主义能够代表真正的东亚"②,致使其区域安全制度仍处于没有实体化组织可以支撑的机制建设的初级阶段。制度作为安全区域主义进程中最为关键的环节,其本身就是一种权力的聚集,一种共同利益和集体认同的载体,所以,其紧密程度决定着安全区域主义的制度化水平;制度化程度也决定着安全区域主义有效性的程度。客观地讲,东亚安全区域主义目前在许多方面发育不全的关键原因就在于其自身的制度化欠缺,而这种缺失又时常使其运行过程中所奉行的"东盟规范"和"东盟方式"在重大问题上显得无能为力。东亚安全区域主义的这种制度化上的弱点又直接导致其"强制性不足,自愿性明显"的运行结果。目前,区域主义研究中有一种"嵌入的区域主

① 迈克尔·叶胡达:《东亚合作的前景展望与挑战》,见朱立群、王帆主编:《东亚地区合作与中美关系》,北京:世界知识出版社 2006 年版,第 21—22 页。

② 肖欢容:《泛化的地区主义与东亚共同体的未来》,第 35 页。

义"（intrusive regionalism）的主张，即要求一个区域集团成员之间紧密互动，包括相互接受对具有跨边界影响的国内发展的早期预警，并合作应对所面临的这种共同威胁，即使这样的合作会侵入成员国的国内事务。① 阿查亚指出："嵌入的区域主义"不但"正在为区域认同建设提供新的基础"，而且被建构为应对经济全球化的"嵌入式行动"的"共同责任基础"，并可能成为"21 世纪后威斯特伐利亚世界秩序的重要的踏脚石"。② 然而，东亚区域安全制度实体化的缺失和能力的缺乏，使其并不具有这种"嵌入"的功能，所以，"（东亚）合作仍然是肤浅的。各国政府很少会愿意为建构东亚制度而接受在决策中哪怕是对其自主权最温和的限制"。③ 其"软制度"运行的特征使东亚区域安全合作成果的履行只能取决于成员国的意愿和信用，即它的履行依赖的不是具有强制性的法律义务，而是自愿性的人为选择。即便是东亚内部唯一的次区域政府间组织东盟，在重要的安全问题上也依然存在"声明多于行动"，"双边多于多边"乃至"行动多于成效"的普遍现象。④ 马库斯·汉德认为，东盟制度设计的致命弱点是，各种协定不具有强制力和区域制度缺乏任何权威。⑤ 起草《东盟宪章》的名人团明确指出："东盟的问题不是缺乏远景、构想和行动计划，而是要确保遵守和有效的履行"。⑥

二、突破方向：建构"大国协调"下的"合作安全"

　　东亚安全区域主义与区域间合作已结成一个紧密互动的整体，以致"10+3""10+1"和东亚峰会这三大公认的东亚区域合作机制本质上

---

① Amitav Acharya, "Realism, Institutionalism, and the Asian Crisis", *Contemporary Southeast Asia*, Vol. 21, No. 1 (1999), p. 21.

② Amitav Acharya, "Regionalism and the Emerging World Order: Sovereignty, Autonomy, Identity", in Shaun Breslin and Christopher W. Hughes et al eds., *New Regionalisms in the Global Political Economy*, London: Routledge, 2002, pp. 20 – 32.

③ John Ravenhill, "East Asian Regionalism: Much Ado about Nothing?" *Review of International Studies*, Vol. 35, Supplement S1 (February 2009), p. 235.

④ 参见郑先武：《安全、合作与共同体：东南亚安全区域主义理论与实践》，第 366—367 页。

⑤ Markus Hound, "From 'Neighbourhood Watch Group' to Community? The Case of ASEAN Institutions and the Pooling of Sovereignty", *Australian Journal of International Affairs*, Vol. 56, No. 1 (2002), pp. 99 – 120.

⑥ John Ravenhill, "East Asian Regionalism: Much Ado about Nothing?" p. 227.

也是次区域间和跨区合作的。在这种发展态势的主导下,一方面,东亚相关的各种区域间合作以其特有的区域效用,从外部和内部多个侧面建构着东亚区域主义所必需的共同制度、集体认同和共有规范等,从而推动了脆弱的东亚区域主义的产生与发展;另一方面,两者紧密的互动使东亚区域主义的发展呈现出自有的一些核心特征,也伴生了一些有碍于其纵深化发展的自身缺陷。面对这种现实,我们应该针对这些"问题性",去探索一条既不能过于脱离东亚区域主义的现实水平,又能在一定程度上超越这种现实的发展路径,而建立在"大国协调"基础上的"合作安全"机制就是一种比较稳妥的选择。

大国协调机制源于 19 世纪奥地利、普鲁士(后来的德国)、英国、俄国、法国等欧洲大国之间的"欧洲协调"。五大国按照它们共同接受的条件和原则承担起维护区域安全的集体责任。协调的因素与原则包括:(1)依赖于大国之间的多边协商,主要是会议外交来管理区域冲突;(2)大国接受一定的规范,包括尊重条约、不干涉彼此内部事务、不接受单边行动或者强化权势,尤其是没有大国同意不能改变领土现状,在全体一致的规则下参与所有重大决策,尽力避免大国之间的直接挑战和对抗等;(3)承认所有的大国地位平等,不使其中任何一个国家蒙受耻辱;(4)大国承担保持该国家体系中所有成员的责任,对内部的不稳定和革命加以限制等。[①] 作为这些原则的结果,"大国不再寻求它们个体权力地位的最大化,而是对自己的行为采取了明显不同于权力政治的方式。它们不时常利用他国的暂时软弱和脆弱而寻求自己的优势,它们能够做出更多的妥协和让步;它们也不准备诉诸战争或以战争相威胁。一句话,它们把对他国利益的考虑也包括进了自身政策的制定过程中,对自己的利益要求和行为加以限制。"[②]欧洲协调产生的最好的结果正如保罗·施罗德所描述的"政治平衡",包括享有稳定与和平、免于威胁和孤立以及大国相互确认合法的利益和地位。"简而言

---

① Richard Elrod, "The Concert of Europe: A Fresh Look at an International System", *World Politics*, Vol. 28, No. 2 (January 1976), pp. 163 – 166; Paul W. Schroeder, *Austria*, *Great Britain*, *and the Crimean War*: *The Destruction of the European Concert*, Ithaca: Cornell University Press, 1972, p. 405.

② Robert Jervis, "Security Regimes," *International Organization*, Vol. 36, No. 2 (Spring 1982), pp. 362 – 363.

之,政治平衡意味着满意的平衡、权利和义务的平衡、贡献与报酬的平衡,而不是权力的平衡。"[1]

　　更重要的是,欧洲协调的参与者开始拥有这样的观念:"他们生活在一个其行动不得不取决于对这个大陆进行和平关切的体系之中。他们接受共同享有特定的权利和责任的普遍原则,虽然不完美,却是实际的。他们之间存在着对扩散的互惠性的预期。同样重要的是以下事实:在没有复杂的国际组织存在的情况下,规则也是能够起作用的。"[2]实质上,欧洲协调已经通过一种新的法律——制度安排和道德原则的约束,超越了旧的欧洲均势政治的逻辑,成为"外交史中的一次革命"[3]和"外交技巧的一种重大创新"[4],并已成为当代"大国协调"机制的重要基础,从而成为"安全合作的一种版本"。[5] 例如,当代欧洲正见证着一种新的欧洲协调,它意味着各国重新承认对国家主权和国家自主性的限制,也意味着各国都有潜在的意愿,愿意就国家主权和自主性等关键问题进行重新协商,这将促进更为强大的国际军事和安全一体化。[6]

　　具体而言,"大国协调"在三个方面有助于区域安全的实现:一是它体现了大国在减弱和管理自身冲突中的决定作用,二是它为大国提供了一种处理其他安全问题的机制,三是有助于区域安全合作的发展。[7] "大国协调"在区域安全合作中的优势主要表现在:协调仅仅对大国开放,其小规模便利于即时的决策,因为当少数几个大国互动时,

[1]　Paul W. Schroeder, "The Nineteenth Century System: Balance of Power of Political Equilibrium?" *Review of International Studies*, Vol. 15 (1989), p. 143.

[2]　Patrick M. Morgan, "Multilateralism and Security: Prospects in Europe", in John Ruggie ed., *Multilateralism Matters: The Theory and Praxis of an Institutional Form*, New York: Columbia University Press, 1993, pp. 60–66.

[3]　Richard Elrod, "The Concert of Europe: A Fresh Look at an International System", p. 163.

[4]　H. G. Schenk, *The Aftermath of the Napoleonic Wars: The Concert of Europe—An Experiment*, New York: Oxford University Press, 1947, p. 27.

[5]　Patrick M. Morgan, "Multilateralism and Security: Prospects in Europe", p. 60.

[6]　参见 Philip R. Zelikow, "The New Concert of Europe", *Survival*, Vol. 34, No. 2 (1992), pp. 2–30; Richard Rosecrance, "A New Concert of Powers", *Foreign Affairs*, Vol. 71, No. 2 (1992), pp. 64–82. 关于大国协调机制及其国际安全治理之道的详细论述,参见郑先武:《大国协调与国际安全治理》,《世界经济与政治》2010 年第 5 期,第 49—65 页。

[7]　Patrick M. Morgan, "Regional Security Complexes and Regional Orders", in David A. Lake and Patrick M. Morgan eds., *Regional Orders: Building Security in a New World*, p. 34.

一致更有可能形成；协调的小规模也缓解了集体行动的问题，因为在这种小的集团形成的"寡头政治"中，它们共同提供了集体所需要的公共产品，并对彼此的行动做出控制性战略反应；"大国协调"虽然建立在"所有反对一个"的观念之上，但它无须对集体行动承担法律责任。另外，"大国协调"既不要求大国一定拥有超越自我利益之上的共同利益，也不要求它们之间在意识形态上趋同，其运作的根本性前提是各大国满意于国际关系现状，并愿意为之采取温和的外交政策，也就是说，"大国协调"的成功取决于大国"可靠的责任和内生的自我限制"。①鉴于此，与均势机制相比，大国协调机制可以"实质性地缓解安全困境"，从而为"无政府状态下的平衡提供一种有吸引力的替代方法"。②

"大国协调"的这些特征与运作条件非常适合于东亚区域安全的现实环境。东亚尤其东北亚是世界上大国最为集中的地区之一，也是大国关系最为复杂的地区之一。这里既有中国、日本两个在东亚区域安全合作中举足轻重的大国，也有美国、俄罗斯两个与东亚区域"利益攸关"的"侧翼大国"，又有作为该地区最有影响的区域组织东盟及澳大利亚、印度两个不断介入东亚尤其是东南亚的"新兴大国"。所以，在东亚安全区域主义现有的发展水平下，这些有影响的全球性、区域性和次区域性"权力中心"之间能否形成良好的互动就显得至关重要。正如朱锋所言："缺乏大国协调的制度建设是冷战后东亚局势的突出困境之一。"③由于大国在安全区域主义进程中具有不可替代的地位和作用，如果能将这些"权力中心"部分或绝大部分乃至全部框定在机制化的"大国协调"之中，东亚安全区域主义的历史性突破也就指日可待了。

当然，构建东亚大国协调机制不是没有任何可能性的虚幻的"可行性预测"，已经出现过类似的成功或已经证明是可行的例子。前者

---

① 参见 Branislav L. Slantchev，"Territory and Commitment: The Concert of Europe as Self-Enforcing Equilibrium"，*Security Studies*，Vol. 14，No. 4（October – December 2005），pp. 565 – 606；Matthew Rendall，"Defensive Realism and the Concert of Europe"，*Review of International Studies*，Vol. 32，No.3（July 2006），pp. 523 – 540.

② Charles A. Kupchan and Clifford A.Kupchan.，"Concerts，Collective Security and the Future of Europe"，*International Security*，Vol. 16，No. 1（1991），pp. 130 – 143.

③ 朱锋：《国际关系理论与东亚安全》，第 330 页。

的重要例子就是当年关于柬埔寨问题的最后解决,后者的重要例子就是关于朝鲜核问题的"六方会谈"。正如曾负责美国亚太事务的高级官员谢淑丽所言:"尽管国际多边制度起了很大的作用,但是在柬埔寨和朝鲜问题上,解决问题的地点不是安理会,而是地区大国间的协商(美国、中国、俄罗斯和日本,在柬埔寨问题上还有东盟,朝鲜问题上加上韩国)。"这些"大国协调"虽不是"有目的的设计",但显示出地区大国之间达成的"特殊的多边主义"。①

关于柬埔寨问题,虽然从 1979 年初越南入侵柬埔寨开始,国际社会一直寻求和平解决办法,但在冷战时期大国对峙的背景下,该问题迟迟未能解决。直到 20 世纪 90 年代开始美苏关系缓和直至最后冷战结束,柬埔寨问题才取得突破性进展。转折性的事件就是 1990 年 8 月联合国安理会五大常任理事国达成的《五大国框架协议》。该协议于当年 9 月和 10 月相继得到联合国安理会和联合国大会的支持,并为柬埔寨冲突各方所接受,从而使其成为柬埔寨问题最后解决的基础。② 按照许通美的回忆:"在我印象里,联合国安理会五大常任理事国——中国、法国、苏联、美国和英国都想解决柬埔寨问题。在巴黎会议之前,五个大国的代表已经在联合国召开了一系列会议。值得称道的是,五大国一致通过了建立国际监控权限的文件。该文件由法国代表团代表五大国提交给第一委员会。在巴黎会议期间,五大国的代表定期晤谈。"他认为:"要想解决地区冲突,安理会五大常任理事国达成一致是取得成功的必要条件。"③另外,如前所述,东盟在柬埔寨问题的解决中自始至终都起着主要的作用。所以,可以说柬埔寨问题的解决虽然主要是在大的联合国框架内解决的,但五大常任理事国与东盟在其中积极的协调直至最后形成一致,无疑显示了"大国协调"在区域安全重大问题解决中特有的魅力,堪称"利益攸关"的大国与区域组织"合作维和"的成功案例。

---

① 谢淑丽:《亚太地区安全:势力均衡还是大国协调?》,见王正毅等主编:《亚洲区域合作的政治经济分析》,第 191 页。

② Mats Berdal and Michael Leifer, "Cambodia", in James Mayall ed., *The New Interventionism 1991 - 1994: United Nations Experience in Cambodia, Former Yugoslavia and Somalia*, Cambridge: Cambridge University Press, 1996, pp. 33 - 34.

③ 许通美:《探究世界秩序:一位务实的理想主义者的观点》,第 97—100 页。

在朝核问题"六方会谈"中,大国的作用显得更加直接,也更加突出。从 2003 年 8 月启动到 2006 年 10 月朝核试验,再到 2009 年 4 月朝鲜宣布退出,"六方会谈"看似对朝鲜的行为无能为力,实则显示了其在东亚"大国协调"机制建设中的独特作用。近年来,"六方会谈"时断时续,但"大国协调"固有的规则与规范日益程序化和明晰化。这主要表现在:一是协商的原则主要是会议外交得以延续。其间,无论朝方做出什么样的重大举动,其他各方通过会谈解决朝核问题的程序都没有被放弃。最重要的事件当属 2006 年 10 月朝鲜宣布核试验成功。之后,短期内联合国安理会虽出台了对朝制裁的 1718 号决议,相关各国也为此采取了相应行动,但会谈其他五方依然强调外交解决问题,大国之间更没有因此出现恶性的竞争。两个月后,在中、美等国共同的努力下,"六方会谈"不但得以恢复,而且于次年 2 月签署了历史性的《共同文件》。2009 年 4 月 5 日,朝鲜发射卫星再次引发危机,中国外交部长杨洁篪及时分别与美国国务卿希拉里·克林顿、俄罗斯外长拉夫罗夫、日本外相中曾根弘文、韩国外交通商部长官柳明桓通电话,就朝鲜宣布发射试验通信卫星等事交换意见。杨洁篪表示,中方始终认为,继续推进"六方会谈"进程,实现朝鲜半岛无核化,维护半岛和东北亚地区和平稳定符合有关各方共同利益,也是国际社会的普遍愿望。美、俄、日、韩外长阐述了各自立场,表示愿就有关问题与中方继续保持沟通和协商。① 正在捷克访问的美国总统奥巴马表示,美国将继续通过"六方会谈"实现朝鲜半岛无核化,降低紧张程度。② 4 月 14 日,朝鲜借联合国安理会发表声明对之"谴责"宣布退出朝核问题"六方会谈"后,其他各方仍强调"六方会谈"的重要性,并呼吁朝鲜重返"六方会谈"。③

二是各大国始终坚持"大国协调"固有的基本规范,包括尊重条约义务,不接受单边行动,全体一致决策,大国之间避免直接挑战和对抗,以及大国承担起维护区域稳定的责任等。比如,由于"六方会谈"的最终目标是朝鲜半岛无核化,所以,4 项基本的国际法律文件,即 1970 年生效的《核不扩散条约》、1991 年朝鲜南北双方签署的《朝鲜半岛无核

---

① 《我外长分别与美俄日韩外长通话》,《人民日报》2009 年 4 月 6 日,第 3 版。

② 《朝鲜宣布发射试验通信卫星》,《人民日报》2009 年 4 月 6 日,第 3 版。

③ 《安理会通过主席声明 朝鲜宣布退出六方会谈》,《人民日报》2009 年 4 月 15 日,第 3 版。

化共同宣言》、2005 年和 2007 年"六方会谈"先后达成的《共同声明》和《共同文件》,一直是"六方会谈"的基本依据和谈判基础。这就是各方尊重条约义务的具体体现。再者,会谈各方尤其是起核心作用的大国坚持通过谈判解决问题,已显示出它们对单边行动的摒弃。中国等大国即使面临重大的危机仍极力从中斡旋的不弃不离姿态则是负责任大国形象的有力展示。2004 年 5 月,美国国务卿鲍威尔将朝核问题定义为"我们作为其中一部分的北太平洋共同体的重要区域问题",并强调美国和东亚的核心伙伴"用一个共同声音说话"。2006 年 7 月,美国谈判代表克里斯托夫·希尔强调:"我来这里的使命不是谋求制裁,而是保证我们在处理朝鲜挑衅性行动时用一个声音说话。"同期,美国总统布什在八国集团会议上申明,解决朝鲜危机需要共同的方法。日本政府也强调维持区域稳定在解决朝鲜危机中的核心地位,并希望达成有约束力的解决办法。中国政府一直为朝核问题的解决进行"建设性的努力",并与其核心的区域伙伴保持一种"联合阵线"。① 朝核危机爆发后,俄罗斯一直对朝鲜推行"温和外交",其核心就是尊重框架协定、谈判解决问题、保持南北对话等。②

三是节制外交和保持现状目标的持续。与其他任何形式的"大国协调"一样,"六方会谈"的支柱是"保持现状",即通过保持朝鲜半岛无核化维持东北亚既有的和平与安全。这是会谈各方形成的共识,也是各大国无论何种情况下都没有放弃"六方会谈"的根本原因。各大国采取节制外交也是"六方会谈"得以延续的关键。以 2009 年 4 月发射火箭引发的新危机为例。事件发生前后,韩国、日本和美国起初都做出了较为强烈的反应。但中国强烈呼吁有关各方应着眼大局和长远,保持冷静克制,避免采取可能导致局势进一步紧张的行动。俄罗斯也呼吁所有相关国家在各自的行为中表现出克制。③ 最终,美国、日本和韩国并没有采取过激的行动,而是继续强调维护"八方会谈"进程。这也

---

① Julie Gilson, "Defensive Regionalism in the East Asia", *Review of International Studies*, Vol. 33, No.1 (January 2007), pp. 154 – 160.

② David Kerr, "The Sino – Russian Partnership and U.S. Policy Toward North Korea: From Hegemony to Concert in Northeast Asia", *International Studies Quarterly*, Vol. 49 (2005), p. 429.

③ 《朝鲜宣布发射试验通信卫星》,《人民日报》2009 年 4 月 6 日,第 3 版。

导致联合国安理会就朝鲜发射卫星问题发表了一份态度温和主席声明。声明说,安理会支持并呼吁尽早恢复"六方会谈",敦促六方努力全面执行 2005 年 9 月 19 日达成的共同声明及其后达成的共识文件,维护朝鲜半岛和东北亚地区的和平与稳定。安理会还呼吁通过和平与外交渠道解决目前的问题。[1]

总之,"六方会谈"进程表明了东亚相关核心大国的"协调效应"。虽然目前朝核问题尚没有彻底解决,但"这种大国发挥领导和协调作用,国家间通过协商和谈判等缩小分歧、重塑信任、和平解决分歧,通过集体协作实现共同安全的基本模式获得了大多数国家的认可",从而为朝鲜半岛"后核危机时代的治理"奠定了基础。[2] 更重要的是,通过这种方法,"安全多元主义模式成长起来,为进一步的区域合作提供了一种平台"。[3] 这正如谢淑丽所言,通过"六方会谈",亚太大国加上韩国"创立了一种新的类似协调的协商一致的模式"。[4] 陈显泗等人指出,"六方会谈"建立起的新大国协调机制不但"为和平解决朝核问题开辟了一条新路",而且"为东北亚地区安全机制的建立创造了一个平台"。[5]

近年来,与东亚"利益攸关"的大国关系中的新变化也为"大国协调"机制的建构创造了有利的条件。大国关系中的新变化尤以中国与美、日、俄等诸大国的战略对话机制最为引人注目。从 2005 年 8 月首届中美战略对话在北京启动到 2008 年 12 月,中美战略对话举行了六届。这是中美建交以来双方首次举行此类高层定期对话。2006 年 9 月,根据两国元首达成的共识,中、美又启动了战略经济对话机制,主要讨论两国共同感兴趣和关切的双边和全球战略性经济问题。截至2008 年 12 月,中美战略经济对话已进行了五届。2009 年 4 月,中美双方决定建立"中美战略与经济对话",将"中美战略经济对话"和"中美高层战略对话"机制整合为一个新机制。这意味着中美战略对话机制

---

① 《安理会通过主席声明 朝鲜宣布退出六方会谈》,《人民日报》2009 年 4 月 15 日,第 3 版。

② 李志斐:《东亚安全机制构建:国际公共产品提供与地区合作》,第 100 页。

③ Julie Gilson, "Defensive Regionalism in the East Asia", pp. 154 – 155.

④ 谢淑丽:《亚太地区安全:势力均衡还是大国协调?》,第 191 页。

⑤ 陈显泗、宋德星:《和谐东亚:东亚安全的必由之路》,北京:时事出版社 2008 年版,第 85 页。

将更趋成熟。① 中美关系已被美国总统奥巴马界定为"美中关系是世界上最重要的双边关系"。② 截至 2011 年 5 月,中美战略与经济对话已举行了三轮。尤其是在第三轮对话中,双方同意建立中美亚太事务磋商机制,在战略对话框架下建立中美战略安全对话机制并举行了首次对话。中美战略与经济对话是中美之间就广泛问题进行深入沟通的重要机制。③ 2011 年 6 月,首次中美亚太事务磋商在美国檀香山举行。双方同意,以中美亚太事务磋商机制为平台,就本地区形势和各自政策保持密切沟通,加强协调,推进双方在亚太地区的合作,为维护亚太地区和平、稳定与繁荣发挥积极作用。④ 2011 年 10 月和 2012 年 3 月,第二次和第三次中美亚太事务磋商分别在北京和美国马里兰州安纳波利斯举行,双方同意继续通过中美战略与经济对话、中美亚太事务磋商等机制或以其他适当方式,就亚太形势发展、地区重大突发事件及各自亚太政策保持紧密沟通和协调,及时互通信息。⑤ 中国外交部副部长崔天凯表示,中美亚太事务磋商的目的就是加强沟通,进行有效的协调来共同应对本地区和国际事务的挑战。⑥

　　2005 年 5 月,中日首次战略对话在北京举行。截至 2011 年 2 月,已举行了 11 届。中日战略对话机制已成为两国政府加强战略沟通的一个重要渠道。中日之间还启动了防务安全磋商会议和经济高层对话会议。近年,中日关系最重要的进展就是 2008 年 5 月双方签署的《中日关于全面推进战略互惠关系的联合声明》。双方一致认为,中日关系对两国都是最重要的双边关系之一。两国对亚太地区和世界的和平、稳定与发展有着重要影响,肩负着庄严责任。双方确认,中日互为合作伙伴,坚持通过对话和谈判处理两国间的问题,决定密切高层交往和政治层面交流,建立两国领导人互访机制,启动两国领导人热线机

---

① 李止信:《中美战略和经济对话机制初析》,《国际金融报》2009 年 4 月 3 日,第 1 版。

② 《美国外交新看点》,《人民日报》2009 年 4 月 24 日,第 14 版。

③ 《第三轮中美战略与经济对话举行》,《人民日报》2011 年 5 月 12 日,第 3 版。

④ 《首次中美亚太事务磋商在美国夏威夷举行》,中华人民共和国外交部官方网站,2011 年 6 月 26 日,http://www.fmprc.gov.cn/chn/pds/wjdt/wjbxw/t833834.htm.

⑤ 《第三次中美亚太事务磋商在美国举行》,《人民日报》2012 年 3 月 15 日,第 3 版。

⑥ 《中美亚太事务磋商 11 日举行》,新华网,2011 年 10 月 10 日,http://news.sina.com.cn/c/2011-10-10/201423280203.shtml.

制,加强政府、政党、议会等各领域交流和对话机制,在安全防务领域继续开展对话交流。① 中、俄两国自 1996 年确立元首会晤机制以来,已建立起密切的高层交往机制,包括元首年度互访、总理定期会晤等。2005 年 2 月,中、俄启动了国家安全磋商机制,开辟了高层战略对话的新渠道。2008 年 7 月,中、俄两国副总理级能源谈判机制在北京启动。能源合作成为中俄战略协作伙伴关系的重要组成部分。② 两国元首还倡议成立了中俄战略安全磋商机制。截至 2011 年 10 月,中俄战略安全磋商已进行了六轮。③ 这一机制既是双方就重大战略性、全局性问题及时沟通、协调立场的重要渠道,又是双方深化战略和政治互信、加强战略协作的重要平台。④ 另外,2004 年 1 月和 2008 年 2 月,中国与印度、澳大利亚相继启动类似内容的战略对话。2002 年,中国还与俄罗斯、印度启动了三国外长会晤机制。截至 2011 年,中俄印三国外长对话已举行了 11 次。俄罗斯外长拉夫罗夫说:"俄中印三国的合作机制目前已成为建立多极化世界的一个重要平台,对亚太地区的和平发展意义重大。"⑤

这些以伙伴关系为基础的高层战略对话不同于一般谈判,它体现为一个沟通与交流的过程。中国财政部部长助理朱光耀在谈及中美经济战略对话机制时说:"正是在坦诚交流的过程中,一些问题得到解决,一些矛盾得到化解,双方战略互信不断增强。这是战略经济对话的最大特点,也是其最成功之处。"⑥更重要的是,这种战略对话以地缘政治的稳定为重要前提,并不指向任何第三方,而是超越传统的"平衡的运用",以主权平等而不是领导者和追随者关系为基础,旨在建构一种新型的国家关系。正如戴维·科尔在论及中俄关系时所言:"平衡关系绝不是中俄伙伴关系所追求的目标。相反,俄罗斯和中国将这种伙伴关系作为实现非平衡的多极化的一种工具。在这种建构中,极可以

---

① 《中日关于全面推进战略互惠关系的联合声明》,《人民日报》2008 年 5 月 8 日,第 1 版。
② 《中俄能源谈判代表举行第三次会晤》,《人民日报》2009 年 2 月 18 日,第 3 版。
③ 《中俄举行第六轮战略安全磋商》,《人民日报》2011 年 10 月 21 日,第 3 版。
④ 《中俄举行第五轮战略安全磋商》,《人民日报》2011 年 1 月 25 日,第 3 版。
⑤ 《中俄印三国合作机制成为建立多极化世界重要平台》,中国新闻网,2010 年 11 月 16 日,http://www.chinanews.com/gn/2010/11-16/2657498.shtml.
⑥ 《充满生机的对话机制》,《人民日报》2008 年 12 月 4 日,第 6 版。

被设想为地区,但俄、中明确相信,某些大国在体系管理中比其他国家负有更大的责任。这就是中国学者所说的'大国责任'。中俄伙伴关系显示出对这种地位的相互承认。"①战略对话已成为中国与其他大国之间互动的新模式。

　　不过,这种向好的大国双边关系只是为"大国协调"机制的建构创造了一种基础性条件,它们要转化为有效的多边合作机制,还需要这些大国拥有建构这种机制的强有力的政治意愿。可喜的是,随着新型大国关系的构建,这种愿望开始不断显现。早在 1997 年 12 月,韩国候任总统金大中就建议举行美国、俄罗斯、中国、日本、朝鲜和韩国参加的"东北亚安全对话"会议,将涉及广泛的安全议题,而不仅仅是朝鲜半岛安全问题。这一建议显示了"事实上的大国协调"的作用,因为"尽管有朝鲜和韩国参加,四大国将在其中拥有决定性的发言权"。1998 年 4 月,俄罗斯总统叶利钦访问东京时,日本首相桥本龙太郎与之讨论了由日本政府提出的召集美国、中国、日本和俄罗斯四大国参加的关于安全问题的政府首脑级会谈。② 2004 年 11 月,美国总统布什的安全顾问赖斯访问中国时建议在解决朝核问题的同时,扩大"六方会谈"的作用,使其升格为正式的安全保障磋商机制,从而也讨论常规武器和导弹问题,并通过六国谈判最终缔结旨在取代 1953 年朝鲜停战协定的新的多边和平协议。中国和韩国也主张将"六方会谈"发展为东北亚安全机制。③ 2004 年 4 月,中国国家主席胡锦涛在博鳌亚洲论坛 2004 年年会上谈到亚太区域合作时明确指出:"大国对地区和平与发展负有更大责任,我们欢迎本地区大国在区域合作中发挥更为积极的建设性作用……我们希望本地区大国加强沟通和协调,通过区域合作,扩大共同利益的汇合点,共同促进亚洲的稳定和繁荣。"④2008 年 5 月,胡锦涛在访问日本时指出,亚洲振兴离不开中日两国的协调和合作。他强调,中日双方应该加强战略协调与合作,携手推动建立东北亚和平机制,共同

---

① David Kerr, "The Sino-Russian Partnership and U.S. Policy Toward North Korea", pp. 413 – 416.

② Amitav Acharya, "A Concert of Asia?" pp. 85 – 85, p. 94.

③ 崔立如:《东北亚地区安全政策及安全合作构想》,第 172—173 页。

④ 《博鳌亚洲论坛 2004 年年会开幕 胡锦涛发表主旨演讲》,《人民日报》(海外版)2004 年 4 月 26 日,第 1 版。

推动建设和谐亚洲、和谐世界。① 就此,"源于对和平与安全的共同体责任,东亚的核心行为体在有共同利益的特定领域频繁使用区域话语"。实质上,它表明了"后霸权时代""区域主义的一种新精神",是一种大国作为"联合领导者"的"战略性区域主义"。②

"大国协调"也非常适合于东亚区域政治与安全合作的实际。就东亚区域政治而言,东亚国家政治制度、意识形态和价值取向差别较大,军事安全问题仍很突出,国家间竞争乃至敌意仍大量存在。而"大国协调"机制只是为了解决共同的安全问题,不但不以政治和观念的同一性为前提,而且不要求大国间极其和谐的关系,相反,它是一种"竞争和合作的混合体",因而并非弃绝各自的自我利益,它产生的仅仅是"大国竞争的温和形态"。③ 朱听昌明确指出,大国协调机制不但意味着对大国相互之间地位与角色的认可,亦即承认对方的国家主权与大国地位,使得国家最根本的政治利益得到保证,而且,大国间通过增进了解,加强信任,建立危机管理机制等一系列制度建构,可以有效地避免因大国之间的互不信任、互不了解而发生冲突,防止酿成难以控制的灾难性后果,从而最大限度地维护国家安全利益,最终更加有利于维护国家利益。④ 所以,"大国协调"在管理东亚尤其是东北亚地区的安全事务中具有明显的相关性。就东亚区域安全合作的现实而言,"大国协调"的核心原则不但非常适合于政府主导、协商与共识决策、弱制度运行等核心特征,而且与其进程中所形成的一系列规范相一致,如不干涉、不使用武力、和平解决争端等。谢淑丽强调:"大国协调的非正式性比正式的协定更适合亚洲的规范,并且亚洲有维持非正式合作形式的历史传统。"⑤

不过,要在东亚建构一种超越原有各种安全机制的"大国协调"无疑会引起一些中小国家的警觉乃至不满情绪。鉴于东北亚和东南亚两个次区域的安全动力仍有所不同,区域安全合作的水平也不一样,一种

① 《暖春之旅让中日友好春暖常在——外交部长杨洁篪谈胡锦涛主席访问日本》,《人民日报》2008年5月11日,第1版。
② Julie Gilson, "Defensive Regionalism in the East Asia", p. 162.
③ Amitav Acharya, "A Concert of Asia?" p. 89.
④ 朱听昌:《中国地缘战略地位的变迁》,北京:时事出版社2010年版,第311页。
⑤ 谢淑丽:《亚太地区安全:势力均衡还是大国协调?》,第195页。

合适的做法是,首先在东北亚建立一种中、美、日、俄等内外部大国共同参与的"大国协调"机制,然后通过与东盟国家及与东南亚安全密切相关的澳大利亚、印度等外部大国的积极合作,将"大国协调"拓展到东南亚,形成统一的"东亚大国协调"机制,并将之融入已有的东盟主导的更广泛的合作安全机制之中。[①]

"合作安全"最初是针对欧洲的"共同安全"观提出来的。帕尔梅委员会的一份报告称,"共同安全"意味着"避免战争,甚至避免核战争是一种共同的责任。世界各国的安全、生存是相互依赖的……原则上说接受共同安全作为一种组织原则……意味着其基本要素是在解决利益冲突时,以合作代替对抗"。因此,共同安全建立在这样的原则之上,即"强调国际安全必须建立在对共同生存的责任而不是相互毁灭的威胁之上"。在核时代,随着各国在经济、文化、政治和军事上的相互依存日益增加,单方面的安全已经不再可能。在相互猜忌驱动下的军备竞赛无法获得长久的安全;相反,安全应当相互保证所有国家都有获得安全的权利。因此,共同安全的核心就是非挑衅性防御原则。[②]后来,"合作安全"又融入东盟的"综合安全"观,将安全的定义扩大到包括意识形态、政治、经济、社会文化和军事等多个领域,其所处理的问题包括双边、区域和全球多个层面。[③] 不过,东盟的"合作安全"侧重于经济、政治、环境、社会等非传统议题,即使有少量涉及军事安全议题,也通过不缔结军事联盟和运用武力来实现。在东盟看来,安全的追求应该是合作的和非军事的,要通过对话和协商增强相互理解和相互信

---

[①] 徐进在综合考虑成员的数量、利益代表性/地理范围、议题的针对性和组织者的领导力等四方面因素后,指出了东亚多边安全合作机制中"大国协调"的五种可能途径,包括"中美俄三方协调""美日东盟二方协调""中美日俄东盟五方协调""中美俄东盟四方协调"和"中美俄+东盟协调"。参见徐进:《东亚多边安全合作机制:问题与构想》,第104—106页。

[②] *Common Security: A Programme for Disarmament—The Report of the Independent Commission on Disarmament and Security*, Under the Chairmanship of Clofpalme, London: Pan Books, 1982, pp. 7-13. 关于"共同安全"的讨论参见 The Stochholm International Peace Research Institute, *Policies for Common Security*, London: Taylor & Francis, 1985.

[③] 参见郑先武:《安全、合作与共同体:东南亚安全区域主义理论与实践》,第284—329页。

任来实现。这就是"融合的或包容的安全方法"。①

这种"合作安全"亦与中国 20 世纪 90 年代中期以来在多边、双边场合极力倡导的新安全观产生了共鸣。按照中国政府于 2002 年 7 月正式推出的《中国关于新安全观的立场文件》的解释,这一"新安全"观的核心是互信、互利、平等、协作。"互信,是指超越意识形态和社会制度异同,摒弃冷战思维和强权政治心态,互不猜疑,互不敌视。各国应经常就各自安全防务政策以及重大行动展开对话与相互通报。互利,是指顺应全球化时代社会发展的客观要求,互相尊重对方的安全利益,在实现自身安全利益的同时,为对方安全创造条件,实现共同安全。平等,是指国家无论大小强弱,都是国际社会的一员,应相互尊重,平等相待,不干涉别国内政,推动国际关系的民主化。协作,是指以和平谈判的方式解决争端,并就共同关心的安全问题进行广泛深入的合作,消除隐患,防止战争和冲突的发生。"它强调:"安全合作模式应是灵活多样的,包括具有较强约束力的多边安全机制、具有论坛性质的多边安全对话、旨在增进信任的双边安全磋商,以及具有学术性质的非官方安全对话等;促进经济利益的融合,也是维护安全的有效手段之一。"②用外交部长杨洁篪的话说:"在实践中不断丰富和发展的新安全观,是以互信、互利、平等、协作为核心理念的安全观,是综合安全观、发展安全观、合作安全观、共同安全观。"③新安全观已成为中国对外政策的重要组成部分。上海合作组织就是新安全观最早的成功实践,并已形成一种"新型安全架构"。此架构基于公认的国际法准则,摒弃"双重标准",在互谅基础上通过谈判解决争端,尊重各国维护国家统一和保障民族利益的权利,尊重各国独立自主选择发展道路和制定内外政策的权利,尊重各国平等参与国际事务的权利。俄罗斯总统普京称之为"成功的

---

① Hiro Katsumata, *ASEAN's Cooperative Security Enterprise: Norms and Interests in the ASEAN Regional Forum*, p. 79.

② 《中国关于新安全观的立场文件》,中华人民共和国外交部官方网站,2002 年 7 月 31 日,http://www.fmprc.gov.cn/chn/wjb/zzjg/gjs/gjzzyhy/1136/1138/t4549.htm.

③ 《杨洁篪外长在第 14 届东盟地区论坛外长会上的讲话》,中华人民共和国外交部官方网站,2007 年 8 月 2 日,http://www.fmprc.gov.cn/chn/wjdt/zyjh/t347104.htm.

国际合作新模式"。①

　　综上所述,"合作安全"旨在加深安全的相互理解并拓宽安全的定义,即将军事、环境、经济和社会等安全议题都包括进来;这种区域安全机制倾向于协商、保证、透明、预防和相互依存,而不是对抗、威慑、保密、修正和独来独往。它主要关注防止国家之间的冲突,但也可以用于维持国家内部个体或群体的安全;国家、政府组织和非政府组织都可以参与国际危机管理和安全合作与对话。这样,"合作安全"通过对话与协商而不是军事与强制手段来增强区域安全与稳定的包容性方法,就与建立在"敌友关系"设定基础上的、经由军事联盟的集体防御和经由军事上多边安排的集体安全等传统的"对抗"方法明确区分开来。② 保罗·埃文斯将这种"合作安全"描述为:"一种广泛的合作取向,它范围上是多维的,性情上是渐进的;强调确保而非威慑;是包容的而非排斥的;在成员上没有限制;喜好多边主义胜于双边主义;在军事解决办法与非军事解决办法之间并非偏爱前者;认为国家是安全体系中的主要行为者,但也接受非国家行为者扮演重要角色;不要求但也不拒绝创立正式的制度。此外,强调在多边基础上形成对话的习惯。"③ "合作安全"也是一种更灵活、更务实的多边制度化进程,它承认现存的大国协调等安全机制以及双边安排在保持区域安全中的价值,并可以与这些安全机制一起运行。④就此,"合作安全"通过融合"共同安全""综合安全"和"新安全"等安全观,已成为冷战结束后各国寻求和保持区域安全的最重要的安全机制。

　　鉴于此,总体上看,这种"以协调为基础的合作安全"不但可以发挥大国不可替代的作用,也可以让中小国家有平等参与解决本区域军事、政治等重大安全问题的机会。这种大国负主要责任的安全机制不

---

① 《上海合作组织成功开展国际合作的新模式——俄罗斯总统普京为上海合作组织 2006 年峰会撰文》,《新华日报》2006 年 6 月 14 日,第 A4 版。

② Hiro Katsumata, *ASEAN's Cooperative Security Enterprise: Norms and Interests in the ASEAN Regional Forum*, pp. 80–81.

③ Paul M. Evans, *Studying Asian Pacific Security: The Future of Research Training and Dialogue Activities*, Ontario: University of Toronto–York University, 1994, p. 38.

④ David B. Dewitt, "Common, Comprehensive and Cooperative Security", *The Pacific Review*, Vol. 7, No. 1 (1994), p. 7.

仅"有助于削减东北亚次区域的冲突和其他严重的安全问题,而且可以为整个亚洲创造积极的安全与稳定的环境"。[①] 所以,以"大国协调"为基础的"合作安全"应成为东亚中短期安全机制建设的主要目标,这也是东亚安全区域主义既合乎实际又切实可行的发展道路。可以说,"大国协调"机制能否有效地建构起来将成为东亚安全区域主义能否向纵深化发展的主要试金石。如果"大国协调"机制不能有效建构起来,任何提升东亚安全区域主义的理论与实践都可能显得苍白无力。

## 结　语

冷战结束后东亚安全区域化日益表现出涉及全球、区域间、区域、次区域、国家等多层次和军事、政治、经济、社会、环境等多领域的综合性特征。这一综合安全现实促使东亚国家通过次区域主义、区域间主义和全区域主义"三驾马车"推动着东亚安全区域主义的持续发展。三者既相互联系又相对独立,从各个侧面以不同的程度建构着维持东亚区域安全所必需的合作框架,进而形成一种多层次的、各种形态并存的、融封闭性与开放性为一体的"重叠"的东亚安全区域主义发展态势。东亚安全区域主义由此经历了一个由东亚区域内部的国家与非国家行为体所驱动的本地的安全区域主义从无到有、从弱到强、从次区域和跨区域到全区域、从传统的军事安全到综合的安全合作的纵深化发展的进程,并形成了具有鲜明"东亚色彩"的自身特征,如政府驱动,公民社会跟进;东盟主导,弱制度运行;软安全优先,多领域推进;进程导向,奉行渐进主义等。但这一发展进程也伴随着诸多难以克服的自身局限,如内聚力不足,外倾性明显;大国作用不足,中小国作用明显;"硬力量"不足,"软力量"明显等。

就这样,东亚国家既以特有的方式创造着自己的区域主义,又无奈地被自己创造的这种区域主义所束缚,以致使自己陷入排他性和开放性之间的"两难选择",其发展始终处于一种渐进的进程之中,很难在

---

① Amitav Acharya, "Concert of Powers in the Asian Pacific", in Derek Dacanna ed., *The Evolving Pacific Powers Balance*, Singapore: Institute of Southeast Asian Studies, 1996, pp. 63－69.

制度化、认同化及重大问题的"地区解决方法"上取得突破性进展。这就要求未来东亚安全区域主义的发展在保持已有成果的基础上努力克服自身局限,走出一条符合自身特征的发展道路。具体而言,东亚区域主义的未来发展应至少在两个方面有明显的改进:东亚各国尤其是大国,既要付出更大的政治意愿和更多的共同努力,来培育和构建具有一定排他性的"区域内核"——"东亚区域认同"和"东亚区域组织",又要借已有的以东亚为核心指向的区域间合作,来构建一种能融军事与非军事安全为一体的、真正的多边制度框架。就长期而言,吸收"东盟共同体"建设中的宝贵经验,建构一个"东亚共同体"无疑是最理想的选择。但由于区域认同的建构是一个持续而漫长的进程,而目前东亚的现实也很难短期内在建构一个实体化的区域组织上有所作为;所以,就中短期而言,重新整合已有的大国间双边和多边合作机制以及以东盟为中心的合作安全机制,建构一种以"大国协调"为基础的新的"合作安全"机制应该是最现实的选择。这应是东亚安全区域主义在现有条件下取得历史性突破的关键所在。

# 第三章　北美自由贸易区与北美区域安全合作

自 20 世纪 80 年代以来,全球化趋势加速,世界经济结构随之发生深刻变化,逐渐形成生产和市场全球化、经济国际化的局面,各国间相互依赖程度日渐加深。根据相关理论,区域主义的发展经历了冷战时期的"旧区域主义"和冷战后全球化背景下的"新区域主义"等阶段。新区域主义因其涉及政治、经济、社会、环境等多维度议题而日益成为解决区域综合安全问题的一支重要力量,这主要体现在:一是以实现综合发展为目标、以区域一体化为途径的区域集团开始把区域安全合作(regional cooperation)框架内,二是以实现"综合安全"为目标、以"合作安全"为途径的区域安全组织不断产生和发展。[①]

新区域主义不仅具体表现形式多样化,而且内容也更为丰富。学术界一般认为,如地区贸易安排就包括自由贸易区(Free Trade Area, FTA)、关税同盟和共同市场等三种形式,同时也代表区域经济一体化(regional economic integration)进化的发展序列。[②] 在当前区域经济一体化的诸多具体实践中,发展势头最迅猛的就是由国家或地区间合作而成的自由贸易区的广泛建立。这些自贸区或由地缘上相邻国家或地区间组成,或由地缘上不相邻的国家或地区组成,或由某自贸区与某国家组成,如中国—东盟(Association of Southeast Asian Nations, ASEAN)自由贸易区,以至于在全球化深入发展的同时出现世界经济"板块化"趋势。自由贸易区在理论上虽然是地区或全球一体化过程

① 郑先武:《全球化背景下的安全区域主义:一种分析框架》,第 50—51 页。
② 弗雷德里克·皮尔逊、西蒙·巴亚斯里安:《国际政治经济学:全球体系中的冲突与合作》,杨毅等译,北京:北京大学出版社 2006 年版,第 264 页。

中的最初阶段,但却是目前最主要的区域经济一体化形式,是连接国家层次和全球层次的有效载体。尽管人们对这种"板块化"和全球化之间的关系存有争议,但两者却有着相互促进的一面。一方面,缓慢且常限于停滞状态的世界多边贸易谈判进程不断促使自由贸易区的广泛建立;另一方面,日渐增多的自由贸易区反过来又成为推动多边谈判进程和全球化自由贸易不断发展的动力。截至目前,规模和影响最大的区域合作板块以欧盟、东亚和北美自由贸易区(North American Free Trade Area,NAFTA)为典型。其中,东亚一体化进展迅速,不过由于特殊的历史和现实原因,而形成以东盟、中国和日本为中心的三大合作格局并列的局面。中、日、韩三国近年也正就建立自由贸易区展开密切协商和研究。另外,美国近年来也开始加大亚太区域合作参与力度,尤其是奥巴马政府执政后,以退出阿富汗、伊拉克战争为契机,一改小布什政府时期对亚太地区的"忽视",于 2011 年 11 月正式推出亚太新战略,欲打造"美国的太平洋世纪"。[①] 为此,美国在政治上加入东亚峰会;军事上,提升与日、韩、菲、澳等盟国关系,积极发展与越南、印度尼西亚、印度等重要区域国家的关系;经济上,则参加并大力推动"跨太平洋战略经济伙伴关系协定"(The Trans-Pacific Partnership Agreement,TPP)谈判,试图以此为基础,最终打造以其为中心并涵盖所有亚太经济合作组织成员国的亚太自由贸易区。东亚乃至广义的亚太区域合作仍未最终定型,其未来发展方向仍有待观察。因此在三大板块中,合作程度最深、最能体现区域合作特点的当属欧盟和 1994 年 1 月 1 日由美国、加拿大和墨西哥三国建立的北美自由贸易区。

北美自由贸易区和欧盟具有一定共性,可若以合作领域、深度、效果及今后走向等指标来考察,它们又都是具有明显不同特点的区域合作形式。有学者认为,欧盟是深度一体化的区域合作安排(deep integration schemes),北美自由贸易区则是浅度区域一体化(shallow regional integrations)。[②] 欧盟是政治体制、文化和经济发展水平较接近的同质国家间的合作,绝大部分成员国把欧元作为共同货币,合作领域

---

① Hillary Rodham Clinton, "America's Pacific Century", *Foreign Policy*, U.S. Department of State, http://www.state.gov/secretary/rm/2011/10/175215.htm

② Richard E. Baldwin, "The Cause of Regionalism", *The World Economy*, Vol. 20, No. 7 (November 1997), pp. 868–869.

也正由经济领域向政治和军事安全领域扩展。2008 年金融危机爆发后,一些欧盟成员国遭遇债务危机,欧元虽面临何处去的艰难抉择,但身处困境的欧盟也借机探索未来合作新路径。如为降低财政负担,一些成员国开始共享军队,法国和德国这对曾经的"宿敌"正考虑整合两国军舰制造业,打造类似"空中客车"的军火巨头。与欧盟这种成员国同质性较高的特点形成鲜明对比,北美自由贸易区则是各方面都存在巨大不同、经济发展差距很大的异质国家间的合作。作为南北国家之间建立的第一个自由贸易区,它开启了发达国家与发展中国家开展自由贸易合作的先河。

北美自由贸易区之所以能够建立,美国改变对区域合作的态度是重要原因。① 美国与加拿大签署自由贸易协定是水到渠成的,但与其实力相差悬殊的墨西哥签署自由贸易协定,则不是用一般经济视角所能简单解释的。在国家身份认同问题上,尽管地理上归属于北美洲,但墨西哥长久以来却又不完全以北美国家身份自居,更倾向拉美/南美国家的文化认同。冷战期间,墨西哥被美国视为国家安全战略的重要一部分,但经济上却从未成为其重要区域合作伙伴。若美国继续坚持多边主义和自由贸易政策,反对区域合作,就不会有《北美自由贸易协定》(North American Free Trade Agreement, NAFTA)的诞生和北美自由贸易区的建立。墨西哥要是不能克服长期以来对美国的提防心理,走出对美恐惧的阴影,不主动向美方提出谈判建议,北美自由贸易区也无法成为现实。北美自由贸易区成立后,美、加、墨三国合作焦点曾长期集中于经济领域,但因为都面临恐怖主义、毒品走私、非法移民(illegal immigrant)、边境治理等共同的安全问题,三国对安全的认知也由传统安全观向新安全观转移,安全内涵不断扩大,在此基础上出现区域安全合作萌芽。另一方面,三国国力的显著不对称和不同的利益

---

① 有少数学者认为美国从来就没有对区域合作采取过排斥态度,并一直是区域合作的积极拥护者。这以理查德·E.鲍德温为代表(Richard E. Baldwin, "The Cause of Regionalism", pp. 865 – 888.),本文作者同意鲍德温的观点,但认为美国虽然从来未放弃过区域合作这一政策选项,可在不同的历史时期,其贸易政策有不同侧重点。第二次世界大战后到 20 世纪 90 年代初侧重于通过多边谈判实现世界贸易自由化,但以《北美自由贸易协定》为标志,美国将通过多边谈判实现世界贸易自由化和区域合作同时作为其基本对外贸易政策。

追求,使北美地区的安全合作又必然形成以美国为主,加拿大和墨西哥为辅以及美国—加拿大、美国—墨西哥并列的双双边"次区域"合作模式。加拿大与墨西哥在安全领域的合作则因地理和历史原因而乏善可陈。不过也有学者认为,北美地区因安全、经济合作及各方政治利益的汇合而正逐渐成为一个真正的"区域"①,因为在北美自由贸易区之前只是包含美国和加拿大的"旧北美",其后就诞生了"新北美"。②

　　当前,国外学术界对北美自由贸易区的研究主要集中在以下方面:(1)《北美自由贸易协定》谈判过程的研究③;(2)从美国、加拿大和墨西哥三国视角对北美自由贸易区进行的研究,重点分析北美自由贸易区对三个成员国的影响④;(3)从国内政治、国际谈判和国家主权的角度展开的研究⑤;(4)从经济全球化和区域经济一体化的角度进行的研究,这又涉及两个问题,即利用理论与实证相结合的研究方法对北美

①　Alejandro Chanona, "A Comparative Perspective Between the European Union and NATA", *Jean Monnet/Robert Schuman Pater Series*, Vol. 3 No. 5 (August 2003), p. 3.

②　Stephen Clarkson, *Does North America Exist?* Washington, D.C.: Woodrow, Wilson Center Press, 2008, pp. 7 – 14.

③　Jeffery J. Schott and Murray G. Smith, *The Canada – United States Free Trade Agreement: The Global Impact*, Washington, D. C.: Institute for International Economics, 1988; Maxwell A. Cameron and Brian W. Tomlin, *The Making of NAFTA: How the Deal Was Done*, Ithaca and London: Cornell University Press, 2000; M. Delal Baer and Sidney Weintraub, *The NAFTA Debate: Grappling with Unconventional Trade Issues*, Boulder: Lynne Rienner Publishers, 1994.

④　V. Bulmer-Thomas, Nikki Craske and Monica Serrano, *Mexico and the North American Free Trade Agreement: Who Will Benefit?* New York: St. Martin's Press, 1994; Steven Globerman and Michael Walker, *Assessing NAFTA: A Trinational Analysis*, Vancouver: The Fraser Institute, 1993; Karen Roberts and Mark I. Wilson, *Policy Choices: Free Trade Among NAFTA Nations*, East Lansing: Michigan State University Press, 1996; Hermann von Bertrab, *Negotiating NAFTA: A Mexican Envoy's Account*, London: Praeger, 1997.

⑤　Robert A. Pastor and Rafael Fernandez De Castro, *The Controversial Pivot: The U. S. Congress and North America*, Washington, D. C.: Brookings Institution Press, 1998; Frederick W. Mayer, *Interpreting NAFTA: The Science and Art of Political Analysis*, New York: Columbia University, 1998; Joyce Hoebing, Sidney Weintraub and M. Delal Baer, *NAFTA and Sovereignty: Trade-offs for Canada, Mexico, and the United States*, Washington, D.C.: Center for Strategy & International Studies, 1996.

自由贸易区所展开的研究①,以及对北美自由贸易区与其他地区,尤其是欧洲的比较研究②;(5)文化认同与北美自由贸易区之间的相互关系③;(6)《北美自由贸易协定》与三国农业、投资、劳工、环境等具体问题关系所进行的研究④。

国内学者对北美自由贸易区及其相关问题的研究展开得相对较晚,与国外同行相比虽有一定差距,但也取得了丰硕的研究成果。从已公开出版和发表的研究成果看,国内学界的主要关注点集中在以下领域:(1)从美国维护霸权的角度进行的研究,认为美国面临西欧和亚太地区的兴起,为维护自身霸主地位,将重新打造美洲这个后院作为其全球战略的重要内容,建立北美自由贸易区是实现该目标的有效手段⑤;(2)从墨西哥的视角出发,研究北美自由贸易区对墨西哥内政、

---

① Norris C. Clement, *North American Economic Integration: Theory and Practice*, Northampton: Edward Elgar, 1999.

② Nicholas V. Gianaris, *The North American Free Trade Agreement and the European Union*, London: Praeger, 1998.

③ Jeffrye D. Abbott and Robert T. Moran, *Uniting North American Business: NAFTA Best Practices*, New York: Elsevier Science, 2002; Dorinda G. Dallmeyer, *Joining Together, Standing Apart: National Identities after NAFTA*, The Hague/London/Boston: Kluwer Law International, 1997.

④ Philip L. Martin, *Trade and Migration: NAFTA and Agriculture*, Washington, D.C.: Institute for International Economics, 1993; Alan M. Rugman, *Foreign Investment and NAFTA*, Columbia: University of South Carolina Press, 1994; Peter M. Garber, *The Mexico – U.S. Free Trade Agreement*, Cambridge: MIT Press, 1993; Richard S. Belous and Jonathan Lemco, *NAFTA as a Model of Development: The Benefits and Costs of Merging High- and Low-Wage Areas*, Albany: State University of New York Press, 1995.

⑤ 肖炼:《论九十年代美国对外经济关系的新战略》,《美国研究》1990 年第 4 期,第 82—98 页;李亚联:《美国墨西哥自由贸易协定对世界经济格局的影响》,《美国研究》1991 年第 4 期,第 18—23 页;梁卓生:《美国霸权的衰落和美墨经济关系的变化》,《拉丁美洲研究》1989 年第 2 期,第 30—37 页;徐世澄:《评布什的"开创美洲事业倡议"》,《拉丁美洲研究》1990 年第 6 期,第 12—16 页;陈芝芸:《美国的西半球经济一体化战略及其前景》,《拉丁美洲研究》1996 年第 5 期,第 1—7 页。

经济、产业结构等方面产生的影响①;（3）北美自由贸易区与美洲其他国家关系的研究,主要讨论《北美自由贸易协定》是否会产生扩散效应,由三国变为多国,最终由北美自由贸易区扩大为美洲自由贸易区的问题②;（4）从争端解决机制和环境合作的角度进行的研究③;（5）北美自由贸易区与东盟和欧盟的比较研究④;（6）从区域经济一体化的角度进行的研究⑤。总体而言,若以时间为界限,国内学界对北美自由贸易区的研究可被划分为三个时间段,第一个时间段集中在北美自由贸易区成立前后,其后两个时间段则分别是在其成立五周年和十周年之际,这期间集中出现了一批相关研究论文;若从研究学科视角分类,

---

① 王绪苓:《墨美自由贸易前景展望》,《拉丁美洲研究》1991年第2期,第44—46页;单沙:《墨西哥与北美自由贸易协定》,《拉丁美洲研究》1995年第2期,第41—43页;向宠:《北美自由贸易协定对墨西哥政治的影响——国际政治经济学的分析》,《拉丁美洲研究》1997年第3期,第31—36页;陈芝芸、王绪苓:《评北美自由贸易协定对墨西哥的利弊》,《拉丁美洲研究》1994年第6期,第50—54页;江时学:《试论北美自由贸易协定》,《拉丁美洲研究》1993年第2期,第11—17页;谢文泽:《贸易自由化对墨西哥制造业的影响》,《拉丁美洲研究》2001年第3期,第38—43页;王翠文:《墨西哥贸易自由化及其对制造业、就业和工资的影响》,《拉丁美洲研究》2002年第2期,第52—57页;张勇、李阳:《北美自由贸易协定对墨西哥农业的影响》,《拉丁美洲研究》2005年第2期,第34—38页;仇华飞:《北美自由贸易协定与美墨关系》,《史学月刊》2002年第2期,第98—102页;孙若彦:《经济全球化与墨西哥对外战略转变》,北京:中国社会科学出版社2004年版。

② 贺双荣:《巴西为何不愿加入北美自由贸易区》,《拉丁美洲研究》1995年第6期,第31—36页;吕银春:《巴西与美国在建立美洲自由贸易区问题上的分歧》,《拉丁美洲研究》1998年第1期,第55—58页;徐宝华:《美洲自由贸易区在2005年能否建成》,《拉丁美洲研究》1995年第6期,第13—18页;王晓德:《美洲贸易自由化与拉美国家的战略选择》,《拉丁美洲研究》1998年第1期,第18—24页。

③ 费赫夫:《北美自由贸易区争端解决机制》,《南华大学学报》2006年第3期,第73—75页;佘群芝:《论北美自由贸易区的环境合作》,《中南财经大学学报》2001年第3期,第24—28页;叶兴平:《国际争端解决机制的最新发展:北美自由贸易区的法律与实践》,北京:法律出版社2006年版;梁丹妮:《〈北美自由贸易协定〉投资争端仲裁机制研究》,北京:法律出版社2007年版。

④ 韩慧珍等:《东南亚国家联盟与欧盟、北美自由贸易区之比较》,《北京市经济管理干部学院学报》2005年第1期,第3—7页;宫占奎等:《区域经济组织研究——欧盟、北美自由贸易区、亚太经合组织》,北京:经济科学出版社2000年版。

⑤ 陈芝芸等:《北美自由贸易协定:南北经济一体化的尝试》,北京:经济管理出版社1996年版;傅梅冰:《国际区域经济合作》,北京:人民出版社1994年版;宋晓平:《西半球区域经济一体化研究》,北京:世界知识出版社2001年版;伍贻康等:《区域性国际经济一体化的比较》,北京:经济科学出版社1994年版。

又可分为国际关系学、政治学、经济学和法学等;若以具体研究领域为标准来分类,基本上集中于美国霸权及其全球或西半球战略、世界经济全球化和区域经济一体化、墨西哥内部改革和对外战略转变,《北美自由贸易协定》第十一章所涉及的投资和争端解决机制以及北美自由贸易区对成员国尤其是墨西哥和世界其他地区的影响等。

从上述国内外研究成果看,绝大部分研究主要从经济或政治的视角,以全球化进程为背景,以国家为主要研究单位对北美自由贸易区进行考察。事实上,区域安全也是对北美地区进行研究的另一个重要维度,这也是当前"新区域主义"重要内容之一。目前对北美自由贸易区的研究尽管也多少涉及安全问题,但相对有限。已有研究成果或集中于美国和墨西哥之间的非法移民等边境安全问题;或如巴里·布赞和奥利·维夫一样,利用他们的区域安全复合体理论,从全球、区域和国家三个层次对北美区域安全进行历史的纵向考察和分析①;或重点考察北美在"9·11"事件后以安全为代表的非贸易因素和区域融合问题等。② 这些研究对北美自由贸易区与北美区域安全合作之间关系的研究都或多或少存在一些"脱节"。若对北美地区进行历史的考察,经济联系不仅早已有之,而且安全关系也源远流长。这些联系真正开始具有"区域"意识,则是在"新区域主义"浪潮之中,尤其是北美自由贸易区建立后才逐渐发展起来的。美、加、墨之间的"北美区域合作"经历了由经济领域逐渐向安全领域扩展的演变过程。在此期间,全球、区域和国家三个层次的因素相互作用和影响,催生了北美自由贸易区,同时因新形势发展,尤其是"9·11"事件的发生而进一步推动三国逐渐加大在安全领域的合作力度。在北美地区居于中心和主导地位的美国对"安全"的定义经历了一个由传统安全逐渐扩大至非传统安全的转变过程,这反过来又对北美作为一个"区域"的走向产生直接影响。本章尝试通过历史的纵向考察和现实的横向比较,以北美自由贸易区为切入点,从安全区域主义的角度对北美区域安全合作做一考察。

安全区域主义是自本世纪之交以来在国际关系学界兴起的一项新

---

① 巴里·布赞、奥利·维夫:《地区安全复合体与国际安全结构》,潘忠岐等译,上海:上海世纪出版集团 2009 年版,第 251—289 页。

② Monica Serrano, "Integration and Security in North America", *International Journal*, Summer 2006, pp. 611 – 632.

的研究课题,一般指"在特定地理范围内——一个建设中的区域,将包含国家间和国家内部冲突关系的安全复合体转变为包含对外合作关系和内部和平的安全共同体的努力",其发展进程是从"安全复合体"开始,通过有效的区域安全管理或安全秩序建构,逐步走向"安全共同体"。[①] 安全区域主义研究的基本背景是全球化的深入发展,安全区域化是同时发生在多个层面和多个领域的复杂变化过程。巴里·布赞和奥利·维夫认为"北美洲是经典的中心化区域安全复合体",作为霸权国,美国对区域安全的塑造不是从区域视角出发,而主要按其全球关注来行动,区域安全的塑造是美国全球关注的一个间接副产品,而北美洲的正式格局最终由墨西哥、加拿大和美国三国构成。[②] 就此思路而言,随着国际社会对 2001 年"9·11"事件的反应,美国强化了对北美地区安全的建构力度,虽然如本章后面将论及的,三国间安全合作的水平极不平衡,仍面临严重的挑战。

## 第一节　《北美自由贸易协定》:北美区域安全合作的基础

北美作为一个地区而言,其区域贸易合作关系经历了由双边到多边、由次区域合作(美国—加拿大、美国—墨西哥)到区域合作(美国—加拿大—墨西哥)的演变过程,最后的具体表现形态就是三国共同组成的"北美自由贸易区"。北美三国中,加拿大和墨西哥的双边合作要相对弱很多,这种局面直到北美自由贸易区成立后才有根本改变。北美自由贸易区的成立,除使三国贸易联系具有真正"区域"意义之外,更重要的是培养了区域意识,为未来北美安全合作打下了基础。早在1985 年、1987 年和 1989 年,美国和墨西哥曾就两国在一些特殊部门的贸易合作展开谈判,并形成初步框架协定。1990 年,加拿大和墨西哥也曾讨论如何发展更紧密的贸易关系。[③] 但要研究以北美自由贸易区为代表的北美区域经济一体化,就得首先从《美加自由贸易协定》(Canada - United States Free Trade Agreement,CUSFTA)着手,因为它

---

①　郑先武:《全球化背景下的安全区域主义:一种分析框架》,第 44 页。

②　巴里·布赞、奥利·维夫:《地区安全复合体与国际安全结构》,第 261 页。

③　M. Ayhan Kose, Gur M. Meredith and Christopher M. Towe, "How has NAFTA Affected the Mexican Economy? Review and Evidence", IMF Working Papers,WP/04/59, p. 6.

是美、加、墨三国共同建立北美自由贸易区的第一步。当美国和墨西哥就签署双边自由贸易协定展开谈判时,加拿大因担心在《美加自由贸易协定》下所获利益受损而主动要求加入,原先的美墨双边谈判变为三边谈判,北美自由贸易区随之诞生。《北美自由贸易协定》在《美加自由贸易协定》的基础上深化和扩展而来,这也是一个从北北国家合作逐渐扩至南北国家合作的历史发展过程。

一、美—加"次区域合作"奠定北美区域合作基础

美国和加拿大地缘上的相邻性和类似的历史与文化背景,以及各自特点,决定了两国是天然的贸易伙伴。加拿大地广人稀、资源丰富,这使它需要美国的资金和市场,经济上对美极为依赖,因而美国的关税政策对其国内相关产业影响巨大。1872 年,美国曾提高对某种加拿大产铸铁的进口关税,这直接导致魁北克的生产工厂倒闭。[①] 对美国而言,它一方面需要加拿大的市场,另一方面更需要从加拿大进口大量矿产资源和其他原材料,这种互补促使两国经贸长期保持密切关系。两国为实现自由贸易而举行的重要会谈最早可追溯到 1854 年,其后在 1874 年、1911 年、1948 年、1958 年、1965 年、1974 年都举行过类似会议,直到 1988 年的《美加自由贸易协定》和 1992 年的《北美自由贸易协定》。

美加之间形成的是一种高度不对称的相互依赖关系。加拿大对美国的依赖程度远超过美国对加拿大的依赖。加拿大政府 1992 年在一份研究报告中指出:"加拿大过分依赖以资源为基础的产业,并且对美国依赖严重。"长期以来,美国不仅是加拿大的最大产品出口市场,而且在 1926 年就取代英国成为加拿大最大的贸易伙伴。作为世界上最大的经济体,美国经济的波动常对加拿大经济产生直接影响。[②] 但这种紧密关系未能促使两国尽早实现自由贸易,而是历经 134 年的漫长岁月才最终实现这个目标。两国的最初努力是 1854 年签署《美加互惠贸易协定》(US – Canada Reciprocity Treaty),根据该协定,两国间 2/3

---

① Jaydeep Balakrishnan, "Factors Affecting the Evolution of Manufacturing in Canada: An Historical Perspective", *Journal of Operations Management* 25(2007), p. 268.

② Ibid., p. 277.

的贸易实现了自由化。1854—1863年,该协定覆盖范围占双边贸易总额的55%—90%。1866年,一方面由于南北战争期间及其后,美国国内民族主义势力迅速增长而使对外贸易保护主义大行其道;另一方面也因为加拿大政府在1858年为增加财政收入而提高制成品进口税,这遭到美方强烈反对。多次谈判未果后,作为报复,该协定在实施仅12年后被美国单方面废止。[①]

19世纪末20世纪初期,加拿大的贸易政策一直游离于高低关税之间,这也时常激起与美国的贸易摩擦。加拿大内部,轮流执政的自由党和共和党有不同的贸易主张,前者倾向低关税,赞同与美国签署自由贸易协定;后者则更青睐高关税,认为这是面临美国这个强邻时能维护国家独立的核心手段,反对与美国签署自由贸易协定。两党在理念上的分歧成为加拿大和美国签署自由贸易协定的最大障碍。1907—1909年,两国因为加拿大的新关税制度再次爆发贸易争端。为解决问题,经多次谈判后,两国决定于1911年1月正式签署自由贸易协定,同意取消两国间自然资源产品贸易的关税,降低以自然资源为原料的制成品的进口关税。美国总统塔夫脱发表声明,称该协定是两国走向联合的第一步。可当时正值加拿大大选,塔夫脱的言论不仅无助于支持该协定的自由党获胜,而且其"两国联合"言论更激起加拿大民众的民族主义情绪,反而促使保守党赢得选举。作为对民意的回应,保守党政府上台后,做出放弃该协定的决定。[②]该协定此前已在美国国会顺利通过,但加拿大新政府的决定最终使其胎死腹中。[③]两国实现自由贸易的努力也再次付诸东流。1933年,罗斯福(Franklin D. Roosevelt)就任美国总统后,为摆脱经济大危机开始推行"罗斯福新政"(The New Deal),美国的贸易壁垒有所削减。为尽快走出危机,改善经济状况,美加内部都再次出现要求两国尽快实现自由贸易的呼声。在这种条件下,两国在1935年签署了一份双边互惠贸易协定,从而迈出走向美—加"次区域"经济合作的重要一步。

第二次世界大战结束后,杜鲁门(Harry S. Truman)政府曾向加方

---

① 陈芝芸等·《北美自由贸易协定　　南北经济一体化的尝试》,第32页。
② Norris C. Clement, *North American Economic Integration*: *Theory and Practice*, p. 169.
③ 陈芝芸等:《北美自由贸易协定——南北经济一体化的尝试》,第33页。

提出签署双边自由贸易协定的建议,两国也因此在 1948 年签署了一个旨在取消大部分关税和双边配额的秘密协定草案。<sup>①</sup> 加拿大政府因害怕此举会损害与英国的关系,最终单方面拒绝了该草案,两国走向自由贸易的道路再次被人为隔断。不过在 1958 年,两国签署《国防用品共享协定》(Defense Production Sharing Agreement),这对密切美加经贸联系,培育互信起到了积极作用。加拿大的拒绝也未能阻止两国经贸联系变得更为密切,尤其是在汽车工业领域。作为《关税与贸易总协定》(General Agreement on Tariffs and Trade,GATT)的缔约国,美国和加拿大的贸易政策不仅继续向自由化方向发展,而且和其他很多国家一样开始大规模削减关税。<sup>②</sup> 从 1945 年开始,加拿大开始降低其关税水平,从 20 世纪 30 年代中期的 20%降至 1979 年的 4%。<sup>③</sup> 加拿大和美国虽然没有签署自由贸易协定,但两国的自由贸易却在世界多边自由贸易框架下得以部分实现。

20 世纪 60 年代,美国和加拿大的汽车工业都获得快速发展,但两国也因加方的汽车零部件免税进口政策而爆发争端。为平息争端,两国于 1965 年达成《美加汽车产品贸易协定》(US‐Canada Auto Pact),取消了双方绝大部分汽车和零部件的贸易关税。该协定的意义不仅在于解决了争端,降低了关税水平,而且显示出两国内部都有深化和密切双边经贸关系的动力。该协定对加拿大汽车业和整个国民经济都产生了巨大影响,使两国经济相互依赖程度进一步加深。<sup>④</sup> 不过也有不足之处,因为该协定主要关注汽车制造业及其相关领域,未能完全解决两国因伴随贸易关系日益密切而出现的种种问题。尼克松(Richard Milhous Nixon)政府时期,美国和加拿大都出现程度不一的经济危机。美方对策是推出“新经济政策”,对所有进口商品征收 10%的附加税。这对与美国贸易关系极密切的加拿大经济造成严重伤害。为降低损失,加拿大曾试图寻求美国的“特殊对待”,但被美方所拒绝。为降低对美国的依赖,尽快走出危机,加拿大开始寻求“第三种选择”,将目光

---

① Richard E. Baldwin, "The Cause of Regionalism", p. 869.

② Jaydeep Balakrishnan, "Factors Affecting the Evolution of Manufacturing in Canada: An Historical Perspective", p. 267.

③ Norris C. Clement, *North American Economic Integration: Theory and Practice*, p. 170.

④ 陈芝芸等:《北美自由贸易协定——南北经济一体化的尝试》,第 32—34 页。

转向西欧的同时,逐渐采取一系列措施去降低经济的脆弱性。这些措施未能立刻见效,也损害了与美国的双边关系,加拿大因此在 1981—1982 年陷入第二次世界大战后最严重的一次经济危机。

美国也出现了贸易赤字庞大、对外收支严重失衡的状况,而加拿大是其贸易赤字主要来源国之一。美国为此多次提议两国再次商谈自由贸易协定。在此背景下,加拿大重新把目光转回美国,仍把发展对美经贸联系视为走出经济危机的捷径,遂同意了美方请求,结果就是双方在 1988 年 1 月 2 日达成、次年 1 月 1 日正式生效的《美加自由贸易协定》。该协定目标是:消除两国在商品和劳务贸易中的各种壁垒;在自由贸易区内建立公平竞争的条件,为投资创造更自由的条件;为解决双边贸易纠纷而确定有效的解决程序;为在双边和多边领域进一步扩大合作,使该协定发挥更大益处打下基础。[1] 两国承诺 1998 年以前取消双边贸易中一切关税。该协定是在加拿大保守党执政期间实现的,该党曾长期反对与美国签署自由贸易协定[2],因此它标志着美加关系被提升到一个新的高度。因为对加拿大而言,与美国签署自由贸易协定始终是个敏感的国内政治问题,美国就是多次因加拿大内部的反对而在该问题上碰壁。加拿大始终面临如何协调本国产品出口利益和防止美国控制其经济与文化之间的矛盾。[3] 这是加拿大国内主要政党为何长期在该问题上小心翼翼的原因所在。鉴于此,《美加自由贸易协定》的成功签署在美加双边关系史上占有重要地位。它不仅是北美地区第一个重要的"次区域"自由贸易协定,而且为后来的《北美自由贸易协定》奠定了坚实基础,北美也初步具备了一个"区域"所需的基本要素。

## 二、美—墨"次区域合作"催生《北美自由贸易协定》

美国和墨西哥的经贸关系是北美地区另一个重要的"次区域"经贸关系。相对美加关系而言,美墨关系更复杂,两国关系的改善,尤其是经贸关系获得质的发展是北美自由贸易区得以建立的"催化剂"。美国与加拿大签署自由贸易协定后,一度希望也能把墨西哥纳入其中,

---

① "Article 102: Objectives", *Canada – United States Free Trade Agreement*.

② Norris C. Clement, *North American Economic Integration: Theory and Practice*, p. 172.

③ Richard E. Baldwin, "The Cause of Regionalism", p. 869.

为此向墨方提出加入该协定的建议。时任墨西哥总统米格尔·德拉马德里(Miguel de la Madrid Hurtado)则担心，与美国签署自由贸易协定后会使墨西哥不可避免地成为美国的石油和天然气供应基地，墨西哥相对弱小的经济规模会被迫从属于强大的美国经济，于是拒绝了美方提议。① 更深层次原因则源于两国历史上的不愉快经历，因为美墨关系"不得不从战争的阴影中开始发展"。②

1846年，美国和墨西哥爆发战争，墨西哥战败。1848年2月，美国强迫墨西哥签署《瓜达卢佩·伊达尔戈条约》(Treaty of Guadalupe Hidalgo)，墨方被迫割让超过其总面积55%的领土，即今天的得克萨斯州、加利福尼亚州、内华达州、犹他州、新墨西哥州的一部分、亚利桑那州、怀俄明州和科罗拉多州等地区。③ 1853年12月，美国公使詹姆斯·加兹登(James Gadsden)又与墨西哥达成协定，用1 000万美元从墨西哥政府手中购买了7.7万平方公里土地，既历史上著名的"加兹登购地事件"(Gadsden Purchase)。至19时期中叶，美国通过战争和购买等强迫性手段占据了墨西哥半壁江山。墨西哥1821年刚独立时是西半球最大的国家，到1853年只剩下不到200万平方公里，面积也只有美国的1/4，美国领土却在同期扩大三倍。④ 除强占领土外，美国在历史上还常利用各种借口，直接或间接干涉墨西哥内政。这些都成为墨西哥对美长期不信任的根源。尤其是1911—1917年的革命更确定了墨西哥对美基本政策：强烈的民族主义，严密防范美国对墨西哥的影响。⑤ 墨西哥在与美国交往时，一直抱有强烈的民族主义和爱国主义情绪，视国家主权独立和不干涉为基本外交原则，反对美国的干涉始终是墨西哥政治生活中的不变主题。"可怜的墨西哥，距离上帝如此之远，距离美国如此之近"⑥，生动地表现了墨西哥对美国矛盾而复杂的心态。

虽然有这样不愉快的经历，但地缘上的相邻性又决定了两国经贸

---

① 王缉思等：《冷战后的美国外交(1989—2000)》，北京：时事出版社2008年版，第358页。

② 巴里·布赞、奥利·维夫：《地区安全复合体与国际安全结构》，第262页。

③ Stephen Clarkson, *Does North America Exist?* p. 8.

④ 孙若彦：《经济全球化与墨西哥对外战略的转变》，第44页。

⑤ 巴里·布赞、奥利·维夫：《地区安全复合体与国际安全结构》，第262页。

⑥ Frederick W. Mayer, *Interpreting NAFTA: The Science and Art of Political Analysis*, p. 32.

关系必然会非常密切。1882 年,两国曾签署《美墨互惠贸易协定》(US‐Mexico Reciprocity Treaty)。墨西哥从外部获得的绝大部分投资也主要来自美国,对美贸易额远超过与其他所有拉美国家的贸易总额。20 世纪 60 年代中期开始,美国银行就成为墨西哥最主要的贷款方。[①] 美墨经贸关系和两国政治关系一样,长期表现为控制与反控制的斗争。为摆脱美国对其经济的渗透和控制,解决国内就业问题,提高国民收入水平,走独立发展之路,墨西哥从 20 世纪 30 年代开始奉行进口替代战略(Import Substitution Strategy)。该战略核心内容是:发展内向型经济,严格限制外来投资和对外贸易,对石油化工业和其他国民经济部门实行国有化。20 世纪 40 年代到 70 年代,该战略被证明行之有效,墨西哥不仅经济获得发展,而且从一个落后国发展为中等水平工业国,创造了世界历史上的"墨西哥奇迹"。国民收入增加,生活水平提高,实现了连续三十多年的政治稳定。[②] 1933—1988 年,墨西哥经济以年均 6.2% 的速度发展,增长了 18 倍。[③] 1970—1982 年,国有企业从391 家增加到 1 155 家,占墨西哥国内生产总值的 18%。同时,该战略也有其内在缺陷,因为其本质是一种贸易保护主义和内向型的经济发展模式,忽视国外市场开发,以致与国外市场脱节。墨西哥长期对外维持高关税,有的甚至达到 100%,平均关税水平接近 20%。进口国外商品须先取得政府颁发的进口执照。[④] 进口替代战略不仅未能把墨西哥和国外市场完全隔离,反而加重了对外部世界的依赖。除 70 年代末到80 年代初,因国际市场需要使墨西哥石油业获得飞速发展并推动国民经济复苏外,墨西哥经济总体发展趋势是向危机方向发展。为发展国内工业,墨西哥在严格限制进口的同时不得不进口大量经济发展必需物资,以致外债和贸易赤字激增,国际收支严重失衡。1960 年,墨西哥的国际贸易赤字仅 3.4 亿美元,1970 年增长到 11 亿美元。进入 70 年代后,进口替代战略逐渐失去优势,弊端日渐增多。1982 年 8 月,墨西哥陷入 1929 年大萧条以来的最大一次金融危机。经济发展停滞,人均

---

① Norris C. Clement, *North American Economic Integration: Theory and Practice*, p. 240.

② 孙若彦:《经济全球化与墨西哥对外战略的转变》,第 61 页。

③ Donald E. Schulz and Edward J. Williams, *Mexico Faces the 21st Century*, London: Praeger, 1995, p. 2.

④ Frederick W. Mayer, *Interpreting NAFTA: The Science and Art of Political Analysis*, p. 33.

国民生产总值从 1981 年的 3 170 美元降到 1988 年的 1 860 美元。更雪上加霜的是,经济危机还导致政局动荡。反对团体纷纷出现,积极参加 1988 年墨西哥大选,对从 1929 年起就开始执政的革命制度党(Partido Revolucionario Institutional,PRI)构成直接威胁,以其为中心的墨西哥政治体制发生动摇。革命制度党内部也出现裂痕,被分裂为传统的政治家派和技术派。[①] 此外,因改革而推动的私有化进程还导致大批工人和农民失业,贫富差距拉大,社会矛盾激化,草根阶层开始酝酿"静悄悄的革命"(silent revolution)。[②] 整个 80 年代,墨西哥就因经济与政治的双重危机而处于"火山口"之上。为解决日益严重的贸易赤字问题,改善经济状况,尤其是稳固以革命制度党为中心的政治体制,墨西哥政府开始大举外债。而这进而又导致国家债务负担进一步加重,加深了对外资与外债的依赖程度,其中又以对美国资本的依赖为主。[③] 墨西哥甚至一度陷入借新债去还旧债的恶性循环。[④]

其实,为解决赤字和债务问题,墨西哥从 20 世纪 60 年代就开始推行一定的鼓励出口政策。1965 年起,在与美国接壤地区大力发展组装工业(Maquiladora Industry)。墨西哥允许发达国家,尤其是美国企业来本国开办组装工厂。这种产业的特点是从发达国家进口产品所需部分或所有原料和零部件,利用墨西哥的廉价劳动力优势,将组装生产的产品以免关税方式又返销到发达国家市场,尤其是与墨西哥接壤的美国南部各州。受此政策鼓励,一些美国企业为降低生产成本,纷纷到墨西哥开设组装工厂。在此基础上,逐渐形成具有墨西哥特色的组装工业。墨西哥的初衷是通过增加出口换取外汇,最终解决贸易赤字问题。美国也曾与墨西哥就该项目达成一致,因为这有助于与墨西哥接壤各州的经济发展。[⑤] 这些组装工厂虽一度在墨西哥成为仅次于石油产业的外汇来源,但其绝大部分收益却被返还给投资国,对墨西哥国民经济的推动作用有限,也未能使墨西哥债务负担沉重的问题得到根本缓解。

---

① Donald E. Schulz and Edward J. Williams, *Mexico Faces the 21st Century*, pp. 2 – 3.
② Ibid., p. 9.
③ 孙若彦:《经济全球化与墨西哥对外战略的转变》,第 63 页。
④ Norris C. Clement, *North American Economic Integration: Theory and Practice*, p. 233.
⑤ Frederick W. Mayer, *Interpreting NAFTA: The Science and Art of Political Analysis*, p. 70.

1982 年,墨西哥外债达 920 亿美元①,8 月 13 日被迫宣布无能力继续偿还国际债务,随即陷入严重的债务和经济危机,而其引发的连锁反应则直接导致第三世界债务危机集体爆发。② 这种结果的出现,与进口替代战略有一定关系,但更深层次原因,却是未能注意到全球化已开始迅速发展,以及由此导致世界贸易形势出现深刻变化。

20 世纪 80 年代,墨美经贸关系出现新变化。一方面,墨西哥需借助外力化解债务危机,另一方面也与加拿大一样,地理环境和强大的邻居美国的存在决定了对外贸易的选择方向。内外交困的窘境使墨西哥不得不反思其经济发展战略,开始接受以美国为首的西方大力推行的"新自由主义"发展模式,并从德拉马德里政府(1982—1988 年)开始调整,逐渐将经济发展模式由内向型转变为外向型。墨西哥启动了改革进程:1986 年,宣布单方面削减关税,在非歧视基础上取消非关税壁垒,加入先前一直拒绝的关税与贸易总协定;对外开放、发展自由贸易和积极参与国际市场竞争和区域合作。1985 年起,墨西哥陆续与美国和加拿大签署一系列双边协定,尤其是在 1987 年与美国签署"框架协定",两国一致同意设置几个工作组讨论贸易自由化问题。但因担心会成为美国的附庸,德拉马德里政府最终拒绝与美国签署自由贸易协定。这种局面直到萨利纳斯(Carlos Salinas de Gortari)(执政时间 1988—1994 年)出任总统后才发生根本改变。1989 年 5 月,墨西哥采取更多措施以推动实现贸易自由化,具体举措包括削减贸易壁垒,对外开放国内市场,大力引进外资,允许外资在一些经济部门拥有完全所有权;采取措施保护知识产权③;允许并鼓励国内发展以出口为导向的产业。为缓解债务危机,换取国际货币基金组织援助,墨西哥还对经济政策和产业结构做出调整,大力推动国有企业的私有化,奉行经济自由化的市场经济发展战略。美国和西方长期鼓吹的"新自由主义"正式成为墨西哥改革的基本指导思想。

作为解决债务和经济危机的重要举措,墨西哥决定引进大量外资。

---

① Frederick W. Mayer, *Interpreting NAFTA: The Science and Art of Political Analysis*, p. 33.

② James F. Rochlin, *Redefining Mexican "Security": Society, State & Region Under NAFTA*, Boulder·Lynne Rienner Publishers, 1997, pp. 23 – 24.

③ Norris C. Clement, *North American Economic Integration: Theory and Practice*, p. 260.

萨利纳斯政府出于美墨关系的复杂性和不愿对美国过度依赖的考虑而将目光投向西欧。1990 年,萨利纳斯在瑞士参加世界经济论坛(World Economic Forum)时,试图寻求西欧投资墨西哥。当时国际形势发生很大变化,东欧剧变和苏联解体吸引了西欧绝大部分注意力,欧洲国家对投资墨西哥没有太大兴趣。其后,萨利纳斯把目光转向日本,但又被日方拒绝。日本担心这种进入美国"后院"的行为会引发美方不满,进而伤害日美政治关系。墨西哥在接连碰壁后,只能把目光回转到北美大陆。事实上,冷战的结束促使包括墨西哥在内的拉美国家重新审视美国的作用和角色。一方面,它们希望美国能将更多注意力转向拉美,关注拉美经济困境,认可拉美的发展方向和抱负,支持它们实现社会和政治发展。另一方面,拉美国家也认为它们将在全球化时代"把命运掌握在自己手里"。① 萨利纳斯政府向西欧和日本寻求合作的努力受挫后,当即就向参会的美国政府贸易代表传递信息,建议两国谈判缔结自由贸易协定。② 此外,1989 年 1 月 1 日正式生效的《美加自由贸易协定》也是推动墨西哥向美国寻求合作的重要推动力。该协定实现了美加自由贸易化,墨西哥担心这将影响它对美出口及美国资本的引进。

美国收到萨利纳斯的信息后,起初虽认为"不可能",但最终还是接受了墨方提议。1990 年 6 月 10 日,萨利纳斯总统和布什总统举行会谈,两国同意将正式谈判自由贸易协定。至此,美国和墨西哥开启了北美地区又一次"次区域合作"的进程。为防止自身利益受损,加拿大其后也要求加入。1991 年 2 月 5 日,美、加、墨政府同时宣布展开谈判,内容涉及市场准入、贸易规则、投资、知识产权、服务业、解决争端等六大方面 18 个具体问题。1992 年 8 月 12 日,三国达成《北美自由贸易协定》,12 月 17 日,三国领导人分别在各自首都正式签署该协定。克林顿总统上台后,一方面考虑到强烈反对该协定的劳工和环保等利益集团的要求,另一方面也为使该协定在国会顺利通过,遂向加、墨两国提出再谈判劳工和环保相关的两个补充协定。最终,三国又达成

① Marios E. Carranza, "Reality Check: America's Continuing Pursuit of Regional Hegemony", *Contemporary Security Policy*, Vol. 31, No. 3 (December 2010), p. 414.

② 墨西哥和美国就两国间自由贸易协定展开谈判的整个接触过程,以及后来加拿大要求加入,以至于形成《北美自由贸易协定》谈判的大致过程可参见:Frederick W. Mayer, *Interpreting NAFTA: The Science and Art of Political Analysis*, pp. 37 – 50.

《北美环境合作协定》(The North American Environmental Cooperation Agreement)和《北美劳工合作协定》(The North American Labor Cooperation Agreement)。此后,《北美自由贸易协定》和这两个补充协定在三国国会获得通过,北美自由贸易区也于1994年1月1日正式成立,北美地区正式迈入区域经济一体化的时代。

《北美自由贸易协定》规定,三国要共同实现四个"目标":(1)取消贸易壁垒,为三国间跨境货物和服务流动创造条件;(2)在自由贸易区内创造公平竞争的条件;(3)在各成员国内部实质性地增加投资机会;(4)各成员国要对知识产权给予足够和有效的保护,严格执行相关法规。[①] 1994年1月1日至今,该协定执行顺利,北美三国也由此实现了经济互补,彼此间关税也在协定正式生效后被立刻取消,或在规定时间内逐渐减少直至取消。三国间跨国交易成本降低,贸易往来增加,取得了良好的经济效益[②],三国相互出口贸易额因而大幅增长。以2001年农产品交易统计数据为例,加拿大对美国出口增长了三倍,美国对加拿大的出口自1988年以来增长了两倍,美国对墨西哥的出口增加了两倍,加拿大对墨西哥出口则增加了75%,墨西哥对加拿大的出口也增加了30%。[③] 北美自由贸易区成立之初,三国间贸易总额仅为2 900亿美元,2008年末则接近1万亿美元。[④] 据国际货币基金组织统计,截至2010年底,北美自由贸易区国内生产总值总量约17万亿美元,是仅次于欧盟的世界第二大自由贸易区。

三、美国对北美自由贸易区的基本考虑

从积极倡导和捍卫全球多边主义到投身于区域经济一体化的洪流之中,"美国的贸易政策发生了巨大转变。它在第二次世界大战之后的几十年里一直都是全球多边主义最积极的提倡者,除因对抗苏联需

---

① "Chapter One: Objectives", *The North American Free Trade Agreement*.

② 张蕴岭:《世界区域化的发展与模式》,北京:世界知识出版社2004年版,第93页。

③ Rick Barichello, "Broading the NAFTA: Key Issues on the Free Trade Area of the Americas from a Canadian Perspective", *Canadian Journal of Agricultural Economics* 49 (2001), p. 624.

④ "Bush Says US Should not Walk away from NAFTA", 华盛顿邮报网站, http://www.washingtonpost.com/wp-dyn/content/article/2008/04/22/AR2008042202085.html.

要而未反对欧洲一体化外,它一度怀疑或反对区域经济一体化。因为它认为区域合作协定具有歧视性且缺乏效率,而且更易产生分歧从而割裂世界。它现在则热衷于双边和区域贸易协定。"①美国之所以转变态度,既是应全球形势变化而对其大战略予以调整的结果,也是其国内各种社会因素,尤其是以利益集团为代表的各种势力相互博弈而导致的客观需求,更是着眼于全球挑战,试图借助地区助力维护其霸主地位的战略需要。作为在北美地区拥有决定性影响的霸权国,美国在全球、区域和国内三个层面的"博弈"决定了北美自由贸易区的基本性质、特点及未来发展趋势。

第一,在全球层面,作为对因全球化发展而使美国的全球经济地位相对下降的回应,美国开始借助地区层面的力量维护霸权。第二次世界大战结束后,世界逐渐进入全球化时代,随着通信和交通手段的革命性变革,各国间人员和货物交流越来越密集,各国相互依赖趋势愈发明显。与此同时,全球化也带来一些挑战。众多发展中国家开始面临各种挑战:被置于从属地位,文化、经济和主权等遭到威胁,在全球结构中被"边缘化"。② 在西方阵营内部,各国经济状况的变化而导致它们彼此实力对比也相应出现变化。全球安全和经济发展的需要,推动了世界出现"区域化"发展趋势。首先,从第二次世界大战后到 20 世纪 60 年代初,政治上形成以美国和苏联为首的东西两大阵营的对垒,经济上则形成以市场经济为主的西方体系和以计划经济为主的东方体系的对立。在西方,包括美国在 1947 年发起、旨在帮助欧洲重建的马歇尔计划,英国、法国、丹麦、挪威、瑞典、爱尔兰、冰岛、奥地利、瑞士、葡萄牙、西班牙、希腊、土耳其、西德等国家组成的欧洲经济合作组织(Organization for European Economic Coopertation, OEEC),1958 年 1月 1 日以《罗马条约》正式生效为标志而成立的欧洲经济共同体。东方则在苏联主导下,于 1949 年 1 月正式建立由社会主义国家组成的"经济互助委员会"(The Council for Mutual Economic Assistance),目标是建立社会主义的统一世界市场。这个时期的区域经济一体化带有

---

① Richard E. Feinberg, "The Political Economy of United States' Free Trade Arrangements", *The World Economy*, Vol. 26, Issue 7 (July 2003) p. 1019.

② 陈漓高等:《全球化条件下的区域经济一体化》,北京:中国财政经济出版社 2006 年版,第16 页。

明显的对抗和意识形态斗争色彩,战后世界被人为割裂为两个对立和相互竞争的经济体系。其次,20世纪60年代初到90年代初,这段时期的区域合作主要以欧洲共同体(欧盟)为主要代表,而第三世界国家组成的区域经济一体化也获得快速发展,如1961年建成的中美洲共同市场(Central American Common Market,CACM),1964年的阿拉伯共同市场(Arab Common Market),1967年的东南亚国家联盟,1969年的南部非洲关税联盟(Southern African Customs Union)和拉美国家合作建立的安第斯条约集团(Andean Pact Organization)等。这既是冷战大背景和战后兴起的非殖民化运动的结果,也是第三世界国家想在经济和政治领域降低对发达国家的依赖,实现独立自主发展的结果。[1] 至冷战结束时,美国虽成为世界唯一的霸权国,却在经济领域开始面临欧盟和东亚国家等"他者的崛起",其经济霸主地位遭到动摇并开始相对衰落。这种衰落又可追溯至20世纪70年代,那时美苏为首的两大阵营间的对抗趋于缓和,全球化得以深入发展。至90年代初,美国实力出现明显的相对下降趋势,面临来自多方面的挑战。除与苏联对峙外,西方阵营内部也出现来自盟国的竞争。由于欧洲一体化深入发展和日本经济起飞,以及长期陷于越南战争泥潭,美国在世界经济格局中所占比重相对下降,在国际贸易谈判中也开始遭到欧洲和日本等国的强有力挑战。为维护霸主地位,美国一改先前对区域经济一体化的排斥态度,变身为新一轮区域经济一体化的积极推动者和参与者。[2] 这不仅使整合北美地区合作并建立北美自由贸易区成为可能,而且更使北美地区成为美国维护霸权的重要支点之一。

第二,在区域层面,美国借助北美地区合作推行其全球贸易战略。为应对区域经济一体化的挑战,美国逐渐关注如何获得并保持有利于维护其利益的贸易规则制定权问题。第二次世界大战后,在美国主导下,西方世界逐渐形成以市场和开放为主要特征的经济体系,并在冷战结束后扩展至全球。但随着西欧和日本的快速崛起,美国的贸易规则制定权也开始遭到挑战。这主要体现在多边贸易谈判中,美国开始部

---

① Edward D. Mansfield and Helen V. Milner, "The New Wave of Regionalism", *International Organization*, Vol. 53, No. 3 (Summer 1999), p. 600.

② Ibid., p. 601.

分地失去议题主导能力,与欧盟和日本在一些关键问题上产生激烈矛盾,以致 1986 年开始的乌拉圭回合谈判进展极其缓慢。在该回合谈判中,美国遭到来自西欧国家的正面挑战,在诸如农产品补贴和知识产权保护等关键性问题上长期无法达成协议。该谈判由里根(Ronald Wilson Reagan)政府发起,目的是降低农业补贴、严格控制外资,尝试就银行业和保险业等商业性服务业及知识产权保护等问题达成协议。若顺利达成协议,美国将成为最大受益者。但由于欧洲的对抗,谈判陷于停滞,美国也迟迟无法达到目的。进入 90 年代后,美国开始出现严峻的国内问题,"美国领导人不得不面临很多挑战:学校数量严重不足,无家可归人数日渐增多,医疗保健体系负担过重,犯罪数量增加,毒品泛滥,交通基础设施老化,以及失业率高。"[1]这导致学术界和政治界就美国霸权是否衰落展开激烈争论。[2]

一方面为推动谈判尽快取得成果,另一方面为改善本国经济状况并缓解国内矛盾,美国开始利用双边谈判作为筹码,逐渐将区域合作作为一个重要选择。为此,国会先在 1975 年 1 月 3 日颁布《美国贸易法案》,允许总统与加拿大启动建立自由贸易区的谈判。[3] 里根政府时期,为提高国际谈判地位,美国把对外贸易政策调整为"多轨"政策[4],以对付所谓的"欧洲堡垒"[5];还改变了先前对区域合作的排斥态度,奉行北美洲地区主义,对建立自由贸易区表现出莫大热情。积极与其他国家签署自由贸易协定,成为随后老布什(George Walker Bush)、克林顿和小布什三任总统任期内连贯的美国对外贸易政策。20 世纪 70 年代开始,美国还在美洲大力推行以经济自由主义、出口为导向及大力发

---

① George W. Grayson, *The North American Free Trade Agreement*, New York: University Press of America, 1995, p. 24.

② 代表作是 Paul Kennedy, *The Rise And Fall of the Great Powers: Economic Change and Military Conflict from 1500 to 2000*, New York: Vintage Books, 1989.

③ Theodore H. Cohn, *Global Political Economy: Theory and Practice*, New York: Longman, 2000, p. 257.

④ 吉尔平认为"多轨"贸易政策主要包括继续承诺维护多边贸易体系和奉行北美洲地区主义两个内容。参见罗伯特·吉尔平:《全球资本主义的挑战:21 世纪的世界经济》,杨宇光等译,上海:上海世纪出版集团 2001 年版,第 231 页。

⑤ Khosrow Fatemi, *North American Free Trade Agreement: Opportunities and Challenges*, London: St. Martin's Press, 1993, pp. 4 - 5.

展私营企业为特征的"新自由主义"理念,期待以此为基础的"华盛顿共识"(Washington Consensus)成为美洲地区经济治理的基本模式。"新自由主义"和推广民主成为美国试图改造美洲地区的基本特征之一。这些举措都是为了服务于维护其全球霸权及应对全球化所带来的挑战的需要。美国试图通过包括北美洲在内的区域合作,逐渐打造以其为中心的"中心—辐射"(hub-and-spoke)型贸易格局,以掌握区域议程,确保区域经济机制符合美国的利益和偏好。① 因此,无论是北美自由贸易区,还是其后试图在此基础上打造的美洲自由贸易区(Free Trade Area of the Americas,FTAA),都是美国在区域层面寻求获得议题控制能力、掌握规则制定权的具体实践。美国希望通过区域或以双边为代表的次区域协定谈判,"弥补世界多边机制缺陷,逐步扩大符合美国利益的规则接受范围,尤其是通过'定先例'的方式将美国规则推而广之",最终在多边谈判中占据有利地位。② 这在与墨西哥和加拿大的《北美自由贸易协定》谈判及其后尝试建立美洲自由贸易区的过程中都有具体体现。在美国的推动下,全球自 20 世纪 90 年代开始又掀起新一波区域经济一体化发展高潮,至今方兴未艾。尤其是北美自由贸易区的成立,在形式上突破了北—北合作或南—南合作这样有明显政治和地理界限的同质国家间合作界限,使不同发展阶段和不同质的南—北国家间合作逐渐成为趋势,美国在其中始终扮演了发挥推动作用的积极角色。

第三,在国家层面,美国内政因素决定了北美自由贸易区的基本合作形态。美国的对外政策不仅反映其国内各利益集团的诉求,也反映了众多选民的要求,因为"公共官员必须在推动国家整体经济发展和协调利益集团(这些利益集团是支持那些官员能继续执政的重要力量)的要求之间获得平衡",而"决定一个国家是否选择进入区域贸易协定,取决于该国内部利益集团有多大影响力和政府对选民福利的关注程度"。③ 美国内部就如何看待北美三国自由贸易协定,尤其是在与墨西哥签署自由贸易协定的问题上出现了严重分歧。因为有人担心墨

---

① Nicola Phillips, "U.S. Power and the Politics of Economic Government in the Americas", *Latin American Politics and Society*, Vol. 47, No. 4 (Winter 2005), pp. 3 – 4.

② Ibid., pp. 5 – 8.

③ Edward D. Mansfield and Helen V. Milner, "The New Wave of Regionalism", p. 603.

西哥不完善的法律环境和廉价劳动力将促使美国企业把生产基地大举迁往墨西哥,对美国产生就业和贸易转移等负面影响,以至于是否与墨西哥签署《北美自由贸易协定》一度成为美国经济和政治生活中的一个主要问题,并引发了一场大辩论,且明显分为赞同与支持两大阵营。从《北美自由贸易协定》谈判到1994年1月1日北美自由贸易区成立,再到今天,美国内部对《北美自由贸易协定》的争论从未停止,不时成为政客们争取选票的炒作议题。甚至在2008年总统大选期间,各主要总统参选人就是否继续执行《北美自由贸易协定》还再次展开辩论。这实际上是当时两大派争论在新时期的延续。对美国政府而言,国际层面的相互依赖为其国内政治竞争设定了界限,国内政治环境则限制了它在国际层面所能采取行动的范围。[①] 国际层面上,美国政府把《北美自由贸易协定》作为维持其国际地位和霸权的重要战略;国内层面上,美国却又不得不面对因不同利益集团的不同要求而对协定产生的争议。从美国政府角度看,《北美自由贸易协定》是它所能获得的经济和政治利益的预期与在国内需为此付出的政治代价之间综合衡量后的结果。这种内外"双层博弈"决定了美国对北美区域合作的利益诉求和北美作为一个"区域"的基本特征。

四、美国内部对《北美自由贸易协定》的争论

美国内部以是否支持《北美自由贸易协定》为标准,可分为赞同派和反对派两大阵营,它们的较量直接决定了北美地区合作的基本形态和要素。赞同派主要包括工商界(跨国公司、劳动密集型产业及那些相对墨西哥具有竞争优势的产业)、学术界和美国政府。它们支持美国与墨西哥签署协定,主张国会尽快通过《北美自由贸易协定》。其中,最积极的力量当属那些跨国公司,在美国本土因工人高薪要求而无法继续扩大生产和降低成本的劳动密集型产业,以及在墨西哥具有竞争优势的企业。跨国公司由于自身发展特点,特别是研发、生产和销售网络早已跨越国界限制形成全球网络,它们追求的是资本和生产原料在全球的合理配置,倾向于在那些能够提供廉价劳动力的地方开设分

---

① Gene M. Grossman and Elhanan Helpman, "The Politics of Free Trade Agreements", *The American Economic Review*, Vol. 85, No. 4 (September 1995), p. 668.

支,以降低生产成本,在全球市场获取竞争优势和更大利润。尤其是那些设立在与墨西哥接壤各州的跨国公司认为,如果美国能和墨西哥成功签署自由贸易协定,降低或取消两国间各种关税和非关税壁垒障碍,它们就可将因美国高工资水平而无法继续发展的劳动密集型产业迁往墨西哥,利用那里的廉价劳动力和能源供给,充分发挥两国在工资、技术和成本等方面的互补优势,将生产过程分散在两国不同地区,从而实现规模经济效益,有效降低单位成本。① 它们认为北美自由贸易区成立后,不仅能使产品以低廉价格返销美国满足本土消费者需求,而且支付给墨西哥人的工资又可被用来购买美国产品,最终达到提高自身国际竞争力的目的。更重要的是,通过这种区域经济一体化合作,帮助墨西哥改善经济状况,实现宏观经济稳定,提高墨西哥工业生产和竞争力,进而实现政治稳定。这些都有助于墨西哥成为美国的生产和能源供应基地。② 当美国、加拿大和墨西哥在1992年签署《北美自由贸易协定》后,美国国内72%的工商界主管对此持赞成态度。为使协定在国会顺利通过,反击那些持反对意见的人和组织,它们自发组成一个"贸易扩展同盟"(the Coalition for Trade Expansion)。该组织由500多个公司和游说团体组成,甚至包括因担心向墨西哥开放市场会使自身利益受损而曾反对过《北美自由贸易协定》的部分农业部门组织。它们还组织了一个庞大的咨询体系,居首的是"贸易政策和谈判顾问委员会"(Advisory Committee for Trade Policy and Negotiations, ACTPN),向美国社会和国会公布和递交了37份各种以《北美自由贸易协定》为主题的研究报告,全面分析和阐述了美国能从该协定中获得的好处③,影响美国政府决策和普通民众的看法。

美国内部也存在强烈的反对之声。它们对《北美自由贸易协定》的批判主要集中在以下几个问题领域:劳工和其工作环境问题、失业及

---

① Kerry A. Chase, "Economic Interests and Regional Trading Arrangements: The Case of NAFTA", *International Organization* 57(Winter 2003), p. 141.

② Robert K. McCleery, "The Dynamics of Integration in the Americas: A Look at the Political Economy of NAFTA Expansion", in Donald Barry and Ronald C. Keith eds., *Regional, Multilateralism, and the Politics of Global Trade*, Vancouver/Toronto: UBC Press, 1999, p. 131.

③ William P. Avery, "Domestic Interests in NAFTA Bargaining", *Political Science Quarterly*, Vol. 113, No. 2 (1998), pp. 284 - 285.

农产品问题,这几个问题又彼此相互关联。其成员主要包括劳工联盟、环境保护主义者、一些农业组织、消费者组织、宗教组织和市民团体等,政府和学术界也存在大量反对之声。他们势力庞大,影响了很多美国人对自由贸易和《北美自由贸易协定》的看法。总体而言,它们大致可被分为两类:第一类是那些纯粹担心自身利益会受损的相关产业和人员;第二类是那些从非经贸视角,尤其是从环境保护和意识形态等角度出发而反对美墨发展自由贸易的人员和组织。反对最激烈者又当属前者。他们认为跨国公司利用生产和销售全球化带来的便利条件,通过国际层面的运作,如把投资或生产转移到墨西哥,以躲避在美国从环境保护、同行业竞争政策、最低劳动保护标准和税收等方面所受到的政策约束。① 这导致美国本土劳动密集型产业和相关产业工人利益受损。如以劳工联盟为代表的反对者就声称,北美自由贸易区建成后,美国的就业机会将转移到墨西哥,大量美国工人会随之失业。反对者还举例说,从 20 世纪 80 年代末开始,美国一些劳动密集型产业已开始选择直接在墨西哥重新设立生产基地,以致美国工人大量失业。劳工联盟担心,墨西哥的低工资和法律的低执行力将加剧这种转移趋势。墨西哥会成为低薪工作岗位的"天堂",墨西哥政府为吸引外资也将刻意使工人保持这种低收入水平。② 美国的一些农业生产部门,尤其是与墨西哥接壤或相邻州的橙子、西红柿、甘蓝、黄瓜、胡椒、鳄梨等农产品种植者,因为担心质量相近、价格更便宜的墨西哥产品的进口会对他们构成冲击也持强烈反对态度。③

美国内部的第二大类反对力量由那些不是从经贸视角,而是从环境保护和意识形态等角度出发,反对美墨发展自由贸易的人和利益集团组成。对他们而言,《北美自由贸易协定》导致的环境问题的严重性仅次于失业问题。1965 年起,墨西哥在与美国接壤地区建立组装工业区,一些国外工厂利用墨西哥对环保重视程度不够和法律漏洞,开办了

---

① Sheila Page, *Regionalism Among Developing Countries*, London: Macmillan Press, 2000, p. 31.

② Sidney Weintraub, "The North American Free Trade Agreement as Negotiated: A U.S. Perspective", in Steven Globerman and Michael Walker ed., *Assessing NAFTA: A Trinational Analysis*, p. 13.

③ William P. Avery, "Domestic Interests in NAFTA Bargaining", pp. 290 – 292.

一些污染型企业,使当地环境遭到破坏,大气中有害成分增多,水源被污染,进而影响到与墨西哥接壤的加利福尼亚州等地区,形成跨国污染问题。进入 80 年代后,随着更多组装工厂的建成,尤其是纺织和其他轻工业工厂的大量建立,污染问题更加严重。两国边境地区也因此不时爆发争端。环境主义者声称,在墨西哥工业化进程中,大量砍伐导致森林覆盖率降低;墨西哥境内 60% 的水资源遭到严重污染;墨西哥湾石油资源的开发使该海域国家渔场和水生物种遭到严重破坏;墨西哥城空气污染非常严重,是世界上肺病爆发率最高的城市。[①] 墨西哥的环保法规也极为落后,该国第一部和环境相关且较完备的法律于 1988 年才被制定[②],此前根本没有相关法律的存在,更谈不上执行。2002 年,墨西哥环境部长承认,墨西哥最少需要严格执行环境政策 20 年,才可能将环境恢复到原先状态。[③] 在谈判过程中,美、加、墨三国曾在 1992 年 6 月就环境保护达成一个草案,但由环保主义者组成的利益集团认为这远未达到他们的要求,向美国政府和谈判代表团施加了很大压力。最终,克林顿政府要求墨西哥重开谈判[④],随后就有了关于环境保护的附加协定。

还有部分美国人从意识形态的角度出发,也反对美国与墨西哥发展自由贸易。他们的主要理由是墨西哥民主化程度低,革命制度党长期坚持以其为中心的一党执政的政体。墨西哥是半民主国家和选举独裁国家,还存在着劳动保护水平低和工作环境差以及其他的人权问题。他们批评革命制度党,在 80 年代爆发经济危机后为巩固执政地位,稳定国内秩序,采取过一些侵犯人权的措施;墨西哥的很多工厂,不仅生产条件恶劣,而且老板虐待工人的现象屡屡发生,工人合法权益无法得到保障;政府层面,联邦警察经常通过逮捕、"使之消失"或暗杀等手段,残酷对待国内人权活动分子和其他所谓的"麻烦因素",那些对革

---

① Stephen P. Mumme, "Mexico's New Environmental Policy: An Assessment", in Donald E. Schulz and Edward J. Williams ed., *Mexico Faces the 21st Century*, p. 98.

② Jan Gilbreath and Janine Ferretti, "Mixing Environment and Trade Policies under NAFTA", in Sidney Weintraub eds., *NAFTA's Impact on North America: The First Decade*, Washington, D.C.: The CSIS Press, 2004, p. 102.

③ Ibid., p. 113.

④ Frederick W. Mayer, *Interpreting NAFTA: The Science and Art of Political Analysis*, pp. 134 - 135.

命制度党执政地位构成威胁的个人和组织更成为重点打击目标。① 他们据此担心,美国若和墨西哥签署《北美自由贸易协定》,等于是对墨西哥不民主的政治制度和糟糕人权状况的一种间接承认,是为革命制度党和墨西哥政府的不当行为"背书",这有违美国法律至上、人人平等、两党竞争、公平选举和三权分立等民主制度的基本精神和原则。

这些反对者形成一股强大的反对力量。从《北美自由贸易协定》谈判之初开始,他们就不断地通过公开的会议论坛、私人会见、电视广告、街头游行等各种方式表达反对态度,甚至一度影响了谈判议题的设定和进程。他们还和其他利益集团联手,雇佣游说集团,游说国会议员和美国民众,试图达到阻止美墨正在进行的谈判的目的。美国政府一方面为回应反对者的意见,另一方面也充分利用墨西哥急于达成协定的心理,趁机向墨西哥提出更多要求。20世纪80—90年代,美国行政和立法部门处于"分裂"状态的府院之争,也是克林顿政府要求墨西哥谈判并签署了关于劳工和环境的两个附加协定的主要动力。墨西哥虽然努力争取,但最终还是被迫向美国做出一些让步。

总之,美国对全球、区域及国内层面的利益需求和彼此互动,导致《北美自由贸易协定》虽然主要关注三国间的贸易和经济问题,但客观上也包含外交、政治以及安全等其他方面的利益诉求。美国的霸权地位尤其是在北美地区的"一超独大",决定了北美自由贸易区的发展方向和基本特点,是以美国为中心的区域合作模式。从实际效果看,北美自由贸易区部分实现了成员国,尤其是在其中居于中心地位的美国的战略诉求。它改变了世界经济格局,形成欧洲、东亚和北美区域经济板块的三足鼎立的局面。尽管美国和以巴西等为代表的拉美国家因彼此政策立场相距甚大,未能让美国实现把北美自由贸易区扩展为美洲自由贸易区的战略目标,但客观上确实提高了美国甚至是墨西哥和加拿大在其后的双边和全球多边贸易谈判中的地位,美国更是成功地把劳工和环境保护等"美式规则"推广至世界层面。正因为如此,曾参与谈判的美政府前官员提议作为"新世界"的北美应向"旧世界"欧盟学习,

---

① Donald E. Schulz and Edward J. Williams, "Crisis or Transformation? The Struggle for the Soul of Mexico", in Donald E. Schulz and Edward J. Williams eds., *Mexico Faces the 21st Century*, p. 2.

逐渐培养"北美意识",最终走向能够超越主权的"北美共同体",并提出一些具体政策建议:(1)三国建立负责制定北美一体化和社会发展计划的"北美委员会",该委员会主要任务是制订北美一体化和社会发展计划,对北美地区的现状和未来发展潜力对公众进行教育,以寻求逐步灌输地区认同的意识;(2)成立由三国议员组成的"北美国家议会团",协调处理各国针对具体事务的立法问题;(3)设立常设的"北美贸易和投资法院",解决三国因贸易产生的各种争端;(4)三国定期召开内阁级部长会议,与"北美委员会"相配合,讨论各方关心的重要问题。[①] 但这种观点在当时并未得到三国,尤其是美国的积极响应。在三国实力严重失衡和彼此极其不对称相互依赖的条件下,这只能是一个美好愿景。但无论如何,北美自由贸易区的成立确实深化了美、加、墨三国的经济联系,它们彼此互为最重要的贸易伙伴。与之相伴随的是跨境人员和货物流动急剧增加,北美地区随之开始面临一些安全问题。"9·11"事件的发生,更暴露出三国面临的亟须解决的一些安全问题。对北美地区安全合作而言,《北美自由贸易协定》和北美自由贸易区为其奠定了经济基础,有利于三国向更深层次的合作迈进。

## 第二节　"9·11"事件前的北美区域安全合作

"9·11"事件前,由于历史、文化、地理环境等多种原因,美国、加拿大和墨西哥并未能建起一个有整体特色的北美区域安全合作模式。因为美国的超强实力和维护其全球及西半球霸主地位的需要,该地区安全合作呈现出两个明显特征。第一个特征是以美国为中心、双双边主义为主要表现形式的"次区域合作"。美、加合作紧密且日趋成熟,美、墨合作时断时续,加、墨基本无合作。巴里·布赞和奥利·维夫将20世纪的北美洲称为"非典型的区域安全复合体"。因为在其他中心化地区,突出特点是关键大国有意识地对它们所在地区进行塑造。在北美洲却有所不同,美国虽然是塑造区域秩序的主要大国,却不怎么从地区视角思考问题,而主要按其全球关注来行动,且带有强烈的国内色

---

① 罗伯特·A.帕斯特:《走向北美共同体:新世界应从旧世界汲取的教训》,商务部美洲大洋司译,北京:中国商务出版社2004年版,第110—115页。

彩。美国对地区的塑造是其全球关注的一个副产品。① 这种美—加、美—墨合作方式确定了北美洲国家间关系的基本格局。② 第二个特征是北美自由贸易区的成立改变了北美地区的安全环境,三国社会联系日益紧密,合作领域也不再仅局限于贸易,开始涉足非经济领域,尤其是美墨边境非法移民问题的凸显使北美开始面临新的安全环境,并迫使三国共同采取实际行动应对挑战。

北美自由贸易区作为发达国家与发展中国家发展区域经济一体化的新模式,其在自由贸易领域已被世界银行视为成功的"样板"。在其成立头 10 年,美墨间贸易额增长了四倍,原先贸易联系较弱的加拿大和墨西哥之间的双边贸易额也增长了 150%;到其成立 20 周年时,三国间的贸易额占它们对外贸易总额的 1/3,其中超过 50%的贸易发生在三国企业或行业内部。③ 三国一度认为经济和贸易融合能独立于它们的外交和安全等"高政治"领域,因为它们之间的合作受制于高度不对称的国力对比和彼此间的复杂历史经历,墨西哥和加拿大始终对美国的霸权充满担心。④ 即使如此,从 20 世纪 90 年代中期起,美国和加拿大决定将联合加大对两国边境地区的管理力度,墨西哥也在移民和反毒等问题上积极配合美国的行动。这些发展事态表明,美、加、墨三国开始接受"北美自由贸易区拥有共同安全关切的现实",但这种合作带有浓厚的技术性和实用性色彩,未能形成共同的区域安全观。⑤ 北美地区形成的以美国为中心、美—加、美—墨双双边主义为特征的"次区域安全合作"也始终未能完全整合为具有鲜明地区特点的三边合作,这种局面直到"9·11"事件后才有所改变。"9·11"事件后,美国国家安全战略目标由传统的大国争霸转向对付恐怖主义这一新的威胁,其关注视野也被迫回归本土,反恐和维护国土绝对安全成为重中之重,为此更加重视北美地区在其中所发挥的重要作用。这使北美地区安全合作格局获得改变和发展的新动力,美、加、墨之间的安全合作互动随之进入一个新时期。

① 巴里·布赞、奥利·维夫:《地区安全复合体与国际安全结构》,第 257—258 页。
② 同上,第 261 页。
③ Monica Serrano, "Integration and Security in North America", p. 613.
④ Ibid., p. 613.
⑤ Ibid., p. 616.

一、美—加"次区域安全合作"是北美区域安全合作的中心

"9·11"事件前,历史、文化和政治体制的相似性及地理上的相邻性,使美国和加拿大不仅经济联系极为密切,而且安全合作也由来已久。但两国国力的严重不对称以及加拿大对美国的过度依赖,又使两国形成一种特殊的不对称相互依赖关系。从衡量一国综合国力的人口、经济总量等指标来看,加拿大的国力与美国国力相差悬殊。就人口而言,从 20 世纪 50 年代开始,加拿大人口总数只有美国的 1/10 左右;就国民生产总值而言,美国的经济规模在 1960 年就是加拿大的 15 倍,2007 年该数字略降为 13 倍;就两国贸易关系而言,加拿大对美贸易额占其出口总额的 80%,进口总额的 2/3;就军事实力而言,美国的军力自 1990 年以来就是加拿大的 25 倍,美国军费开支更常年维持在加拿大的 25 至 30 倍左右。这种巨大的国力对比差距,决定了加拿大无论是在国土安全还是经济安全领域方面,都与美国形成一种不对称的相互依赖关系。[①] 美加关系与美国和英国关系相类似,也是一种"特殊关系"。这种特殊性具有两面性。一方面,两国虽在经济领域形成极度不对称的相互依赖关系,但很早就建立起具有明显"次区域合作"特点的双边安全关系。另一方面,面对美国这一强邻,加拿大又把坚决捍卫本国文化独立和防止美国渗透作为对美交往基本原则之一。从现实情况看,美加关系中的合作面远大于竞争面,这种合作关系的形成是两国在全球和国家安全层面上长期互动的必然结果。如第二次世界大战期间,两国是并肩作战的盟国;冷战期间,两国和其他西方国家联手应对苏联为首的社会主义阵营的竞争。但相对于整个北美大陆而言,美加双边安全关系又因其成熟性和长期居于主导地位而具有了明显的次区域性质。与《美加自由贸易协定》是《北美自由贸易协定》的基础并催生了北美自由贸易区一样,美国与加拿大的安全合作关系也为后来两国与墨西哥开展区域安全合作奠定了基础。

美加安全关系最早可追溯到 1817 年,当时美国与加拿大宗主国英国签署了《拉什—博格特条约》。该条约规定,两国接壤边界地区实现

① Patrick Lennox, *At Home and Abroad: The Canada – US Relationship and Canada's Place in the World*, Vancouver: UBC Press, 2009, p. 5.

非军事化。以此为标志,美、加不仅建立了稳定的安全合作关系①,而且两国边界也从此留下了互不设防的传统。第二次世界大战爆发前期,尤其是 1938 年 8 月,因德国割让苏台德地区而爆发欧洲危机期间,罗斯福总统访问加拿大,表示愿向加拿大提供保护,称"如果加拿大遭到外敌入侵,美国人民将不会坐视不理"。加拿大接受了美方提供的保护,同时保证"加拿大将利用有限的人力和军力,阻止任何外敌通过加拿大领土对美国发动进攻"。两国由此建立了以"相互保证"为特点的安全关系:美国是加拿大"保护者",加拿大则承诺不允许外部势力利用其领土威胁美国土安全。② 1940 年,两国安全关系因实现机制化而更上一层楼。当年 8 月 18 日,美国总统和加拿大总理联合发表"奥格登斯堡宣言"(the Ogdensburg Declaration),决定联合建立"永久联合防务委员会"(Permanent Joint Board on Defense, PJBD)。该委员会由两国高级军官组成,分别对各自首脑负责,主要职责是商讨维护两国陆、海、空及北美地区的安全问题。③ 此后,两国海军开始共同维护北美大陆两岸的安全。第二次世界大战期间,美、加互为同盟国,两国士兵在反法西斯的战场上并肩战斗。

第二次世界大战结束后,两国同盟关系不仅得到延续,而且因冷战爆发得到进一步强化。1946 年,美国和加拿大联合建立"军事合作委员会"(the Military Cooperation Committee),处理两国在军事规划层面上的合作问题。1949 年,美国和加拿大又与英国、法国等 10 国共同建立了以对抗苏联为首的社会主义为目标的北约军事集团。1958 年 5 月 12 日,两国在美国科罗拉多州夏延山合作建立北美空防联合司令部(the North American Air Defense Command, NORAD)(后更名为北美航空航天防御司令部),监视和警戒苏联弹道导弹和远程轰炸机对北美大陆的威胁和袭击。两国还商定,该司令部司令由美国人担任,副司

---

① Patrick M. Cronin, *America's Security Role in a Changing World*, Washington, D.C.: National Defense University Press, 2009, p. 352.

② Patrick Lennox, *At Home and Abroad: The Canada – US Relationship and Canada's Place in the World*, p. 6.

③ Richard J. Kilroy, Jr., "Perimeter Defense and Regional Security Cooperation in North America: United States, Canada, and Mexico", *Homeland Security Affairs*, Supplement No. 1 (2007), p. 2.

令则由加拿大人出任。此外,为配合美国针对苏联的战略需求,提前预警来袭的苏联远程轰炸机,加拿大还在本国领土与美国开展合作,自北向南建立了三条由远程预警雷达组成的远程预警线(the Distant Early Warning Line)。① 加拿大由此成为防范苏联对美发动袭击的一道重要战略预警线。而通过长期合作,美、加还培育出共同的安全观,建立了稳定的情报共享机制。在两国普通民众心理层面,只要不涉及主权问题,那么美加之间是不存在边界的②,也就谈不上由边界争端而产生的安全问题了。

"9·11"事件前,美、加还就合作管理两国边境取得一些进展。这在当时对两国具有不同意义,尤其对加拿大的影响远大于对美国的影响。加拿大总人口的2/3居住在距离美加边境仅200公里的范围内,美国方面则仅有5%的人口居住在距离两国边境两小时车程的范围内。这种不对称性在贸易流量上也得以体现。加拿大近80%的出口都是通过边境进入美国市场的,美国经边境进入加拿大市场的产品却只占其出口总额的22%。③ 20世纪90年代中期到"9·11"事件前,为消除边境管理对地区融合和两国自由贸易的负面影响,加拿大曾提出一个旨在"确保边境安全和贸易更高效的联合行动"方案,试图在维护边境安全和尽可能保护合法的贸易及人员流动的两者之间取得平衡,建议美方尽可能取消部署在边境的检查站,最大化地消除对两国贸易关系"拉后腿"的各种负面因素。④

历史地看,美、加两国公民进入彼此国境都拥有相对宽松的便利条件。随着跨国交通状况的改善,两国跨境旅游者只要缴纳关税、遵从加拿大枪支管理法和美国与禁毒相关的法律,基本上都能自由通行。20世纪80至90年代,两国跨境卡车运输业蓬勃发展,加上《美—加自由贸易协定》的实施,两国跨境贸易量大幅上升,铁路运输量和海运总量

---

① "Distant Early Warning Line", http://en.wikipedia.org/wiki/Distant_Early_Warning_Line.

② James Loucky, Donald K. Alper and J.C. Day, *Transboundary Policy Challenges in the Pacific Border Regions of North America*, Calgary: University of Calgary Press, 2008, p. 15.

③ Geoffrey Hale and Monica Gattinger, *Borders and Bridges*, Oxford: Oxford University Press, 2010, p. 100.

④ Monica Serrano, "Integration and Security in North America", p. 617.

也有质的提升。这相应地给两国边境的交通基础设施、海关信息管理体系及边境执法带来巨大挑战。为应对这些挑战,美国和加拿大于 1995 年 2 月签署一份边境管理协定,规定两国共同致力于边境管理,以"推动国际贸易,便利人员流动,打击非法人员往来活动,降低两国政府和人民因边境管理而产生的财政负担"。此外,为加强处理一般难民和政治避难在内的移民事务,两国联合创建了一个"跨境犯罪论坛"(the Cross-Border Crime Forum),后在此基础上于 1999 年组建了由两国移民官员组成的第一个"联合边境执法小组"(Integrated Border Enforcement Team,IBET),共同处理移民事务。① 这些合作机制的建立,为两国后"9·11"时代边境管理的合作奠定了基础。

二、北美的另一"次区域安全关系":复杂的美墨安全关系

与美加密切的安全关系形成鲜明对比,两国与北美大陆第三个成员墨西哥之间的安全关系则要滞后很多,尤其是加拿大与墨西哥在安全领域几乎没有什么利益交集。因此,北美大陆上的第二个次区域安全合作主要体现为美国和墨西哥的安全关系。美墨安全关系在不同时代具有不同内容,与两国政治关系始终游离于"伙伴和冲突"之间一样②,或战争,或冲突,或合作,更未能像美加那样在边境地区实现非军事化。20 世纪 40 年代初期之前,美墨安全关系更多地体现为强权与弱国、侵略与反抗的关系,墨西哥被美国夺去半壁江山。两国间的对抗远多于合作。③ 第二次世界大战的爆发为两国重新定义安全关系提供了契机。1940 年 6 月,墨西哥总统卡德纳斯向罗斯福总统传递口信,称愿联合美洲大陆所有国家,共同反抗外来势力对美洲大陆的侵略,保证美军可过境墨西哥并使用墨军基地。罗斯福总统出于维护其提出的"睦邻政策"考虑,未对此做出反应。④ 但随着战事发展,美国开始认为

---

① Geoffrey Hale and Monica Gattinger, *Borders and Bridges*, pp. 102 – 103.

② Jorge I. Dominguez and Rafael Fernandez De Castro, *The United States and Mexico: Between Partnership and Conflict*, 2nd ed.,New York: Routledge, 2001.

③ Jonathan Agustin Gonzalez Torres, "U.S.-Mexico Military Cooperation: From WWⅡ to the Merida Initiative", http://www.cipamericas.org/archives/3365.

④ Richard J. Kilroy, Jr., "Perimeter Defense and Regional Security Cooperation in North America: United States, Canada, and Mexico", p. 2.

墨西哥的地理位置和原料物资供给不仅具有战略意义，而且联合墨西哥还能加强其太平洋沿岸地区的防务。基于此考虑，1942 年 1 月，美国和墨西哥联合建立"墨—美联合防务委员会"（the Joint Mexican-United States Defense Commission）。① 根据美国国家档案馆网站公布的相关材料，两国当时一致认为该委员会的主要使命是"研究与两国防务相关的问题，思考能够保护墨西哥及美国等相关地区的具体方案，并以可被采纳的方式分别向两国政府提出合作建议"。墨西哥也因此在第二次世界大战期间成为美国的盟国，在美国国会通过《租借法案》后开始接受美方提供的军事援助。墨西哥除向美军提供物资补给支持外，还派军队与美军共同参加了一些战事。但该委员会昙花一现，第二次世界大战甫一结束就被解散，两国安全关系也再次处于十字路口，但此时的世界格局已进入美苏两强争霸的冷战时代。

　　世界陷入两极对立格局后，墨西哥出于维护本国利益考虑，不愿在美苏之间做出明确选择。美国为巩固拉美后院，建议两国再签署一个双边军事协定，从 1952 年 1 月开始就此与墨西哥展开谈判。谈判过程中，美国提出，墨西哥必须同意"保卫民主"条款，即要求墨西哥承诺在一定条件下派军队赴国外参加美军的军事行动。墨西哥不仅拒绝了这个要求，甚至还退回美国先前提供的军事援助。因为墨西哥宪法第 76 条规定，墨西哥的外交政策坚持不干涉别国内政，只有议会有权决定军队是否能被派出国外，或允许他国军队通过墨西哥领土，或准许他国海军在墨西哥水域停留一月以上。在对美国持有强烈民族主义情绪的墨西哥，议会很难批准军队为美国利益而在海外征战。两国军事关系旋即陷入低谷。从那时到 1992 年，墨美军事关系除维持低级别人员交流外，一直都没有太大进展。在近 40 年的时间里，墨西哥也和古巴、海地等国成为拉美地区仅有的几个未和美国举行过任何联合军事演习的国家。不仅如此，两国还常因各自贸易政策产生分歧。美国极力推动西半球贸易自由化并支持关税与贸易总协定，墨西哥则实行贸易保护机制并在关贸总协定创立 40 年后才加入该机制。冷淡的安全关系加上贸易政策的分歧"使两国经常争吵，彼此不信任与日俱增"，"在近 50

---

① 参见 Jonathan Agustin Gonzalez Torres, "U.S.-Mexico Military Cooperation: From WWⅡ to the Merida Initiative".

年的时间里,墨西哥领导人过多地强调毗邻一个超级大国邻居的负面作用,从未思考过进入这个世界最大市场所能带来的可能巨大收益"。① 这种局面直到苏联解体、冷战结束后才有所改变。不时唱反调的墨西哥突然发现美国成为世界唯一霸权国,开始认真重新思考对美政策,1990 年也因而成为美墨关系发生质变的关键年份。② 两国军事关系也逐渐出现改善迹象。1993 年前后,两国军队在第二次世界大战结束后首次举行了联合海空演习,标志两国军事关系回到正轨。③

此外,美墨在禁毒领域的合作也取得一定进展,尤其是在萨利纳斯政府任内。萨利纳斯 1988 年上台后将打击毒品走私视为任内工作重点之一,称"毒品走私是墨西哥面临的首要威胁"。1989 年,墨西哥与美国签署一份以禁毒为主要内容的双边综合协定,1991 年又批准《多边援助合作协定》(the Treaty on Cooperation for Mutual Assistance)。墨美以这些协定为基础,建立了一些旨在打击毒品走私的政府间工作小组。墨西哥甚至为此重组政府机构,在外交部新设立专职负责缉毒和武器走私的部门,向驻美使馆和领事馆派遣毒品政策专家,创建国家安全委员会和新的情报机关,在总检察长办公室设立毒品执法办事处,在联邦法警部下设实施快速阻截行动的反毒部门,1992 年创建"毒品控制计划中心"(the Planning Center for Drug Control)以整合政府各部门间的行动和情报收集活动,1993 年建立负责打击毒品走私和监管非法药物活动的领导机关——国家反毒局(the National Institute to Combat Drugs)。在此过程中,美国国务院、国防部、毒品管制局等部门向墨西哥提供了人力、设备和情报支持。④ 但对萨利纳斯政府而言,驱动其加大反毒力度的最主要动力其实是希望为尽快达成《北美自由贸易协定》创造良好氛围。美国对此有清醒认识,国防部情报局 1992 年在一份向政府提供的备忘录中称:"或许驱动萨利纳斯缉毒的最主要

---

① Jorge I. Dominguez and Rafael Fernandez De Castro, *The United States and Mexico: Between Partnership and Conflict*, p. 11.

② Ibid., p. 18.

③ 参见 Jonathan Agustin Gonzalez Torres, "U.S.-Mexico Military Cooperation: From WW II to the Merida Initiative".

④ Peter Andreas, *Border Games: Policing the U.S.-Mexico Divide*, Ithaca: Cornell University Press, 2009, pp. 54 – 55.

动机,就是一个好的墨西哥形象有助于即将到来的自由贸易协定谈判。"①

　　北美自由贸易区成立后,美国已取得独霸地位。虽然墨西哥在非法移民和打击毒品走私等问题上做出一定努力,但美国仍认为实际效果有限,它的区域安全目标开始更多地关注与墨西哥相关的非法移民、毒品和走私等边境安全问题。与美加边境的平静不同,美墨边境常成为美国政界和媒体的关注焦点。② 两国经济关系日益深化的同时,边境问题也愈加凸显。不过总体而言,"9·11"事件之前,与美加间成熟的安全关系相比,美墨安全关系要相对滞后很多。截至 2009 年,美墨已签署的 205 个协定中,直接与安全相关的只有 5 个,仅占总数的 5%,与毒品走私有关的协定则有 44 个,占总数的 21%。③ 这表明两国安全合作主要集中于非法移民和毒品走私等非传统安全领域。

　　总之,在"9·11"事件前,北美地区安全合作基本上围绕美国的战略需求展开,具体形式上又以美加合作为主,墨西哥较边缘化,三国未能形成共同参与并维持下来的稳定的安全协调机制。但北美自由贸易区的成立还是为区域安全合作奠定了基础,只是机制化的区域安全合作是否能够成型,又主要取决于各国如何定义区域安全威胁,尤其体现为是否能就对国土安全威胁的认知达成一致④,因为这将决定北美地区安全合作的基本形式。北美地区安全合作也始终面临是要双边主义的次区域合作还是多边主义区域合作的选择。一方面,三国在综合国力和世界影响力方面存在的巨大差异,决定了北美地区的安全合作形式将不可避免地受制于美国的战略需求。加拿大和墨西哥虽然也有各自的安全需求,但它们相对弱小的国力和有限的对外战略目标,使两国不仅在区域经济合作上被迫处于美国影响之下,而且对区域安全的需求也在一定程度上受制于美国。"9·11"事件前,美国因其独霸地位而使它与加、墨间不存在传统的安全问题,但它在区域层面关注的安全

①　Peter Andreas, *Border Games: Policing the U.S.-Mexico Divide*, p. 57.

②　James Loucky, Donald K. Alper and J.C. Day, *Transboundary Policy Challenges in the Pacific Border Regions of North America*, p. 15.

③　Patrick M. Cronin, *America's Security Role in a Changing World*, p. 353.

④　Imtiaz Hussain, Satya R. Rattnayak and Anil Hira, *North American Homeland Security: Back to Bilateralism?* London: Praeger Security International, 2008, p. 3.

问题主要是与墨西哥相关的非法移民、毒品走私、人口贩卖等非传统安全问题。另一方面，美国对两国的需求随着时代变化有所不同，这使它与加拿大和墨西哥之间建立了极不平衡的安全关系。20世纪90年代后，为应对全球化趋势，尤其是欧盟一体化和亚洲崛起对其经济霸主地位的动摇，美国开始更多地关注经济议题。北美自由贸易区虽然是由墨西哥首先倡议，美国和加拿大随后加入谈判而成，但也标志着美国开始更加重视墨西哥的作用，与墨西哥发展安全合作关系跃入美国决策者的视野。

## 第三节　美墨安全关系中的非法移民和毒品走私问题

由于其超级大国地位，美国长期面临的安全问题主要体现为世界层面的战略安全，而不存在传统意义上的领土安全问题。在北面，加拿大是其亲密盟友，两国边境彼此不设防。在南面，墨西哥虽与其接壤，但国力弱小而不可能对其领土构成直接威胁，反而是美国在历史上通过各种手段强并了墨西哥大片领土。美国在北美面临的安全问题主要集中在非传统领域，尤其是与墨西哥相关的非法移民、毒品走私等跨国边境问题，它们是美国最关注的边境安全问题。美国曾设想通过《北美自由贸易协定》促使墨西哥经济向好发展，扩大美国产品和资本市场的同时，推动墨西哥社会和政治趋于稳定，进而间接达到解决两国边境安全问题的目的。北美自由贸易区成立后，墨西哥成为美国的重要经济伙伴，但其内部也出现南北发展差距被拉大，政府治理能力下降，治安问题日益凸显，非法移民和毒品走私问题不降反升等诸多问题。甚至有学者提出，美、墨正在边境进行三场战争：非法移民、毒品和国土安全。① 美加安全合作更多涉及的是战略层面的问题，美墨安全关系则涉及两国切身利益。美国国会服务研究局在向国会提交的一份研究报告中指出，"美国和墨西哥的关系既紧密又复杂"，紧密是指"两国是北美自由贸易区框架之下的邻国和重要合作伙伴"，复杂则是因为"近

---

① Tony Payan, *The Three U.S.-Mexico Border Wars: Drugs, Immigration, and Homeland Security*, London: Praeger Security International, 2006.

年来,非法移民和毒品等安全问题主导了两国双边关系"。① 这种现实决定了北美地区安全合作主要围绕美、墨两国边境问题展开,也决定了该地区安全合作形式是美—加、美—墨的双双边"次区域"合作模式,而未能形成一个统一而稳定的三边"区域"合作形式。

《北美自由贸易协定》对墨西哥产生诸多不利影响,首当其冲的是导致农民失业人数猛增。其中削减直至取消农产品关税的规定,对墨西哥农业产生更大的负面影响。对美国而言,农业部门产值只占其国民生产总值的 1.6%,就业人数只占其总人口的 2%。对墨西哥而言,农业占其国民生产总值的 7%,从事农业的人数占到其人口总数的 24%。墨西哥农业的特点是经营规模小,生产效率低。政府为保护农民的利益,曾长期设置高贸易壁垒,尤其对谷物类产品实施高于市场价的保护价,并通过严格限制进口的方式维持这种高价格。美国的谷物类产品很早就取得相对于墨西哥同类产品的绝对竞争优势地位。北美自由贸易区建立后,为实现农产品贸易自由化,墨西哥不得不取消对农民的支持和补贴,从国外进口同类产品。这对墨西哥边远地区的劳动力市场和谷物业造成毁灭性打击②,大批农民因此失业。生存的现实压力迫使这些失业农民或移居到墨西哥大城市,或向美国非法移民,少数则从事毒品和武器走私等犯罪活动。他们给墨西哥和美国同时带来严重的安全和社会问题。

一、美墨间的非法移民问题

美墨存在的边境问题中,首当其冲的就是非法移民问题。美国是个移民国家,自独立以来就具有接受外来移民的历史和传统。两百多年来,不断涌入的移民对美利坚民族性格的形成和美国的发展产生深刻影响。他们不仅为美国经济发展提供了充足的劳动力,而且为美国成为超级大国打下了坚实基础。如果没有移民,就不会有今天的美国。但历史地看,美国并非对移民都持欢迎态度,其态度与经济状况密切相

---

① Clare Ribando Seelke, "Mexico – U. S. Relations: Issues for Congress", CRS Report for Congress, 15 February 2011.

② Mary E. Burtisher, Sherman Robinson and Karan Thierfelder, "The Impact of NAFTA Robinson on the United States", *Journal of Economic Perspectives*, Vol. 15, No. 1 (Winter 2001), pp. 133 – 134.

关。若经济状况向好发展,美国就对移民持较开放态度,反之则持反对态度。如 19 世纪 80 年代到 20 世纪 20 年代,美国国内曾掀起反对外国移民的浪潮,重要原因就是美国当时正处于向垄断资本主义生产方式的过渡阶段。在经济基础发生剧烈变化的同时,上层建筑因缺乏相应变革而使发展相对滞后,加之政府对经济发展缺乏有效的宏观调控,导致社会财富分配不公,劳资关系紧张,最终引爆社会和经济的双重危机。在此过程中,对抗资本家的工人运动迅猛发展,罢工此起彼伏。为能够继续生产,美国工厂不得不聘用大量外来移民,却同时加剧本土工人的失业状况。在这种背景下,美国国内出现反对外来移民的活动浪潮。[①] 而随着美国移民政策的调整和经济政治环境的变化,主要移民来源地从 20 世纪 70 年代开始发生显著变化。50 年代前,超过一半移民来自欧洲,39% 的移民来自西半球,只有 6% 来自亚洲。进入 70 年代后,欧洲移民比率降到 18%,来自西半球的移民总数则上升至 44%,亚洲移民也上升到 35%。[②] 这些数据变化表明,与欧洲地区经济在第二次世界大战后逐渐恢复并取得发展相伴随,尤其是随着西欧一体化的发展,进入美国的欧洲移民已开始大幅减少,而同期来自经济依然落后的亚洲和拉美地区的移民则大幅增加,这两个地区成为美国移民的主要来源地。

在涌入美国的拉美移民中,墨西哥移民又占绝对多数。美国对墨西哥移民的态度也经历了从欢迎到排斥的历史演变过程。1848 年至 1929 年,墨西哥人无需证件就可自由穿越两国边境。1929 年前的美国法律甚至特别规定:允许墨西哥人不持证件即可入境美国。此规定主要目的在于限制亚洲移民,尤其是防止中国移民从墨西哥进入美国。1929 年是个转折点,"大萧条"的出现导致美国经济衰退,失业率高企。美国开始限制墨西哥人进入美国,国会出台了《移民法》,规定不持证件入境美国的墨西哥人就属非法移民。该法一度阻遏了墨西哥人进入美国的势头。第二次世界大战爆发后,美国对墨西哥移民的态度再次发生转变。因为美国的参战使国内劳动力开始急剧短缺。为充分利用

---

① 梁茂信:《美国移民政策研究》,长春:东北师范大学出版社 1996 年版,第 178—198 页。

② George J. Borjas, "Immigrants in the U. S. Labor Market: 1940 – 1980", *The American Economic Review*, Vol. 81, No. 2 (May 1991), p. 289.

墨西哥劳动力,国会 1943 年提出《墨西哥人短期合同工专案》(the Bracero Program),该项目直到 1964 年才被终止,期间约有 400 万墨西哥人利用该项目顺利进入美国。该项目被终止后,墨西哥人也就失去进入美国的一条合法渠道。随着两国边境地区城市化进程加速及墨西哥人口的膨胀,很多失业的墨西哥人开始把目光投向北方。美墨边境当时还相对开放,很多人得以进入美国谋生而成为非法移民。① 美墨间的非法移民问题也逐渐凸显。

　　非法移民问题是影响美墨关系正常发展的一个重要障碍,两国常因该问题发生摩擦。它不只是一个涉及美国和墨西哥的南北问题,也是一个沿着两国边界,由复杂的历史、文化、经济等问题复合而成的东西问题。② 墨西哥与美国拥有漫长的共同边界线是产生该问题的直接原因,而两国在发展水平上存在的巨大差距则是重要诱因。漫长的共同边界线使两国间出现了从非法移民、毒品走私到公共安全、健康、福利、环境和基础设施建设等一系列问题,以至于有学者将美墨边境称为《北美自由贸易协定》的第四个成员。1964 年后,美国开始越来越关注墨西哥非法移民问题。冷战期间,除限制非法移民和缉毒外,为防止中美洲的共产主义分子过境墨西哥渗透美国,美国政府逐渐加强对两国边境地区的管制。③ 而为增加收入和过上较好的生活,每年都有很多墨西哥人利用 2 300 英里共有边界线的便利条件,通过各种渠道进入美国。尤其当墨西哥本国经济不景气时,这种趋势就更加明显。据统计,1920—1970 年,居住在美国的墨西哥人数虽有所变化,但比较稳定。1920 年是 50 万人,1940 年减少到 37.5 万人,1970 年增加到 70 万人。但从 1970 年开始,墨西哥人开始如潮水般涌入美国,1980 年达到220 万人,1990 年增长到 430 万人,2000 年则增加到 900 万人。④ 在

① Tony Payan, *The Three U. S - Mexico Border Wars: Drugs, Immigration, and Homeland Security*, pp. 54 - 55.

② Timothy C. Brown, "The Fourth Member of NAFTA: The U.S.- Mexico Border", *Annals of the American Academy of Political and Social Science*, Vol. 550 (March 1997), pp. 105 - 121.

③ Terri E. Givens, Gary P. Freeman and David L. Leal, *Immigration Policy and Security*, New York: Routledge, 2009, p. 18.

④ Edward Alden, *The Closing of the American Border: Terrorism, Immigration, and Security since 9/11*, New York: Harper Collins Publishers, 2008, p. 74.

1982 年、1987 年和 1995 年几次蕴含较大经济矛盾的墨西哥货币危机后,都出现了墨西哥人向美国非法移民的浪潮。① 这些移民将他们在美国的收入汇给国内亲人,这甚至一度成为墨西哥的最主要外汇来源之一。据 2009 年统计资料,美国的墨西哥裔人口数已达 3 168 万,占美国人口总数的 10.3%②,美国有统计的 1 080 万非法移民中,墨西哥人占 62%,总数达 670 万人。③

除墨西哥人外,很多其他拉美国家的公民也常把墨西哥作为进入美国的跳板。随着这些拉美裔移民,尤其是非法移民的增多,美国内部也相应出现越来越多的社会、政治和文化问题。亨廷顿(Samuel P. Huntington)在《我们是谁? 美国国家特性面临的挑战》一书中曾对该问题进行过深入分析,并有一些让人吃惊的论断。他认为美国的非法移民问题基本上是由非法入境的墨西哥人造成的。拉美裔,尤其是墨西哥裔移民不断增多,同化进程很慢,他担心这终将会对美国的文化特性产生影响。美国将来可能会变成一个盎格鲁—拉美社会,在美国西南部地区出现“拉美裔化”。④ 简言之,就是美国正面临“被拉美化的挑战”。美国政府层面,移民问题也一直都是重点关注的问题之一。“美国将移民问题框定为国家安全问题,几乎将全部精力都投入到边境控制中”⑤,对非法移民更是如此。克林顿政府曾认为有组织地把人员偷运到美国境内是“对(美国)国家安全的威胁”。⑥ 虽然历届政府都不遗余力地解决非法移民问题,但效果不彰,因为两国漫长的共有边界是有效控制非法移民涌入的最大障碍。

为限制移民涌入,美国国会曾在 1924 年通过以种族歧视为特征、

---

① C. 弗雷德·伯格斯坦:《美国与世界经济:未来十年美国的对外经济政策》,朱民等译,北京:经济科学出版社 2005 年版,第 357 页。

② 统计资料见美国人口统计局网站,http://factfinder.census.gov/servlet/DTTable? _bm = y&-geo_id = 01000US&-ds_name = ACS_2009_1YR_G00_&-_lang = en&-redoLog = true&-mt_name = ACS_2009_1YR_G2000_B03001&-format = &-CONTEXT = dt.

③ Clare Ribando Seelke, "Mexico – U.S. Relations: Issues for Congress", p. 23.

④ 塞缪尔·亨廷顿:《我们是谁? 美国国家特性面临的挑战》,程克雄译,北京:新华出版社 2005 年版,第 187 页。

⑤ 彼得·卡赞斯坦:《地区构成的世界:美国帝权中的亚洲和欧洲》,秦亚青等译,北京:北京大学出版社 2007 年版,第 214 页。

⑥ 转引自塞缪尔·亨廷顿:《我们是谁? 美国国家特性面临的挑战》,第 187 页。

民族来源为基础的《约翰逊—里德法案》,实行移民限额制度。第二次世界大战后,国会又先后在 1952 年、1960 年、1986 年、1990 年和 1996 年多次修改和扩充相关法律,建立了较完善的移民法律制度。法律约束仍未能完全阻挡以墨西哥人为代表的拉美裔移民通过各种途径、利用各种手段涌入美国的势头。非法移民问题不仅未能彻底解决,反而愈演愈烈。1986 年,国会通过《移民改革和控制法》(the 1986 Immigration Reform and Control Act),赦免了近 300 万非法移民,给予他们合法身份,其中绝大多数是墨西哥人。该法同时决定在美墨边境加强巡逻力度,试图通过此方式解决旷日持久的非法移民问题。1986—2006 年,美方边境巡逻人员从 2 000 名增加到 12 200 名(9 000 名部署在美墨边境,其余部署在美加边境),与之相关的财政支出也从 2 亿美元增加到 10 亿 2 130 万美元。① 可从实际效果看,非法移民问题的解决未能取得丝毫进展。因为美国加强对边境管制后,原先那些想通过边境往返两国的非法移民因担心被抓获宁愿长期滞留,而非离开美国。如 1986 年前,大约有 46% 的墨西哥非法移民会返回墨西哥,2002 年该数字则降至 25%。

美国人担心非法移民会对他们的工资水平产生负面影响,但一些学者却认为这种担心是多余的。他们的研究认为,非法移民增多不会影响美国人的工资水平,反而为一些美国人不愿从事的产业提供了充足劳动力。美国人真正需要关心的是非法移民带来的社会问题②,而不是对他们收入的影响。墨西哥方面则更关注这些在美国的非法移民的人权是否受到侵犯,担心他们无法在美国得到合理公平的对待。若综合考量,非法移民对美国的影响远大于对墨西哥的影响。首先,墨西哥等拉美裔移民常非法越境进入美国并长期滞留,与此相伴随的是跨境贩毒或武器走私等严重刑事犯罪日益增多。其次,美国为不断涌入的非法移民花费了大量政府开支,主要用于他们的医疗、住房以及子女的教育费用。如在拥有最多非法移民的加利福尼亚州,1993 年的非法移民总数就已达到 208.3 万,占全美非法移民总数的 52%,其中绝大部

---

① Tony Payan, *The Three U.S.- Mexico Border Wars*: *Drugs, Immigration, and Homeland Security*, p. 56.

② Kritin F. Butcher and David Card, "Immigration and Wages: Evidence from the 1980's", *The American Economic Review*, Vol. 81, No.2 (May 1991), pp. 292 – 296.

分来自墨西哥。该州仅在 1994 年一年,就在教育和医疗等领域为非法移民支出 34.4 亿美元,那些非法移民缴纳的税收远不及政府为他们提供各种服务的支出费用。[①] 1994 年 12 月 8 日,加州投票通过"187 号提案"(Proposition 187),取消对非法移民在教育、福利和非紧急状态下的医疗护理等方面的补贴。这在墨西哥国内激起轩然大波,当时刚当选的候任总统欧内斯特·赛迪略(Ernesto Zedillo)立即发表声明警告加利福尼亚州,若因该法案的实施而使滞留美国的墨西哥人的人权遭到侵犯,那将会引起非常危险的政治后果。[②] 该法案后因争议太大且涉嫌违宪最终不了了之,但从中可看出非法移民问题在美墨关系中具有的高度敏感性。

如何妥善解决非法移民问题是美墨两国政府同时面临的重要问题。美国一度认为墨西哥经济向好发展、两国经济差距缩小,会有助于减少墨西哥人进入美国。1990 年美国国际移民和合作经济发展研究委员会(Commission for the Study of International Migration and Cooperative Economic Development, CSIMCED)在一份研究报告中认为,从长远来看,美国应向墨西哥开放市场,因为墨西哥经济获得发展是解决非法移民问题的最终手段。报告建议美国政府在《美加自由贸易协定》基础上与墨西哥谈判自由贸易协定。[③] 北美自由贸易区建立后,美国人乐观地认为,这将有助于增加墨西哥的 GDP,提高墨西哥人生活水平。甚至有人预计"墨西哥的社会资本(social capital)每增加 1%,墨西哥向美国移民就会永久性减少 4.4 万人",极其乐观地认为墨西哥人均 GDP 在 2024 年前后将达到美国的一半,届时两国间将不再存在非法移民问题。[④] 时任美国贸易代表卡拉·希尔斯(Carla Hills)在参议院金融委员会作证时,也认为《北美自由贸易协定》将会改善墨西哥人的生活状况,减轻非法移民的压力,因为"教训很清楚,如果不

---

① 戴超武:《美国移民政策与亚洲移民(1849—1996)》,北京:中国社会科学出版社 1999 年版,第 229—230 页。

② Donald E. Schulz and Edward J. Williams, *Mexico Faces the 21st Century*, p. 21.

③ Dolores Acevedo and Thomas J. Espenshade, "Implications of a North American Free Trade Agreement for Mexican Migration into the United States", *Population and Development Review*, Vol. 18, No. 4. (December 1992), p. 732.

④ Jessica Wayne, "NAFTA: This Is Another in a Series of Essays on the Problems and Prospects of NAFTA", http://www.coha.org/2008/04/the-secret-aspects-of-nafta/.

让机会到人民一边去,人民就会到机会一边来"。① 因此,在美国人的设想中,通过北美自由贸易区推动墨西哥经济取得发展,将创造更多就业岗位,刺激更多墨西哥人留在国内,而非向美国非法移民。②

1990年《北美自由贸易协定》谈判伊始,萨利纳斯建议把移民和劳工自由流动纳入协定,但被老布什总统称为"无稽之谈",因为"美国民众普遍对墨西哥移民泛滥的隐患深表担忧"。③ 美国担心一旦放开移民政策,尤其允许墨西哥移民大量涌入美国,可能会在与墨西哥相邻的几个州引起失业和犯罪率升高等问题,甚至可能引发种族冲突。④ 墨西哥也担心本国劳动力会因此大规模流失,很多墨西哥人可能会把心思放在如何离开墨西哥上,而不是安心工作。美国任何放宽移民的法律都将给墨西哥经济造成非常严重的后果。⑤ 因此,在整个谈判过程中,美、墨不仅未直接讨论移民问题,而且也未讨论任何可能会对移民问题产生影响的人员流动问题,在最后的《北美自由贸易协定》文本中,除部分条款涉及劳工问题外,没有条款涉及非法移民问题。不过两国也借此形成一些共识,都认为北美自由贸易区是解决边境安全问题的催化剂,能为未来双方安全合作创造必要条件。从现实状况看,《北美自由贸易协定》"对墨西哥是一个糟糕的协定,因为墨西哥的企业仍无法与美国企业相竞争",因此未能给墨西哥增加更多就业岗位,美国国内雇主也更乐意雇佣低薪资水平的墨西哥劳工。⑥ 美墨非法移民问题不仅未得到缓解,反而进一步呈现出难以遏制的发展势头,这种局面直到今天都未能发生根本性的改观。

总之,"9·11"事件之前,非法移民问题是美墨安全关系的主题。小布什在2000年总统大选期间就称,一旦当选就将全力解决非法移民问题。入主白宫后,他任命乔希·博尔顿组建一个特别工作小组研究该问题。墨西哥方面,2000年上任的总统福克斯(Vicente Fox Quesada)也有类似想法,他也把解决非法移民问题作为上任后头等大

---

① Donald E. Schulz and Edward J. Williams, *Mexico Faces the 21st Century*, p. 125.

② Bill Ong Hing, *Ethical Borders*, Philadelphia: Temple University Press, 2010, p. 9.

③ 罗伯特·A. 帕斯特:《走向北美共同体:新世界应从旧世界汲取的教训》,第148页。

④ 同上,第139页。

⑤ 同上,第165页。

⑥ Bill Ong Hing, *Ethical Borders*, pp. 9 – 10.

事来抓,同时还对推动北美地区展开全方位合作持积极态度。福克斯认为,"《北美自由贸易协定》应使两国人员的交流像货物和资本那样自由流动",主张北美自由贸易区应学习欧盟,最终实现货币统一。他早在1996年就曾向时任得克萨斯州州长的小布什提出这些想法,但小布什认为"这在政治上是绝不可能实现的"。① 2001年,小布什出访墨西哥,这是他就任总统后的首次出访。这改变了美国总统上任后首访加拿大的惯例。小布什一方面表明他的政府对墨西哥的重视,另一方面也希望向美国民众展示自己解决非法移民问题的决心。两国元首在会晤后发表的联合声明中,一致同意建立一个由美国国务卿、司法部长与墨西哥外长、内政部部长组成的内阁级委员会,商讨解决两国间移民和劳工的流动问题。但两国对该机制有不同理解,墨西哥认为这是一个旨在解决包括非法移民问题在内的两国众多边境问题的谈判机制。美国则认为该机制"仅为对话或讨论,而非谈判"。② 2001年4月,该委员会举行首次会议,两国同意"共同寻找解决移民问题的深度解决方案",但未能取得实质性突破。福克斯在当年9月初访美时,与小布什继续商讨该问题,也未能取得实质性突破。③ 9月11日早上,两国在白宫再次讨论非法移民问题,同一天,本·拉登控制下的基地组织对美国发动恐怖袭击,美墨会谈因此中断。其后,美国战略重心转为反恐,两国就非法移民问题建立的对话机制随之彻底中断。

二、美墨边境的毒品走私问题

毒品走私在美墨边境安全问题中是仅次于非法移民的又一严重问题,对两国关系正常发展构成长期困扰。美国认为这是涉及国家安全的重要问题之一。1909年,美国曾制定并颁布法律,规定除医用目的外禁止进口和使用鸦片,这是美国第一次将鸦片列入药品管制名单④,标志美国反毒斗争的开始。冷战结束后,美国的国家安全关注重心甚

① Edward Alden, *The Closing of the American Border: Terrorism, Immigration, and Security Since 9/11*, pp. 76 – 77.
② Ibid., pp. 77 – 78.
③ Ibid., p. 79.
④ Maria Celia Toro, *Mexico's "War" on Drugs: Causes and Consequences*, London: Lynne Rienner Publishers, 1995, p. 5.

至一度由反对苏联转移到反对毒品走私这样的跨国威胁,而这也曾成为它制定对拉美地区安全政策的主要推动力。[1] 墨西哥方面,毒品问题又常和政府官员及军队腐败问题联系在一起,其对外关系尤其在对美关系上,常因美国反毒机构和人员渗入其国境之内而导致两国关系紧张。

墨西哥一些地区拥有适合毒品作物生长的气候条件。这些地区交通落后,政府无法严格监管毒品种植及走私,再加上和世界最大的毒品市场美国拥有近 3 000 公里的不设防边境,这使它 20 世纪初就成为毒贩向美国走私毒品的天然生产地和中转地。毒贩或把在墨西哥种植的毒品直接运往美国,或把墨西哥作为中转站,把南美洲其他国家生产的鸦片、大麻等毒品走私到美国市场。毒品问题因而很早就成为美墨安全关系中的一个重要内容,双方常因该问题龃龉不断。1948 年,墨西哥政府就曾开展过第一次全国性的禁毒战役。但长期以来,禁毒效果一直不佳。而从那时起,墨西哥军队也逐渐成为反毒主力,这为后来美国以帮助墨西哥反毒为名,对其军队进行渗透创造了条件。

第二次世界大战期间,美国出于战场救护需要,曾鼓励墨西哥大规模合法生产能制作麻醉剂的鸦片等毒品作物。到战争后期,美国已开始注意到墨西哥不断扩大的合法麻醉剂作物生产与其国内非法市场之间存在供应关系。欧洲和远东毒品经中美洲到美国的线路被中断后,和美国接壤的墨西哥逐渐成为替代线路。[2] 40 年代末,墨西哥军队直接卷入毒品走私活动。60 年代初,高达 95% 的走私毒品在墨西哥生产或以该国为中转站流入美国。从 60 年代起,几乎历届美国政府都把打击毒品走私视为一项重要工作。1968 年,约翰逊政府组建隶属于司法部的麻醉剂与危险药品管理局( Bureau of Narcotics and Dangerous Drugs),负责打击毒品走私活动。1969 年 9 月 21 日,尼克松政府发起一个长达 20 天名为"拦截行动 I "的缉毒行动,对过往美墨边界的近 450 万人员进行严格盘查,希望以此遏制毒品走私。该行动效果并不理想,反而对两国接壤地区正常的经济活动产生负面影响。墨西哥对美国此次单方面反毒行动深感震惊和愤怒,两国关系也因此一度陷入

---

[1]　Stephen Clarkson, *Does North America Exist?* p. 370.

[2]　Maria Celia Toro, *Mexico's "War" on Drugs: Causes and Consequences*, p. 11.

紧张状态。① 1971 年 6 月 17 日，尼克松在一次记者招待会上宣布"毒品泛滥是美国面临的头号公敌"。1974 年，福特（Gerald Rudolph Ford, Jr.）总统宣布毒品是美国国家安全面临的一个严峻威胁。② 到 70 后代后期，经墨西哥进入的走私毒品占流入美国总量的 80%。80 年代，在美国的严厉打击下，哥伦比亚贩毒集团经加勒比海和佛罗里达州进入美国的贩毒路线被掐断，它们把目光转向墨西哥，并与当地走私组织结成"战略联盟"。据美国国务院统计，1989 年进入美国的走私毒品的 1/3 来自墨西哥，1992 年该数字升为 1/2，数年后又飙升至 75%—80%。③ 到 80 年代末，墨西哥毒品年均交易总额已高达 20 亿美元。1988 年，毒品带来的利润占墨西哥国民生产总值的 1.25%—4%，占其出口总收入的 6%—20%。1986 年，里根政府认为毒品交易是一件很难处理的事情，正式宣布毒品走私涉及国家安全，要打一场"反毒之战"。里根因此成为美国历史上第一位把毒品列入国家安全问题的总统。三年后，老布什总统推出新的反毒政策，授予美军沿美墨边境和深入中南美洲地区反毒的权力。④

据美国官方估计，美墨边境的毒品走私总价值应该在 800 亿美元左右。⑤ 暴利驱使美墨两国走私人员铤而走险，他们为争夺利益还组成不同的暴力黑帮，这对两国接壤地区的治安产生极大负面影响。对墨西哥毒品问题的担忧一度成为部分美国人反对《北美自由贸易协定》的借口，他们担心更便利的交往将不可避免地导致毒品走私更加猖獗，《北美自由贸易协定》最终会变成"北美毒品协定"。美国情报和司法部门的评估也认为，墨西哥和哥伦比亚毒贩将利用美墨跨境贸易便利性在《北美自由贸易协定》生效后大幅提高的机会，建立更多服务于毒品走私的加工工厂、仓库和卡车运输公司。⑥ 那些以贩毒为生的

---

① Maria Celia Toro, *Mexico's "War" on Drugs: Causes and Consequences*, p. 62.

② 巴里·布赞·奥利·维夫：《地区安全复合体与国际安全结构》，第 283 页。

③ Peter Andreas, *Border Games: Policing the U.S.-Mexico Divide*, p. 52.

④ Stephen Clarkson, *Does North America Exist?* p. 370.

⑤ Tony Payan, *The Three U.S.-Mexico Border Wars: Drugs, Immigration, and Homeland Security*, p. 25.

⑥ Donald E. Schulz and Edward J. Williams, "Crisis or Transformation? The Struggle for the Soul of Mexico", p. 10.

墨西哥暴力集团,不仅展开地盘争夺战,而且对政府、司法和军队进行渗透,甚至通过暗杀去达到目的。毒品已成为影响墨西哥内部稳定的一个严重问题。在美国的推动下,墨西哥也将打击毒品走私视为维护其国家安全的重要内容,墨西哥军队是冷战期间世界上第一支向毒品开战的军队。① 但是,在相当长的一段时期里,墨西哥的反毒行动都取决于美国的反毒政策。② 尤其是在《北美自由贸易协定》谈判期间,美国将反毒作为迫使墨西哥让步的一个筹码,因为"这是允许墨西哥商品进入美国市场的一个前提条件",而"墨西哥对毒品走私的军事化打击可在美国国会创造对讨论开放两国边境和自由贸易与投资有利的良好氛围"。③ 时至今日,墨西哥仍然深陷于因为反毒而引发的动荡之中。2009 年,奥巴马就任美国总统,即将离任的中央情报局局长称,"新总统上任后首先面对的两大国家安全问题,分别是伊朗核威胁和墨西哥的政治动荡"。因为墨西哥"正处于血腥和混乱的内战之中,这场'战争'不仅爆发在政府和贩毒集团之间,也爆发在毒品走私集团之间,它们为地盘和贸易路线展开激烈争夺"。④

## 第四节　"反恐时代"的北美安全合作

2001 年 9 月 11 日,以本·拉登为首的 19 名基地组织成员,利用劫持的四架商业客机,对美国本土发动大规模恐怖袭击活动,纽约地标世界贸易中心瞬间化为灰烬,首都华盛顿的美国国防部也严重受损。此次恐怖袭击造成 3 000 多人死亡、纽约证券交易所关闭、美国已出现苗头的经济衰退加速、石油价格被推高等重大人员和经济损失。"9·11"事件是美国本土继"珍珠港事件"后首次遭到的外敌袭击。"9·11"事件前,刚赢得冷战的美国正处于国力巅峰时期,其安全关注

---

① James F. Rochlin, *Redefining Mexican "Security": Society, State & Region Under NAFTA*, pp. 105 – 115.

② Maria Celia Toro, *Mexico's "War" on Drugs: Causes and Consequences*, p. 1.

③ Stephen Clarkson, *Does North America Exist?* p. 371.

④ Jeff Faux, "Obama's Mexican Challenge", *Dissent*, Spring 2009, p. 41.

主要集中在中国和印度等新兴大国及核不扩散等问题上。① "9·11"事件的发生,表明在全球化时代,随着现代交通手段的发展,"浩瀚的太平洋和大西洋已不再是确保美国免遭侵略的天然屏障了"。② 美国很快确认幕后主使是以本·拉登为首的基地组织。小布什政府宣布将追剿本·拉登和基地组织等恐怖分子和组织。9 月 14 日,国务卿鲍威尔称,一旦确定基地组织与此次袭击事件有关,美国将在全球追剿该组织及为该组织提供庇护、支持和援助的网络,直到该组织被彻底摧毁。同一天,小布什总统宣布:"在因此次对美国的袭击事件所导致的新战略环境中,其他国家要么与美国站在一起,要么与恐怖分子站在一起,没有中间路线。"③ 美国的安全战略由冷战期间的"遏制"政策迅即全面转向全球反恐和维护国土的绝对安全,开始奉行"先发制人"的军事战略;对外关系上,依据"是否反恐"确定国家关系亲疏,除庇护本·拉登和基地组织的阿富汗塔利班政权外,还把伊拉克、朝鲜、利比亚等国列入"邪恶轴心";军事上,强调通过维持超强军力去实现国家的绝对安全。这些基本原则后被统称为"布什主义"(Bush Doctrine),其核心要点可总结为:先发制人,单边主义,追求美国仁慈的霸权,运用美国军力在世界上推进民主的外交政策④,世界因此进入反恐时代。美国以反恐和维护国土安全为名,不仅在全球追剿恐怖分子,而且先后发动阿富汗战争和伊拉克战争。

美国对"9·11"事件的反应和其后将安全关注重点迅速转向反对恐怖主义,不可避免地对其邻国加拿大和墨西哥产生直接影响,也对北美区域安全合作产生影响。美国开始把北美地区视为维护国土安全的天然屏障,尝试通过加强与加拿大和墨西哥的合作,防止恐怖分子进入美国或再次对其本土发动袭击。在美国的推动下,作为一个"地区"的北美大陆在实现自由贸易的基础上开始尝试培育共同的区域安全观。学者莫妮卡·瑟拉诺指出,北美三国在谈判《北美自由贸易协定》之

① Imtiaz Hussain, Satya R. Pattnayak and Anil Hira, *North American Homeland Security:Back to Bilateralism?* p. 2.

② Patrick M. Cronin, *America's Security Role in a Changing World*, p. 349.

③ Patrick Lennox, *At Home and Abroad:The Canada–US Relationship and Canada's Place in the World*, p. 92.

④ 周琪:《"布什主义"与美国新保守主义》,《美国研究》2007 年第 2 期,第 7 页。

初,没有期待政治和安全议题能取得与经济议题相提并论的地位。20世纪 90 年代以来,跨境人员频繁流动虽使北美地区开始面临新的安全环境,可真正让安全问题更急迫和更突出的却是"9·11"事件。该事件使三国迅速动员,制订并采取了一系列决策和措施,这对北美区域安全以及三国间的区域安全合作产生了重要影响。[①]

一、加强边境管控的"次区域安全合作"

"9·11"事件发生后,作为美国的邻国和北美自由贸易区的成员,加拿大和墨西哥不可避免地也要连带受到该事件影响。两国在向美国表示同情的同时,都从道德高度谴责此次恐怖主义袭击行为。纽约世贸大厦的遇难者中包括 24 名加拿大公民。9 月 11 日当天,加拿大总理克雷蒂安成为第一批向美国总统发去慰问电的外国领导人之一,他严厉谴责此次袭击事件,称这是"懦夫般且不可理喻的极端暴力行为",宣布"加拿大将与美国肩并肩"应对挑战。正在北美联合空防司令部当值的加拿大指挥官也立即命令美军战机起飞,关闭美、加领空,应对其后可能的恐怖袭击活动。加拿大外长也发表声明,称"加拿大已身处针对恐怖主义的战争之中",表示加拿大将与美国共同反对恐怖主义。9 月 14 日,10 万名加拿大人聚集在渥太华市,缅怀遇难者,还自发举行了献血、捐款等公益活动。北约还在加拿大建议下首次启动共同防御条款,要与美国共同打击恐怖主义。[②] 墨西哥方面,福克斯总统也在 9 月 11 日发表声明称,与世界人民一样,墨西哥对此事件深感震惊。这是恐怖分子的犯罪行为。墨西哥拒绝任何形式的暴力和恐怖主义活动。墨西哥将坚定地支持在此次袭击事件中的所有受害者及他们的家属。除这些声明外,两国还迅速响应美方要求,暂时关闭两国与美国接壤边境,防止美国再遭恐怖主义袭击。

"9·11"事件促使三国开始从二个角度思考北美地区的安全问题。一是此次恐怖袭击事件暴露出北美自由贸易区脆弱的一面,尤其是恐怖分子可能把加拿大和墨西哥作为组织、策划和袭击美国的平台;

---

① Monica Serrano, "Integration and Security in North America", pp. 611 – 612.

② Patrick Lennox, At Home and Abroad: The Canada – US Relationship and Canada's Place in the World, pp. 91 – 92.

二是一旦具有合适的交通和技术条件,非法移民和毒品走私等北美地区存在的"消极客观面"就可能和极端分子相联系,最终演变为全球威胁;三是潜在的恐怖分子可能会袭击在加拿大和墨西哥境内的美国目标。这些因素促使三国,尤其是美国决定采取实际行动。首当其冲的就是美国开始加强与加拿大和墨西哥接壤边界的管控力度。北美自由贸易区成立之初,三国曾希望逐渐放松而非加强边境管理,但"9·11"事件却使这种愿景最终破灭。美—加和美—墨边境管理不仅得到进一步强化,而且美国还期望借此彻底消除跨边界存在的各种非法活动。①

"9·11"事件当日,美国有史以来首次宣布关闭领空和全部机场,民航飞机就近降落或停飞,目的地是美国的国际航班立即返航或改降加拿大。"9·11"事件对美国长期秉持的"开放"和"绝大部分边境不设防"的观念构成冲击②,美国公众开始质问恐怖分子是如何进入美国的,怀疑他们是从美墨或美加边境进来的非法移民,或持旅游签证进来后滞留美国不归者。美国内部就如何降低面临的威胁展开大讨论,但一致认为维护边境安全是需要解决的主要问题之一。美国开始本能地加强对边界的控制,收紧签证政策。在政府层面,为确保国土安全,防止恐怖袭击事件再次发生,2002 年 11 月 25 日,小布什总统在白宫签署《2002 年国土安全法》,宣布成立国土安全部,把原先分属于联邦调查局、财政部、国防部、商务部、农业部等部门的签证、边境安全、情报搜集、生化分析等机构重组并入该部。这是美国自 1947 年成立国防部以来最大规模的政府机构调整。国土安全部承担防范恐怖分子袭击美国的任务。该部 2002 年公布《国土安全国家战略》称:"由于当代恐怖分子的流动性及潜在的巨大破坏性,美国需要重新审视并安排边境和交通安全的基本体系。"③提出为确保边境安全,防止恐怖分子入境,将打造未来边界管理模式——"智能边界"(smart borders)。该模式将把当前的线性管理方式改为陆、海、空三者融合于一体的综合管理系统,监管所有出入美国的交通工具、人员和货物。该综合管理系统将依赖情报、国家各部门及国际合作,不仅防止恐怖袭击事件再次发生,而且将

①　Monica Serrano, "Integration and Security in North America", pp. 616 – 617.

②　Edward Alden, *The Closing of the American Border*: *Terrorism*, *Immigration*, *and Security Since 9/11*, p. 87.

③　"The National Strategy for Homeland Security", July 2002, p. 21.

把有组织的国际犯罪集团、毒品、非法移民、网络犯罪、对自然资源的破坏或盗窃等都列入其管理范围。[1] 该报告还把非法移民与恐怖分子相提并论,以此表明美国政府加强边界监管和彻底杜绝恐怖分子渗入美国的决心。除国土安全部外,美军还新组建了北方司令部(Northern Command),负责整个大北美地区的防务。该司令部于 2003 年 10 月 1 日正式开始运作。[2]

美国为维护国土安全,一方面摸索与加拿大和墨西哥分别开展机制性合作;另一方面也试图鼓励加、墨两国联手就维护整个北美地区的国土安全开展三边合作。具体而言,对加拿大,鉴于曾经有恐怖分子经该国进入美国的"前科",在美国要求下,加拿大开始配合加强边境管理。美加接壤边界长达 4 000 英里,是世界上最长的不设防边界。1999 年 12 月,阿尔及利亚籍恐怖分子艾哈迈德·雷萨姆(Ahmed Ressam)利用这种便利条件,携带炸弹驾车从加拿大长驱直入,谋划于千禧年之际在洛杉矶国际机场制造爆炸案,但他因被美国海关截获而未能得逞。美国人对此心有余悸。据美国智库战略与国际研究中心(the Center for Strategic and International Studies,CSIS)统计,加拿大每年接受 30 万移民,其中相当一部分人的目的是寻求政治避难。加拿大法律规定,政府不能拒绝寻求政治避难的难民,这为恐怖分子以难民身份进入加拿大创造了条件,进而使他们有机会越境对美国发动恐怖袭击。雷萨姆就是采用这种方式持假护照进入加拿大的。雷萨姆事件曝光后,美国曾一度尝试在两国边境地区增加安全检查点,但因同时遭到来自美国内部和加拿大的反对而未能成为现实。美国的反对者认为,此举将导致与第一大贸易伙伴加拿大的贸易关系大幅倒退。

"9·11"事件发生后,随着美国对与加拿大接壤边境管理力度的加强,跨国流动的车流量也一度降至此前的一半,这对两国边境地区经济造成一定冲击。以美国华盛顿州为例,该州零售业严重依赖加拿大市场,边境管理措施的加强导致该州损失超过 1 亿美元。时任州长骆家辉(Gary Locke)甚至联合其他边境州的州长向小布什总统陈情,要求联邦政府更合理地管理边境地区,以提高车辆通行效率,尽可能地降

---

[1]　"The National Strategy for Homeland Security", July 2002, p. 22.

[2]　Stephen Clarkson, *Does North America Exist*? p. 399.

低经济损失。① 加拿大的经济损失也不容忽视,一方面为维护正常的加美贸易关系,另一方面也为满足美国对国土安全迫切的需求,2001年12月与美国正式签署《美—加智能边界声明》(The U.S.- Canada Smart Border Declaration),该声明称,"'9·11'恐怖袭击攻击了我们对民主、法治及自由而开放的经济的承诺,威胁到两国民众和经济安全。这些新挑战要求两国开辟合作新途径",为此,两国"将建立21世纪的'智能边界',建立确保两国人员和贸易能够安全交流的边界,建立能反映世界最大规模贸易伙伴国关系的边界"。在此基础上,两国制订了确保人员和物资跨境流动,确保基础设施安全,实现两国情报共享等具体行动方案。② 双方同意在不影响正常人员和贸易流动的前提下,联合侦查、制止和调查与安全威胁相关的活动,两国法律、移民、海关等部门及地方、州、省相关机构人员联合组成14个"联合边境执法小组",共同管理两国边境。③ 加拿大为在维护自身利益和美国反恐需求之间找到平衡点,甚至修改了部分国内法。④

在后"9·11"时代,加拿大逐渐明确了对边境管理要实现的四个目标:一是确保加拿大不会成为攻击美国的平台或渠道;二是确保能就跨境贸易和旅游便利化及安全等问题与美方开展高效的合作;三是在边境地区采取安全措施时,要兼顾安全、便利及人员和货物合法流动之间的平衡;四是审慎制定边境政策,尤其要考虑到国内政策的需求和公众的期待。⑤ 而在美国的压力下,为提高反对国际恐怖主义能力,加拿大建立了与美国国土安全部对等的"公共安全及紧急应变中心"(PSEPC),迅速增加了相关财政支出。⑥ 加拿大还与美国共建了"边界交通工作小组"(Transportation Border Works Group, TBWG)。美方参加机构包括联邦公路管理部门、交通部、海关边防局、国务院、联邦服务

---

① Edward Alden, *The Closing of the American Border: Terrorism, Immigration, and Security Since 9/11*, p. 47.

② "The Canada – U.S. Smart Border Declaration",加拿大外交部网站,http://www. international.gc.ca/anti-terrorism/declaration-en.asp.

③ "Canada and Terrorism", http://www.adl.org/terror/tu/tu_0401_canada.asp.

④ Geoffrey Hale and Monica Gattinger, *Borders and Bridges*, p. 106.

⑤ Ibid., p. 100.

⑥ Imtiaz Hussain, Satya R. Pattnayak and Anil Hira, *North American Homeland Security: Back to Bilateralism?* p. 131.

总署等,加方部门包括一些省级管理部门、外交部、边境服务署及卫生检疫署等。该小组在 2002 年举行首次会议,决定两国在数据采集、技术项目、信息交换等领域展开合作,制订合作计划,以使人员和货物能够以安全、可靠、高效和环保的方式穿越边界。该小组每年召开两次全体大会,以确定更详细的合作内容和方式。① 除陆地边界外,海上和港口安全也被纳入两国合作范围。2004 年,美国和加拿大开始落实《国际港口设施安全行为规范》(International Port Facility Security Code,IPFSC)。根据该规范,美国执法机构可登临并检查悬挂加拿大国旗的船只,加拿大执法机构也对等地拥有登临并检查悬挂美国国旗的船只的权力。两国还合作建立了一个名为"自由可靠贸易联合项目"(Free and Secure Trade,FAST)。在该项目下,美、加在两国边境地区最繁忙的 12 个边检口,对过往货车和司机预先进行联合风险评估,以提高低风险级别的人员和货物的过境速度。截至 2005 年,已有 25 000 名司机通过风险评估,他们的个人资料及运送货物信息可提前被传送到边境安检点,安检人员将根据这些信息决定是否对他们实施检查。② "9·11"事件促使美、加建立了多个合作机制,两国安全合作也被提升至新的水平。2001 年,美国和英国发动阿富汗战争后,加拿大也在 2002 年 2 月依据《大西洋公约》履行盟国义务,向阿富汗派驻战斗部队,正式加入阿富汗战争。截至 2009 年,美国和加拿大已签署的 252 项协定中,与防务和安全相关的协定有 67 项,占总数的 27%③,两国安全合作不仅非常成熟,而且达到相当高的水准。

　　除不断加深与加拿大的安全合作外,美国也借"9·11"事件加强对南方边境的控制,并要求墨西哥提供配合。"9·11"事件后,墨西哥总统福克斯迅速发表声明,对遇难者表示同情的同时,称墨西哥将拒绝所有形式的暴力活动和恐怖主义活动。北美自由贸易区成立后,随着美、墨两国间的贸易量大增,跨境运输业迅速发展起来,墨西哥北部地区的组装工厂生产的产品大都通过陆路运输进入美国市场。早在"9·11"事件之前,因为边境交通运输压力不断加大,美国政府开始考

---

① 详情参见该小组官方网站,http://www.thetbwg.org/index_e.htm.
② Imtiaz Hussain, Satya R. Pattnayak and Anil Hira, *North American Homeland Security:Back to Bilateralism?* p. 134.
③ Patrick M. Cronin, *America's Security Role in a Changing World*, p. 349.

虑对与墨西哥接壤地区的交通基础设施进行升级。"9·11"事件发生后,美国加强了对两国边境的管控,每辆车平均过境时间从原先的30分钟增至5至8个小时。墨西哥对美出口因此大幅减少,福克斯总统说,"9·11"事件对墨西哥的经济产生了灾难性影响。"①2002年初,美国把此前与加拿大商定的"智能边界"方案带到墨西哥,希望墨西哥与之签订类似协定。在美国的推动下,两国在2002年3月正式签署《美—墨边境伙伴关系行动计划》(U.S.-Mexico Border Partnership Action Plan),决定两国将就确保边境基础设施安全、人员和货物自由流动,加强两国边境执法机关合作等制订具体的合作内容②,同意加强信息共享和情报合作。虽然如此,美国对"墨西哥是否能按照协定行事没有信心"。③

长期以来,美国和墨西哥对以移民问题为代表的边境安全问题有不同理解。美国认为边境问题是一个执法问题,涉及打击非法移民和毒品走私,在加强美方执法力量同时也期待墨西哥给予更好合作。墨西哥对该问题有不同理解,认为边境问题是社会和经济问题。④ 20世纪90年代,得克萨斯州、亚利桑那州和加利福尼亚州为打击非法移民,要求国会把美墨边境巡逻人数从3 000人增加到9 000人。该提议被国会所采纳。"9·11"事件后,美国虽然仍旧担心从美墨边境涌入的非法移民问题,但却认为美加边境更危险,担心恐怖分子会利用两国边境不设防和较为宽松的通行条件进入美国。为此,美国曾暂时停止增加美墨边境巡逻人员的数量,反而将美加边境巡逻人员数量从350人增至1 000人。⑤ "9·11"事件对墨西哥非法移民产生的最直接影响,就是改变了小布什政府解决美墨非法移民问题的决心和政策。因为制造"9·11"事件的恐怖分子通过合法途径进入美国,这刺激国会否决了计划给予美国境内非法移民合法身份的议案,而这正是福克斯上任

---

① Edward Alden, *The Closing of the American Border*: *Terrorism*, *Immigration*, *and Security Since 9/11*, pp. 46 - 47.

② 美国国土安全部网站, http://www.migrationinformation.org/feature/display.cfm? ID = 407

③ Edward Alden, *The Closing of the American Border*: *Terrorism*, *Immigration*, *and Security Since 9/11*, p. 259.

④ Peter Andreas, *Border Gamers*: *Policing the U.S.- Mexico Divide*, pp. 5 - 6.

⑤ Edward Alden, *The Closing of the American Border*: *Terrorism*, *Immigration*, *and Security Since 9/11*, p. 260.

后致力于解决的最主要问题之一。在这种情况下,福克斯被迫放弃了要求两国签署正式移民协定的主张。[①]

福克斯政府为配合美国的反恐需求,同意墨西哥国家安全调查中心(Center for Investigation and National Security,CISEN)与美国国土安全部联合建立了六个政府间工作小组,以确保两国边境的基础设施、能源、卫生、农业、供水及电信部门的安全。在军事领域,美国希望加强与墨西哥的合作,以更好地发挥北方司令部的作用。福克斯一度对此持积极态度,甚至派国防部长飞赴美国讨论合作事宜,但未料到此举会在墨西哥议会遭到猛烈攻击。作为对其"亲美"行为的惩罚,墨西哥议会禁止他出访美国和加拿大,称他的行为已涉嫌违宪。因为墨西哥宪法规定,只有议会才有权决定军队是否能被派赴海外,墨西哥国内再次兴起反美民族主义浪潮。美国驻墨西哥大使被迫公开撰文,试图平息墨西哥人对两国在北方司令部框架下开展合作的忧虑。[②] 在强大的国内压力下,福克斯为改变"亲美"形象,对美政策开始转向,不仅没有明确支持美国发动针对塔利班政权的阿富汗战争,而且还以"过时"为由,退出了美国在 1947 年与 18 个拉美国家签署的《美洲国家间互助条约》,这些都招致美国政府的强烈不满。2003 年,美国不顾国际社会反对,执意发动推翻萨达姆政权的伊拉克战争。福克斯政府对此明确表示反对,认为美国不应在未获得联合国授权的情况下就贸然发动战争。受此影响,美墨关系进一步转冷。美国和加拿大的关系也同样因伊拉克战争而受到影响。克雷蒂安政府虽然支持美国在阿富汗的军事行动,但也反对在证据不足的情况下发动伊拉克战争。2003 年,美国与南北两个邻国的关系同时都降到一个低点。[③]

总之,"9·11"事件冲击了北美地区的原有合作格局,使区域安全议题首次成为三国决策者同时关注和考虑的重要问题。美国为推行其反恐战略,维护国土的绝对安全,将加强边境管控作为实现该目标的决定性手段,先后通过美—加、美—墨双双边合作形式的次区域合作实现了对边境加强管理的目的。在其后的发展过程中,当美国试图将这种

---

① Stephen Clarkson, *Does North America Exist?* p. 386.

② Ibid., pp. 406 – 408.

③ Patrick M. Cronin, *America's Security Role in a Changing World*, pp. 353 – 354.

并行的次区域安全合作整合为北美区域安全合作时,因墨西哥反对不仅未能如愿以偿,反而招致美墨关系的倒退。究其根本原因,一方面是因为这种区域安全需求主要服务于美国的安全需求,而未能体现另外两个成员国,尤其是墨西哥的安全诉求。美国和墨西哥也未能发展出共同的区域安全观,两国对全球、区域、次区域及国家层面的威胁拥有不同认知,这是共同的区域安全观迟迟无法成型的根本阻力。另一方面,尽管美墨关系自北美自由贸易区成立以来有巨大改善,相互依赖程度加深,但深植于墨西哥民众内心深处的反美、恐美心理并未因此得到根本改善,加上两国在非法移民和毒品等问题上的不间断摩擦,墨西哥民众的反美情绪也很容易成为北美三国形成安全共识的重要障碍。

二、区域安全合作的尝试——"北美安全和繁荣联盟"

"9·11"事件后,北美三国虽然加强了边境管理措施,但是仍具有美—加、美—墨的双双边主义次区域安全合作特征,未能形成统一的区域安全观,也没能建立涵盖整个北美大陆的区域安全合作机制。美国贸然发动伊拉克战争还导致它与加拿大和墨西哥关系的紧张,直到2005年三国建立"北美安全和繁荣联盟"(Security and Prosperity Partnership of North America,SPP)后才有实质性缓和。"北美安全和繁荣联盟"是美加墨三国在后"9·11"时代培育统一的区域安全观和建立区域安全机制的尝试。"9·11"事件后,美国的安全需求促使小布什政府开始考虑,如何在北美自由贸易区的基础上联手加拿大和墨西哥超越贸易议题,就安全等问题建立更密切的合作关系。在此背景下,2005年3月23日,美、加、墨三国首脑在得克萨斯州韦科市,共同宣布建立"北美安全和繁荣联盟",以"加强区域合作,提高与世界其他地区的竞争力"。该联盟的宗旨是促进区域安全,致力于在未来建立共同的安全战略,确保跨境货物、人员流动的安全和效率;促进地区繁荣,致力于促进经济增长、提高地区竞争力。具体又包括四项内容:(1)确保北美大陆免遭外部威胁;(2)预防来自北美内部的威胁并对之做出反应;(3)简化手续,提高合法和低危险性的人员和跨境物资流动的效率;(4)推动三国经济增长。①

--------

① Patrick M. Cronin, *America's Security Role in a Changing World*, pp. 353 – 354.

该机制不仅标志着三国开始培育共同的北美区域安全观,而且也表明美—加、美—墨并行的两个次区域安全合作尝试着向美—加—墨三边合作的区域安全合作关系转变。三国试图在安全和发展经济之间寻找平衡,培育共同区域安全观的同时又兼顾各自利益诉求。美国试图通过该机制寻求国土的绝对安全,避免和防止恐怖分子利用加拿大和墨西哥对本土以及分布在加、墨两国的美国公民和设施发动袭击。加拿大和墨西哥则在响应美国安全诉求的同时,也表达了对提高跨境人员和货物流动效率的期望,要求为维护区域安全采取的任何措施最终都应以推动区域经济增长为目的。对加拿大和墨西哥而言,"北美安全和繁荣联盟"更重要的意义是通过三国元首的定期会晤机制,获得影响美国政府决策的途径,可避免因美国的单边主义行动而使自身利益受到伤害。

通过该机制,美、加、墨首次在北美自由贸易区成立后建立三国领导人定期会晤机制,截至 2009 已连续举办五届。继 2005 年 3 月首次峰会后,第二次峰会于 2006 年 3 月在墨西哥坎昆召开。三国领导人讨论了移民、边境安全和推动联盟发展等问题,拟定了未来一年的工作重点,主要包括:成立由企业家组成的"北美竞争理事会";建立北美地区灾难应急机制;加强在能源安全领域的合作;建立北美区域安全智能边境带,确保货物和人员得以快速、有效和安全地通过;防范恐怖威胁等。第三次峰会于 2007 年 8 月在加拿大魁北克省蒙泰贝洛镇举行。三国领导人就安全、贸易合作以及共同关心的其他双边和国际问题进行了磋商。三国一致同意,在发生恐怖袭击或暴发禽流感等紧急情况下,就如何管理三国间人员和物资流动拟订具体办法;主张通过推动结束世界贸易组织多哈回合谈判,促进多边自由贸易;简化北美自由贸易区内部贸易手续,制订计划提高三国在全球市场上的竞争力。除此之外,此次会议未能取得实质性成果。第四次峰会于 2008 年 4 月在美国新奥尔良举行。三国强调了《北美自由贸易协定》的重要性,讨论了边境安全、打击毒品和武器走私、食品和产品安全标准、能源合作、气候变化和阿富汗等问题。第五次峰会于 2009 年 8 月在墨西哥哈利斯科州瓜达拉哈拉市举行。三国就全球经济衰退、气候变化、清洁能源替代、边境安全、贸易保护主义等议题进行了磋商。

在该机制下,美国和加拿大的军事合作也有了新进展。两国先在

2006 年更新了《北美联合空防协定》,决定把联合预警范围从领空和空间扩展到海域。加拿大国防参谋长和美军参谋长联席会议主席批准了两国进行合作的基础防御方案。两国还签署了在灾难时期通过军事合作援助民事部门的"民事援助计划"。① 美国军方也曾希望扩大与墨西哥的军事合作,不过该愿望最终落空。因为在国内政治中自主性较高的墨西哥军方更愿意关注国内问题,而非与外军开展合作,甚至对参与国际维和行动也持"不可能的态度"②,因为墨西哥与美国的安全理念存在巨大差异。美国长期关注军事安全,"9·11"后更倾向于关注国土安全和反对恐怖主义,墨西哥则热衷于关注腐败、有组织犯罪、毒品走私等引发的内生性威胁,而非外部威胁。③ 而当美国开始关注墨西哥内部安全问题时,却又常因主权问题而容易激发墨西哥人内心深处的反美主义情绪。这种安全理念的不一致和深植于内心的不信任,使两国无法在标志双边关系发生质变的军事领域找到合作点。值得注意的是,安全关系一直都很薄弱的加拿大和墨西哥却就开展合作达成一些共识。两国决定从 2006 年开始,每年举行一次政治军事对话,邀请两国民事和军事专家讨论军民关系及支持和平的行动;2007 年起,每年举行一次政府层面的安全政策咨询会;加拿大公共安全部和墨西哥国家安全调查中心合作成立了一个安全工作小组,讨论两国在执法、边境管理、紧急情况处理及关键性基础设施保护等方面的合作。2009 年 3 月,两国进一步决定加强在警务、司法、执法培训及犯罪预防等领域的合作。这在一定程度上弥补了北美地区三边安全关系中加—墨合作落后于美—加、美—墨合作的状况,加—墨次区域安全合作也逐渐成形。

三国领导人峰会连续举办五次后,2010 年起陷入停滞状态。这是由多种因素导致的。首先,三国峰会关注重点经历了从"9·11"后如何防范再次遭受恐怖袭击,到在北美自由贸易区内协调各国在重要经

---

① M. Angeles Villarreal and Jennifer E. Lake, "Security and Prosperity Partnership of North America: An Overview and Selected Issues", Congressional Research Search Service, 27 May 2009, p. 1.

② Stephen Clarkson, *Does North America Exist?* p. 410.

③ Imtiaz Hussain, Satya R. Pattnayak and Anil Hira, *North American Homeland Security: Back to Bilateralism?* p. 3.

济议题上的立场,再到更关注边界安全、毒品走私等问题的变化曲线。这表明,该机制的成立和发展走向基本上取决并服务于美国的需要。加拿大出于对美政治和经济关系的考虑,尽管反对小布什政府发动伊拉克战争,但它与美国的合作还是被提升到新高。墨西哥的福克斯总统虽然也有心提升与美国的合作,但国内不时高涨的反美主义情绪限制了他在这方面迈出更大步伐。他甚至为摆脱"亲美"形象,平息国内怨气而开始"反美"。其次,美国安全观的变化导致它缺少持续推动该伙伴关系发展的动力。2009年奥巴马政府上台后,为尽快摆脱阿富汗战争和伊拉克战争,走出金融危机,把振兴美国经济、扩大出口作为其任内工作重中之重,反恐在美国战略中的地位随之降低。与此同时,非法移民、毒品走私等边境问题再次成为关注重点。负责南美洲防务的美军南方司令部在向政府提交的数次报告中,都把拉美国家对美国构成的挑战归结为一个词:贫穷。与之相伴随的是社会不公、财富分配不公、严重的腐败及环境恶化等问题。美国认为它在西半球面临四大挑战:第一,发展问题。拉美各国都面临如何在政治、经济、司法等领域发展"良治",以实现国家良性发展。第二,严重的反美主义。这以委内瑞拉总统查韦斯为代表,该问题因拉美左派得势而日渐引发美国忧虑。第三,军民关系。美国十分重视与南美各国强力部门的合作,但这在曾有军人主政历史的南美国家,又导致当事国的军队与民选政府的关系出现紧张。第四,毒品走私。美国视此为非常严重的安全问题。① 最后,"北美安全和繁荣联盟"只是根据三国首脑的倡议和支持而成立的,三国并没有签署一个正式协定,因此它对三国不具有任何法定约束力。这很容易使它因各国关注重心的变化而出现虚化发展的趋势。

# 结　语

任何一个区域经济一体化都会或多或少地给予安全问题一定程度的关注,如欧盟和东盟就是出于安全考虑而逐渐发展起来的区域合作典型。一般认为,若不同国家相信区域合作能带来一定收益,那么当它们决定开展合作时,也不再把彼此当作潜在敌人,更不会允许潜在敌人

---

① Patrick M. Cronin, *America's Security Role in a Changing World*, p. 355.

与他们合作。若国家间相互提防和不信任,它们也会缺乏签署长期合作协定所必需的信心。自由主义经济鼻祖亚当·斯密(Adam Smith)曾指出,贸易可将国家联合在一起,并巩固它们彼此间的安全。[①] 因而在理论上,北美自由贸易区的成立不仅使美、加、墨迈出经济一体化的第一步,也为三国发展区域安全合作奠定了经济基础。

可从实际发展情况来看,与欧盟或东盟相比,无论是在政治领域还是安全领域,北美地区的制度化建设都远远落后于这两个地区,甚至经济一体化也只是停留在较低级的自由贸易化阶段。三国创建北美自由贸易区的直接动因,是推动彼此间市场自由化,鼓励资本自由流动,而非创建一个政治联盟。加拿大国内政治的永恒主题是保持相对于美国的独立,甚至在签署《美加自由贸易协定》后,加拿大议会担心它可能会损害国家独立而险些将其否决。墨西哥方面也是如此,其政治的永恒主题是确保独立和安全,维护国家主权和领土完整,防止美国的干涉和侵略,对与美国开展各种合作都始终保持高度警惕。美国方面,它是利益遍布全球的超级大国,也是当今世界体系和国际规则的主要倡议者和制定者,同时保留着拒绝参加任何可能限制其独立和行动自主的国际制度(international institutions)或协定的传统,即使《北美自由贸易协定》也不能例外。[②] 因此,北美自由贸易区虽是北美区域一体化的开端,却因三国不同的政治传统和利益诉求,几乎不会出现西欧在二战后那样的"溢出"效应并最终走向更成熟的一体化。美国学界也普遍认为北美区域经济一体化不会向欧盟模式发展,如罗伯特·吉尔平就指出:"尽管北美经济一体化程度非常高,却不存在要求政治联合的压力,因而《北美自由贸易协定》绝不可能导致北美政治统一。"[③]

《北美自由贸易协定》也未能完全和政治与安全隔绝,反而因三国经济相互依赖程度的加深,尤其是人员和货物的流动,而使北美地区面临由此导致安全环境发生改变而带来的诸多挑战。经济上,三国相互依赖程度加深;政治上,墨西哥国内政局发生巨大变化,在 2000 年大选中,执政 70 年的革命制度党失去政权,福克斯领导的"变革联盟"

① Sheila Page, *Regionalism Among Developing Countries*, p. 38.
② Frederick M. Abbott, "NAFTA and the Legalization of World Politics: A Case Study", *International Organization*, Vol. 54, No. 3 (Summer 2000), pp. 522 – 523.
③ 罗伯特·吉尔平:《全球资本主义的挑战:21 世纪的世界经济》,第 192 页。

（Alliance for Change）获胜。这被部分美国人视为北美自由贸易区的最重要成就之一。就北美区域安全合作而言,尤其是在考察第二次世界大战结束以来的历史发展趋势后,人们可发现该地区具有一些独有的特点,也始终存在一些不变化但却能对区域安全关系起到决定性作用的因素。尽管偶尔也会出现一些推动三边联合的区域化合作动力,却始终未能变成决定性因素,反而是那些不变因素和三国各自特点决定了北美地区的当前安全合作模式及其未来的走向。历史、现实以及那些不变的决定性因素,都为我们观察和把握北美区域安全合作的走向创造了条件。从上文研究内容和选取案例来看,北美区域安全合作总体呈现出如下特点。

首先,北美区域安全关系始终呈现出以美国为中心的安全复合体的显著特点。如前文所述,无论是第二次世界大战之中出于打败法西斯同盟的需求,还是在冷战年代与苏东阵营的对抗,甚至是"9·11"事件后的全球反恐战争,由于其超强实力,美国始终在北美区域安全关系中处于绝对的主导地位。其战略需求决定了北美地区在经济和安全领域开展合作的内容、形式及走向。加拿大和墨西哥虽然有各自的利益诉求、维护主权和独立于美国的政治和安全理念,但国力上明显的差距、与美国接壤的现实以及两国在经济上对美国的高度不对称依赖,决定了它们在绝大多数时候只能扮演美国的"配角",美国则是北美地区舞台上永远的"主角"。加拿大和墨西哥虽然珍视主权和独立,希望利用国际多边主义平衡美国常出现的单边主义行为,可面对美国的要求,尤其是"9·11"事件后对国土绝对安全的追求时,却又被迫做出妥协,甚至修改国内法律,组建能与美国级别和职能相近的相关政府部门。两国在处理对美关系时,不得不在如何维护国家主权和部分让渡国家主权之间艰难地寻找平衡点。

其次,北美地区安全关系长期呈现出以美—加、美—墨并行的双双边安全关系为显著特征的"次区域安全合作"形式。之所以如此,主要与美加接壤、美墨接壤、加墨不接壤的三国地缘关系相关,地理因素在此起到决定性作用,是三国安全关系中不变的主导因素。其中,相近的历史经历、文化传统、政治观念和体制、经济发展模式及安全战略需求,促使美加"次区域安全合作"成为区域安全关系中最稳定和最成熟的一对关系。与此相对应,复杂的历史经历、不同的文化传统、墨西哥强烈的反美情绪则促使美墨安全关系长期围绕控制与反控制的主题展开,两国安全合作更是时断时续。虽然美国常表达与墨西哥开展深入合作的愿望,但墨西哥因为担心会被美国渗透和控制,而常使美国的愿望落空。墨西哥人不想本国成为美国国旗上又一颗星的想法[1],是制约两国展开更进一步合作的最大因素,而且也使"反美"成为维护墨西哥任何一个政府执政合法性的政治必要。另一方面,当墨西哥表现出合作意愿时,美国又常犹豫不决,不仅质疑墨西哥的诚意和能力,而且担心落后的墨西哥会带来不可摆脱的负担。两国对彼此的矛盾心理在福克斯总统任内表现最为明显。加拿大和墨西哥,则因为不接壤、经济关系不紧密,两国长期无法找到安全合作的利益交集,只能在美国推动下被动地开展一些实质性意义不大的合作。因此在北美区域安全关系中,加墨安全关系的缺失和落后一直都是三国统一安全协调机制建设中的短板,北美区域安全合作也始终只能在双双边主义的次区域合作与三边主义的区域合作之间徘徊。

再次,三国对国家安全和所受威胁具有不同认知甚至存在根本分歧,使北美在短期内难以建立可持续性且具有区域安全合作特点的三边安全合作机制,北美区域安全关系被迫面对"制度真空"的窘境。区域安全合作机制的建立,首先需要各成员能就威胁和国土安全达成共识,但北美三国除能在经济领域有共识外,在安全等领域内的分歧要远多于共识。如"9·11"事件发生后,加拿大的考虑就与美国有所不同,它不赞同美国单边主义的反恐战略,而是提出"多边安全"倡议:(1)加强国家间的联系和对话;(2)发展民主;(3)注重人权;(4)发展经济,并追求在此基础上的多边合作框架。为此,应积极发展多边主义,各国相互再保证而非遏制;完善或取代当前的双边安全安排,推动各国在军事和非军事领域的安全合作;通过灵活和适应性更强的方式去合作,更多地强调规范、规则和行动的透明度。[2] 美国的战略目标则包括:(1)通过与他国合作排除因区域冲突而引发的危险;(2)防止敌人用大规模杀伤性武器对美国及盟友构成威胁;(3)通过自由市场和贸

---

① 许宏治:《墨欲修改北美自由贸易协定》,《人民日报》2003年4月30日,第7版。

② Imtiaz Hussain, Satya R. Pattnayak and Anil Hira, *North American Homeland Security: Back to Bilateralism?* pp. 7 - 8.

易推动世界经济快速发展;(4)通过建构"开放社会"去发展民主所需的基础设施,最终推动世界发展;(5)与其他大国合作;(6)使美国国家安全机制适应 21 世纪的挑战。① 美国的战略针对目标从敌对大国转变为非国家行为体和"失败""无赖"国家。这种理念对墨西哥构成直接威胁。一方面,非法移民、毒品走私为代表的边境安全问题日渐成为美国关注重点;另一方面,也是因为腐败严重、犯罪团伙盛行以致暴力犯罪愈演愈烈,墨西哥开始呈现出一定程度的"失败"国家特征。当三国面临是否参加阿富汗战争和伊拉克战争的选择时,这种安全理念上的分歧就更加明显。加拿大之所以最终决定参战,是因为它认为这已得到北约同意,是以北约国家名义参加的。加拿大出于对内和对美关系平衡的考虑,反对小布什政府发动伊拉克战争;而同意参加阿富汗军事行动,则主要是想向美国表明其支持盟友的立场,目的是为维护加—美安全关系的健康。② 三国领导人同意建立"北美安全和繁荣联盟"后,各国对该机制有不同解读。美国认为这仅是一个"对话",而非政府间正式协定或机制,不具有法定约束力。墨西哥则认为该机制表明三国已经成为一个"联盟",而"联盟"就是一个具有法定约束力的概念。③ 这种区域安全共识的缺失是北美地区长期无法建立有效的多边合作机制和长期面临"制度真空"的根本原因。

最后,就未来发展趋势而言,随着反恐在美国国家安全战略中地位的下降,未来北美区域安全合作将更多地关注美墨边境的非法移民、毒品走私、有组织犯罪等非传统安全问题。北美区域的安全合作模式也将继续在双双边主义的次区域安全合作和三边主义的区域安全合作之间徘徊,美—加、美—墨次区域安全合作相互并存的局面也将长期居于主导地区。"9·11"事件后,美国曾试图推动以北方司令部为主的北美安全合作模式,尤其随着加拿大和墨西哥决定加强两国的安全合作,北美一度出现区域安全合作积极深入发展的局面。可事实也一再证明,无论是合作深度,还是合作问题领域的重要性,加拿大和墨西哥之间的安全关系仍长期落后于它们各自与美国的安全关系,缺少推动合

---

① Imtiaz Hussain, Satya R. Pattnayak and Anil Hira, *North American Homeland Security: Back to Bilateralism*? p. 32.

② Ibid., p. 58.

③ Jerome R. Corsi, *The Late Great USA*, New York: Threshold Editions, 2007, pp. 88-90.

作的动力。如在如何看待墨西哥移民的问题上,加拿大和美国就有不同看法。加拿大否认墨西哥移民是国家安全威胁,因为两国间没有历史恩怨,也不接壤,墨西哥人进入加拿大代价高昂,非一般非法移民所能承受。加拿大法律规定无有效公民身份证明就难以享受国家提供的医疗等服务。这些因素结合在一起,使墨西哥非法移民更愿意进入美国而不是加拿大。在加拿大的外交版图中,墨西哥的重要性也远低于美国。因此,北美自由贸易区虽已成立 20 年,加、墨关系虽有发展但也并未出现质的变化,所以当墨西哥提出积极发展美—加—墨三边关系的主张时,加拿大的反应总是很冷淡。[1] 因为加—墨安全关系的相对弱化与美—加、美—墨安全关系的不断强化而导致的不平衡性,使未来北美区域安全关系仍将长期以双双边合作模式为主,建立稳定的三边合作机制则困难重重。

---

[1]　Imtiaz Hussain, Satya R. Pattnayak and Anil Hira, *North American Homeland Security: Back to Bilateralism*? p. 92.

# 第四章 南方共同市场一体化进程与南美安全合作

　　阿根廷和巴西等南美国家从 20 世纪早期就开始了实现区域经济一体化的努力,但是由于各国之间存在着边界等长期遗留的历史问题以及债务危机等因素的消极影响,南美地区一体化在历经了 20 世纪 50 至 60 年代短暂的发展浪潮后便陷入停滞。随着冷战结束和苏联解体,拉美各国面临的形势也悄然发生变化。经济全球化的大潮和开放的区域主义(open regionalism)的兴起对于拉美这一时期复兴的区域经济合作而言有着双重含义:一方面可以利用全新的国际环境甩掉可能被"边缘化"的危险,重新融入世界经济;另一方面也能更好地共同面对来自经济一体化合作过程中的严峻挑战。在这一背景下,巴西、阿根廷、乌拉圭、巴拉圭四国于 1991 年签订《亚松森条约》(Treaty of Asunción),成立了南方共同市场(Mercosur,以下简称南共市)①。作为拉美地区面积最大、人口最多的次区域经济合作组织之一,南共市自成立后其地区内贸易从 1990 年的 41.27 亿美元上升至 1995 年的 144.57亿美元,在 2000 年则达到 176.9 亿美元②,一度被称为继欧盟、北美自由贸易区和东盟之后的世界第四大贸易集团。③ 正如阿根廷前

① "南方共同市场",西班牙语全称为 Mercado Comun del Sur, 简称为 Mercosur,因其地理分布形状也被称为南锥体市场。南共市自 1991 年成立以来至今已经先后接纳智利(1996 年)、玻利维亚(1997 年)、秘鲁(2003 年)、厄瓜多尔(2004 年)和哥伦比亚(2004 年)等国为其联系国。2006 年 7 月,南共市成员国签署议定书,决定吸纳委内瑞拉为正式成员。

② Christopher J.Rosin,*The Political Ecology of Mercosur:Local Knowledge and Responses to a Competitive Market*,Madison:Unversity of Wisconsin—Madison,2004.

③ "Mercosur:South America's Fractious Trade Bloc",http://www.cfr.org/trade/mercosur-south-americas-fractious-trade-bloc/p12762.

总统卡洛斯·梅内姆（Carlos Menem）在南共市建立后所期望的,南共市不仅为四个成员国的经济发展增加机遇,更是为各国"走向发展全球活动所需的转变机制和竞争开辟了道路"。①

更重要的是,阿根廷、巴西、智利、玻利维亚、秘鲁、哥伦比亚以及委内瑞拉等南美国家之间原本都存在大量历史遗留问题,彼此之间充满了积怨,南共市建立后区域经济一体化的进程,则直接促进区域的安全与稳定。在此过程中,南共市的发展并非一帆风顺,因经济全球化,特别是金融全球化风险的影响,巴西和阿根廷相继在 1999 年和 2001 年爆发严重的经济危机,南共市在 2003 年几乎陷于困顿状态,但是成员国最终还是度过了分崩离析的危险期,并重新定位和深化了其一体化进程,进一步加强了安全合作机制。在一体化内部要求深化和外部要求扩大的双重动力作用下,以巴西为代表的南共市国家提出并主导的南美洲国家联盟也于 2008 年正式成立。可以说,区域合作安全的观念和机制推动了南共市的发展进程,在面临危机时,它们通过加强维护经济安全的举措来增加区域经济一体化的凝聚力,特别是阿根廷和巴西这两个地区大国,通过南共市联手来制衡美国的不利影响,并使自己在全球经济竞争中更具影响力。而在此期间,除了传统意义上的区域安全获得有效维护外,贸易安全以及其他非传统安全也在这区域一体化的发展进程中逐渐获得关注与保障。

## 第一节　区域安全合作背景下南方共同市场的建立

在巴里·布赞和奥利·维夫看来,南共市建立至少是由两个安全观念推动的。一是阿根廷和巴西等南美国家担心在日益全球化和区域化的经济中被边缘化,特别是冷战的结束更加深了这种担心;二是出于维护文人政府的考虑。刚刚结束军事专政的阿根廷和巴西的文人政府都认为它们的民主政治是脆弱的,因此需要建立区域一体化,希望通过地区经济繁荣,从而缓和地区对抗情绪,削弱军方力量。② 在这一背景

① 王萍:《南方共同市场的形成及其对中国的影响》,《拉丁美洲研究》1995 年第 1 期,第 42 页。
② 巴里·布赞、奥利·维夫:《地区安全复合体与国际安全结构》,第 310 页。

下,阿根廷和巴西政府在一体化合作中不断协调,最终确立了建立共同市场的目标,同时也把与两国有着紧密联系的乌拉圭与巴拉圭包括其中。因此,南共市的成立不仅对于缓和并发展两国关系大有裨益,同时对于整个地区的稳定与发展都有着重要影响。

一、来自地区内外的安全压力

　　早在 20 世纪初,阿根廷、巴西和智利就讨论过建立一个三边合作协定的构想。阿根廷和巴西自 40 年代开始一直进行着一体化项目合作的努力。20 世纪 60 年代末至 70 年代初,阿根廷与巴西之间的紧张关系导致次区域经济合作进程出现停滞。这一时期,两国经济发展明显不平衡,双方不断争夺地区大国地位,成为"互相提防的对手"[1],特别是对具有战略意义的拉普拉塔河(La Plata River)流域的争夺使得双方积怨颇深,长期以来都以对方带来的威胁作为自己防卫开支的理由。70 年代前期,双方还围绕巴拉那河上游水电站装机数目和下游电站的水坝高度等相关经济利益问题争论不休。但 70 年代末后,由于阿根廷与巴西面临经济困难,双方迫切要求加强各方面合作。就巴拉那河上游水电站装机数目和下游电站的水坝高度等相关经济利益问题,1979 年 10 月,阿根廷、巴西和巴拉圭在巴拉圭的斯特罗斯纳港签署了《伊泰普—科尔普斯协定》(Treaty of Itaipú - Corpus)。协定规定,伊泰普水电站安装 18 台发电机组,位于巴拉那河下游的科尔普斯水电站大坝高度为海拔 105 米,两座水电站的建设不能影响巴拉那河的通航。这一协定的签署解决了阿根廷和巴西两国在建设水电站上的分歧,有利于消除了历史上长期形成的相互敌对情绪。[2]

　　1980 年,阿根廷和巴西两国进行的总统会晤以及一系列合作协议的签订标志着两国关系进入了一个新的合作阶段。特别是两国在核问题上达成双边谅解,为区域一体化建立了互信基础,两国各自的核发展

---

① 　Gían Luca Gardini, "Two Critical Passages on the Road to Mercosur", *Cambridge Review of International Affairs*, Vol. 18, No. 3( October 2005), p. 407.

② 　徐宝华、石瑞元:《拉美地区一体化进程:拉美国家进行一体化的理论与实践》,北京:社会科学文献出版社 1996 年版,第 119 页。

计划不再被认为是对彼此的威胁。[1] 同年还签署了其他一些有助于双方互信的协定,如关于军用飞机和火箭的共同建设,两国有关选举制度的互相交流等。与此同时,双方还进行了大量的商业贸易磋商,包括汽车工业的补充协定。在外交方面,双方签署了关于在两国外长间建立长期政治协商机制的理解备忘录。

双方在对美政策上的调整以及巴西在 1982 年马尔维纳斯群岛战争(Malvinas War,简称马岛战争)中采取的积极态度,也有助于阿巴双边关系的重塑。[2] 马岛战争期间,巴西政府支持阿根廷对马岛拥有主权的立场,拒绝英国使用巴西港口,谴责美国对阿根廷实行经济制裁,允许阿根廷产品经巴西转运出口,不再执行有关"解决"马岛问题的联合国第 502 号对阿根廷施压的决议。巴西没有利用这场冲突来取代阿根廷在国际市场中肉产品和谷物的出口大国地位,而是允许阿根廷使用它的港口以避开英国及其盟友的禁运。双方政府因为在马岛战争中的共同立场而考虑结成更加亲密的外交关系。马岛战争也使阿根廷外交政策发生明显变化,对美国产生了不信任。巴西在马岛战争中站在阿根廷一边,这唤醒了拉美国家源自西蒙·玻利瓦尔(Simón Bolívar)时期的"大陆团结"的意识。巴西取代了英美在阿根廷对外政策中的战略地位。两国也发现,在面对国际社会特别是美国时,双方联合的力量无疑比各自分开要强大得多。

阿根廷和巴西的军人政府分别在 1983 年和 1985 年让位于文人政府,文人政府明确表示将继续执行开放的经济政策,这进一步推动了两国一体化合作进程。[3] 1983 年 11 月,劳尔·阿方辛(Raul Alfonsin)就任阿根廷总统。阿方辛把与巴西关系的和解作为外交政策的主要目标,并强调阿根廷和巴西之间实现政治合作和经济一体化是创造南锥体国家民主共同体的关键因素。1984 年 1 月,两国签署了一项旨在恢复 70 年代初期停滞的贸易关系的意向书,同意进行"和谐互利的、遵守国际协议和各国法律的、不断增长的贸易",并恢复自 1979 年起中断

---

[1] Karen L. Remmer, "Does Democracy Promote Interstate Cooperation? Lessons from the Mercosur Region", *International Studies Quarterly*, Vol. 42(1998), p. 43.

[2] 张宝宇:《阿、巴关系与南方共同市场》,《拉丁美洲研究》1991 年第 5 期,第 14 页。

[3] Daniel Chudnovsky and Femando, "On Argentine-Brazilian Economic Integration", *CEPAL Review* 39(1989), pp. 116-117.

活动的巴西—阿根廷合作特别委员会。1984 年 4 月,两国之间一个部长级会谈在布宜诺斯艾利斯举行,讨论经济问题中的双边利益。来自巴西外交部档案文件中的一份电报显示,巴西外交部的高级官员认为这次会谈扩大了两国之间合作和一体化结果。这份电报还两次提到"双边合作和一体化"的字眼。1985 年 1 月 15 日,坦克雷多·内维斯(Tancredo Neves)当选巴西总统,本应于 3 月就职,但在就任前突发重病,不久去世,副总统若泽·萨尔内(José Sarney)继任总统。巴西这时的文人政府也成为阿根廷建议的积极支持者。1985 年 11 月,阿方辛和萨尔内共同发表了《伊瓜苏声明》(Iguazú Delaration)。《伊瓜苏声明》强调,两国共同任务是推动经济现代化、社会发展和国际上的自主权及民主的巩固;同意深入发展两国关系,并决定成立"一体化和合作高级委员会"来筹划两国具体进行经济一体化的纲领、计划和方式。因此,伊瓜苏会谈被作为"加强阿巴关系政治意图的表现",该声明的发表也被看成两国正式开始谋求双边一体化的标志。①

不过,巴西和阿根廷虽然这一时期在缓和双边关系上卓有成效,但实现真正的一体化合作仍有待消除彼此的顾虑。1979 年的《伊泰普—科尔普斯协定》)和 1980 年的核协议扫除了双方进一步合作的主要安全障碍,但这并不是可以实现政治和经济一体化的必要条件。由于合作所需要承担的一些义务引起阿根廷国内强烈不满,导致协议措施并不能完全执行。经协商,1986 年 7 月,阿根廷和巴西发表《一体化纪要》和 12 项议定书,制定了《经济合作和一体化规划》;同年 8 月,巴西和乌拉圭签署了《扩大贸易纲要》;12 月,阿根廷和巴西又签署了加强两国关系并推动区域合作的《民主、和平和发展纪要》和 20 项有关双边经济合作的文件。在签订了一系列有关降低关税和工业补充条款后,阿根廷和巴西之间的一体化合作进入正常化阶段。《经济合作和一体化规划》成为两国在资本货物(capital goods)、食品、技术以及钢铁、核和汽车工业等领域合作的指导,同时强调了两国相关部门之间的贸易平衡,以减轻两国企业害怕由此带来损失的恐惧。

1987 年 3 月,阿根廷和巴西两国军方首次举行战略研讨会,分析两国共同的战略利益,认为两国应该打破旧格局,以友好合作代替以往

---

① Gían Luca Gardini, "Two Critical Passages on the Road to Mercosur", pp. 410 - 411.

的敌意行为。同年签署的核协议作为经济一体化项目的补充,加强了双方互信和政治理解。但是,依然存在的贸易保护主义使得两国一体化项目在 1988 年初期再次出现停滞。1988 年 4 月,阿根廷、巴西和乌拉圭在巴西利亚签署了《黎明宫纪要》。阿方辛总统为了重新开始一体化,决定通过签署一个全面条约使得阿根廷和巴西之间分散的一体化项目变得系统化,这个建议也得到萨尔内总统的同意。成立南锥体共同市场的概念在这时被提出。1988 年 11 月,萨尔内总统访问阿根廷,分别同阿根廷、乌拉圭签署了《巴西—阿根廷一体化、合作和发展条约》和"南美三国一体化合作文件"。它的目标是十年之内建成一个共同市场。①

这份条约最终目的是巩固阿根廷和巴西之间的经济合作与一体化进程,反映了两国领导人维护经济一体化、反对潜在阻碍的一种政治决心。同时,它也为双方进一步推动一体化制定了重要的指导路线。首先,创建一个共同市场的概念首次被写进一个正式条约中。虽然根据条约正文,它没有关于建立一个共同市场的明确的具体时间,但是该条约为建立共同市场设立了两个时间段:(1) 十年之内,通过对附加条款的磋商,两国之间有关货物和服务贸易上的关税和非关税壁垒都将逐步去除。这个过程将伴随着诸如关税、贸易、农业、工业以及其他政策之间的互相协调,从而有效地消除关税。(2) 待前一阶段完成后,其他有关共同市场建成必需的政策协调也将逐步完成。② 因此,该条约的签署对加速阿根廷和巴西之间的一体化合作进程效果比较明显。作为阿根廷和巴西经济一体化项目的一部分,两国关税在 1988 年首次降低后,两国之间部门内贸易的增长速度也史无前例。对于阿根廷而言,整个出口从 19.2% 增至 23.8%,而巴西也从 5.3% 增长到 23.8%。经济上的紧密联系使得阿根廷和巴西抛弃了过去长期的敌对关系。从政治角度看,该一体化项目加强了两国在长期军人统治之后建立的还十分稚嫩的民主制度;从经济角度看,它也使双边贸易获得扩大和更加多样化,如资本货物(指生产工业品所需的生产资料)、农业贸易、汽车贸易

---

① Lia Valls Pereira, "Toward the Common Market of the South: Mercosur's Origins, Evolution, and Challenges", in Riordan Roett ed., *Mercosur: Regional Integration, World Markets*, Boulder:Lynne Rienner Publishers, 1999, p. 9.

② Gían Luca Gardini, "Two Critical Passages on the Road to Mercosur", pp. 413 – 414.

等产品。

不过,阿根廷与巴西两国政府中仍然存在着对双方一体化进程的忧虑。阿根廷工业政策副部长诺法勒回忆说,在起草 1988 年条约时,自己曾取消了关于制订共同外部关税条款的提议,因为对于是否已经在协调双方贸易政策的条件与意愿上做好准备,当时阿根廷国内依然存在着强烈的怀疑。而当时的巴西大使弗洛里斯回忆说:"建立共同市场是两国的梦想,但是出于实用主义的考虑,双方还是认为开放边界从开始就要做得合理,双方更愿意这样一个谨慎的开始,因为冒进的一体化合作可能会唤醒两国军事上的不信任,同时引起经济上消极的反应。"[1]因此,1988 年制订的一体化条约现实目标在于推行自由贸易区,而不是真正意义上的共同市场。[2] 由于当时美国和加拿大也正在考虑签署自由贸易协定,诺法勒认为阿根廷和巴西之间的经贸关系某种程度上如同加拿大和美国当时的情况,阿根廷主张在经过一段较长的过渡期后建立贸易自由区。他强调,美国和加拿大出于政治和经济的双重考虑选择建立自由贸易区,而当时加拿大对美国的出口额占本国出口总额的 60%,并且美国的关税仅为 12%。相比较而言,阿根廷和巴西虽然为建立共同市场设立十年过渡期,但是,阿根廷向巴西的出口额与加拿大对美国的出口额相比不仅少得多,而且两国之间的外部关税接近 100%。此外,阿根廷和巴西的经济稳定程度也不及美国和加拿大,因此两国之间的一体化形式最好从建立自贸区开始。

随后,1989 年中期阿根廷的梅内姆总统上台,1990 年初巴西科洛尔总统(Fernando Affonso Collor de Mello)上台,他们一起抛弃了进口替代战略的传统贸易政策,正视国际债务危机,采取全新的自由市场经

---

[1] Gían Luca Gardini, "Two Critical Passages on the Road to Mercosur", p. 415.

[2] 根据成员国之间合作水平的不同,区域贸易安排可分为优惠贸易安排、自由贸易区、关税同盟、共同市场和经济同盟五种类型。其中,自由贸易区是指两个以上的主权国家或单独关税区通过签署协定,在世贸组织最惠国待遇基础上,相互进一步开放市场,分阶段取消绝大部分货物的关税和非关税壁垒,改善服务和投资的市场准入条件,从而形成实现贸易和投资自由化,涵盖所有成员全部关税领土的"特定区域"。共同市场则是更高层次的区域贸易安排形式,内部不仅实现了货物、服务、投资的自由流动,而且实现了生产要素(资本、劳动力)的自由流动,劳动力市场相互开放,货币政策、经济政策也逐步趋同。

济政策,并把实现双方之间的经济一体化作为两国的重要目标。[①]由此可见,阿根廷和巴西未来一体化的形式从某种程度而言不完全是由经济利益所主导,而是由国家政策和维护区域安全等因素结合在一起考虑决定的。最终,由阿方辛政府和萨尔内政府提出的建立共同市场的方案,经梅内姆政府和科洛尔政府完成了具体计划和执行措施。

## 二、《亚松森条约》等一体化合作条约的签署及其争端解决机制

阿根廷梅内姆总统执政后外交政策向美国有所倾斜,并认为只有这样才能获得国际信任和国内政局的稳定。而巴西在平息 1990 至 1992 年内部动荡后,则更加重视世界事务中的国家主权地位,抵制美国试图在美洲扩张特权。在此期间,巴西外交重点偏向于在南美邻国中达成贸易协议和合作。两国这一时期外交分歧也可以从 1990 年 11 月签署的核协议中看出。对于巴西而言,在发展核武器上虽然会受到来自核不扩散条约的压力,但互相接受一个全方位的核保护体系将是达成拉丁美洲其他互信措施的"敲门砖",国际地位的加强也将顺势使然。相对而言,阿根廷没有为这个协议增添过多的附加值,认为这只是更新敏感技术政策的一个开始。1992—1994 年,巴西外交政策出现新局面。它和美国关系趋于缓和,作为国际组织中的"一致建设者"的角色不断加强,在世界事务中的防卫态度也开始让路于所谓"参与外交"。

1990 年,阿根廷梅内姆政府宣布降低关税。同时,巴西科洛尔政府也宣布了降低关税的四年计划。如此,一个整体关税降低的项目有望在两国间产生。两国许多产品不管地理上的原产地是哪里,都以低关税进入巴西和阿根廷。这符合两国当时的政治和经济利益。从经济角度看,共同外部关税的形成将给予阿根廷货物优先进入巴西市场的权利,对于巴西而言,作为应对低于巴西关税的阿根廷关税水平,共同外部关税是一种合理的妥协措施;从政治角度来看,双方一体化的加强

---

① Edgardo Buscaglia and Clarisa Long, "An Economic Analysis of Legal Integration in Latin America", *Policy Studies Review*, Vol. 15, No. 2/3 (Summer/Autumn 1998), p. 69.

将会推动在世界贸易体系中形成贸易集团。[1] 1990 年 6 月,巴西外交部长雷塞克(Rezek)和阿根廷外交部长卡瓦略(Carvalho)就两国建立共同市场进行讨论。7 月,梅内姆和科洛尔签署了《布宜诺斯艾利斯条约》(Buenos Aires Act),确立在 1994 年底前建成一个共同市场,并且在 2000 年实现制度上的一体化。为了实现这个目标,两国将采取诸如宏观经济政策合作和消除所有非关税壁垒等措施。经过持续的谈判,乌拉圭和巴拉圭也在 9 月宣布将参加巴西和阿根廷的共同市场。最终,1991 年 3 月 26 日,阿根廷、巴西、乌拉圭和巴拉圭四国签署了《亚松森条约》,宣告南方共同市场正式建立。

《亚松森条约》主要目标是"社会公平下的经济发展"。该条约为南共市的形成规定了三个阶段:1991—1994 年建成自由贸易区,1995 年建成关税同盟,为建立共同市场和共同的外部关税做准备。1994 年 12 月 31 日以前的过渡时期包括:建立公平的国内竞争所实行的宏观经济协调和个别部门政策的合作;在敏感部门如汽车行业达成协议;建立一个争端解决机制的目标时间;成员国被要求建立一个永久的制度机构,确定决策制定程序和各自承担的责任。其主要内容有:降低关税;宏观经济政策合作;建立共同外部关税;促进特别经济部门的发展,以便优化生产部门的使用和移动,赢得经济规模;建立解决贸易争端制度结构。条约还为南共市制定两个重要原则:一是实行"开放的地区主义",二是强调南共市将体现作为南锥体国家发展的一个联合体的政治重要性。[2]

《亚松森条约》还包括四个附加条款,附件条款一中列出了地区内贸易的关税降低计划,要求每六个月实现一定数量的降低关税目标直到自由贸易区完全建立。其中,阿根廷和巴西在 1994 年 12 月 31 日之前建成自由贸易区,乌拉圭与巴拉圭在 1995 年底建成自由贸易区。成员国除了自由贸易区建成时间不同外,还包括一系列例外货单。比如允许在调整过程中,小的经济体在敏感货物上获得更多时间。其他三

---

[1] Andrés Malamud, "Presidential Diplomacy and the Institutional Underpinnings of Mercosur: An Empirical Exmination", *Latin American Research Review*, Vol. 40, No. 1 (February 2005), p. 154.

[2] Edgardo Buscaglia and Clarisa Long, "An Economic Analysis of Legal Integration in Latin America", p. 70.

条附加条款则集中在原产地规则（rules of origin）、争端解决机制（Dispute Settlement Mechanism, DSM）、共同市场组织（GMC）等组织机制的建立上。由于过渡时期的制度机构直到 1994 年 12 月 31 日才启动，条约第 18 条要求在此之前将建立过渡时期的政府间组织，并在四个成员国达成共识后做出决策。因此，谈判过程中是否能达成共识完全取决于国家意志。过渡时期的制度结构拟由共同市场会议（CMC）和共同市场组织组成。共同市场会议主要由成员国的外交部长和经济部长组成，负责制定指导南共市一体化进程的大政方针。共同市场组织则是执行机构，由各成员国代表组成，就具体事宜进行合作；同时还下设一些次工作组织，负责制订共同市场的一些措施。

1994 年 12 月，阿根廷、巴西、乌拉圭和巴拉圭四国总统在巴西欧鲁普雷图市召开会议，通过《欧鲁普雷图议定书》（Ouro Preto Protocol），它标志着 1991 年《亚松森条约》规定的过渡时期正式结束。《欧鲁普雷图议定书》确定 1995 年 1 月 1 日建立关税同盟（完全意义的关税同盟规定至 2006 年实现），将对 88% 的货物实行共同关税。但考虑到成员国不同的生产结构，该协定仍然列出了一些例外清单，包括资本货物、计算机和电信部门，有关地区内贸易产品的调整，以及成员国内部的汽车和糖业部门，采取共同关税政策的特别协议。[①]

此时还签署了两个有关投资的协议，目的主要是为提高对南共市投资措施的保护，以确保对该地区的投资安全。投资如果发生征用，有关补偿的规则将被放弃。这两条投资协议的签署提供了一个可以通过磋商渠道的谈判解决机制。议定书规定依然保留共同市场会议和共同市场组织，行使以前的职能：建立贸易委员会并被授权指导和执行共同贸易政策；技术委员会则除了负责有关本领域事宜，还负责处理由于成员违背共同贸易规则而产生的争议；议会联合委员会由成员国的议会代表组成，经济和社会事务咨询论坛则由来自各国的商业和劳动领域代表组成。这些组织都没有制定政策的权力，但是分别负责指导或提

---

① Andrés Malamud, "Mercosur Turns 15: Between Rising Rhetoric and Declining Achievement", *Cambridge Review of International Affairs*, Vol. 18, No. 3 (October 2005), p. 423.

出有关一体化过程的建议。[1]

南共市建立时并没有建立所谓"超国家机构"负责市场内的谈判和争端解决,其谈判机制具有明显的政府间谈判的特点。[2] 南共市谈判的一般议题是促进多边合作、解决成员国之间可能产生的争端。随着经济一体化作为共同目标,四个成员国重视在建立制度协议方面的协调,共同克服过去的贸易摩擦、敌对情绪和怀疑。四国经谈判达成共识,不打算在市场内建立一个强有力的制度结构,而是采取阿根廷和巴西政府首脑使用的一种"灵活和实用主义的方法"。例如,《亚松森条约》的目标是确定建立货物和服务的自由流通,消除关税限制和地区内其他限制,以及采取共同外部关税和建立两个管理该协议的实体。

1991 年 12 月 17 日达成的《巴西利亚议定书》(Brasilia Protocol)曾经确定了成员国中有关争端解决的原则,并明确共同市场组织具备协调和仲裁程序的职能。1994 年 12 月 17 日四国签署的《欧鲁普雷图议定书》则扩大了《亚松森条约》条款,并且增加新的实体:共同议会会议、经济和社会咨询论坛、管理秘书处。在 2002 年《奥利弗斯议定书》(Olivos Protocol)签署之前,各国一直遵守 1991 年的《巴西利亚议定书》和《欧鲁普雷图议定书》有关处理争端的决定,主要通过三方组成的特别仲裁法庭进行裁定。对南共市这种处理争端的规定,有学者认为,"体系的缺乏使成员国缺少通过争端解决机制的想法,和司法程序的谈判"。此外,这种处理机制也低估了私有部门进入仲裁体系的程序要求的困难。因此,《奥利弗斯议定书》的签署不仅被认为是制度上重要的进步,而且也是加强一体化过程的一个重要工具。[3]

与此同时,成员国内部的一些重要分歧往往需要"总统外交"来解

---

① Raúl Emilio Vinuesa, "The Mercosur Settlement of Disputes System", *The Law and Practice of International Courts and Tribunals*, Vol. 5 (2006), pp. 78 – 79.

② Andrés Malamud, "Presidential Diplomacy and the Institutional Underpinnings of Mercosur: An Empirical Exmination", p. 139.

③ Juan Carlos M. Beltramino, "The Building of Mercosur: A Continuous Negotiation, Process", in I. William Zartman and Victor Kremenyuk ed., *Peace versus Justice, Negotiating Forward- and Backward-Looking Outcomes*, Lanham, MD: Rowman & Littlefield Publishers, Inc., 2005, pp.191 – 192.

决,这也是南共市处理成员国之间争端的一大特点。共同市场会议主要管理《亚松森条约》所确立的贸易体系,以促进共同市场政策的形成,1991—2000年,共举行了18次总统会谈。南共市内部事务过多地被总统意志干涉,也很容易受到成员国国内政治,特别是政府更替的影响。因此到2003年,南共市成员国同意将成立争端仲裁法庭和南共市议会,并就成立南共市常设代表委员会,以及在协调沟通关税政策、加强贸易仲裁法院作用、合理解决贸易纠纷、完善南共市金融体系等方面达成共识。2004年,南共市正式设立贸易争端仲裁法庭,并通过了加强成员国之间信息、环境保护、农业技术和合作等决议,宣布成立南共市统一基金,以减少区内成员国的经济差距,还签订了避免双重征税的协定(协定从2008年起执行)。同年12月,南共市第27届首脑会议决定,在2006年12月31日前建立南共市议会,负责在政治和外交上协调立场,共同行动,维护南共市整体利益。

南共市四国拥有占拉美总面积59%(约1 200万平方公里)的疆域和占拉美总人口45%(约两亿)的广阔市场。无论是就增长潜力、发展规模还是对外资的开放程度来说,自它成立以来便成为国际经济舞台上一个不可忽视的贸易集团。而成员国之间的贸易增加使得市场内相互依存性增强,区域安全度进一步加深。1992—1996年,地区内出口额以每年23.9%的速度增长,是地区外出口额增速的三倍,尽管两者在总量上大致持平。以南共市1996年出口为例:(1)向地区内国家和向拉丁美洲一体化协会国家的出口占南共市出口总额的30%以上。其中,日用品和半成品约占整个出口的43%,工业制成品占56%。细分来看,向拉丁美洲一体化协会的出口包括初级能源产品(石油燃料)和含有高研发成分的工业制成品,而成员国之间的出口商品则集中在农产品和大规模生产的工业制成品。(2)向北美自由贸易区的出口占南共市外贸总额的16%,产品种类与向拉丁美洲一体化协会的出口基本相同,不过有小部分集中在日用品特别是能源产品出口上,工业制成品特别是劳动密集型的工业制成品比例略高(如鞋类、皮革制品、纺织品和木制家具等)。半成品在这三个市场上的出口比例大致相同。(3)向欧盟和世界其他地区的出口占南共市出口总额的50%以上,农产品和低技术含量的工业产品出口占主导地位。工业制成品的出口(平均23%)远远少于上述三个市场中的比例,低技术成分的工业产品占整个工业产品出口近 75%。[①]

根据传统一体化理论,一体化组织内部工业贸易的优势是重要的,因为它代表着生产线的专门化,也由此产生生产力和效率。专业化分工越大就越容易参与国际竞争,这是区域一体化一个可以预见的后果。建立共同市场的目标使得南共市成员国放弃了一些贸易壁垒、关税和非关税壁垒,一定程度上弱化了保护主义,成员国内部企业为了生存不得不设法降低生产成本,提高经营管理和效率。因此,南共市的建立在一定程度上促进了成员国的规模经济效应。南共市在 1992—1996 年的贸易结构虽然显示出与发达国家之间的差距,但关键的是表现出了一种稳定或向上的趋势,体现出它希望利用一体化的经济规模,通过地区市场提高在世界经济舞台的竞争力。同时,南共市的成立也促进了区域内投资的增长。由于区域贸易合作总是存在一定排他性或歧视性,以自由贸易区为例,要享受区域内的优惠关税,必须满足区域内的原产地原则,因此为充分享受原产地优惠待遇,区域内成员国会减少对非成员国投资而加强对区域内投资,而非成员国也会增加对区域内的投资。1996 年其贷款总数超过前些年的 40%。[②] 地区生产与投资的持续增长体现了南共市内部不断加深的相互依存状态。

总之,南共市的建立体现了成员国希望通过经济合作实现区域安全的意图,实现区域经济一体化带有各国在政治上的慎重考虑,它在某种程度上成为一种开放的经济合作模式与和平共存的安全模式的有效结合。在特定的时代背景下,长期充满敌意的阿根廷和巴西在经济合作利益下化敌为友,是南共市得以建立的基础。特别是在 20 世纪 80 年代债务危机的压力下,阿巴之间的长期敌意已经成为双方经济合作的重大负担。同时,当新的民主政府就职后,两国之间发生战争的可能性也大大降低。另外,南共市的一体化模式很大程度上参照了欧盟的经验,阿根廷和巴西这　时期共同建立区域经济一体化的行动与法、德

①　Ricardo Markwald and João Bosco Machado, "Establishing an Industrial Policy for Mercosur", in Riordan Roett ed., *Mercosur: Regional Integration, World Markets*, pp. 65 – 68.

②　Alexander J. Yeats, "Does Mercosur's Trade Performance Raise Concerns about the Effects of Regional Trade Arrangements?" *The World Bank Economic Review*, Vol. 12, No. 1 (January 1998), p. 9.

当初共同创建欧洲经济委员会有很大的相似性。① 法、德在历史上有过长期的战争,而巴西和阿根廷也经历了互相敌对的时期,法国的出口产品倾向于农产品,这点类似于阿根廷,而德国出口产品则倾向于工业品,这点类似于巴西。② 这些都表明,在南共体一体化过程中经济因素和安全因素(包括政治安全和经济安全)交织在一起,都起了重要作用。但是与欧盟类似的相对完善的一体化机制相比,正如阿根廷总统克里斯蒂娜(Cristina Fernandez de Kirchner)曾指出的,南共市除了推动区域贸易合作外,还应建立更为广泛的一体化领域,在金融、基础设施以及产业合作方面发挥更大作用。

## 第二节 南共市一体化扩大及其自贸区谈判: 南美安全合作的动力

南方共同市场名称中的“南方”,顾名思义有包括所有南美国家之意,南共市致力于实现整个南美区域一体化的目标自成立之初便已显露出来。与其他南美国家进行自贸谈判,这将有利于一个南美自由贸易区(South American Free Trade Area,SAFTA)的未来构建,而南美自由贸易区一旦建立,无疑将更加巩固该地区的安全与稳定,如智利与阿根廷等国之间的历史矛盾或经济矛盾都会因此而有所缓解。另外,一个扩大的南美市场所产生的经济效益最终将减弱与欧盟和北美或者两者建立自由贸易区的成本。③ 与此同时,南共市也没有放弃与其他国家和地区的一体化协议,特别是美洲自由贸易区谈判以及与欧盟的谈判,虽然这两个自贸谈判的结局目前都不明朗,但南共市可因此增加自己在国际经济谈判中的“砝码”,从而在美国与欧盟之间进行博弈。因此,南共市这一时期的区域一体化扩大的特点十分明显:第一,与其他南美国家积极进行建立自贸区谈判,在有可能的情况下作为南共市完

① "Trade with Brazil and Mercosur",Seventh Report of Session 2006 – 07 House of Commons Trade and Industry Committee, 22 May 2007, p. 82.

② Rafael A. Porrata-Doria, Jr., "Mercosur: The Common Market of the Southern Cone", Durham: Carolina Academic Press, 2006, p. 18.

③ Lia Valls Pereira, "Toward the Common Market of the South: Mercosur's Origins, Evolution, and Challenges", pp. 17 – 18.

全成员国共同发展,逐渐构建以南共市为基础的一个大的南美自由贸易区;第二,以南共市为平台,在建立美洲自由贸易区以及和欧盟建立自贸区的谈判中获得最大利益。[①]

一、以南共市为核心的南美区域一体化进程

1994 年 9 月,南方共同市场邀请拉美各国进行会谈,强调共同市场的开放性和非排他性原则,并邀请南美其他国家加入共同市场,以便形成以南方共同市场为核心的南美自由贸易区。阿根廷总统梅内姆认为,南共市应成为面向两大洋的经济集团,而如果缺少智利,就没有面向太平洋的通道。[②] 因此,在南方共同市场组建之时,巴西和阿根廷就邀请智利加入。但由于智利当时最主要的目标是想加入北美自由贸易区,更重要的是,它不愿受南共市对外关税的限制,因而没有参加。然而随着智利与南共市经贸关系的扩大,南共市对智利的发展变得越来越重要。1994 年 3 月 10 日,南共市国家外长和经济部长会议决定以巴西提出的建立南美自由贸易区建议为出发点,推动与北美自由贸易区、欧盟等贸易集团的区域间贸易谈判。由于智利加入北美自由贸易区的谈判一再被推迟,智利开始调整与南共市国家的关系。

1996 年 6 月 25 日,智利与南共市签订了自由贸易协定,从 1996 年 10 月 1 日起,智利正式成为南共市的联系成员国,协定规定禁止施行新的贸易限制措施,确定在今后若干年内相互逐步降低关税,最终实现自由贸易。协定内容还包括起草原产地规则机制和建立争端解决机制,符合特别进口机制(除了从自由贸易区船运而来的货物)的货物将享有最长期限为 5 年的协议优惠。

南共市与智利关于商品贸易自由化的协议规定最迟至 2014 年完全实施,双方仍然存在关税分歧和利益不平衡的问题。由于智利实行 11% 的单一税率,而南共市内部实行从 0—20% 的多重税率,而且平均税率为 13%,高于智利的税率。[③] 此外,智利已经实现了贸易多元化,而且它与北美自由贸易区、欧盟和亚洲国家的贸易额远比它与南

---

① Félix Peña, "Broadening and Deepening: Striking the Right Balance", in Riordan Roett ed., *Mercosur: Regional Integration, World Markets*, p. 53.

② 汤国维:《南方共同市场的兴起》,《国际展望》1995 年第 15 期,第 11 页。

③ 贺双荣:《智利"有选择的一体化"政策》,《拉丁美洲研究》1995 年第 5 期,第 20 页。

共市的要高,因此,智利依然不愿意受到南共市的关税限制。而在南共市国家方面,尽管智利经济相当开放,但它的农业部门(特别是温带农业)依然处于高保护主义下,因此与智利签署自贸协定并没有给乌拉圭和巴拉圭带来太多好处,他们仍需为国内非生产商品(如资本货物)付出相当高的共同外部关税的价格。但对于阿根廷来说,则具有经济、战略和政治三重优势,不仅为阿根廷商品提供进入太平洋港口和市场的便利,也缓和这个与自己至少有十年接近战争状态的国家的关系,同时智利的加入还可以平衡巴西在南共市的影响和地位。就总体而言,南共市与智利签署自由贸易协定后,将使其在今后美洲自由贸易区谈判中多了个与自己协调行动的一方,而且该协定也可以作为未来与其他拉美国家签署自贸协定的参照蓝本。[1]

1996 年 12 月,玻利维亚和南共市签署自由贸易协定。该协定包括几个消除关税的时间表,所有时间表上 95%的内容将在十年内完成并实现建立自由贸易区的目标。玻利维亚列出几乎 20 个特别敏感的产品(主要是糖和油料作物),这些产品将在 18 年后实现贸易自由化。协定还包括如非关税壁垒和原产地规则,以及保护措施和争端解决机制等规范问题,一体化的条款也被签署。南共市的市场对玻利维亚吸引力巨大。1997 年,对南共市出口份额占玻利维亚整个出口的 15%,而玻利维亚向拉美一体化协会其他成员国出口总额也仅占其出口额的30%。对于南共市而言,尽管玻利维亚是巴西主要天然气出口国,但仍仅算一个小贸易伙伴。与玻利维亚签署自由贸易协定,只是构建南美自由贸易区不可缺少的步骤。1997 年 3 月,玻利维亚成为南共市第二个联系国;2006 年 12 月,玻利维亚表示希望成为南共市的正式成员国。由于美国国会对安第斯促进贸易和治理毒品法案(ATPDEA)的续约一直延缓,因此玻利维亚要求南共市放松协议的原产地规则,特别是对纺织品。[2]

自 1995 年以来,南共市与安第斯共同体(Andean Community,AC,简称安共体)这两个南美洲最大一体化组织之间的谈判过程充满波

[1] Roberto Bouzas, " Mercosur's External Trade Negotiations: Dealing with a Congested Agenda",in Riordan Roett ed.,*Mercosur: Regional Integration*,World Markets, pp. 82 – 83.
[2] "Bolivia and the ATPDEA", http://www.boliviabella.com/atpdea.html.

折。成立于 1969 年的安第斯共同体是拉美地区历史最久的地区经济一体化组织之一,成员国为玻利维亚、哥伦比亚、厄瓜多尔、秘鲁和委内瑞拉(2006 年 4 月,委内瑞拉以秘鲁、哥伦比亚与美国签订自由贸易协定违反安共体原则、有害委内瑞拉经济为由,正式退出安共体)。巴拿马为永久观察员国。安共体的宗旨是充分利用本地区的资源,促进成员国之间的协调发展,取消各国之间的关税壁垒,组成共同市场,加速经济一体化。困扰南共市与安第斯共同体进行自贸谈判的是,双方是采取两个一体化组织之间的对话,还是采取像南共市与智利、玻利维亚之间的"4+1"模式进行对话。最终,安共体决定以前一形式与南共市进行谈判。2000 年 8 月 31 日—9 月 1 日,巴西总统卡多佐(Fernando Henrique Silva Cardoso)倡导的首次南美国家首脑会议在巴西首都巴西利亚举行,南美洲 12 个国家的总统出席会议。会议发表的《巴西利亚公报》宣布,南美各国决定在多边贸易谈判中进一步加强相互间的政治协调与合作,加速区域一体化进程。南共市与安共体各成员国最迟于 2002 年 1 月建成两大集团的自由贸易区,并最终形成一个包括智利、圭亚那和苏里南在内的南美经济贸易区。2003 年 12 月 16 日,在南共市第 25 届首脑会议上,南共市与安共体签署了自由贸易协定。双方承诺在 10 至 15 年内逐步取消关税,并自 2004 年 4 月开始制订减免关税产品清单,从而为建立南美统一大市场迈出了重要一步。

事实上,随着南共市在区域一体化中的影响力越来越大,安共体所有国家都通过正式照会形式表达成为南共市正式成员国的愿望。其中,委内瑞拉先在 2004 年 12 月成为南共市联系国,2005 年 12 月 9 日,南共市在乌拉圭首都蒙得维的亚召开了第 29 届南方共同市场首脑会议,会议一致同意接纳委内瑞拉为其新的成员国,2006 年 7 月,南共市成员国签署议定书,决定吸纳委内瑞拉为正式成员。委内瑞拉拥有丰富的油气资源,它的加入对于能源匮乏和资金短缺的南共市国家而言确实很有必要。此外,作为地区石油出口大国的委内瑞拉每天出口原油的 2/3 都销往美国,但随着查韦斯政府与美国之间的矛盾愈演愈烈,加入南共市则会为委内瑞拉扩大地区的能源需求市场。不过,虽然巴西大力支持委内瑞拉加入,但是查韦斯政府在国际事务中的强硬态度,特别是对美国的毫不妥协,也被认为有可能会与南共市一直以来的发展方向发生矛盾和冲突,特别是在对待美洲自由贸易区上的态度。

另一方面,安共体其他一些国家也赞成委内瑞拉这一举动,认为这会有助于建设南美洲国家共同体。[①] 2011 年 6 月 28 日,在亚松森参加第 41 届南共市首脑会议预备会议的巴西外交部长安东尼·帕特里奥塔(Antonio de Aguiar Patriota)在会后举行的新闻发布会上说,目前南共市接纳新成员的时机已经成熟,玻利维亚和厄瓜多尔与南共市成员国家之间的关系日益密切,具备了正式加入这个地区组织的条件。

面对 20 世纪 80 年代以来不断恶化的国内经济形势,墨西哥开始关注与美国的合作,而与美国和加拿大签署的北美自由贸易协定总体而言在促进墨西哥经济结构调整以及发展经济方面起了重要作用。随着与拉美地区的经济、金融和政治联系不断加强,南共市国家特别是巴西和阿根廷,对于墨西哥的重要性日益增强,墨西哥希望通过与南美洲、中美洲等国家的经济一体化来抵御北美自由贸易协定所产生的消极影响,而对南共市而言,"北扩"也将进一步加强其在国际经济体系中的地位。但是,巴西、阿根廷和墨西哥的经济供应结构存在着竞争性,与墨西哥自贸谈判将集中于汽车、电信产品和通信系统的领域,而这也是南共市国家内部的敏感部门。直至 2004 年 7 月,第 26 届南共市国家首脑会议上,与会元首达成协议,一致同意接受墨西哥和委内瑞拉为未来的伙伴国。

二、美洲自由贸易区谈判:南共市与美国的安全"博弈"

虽然美洲自由贸易区谈判处于停滞状态,实现西半球一体化的理想目前看来依然遥不可及,但是南共市却以美洲自由贸易区谈判为平台,与美国进行"博弈",努力为拉美国家争取更大的利益。同时与美国的"针锋相对",也激发起拉美地区内心深处根深蒂固的、自玻利瓦尔时期传承下来的"大陆团结"的观念,进一步加深了拉美各国之间的团结与合作。早在 1990 年 6 月 27 日,美国总统布什(George H. W. Bush)在对拉美外交使团的讲话中就提出"美洲事业倡议"(The Enterprise for the Americas Initiative),拉开了谋求建设美洲自由贸易区的序幕。该倡议明确提出要同拉美和加勒比邻国建立一种"新的经济

---

① 赵丽红:《委内瑞拉加入南共市》,http://ilas. cass. cn/cn/grzy/show_lead. asp? page = 1&AccountsID = zhaolihong.

伙伴关系",使"整个美洲成为完全自由的国家"。然而美国在组建美洲自由贸易时所采取的北美自由贸易区南下战略以及对拉美国家区别对待的做法,尤其是其所附加的政治条件,致使拉美国家分化成三部分:以墨西哥为代表的对美洲自由贸易区持积极支持态度的国家,以巴西为代表的南共市和南美共同体主张有条件加入美洲自由贸易区的国家,和以古巴、委内瑞拉、玻利维亚组成的反美三国同盟。① 从某种程度上说,1991 年建立的南共市代表着巴西等南美主要国家对美国领导下的美洲自由贸易区倡议的一种应对,而此后的巴西卢拉政府也一直将南共市看作未来建立南美自由贸易区协定的核心。因此,南共市对于美洲自由贸易区的建立虽然并不排斥,但坚持南美国家应以一个整体身份加入美洲自由贸易区,在谈判过程中坚决维护本国以及拉美国家利益,特别是在农产品补贴和知识产权保护等领域。

美洲自由贸易区的谈判经历三个阶段。第一阶段(1990—1994 年),从 1990 年 6 月布什总统发表"美洲事业倡议"的讲话,提出要建立将整个美洲——北美洲、中美洲和南美洲——联系在一起的自由贸易体系开始,美国计划分成两步:先签署美、加、墨自由贸易协定,建立北美自由贸易区;然后以北美自由贸易区为基础,吸收拉美国家参加,建立美洲自由贸易区。1992 年 12 月 17 日美国总统布什、墨西哥总统卡洛斯·萨利纳斯和加拿大总理马丁·布赖恩·马尔罗尼(Martin Brian Mulroney)签署了《北美自由贸易协定》,于 1994 年 1 月 1 日正式生效。第二阶段(1994—1998 年),1994 年 12 月,美洲地区 34 个国家元首和政府首脑在美国迈阿密会谈,通过《原则宣言》和《行动纲领》,共同承诺开始规划建立美洲自由贸易区,同时规定了建立美洲自由贸易区时间表,即在 2005 年以前结束有关谈判。第三阶段(1998 以后),1998 年 4 月在智利首都圣地亚哥举行的第二届美洲国家首脑会议正式启动美洲自由贸易区谈判,直到 2004 年 2 月在墨西哥举行的 34 国美洲贸易副部长会谈中,在有关直接投资、知识产权保护、公平竞争、农业补贴、市场准入、反倾销以及争端解决等方面,没有达成任何书面协议。在 4 月举行的新一轮美洲国家贸易副部长非正式磋商中,由于美

①　孙若彦:《美洲自由贸易区与美拉关系》,《山东师范大学学报》2006 年第 6 期,第 124—125 页。

国一直不肯就农业补贴(agricultural subsidy)问题做出让步,引起巴西、阿根廷等南共市国家强烈不满,最终美洲自由贸易区没有能在规定期限建立。2005 年 11 月,第四届美洲国家首脑会议在阿根廷马德普拉塔召开,会议焦点为是否重新启动美洲自由贸易区谈判,然而美拉之间的分歧也达到顶峰,双方最终不欢而散,重开谈判时间遥遥无期。

美洲自由贸易区前景未卜的原因很复杂,这里着重强调南共市国家,特别是巴西在美洲自由贸易区谈判中的立场和影响。建立美洲自由贸易区将在市场准入上为拉美国家商品进入美国市场提供规则保证,如墨西哥加入北美自由贸易区后,其产品在美国市场的占有份额稳步上升。为了使出口产品能够在美国市场享有与墨西哥产品的相同待遇,南美洲国家整体来说并不反对美洲自由贸易区。2000 年 9 月初,南美 12 国在签署的《巴西利亚公告》里宣称"南美国家总统重申对扩大和加深西半球经济一体化进程的支持"。但是美洲自由贸易区的建立对于南共市成员国而言仍然涉及很多敏感问题,特别是诸如服务业贸易、知识产权保护、外贸直接投资政策、竞争政策和政府采购、劳动和环境标准等。虽然南共市内部也还没有开始对这些问题进行具体讨论,而类似农业补贴和加强贸易补偿等则已经列在南共市优惠表格里。因此,南共市与美国在这些敏感问题上的分歧很难在美洲自由贸易区或者双边协定中达成妥协。①

美国提出建立美洲自由贸易区的最终目的是取得本地区经济一体化的主导权,即本区域内的"规则制定权",从而不仅可以再度强化拉美国家对美国的依赖,而且也可增强国际经济规则制定过程中的主导权,在以集团化的形式展开的大国竞争中确定美国稳定的霸主地位。对于美国将加勒比共同市场、中美洲国家、安共体和南共市区别对待的态度,南共市国家十分不满,并通过拒绝提交有关服务业的关税降低提议作为回应。美洲自由贸易区自 2003 年以后一直无法获得进展,主要是由于美国与以巴西为首的南共市国家在谈判模式和谈判主要内容方面都存在巨大分歧:巴西坚持要在南共市框架下进行"4+1"谈判,但美国不同意。在谈判内容方面,由于巴西是少数几个没有获得进入美国

---

① Roberto Bouzas, "Mercosur's External Trade Negotiations: Dealing with a Congested Agenda", pp. 86,-89.

市场优惠条件的国家之一,巴西希望主要就市场准入问题进行谈判,但美国则希望通过谈判达成包括投资、知识产权和政府采购等内容的综合性协议。[1]

南共市各成员国对于美洲自由贸易区态度起初并不完全相同。阿根廷赞成加入美洲自由贸易区,巴西、乌拉圭和巴拉圭则持谨慎态度。对于乌拉圭和巴拉圭而言,次区域经济一体化就已经占去本国大量的公共和私有部门的力量,从美洲自由贸易区中获益对他们来说并没有太大吸引力。巴西作为南共市最大的成员国,尽管可以从美国市场中获取最大收益,但巴西的多元化经济结构和国内的保护主义也意味着同美国相比的贸易自由化的转换成本将相当大。因此,基于国内政治特点和经济改革过程所处的阶段,巴西政府并不愿意超出世界贸易组织条款的义务去进行新的改革。巴西和阿根廷两国为此在1992—1994年出现一些分歧。然而在1994年迈阿密会谈后,随着南共市地区内贸易迅速增长,阿根廷从优先进入一个大的巴西市场而获得更多的贸易利益,南共市成员国对美洲自由贸易区的态度渐趋一致,并以巴西马首是瞻。

巴西拥有850多万平方公里国土面积,是继俄罗斯、加拿大、中国和美国之后的世界第五大国。巴西占南美面积的48%,人口约1.8亿,其国民生产总值占拉美(除墨西哥以外)国家国民生产总值的一半。1995年,巴西GDP占南共市整个GDP总量的70%,成为南共市具有主导地位的大国并直接影响南共市一体化的进程。保持对南美地区的主导权是巴西外交政策的主要目标,而南共市则被作为加强其全球谈判地位的外交工具。[2] 面对冷战结束国际经济日趋激烈的新形势,南美大国巴西意识到,单靠本国力量很难应付因世界经济格局变化而出现的经济挑战,只有加强区域经济合作和贸易交流,才能在世界经济大舞台上立足。巴西在南美的三个目标是:(1)在本地区保持最强大的经济和军事力量;(2)成为本地区被"其他国家普遍承认的政治、经济等游戏规则"的设计者和执行者;(3)捍卫领土完整和国家独立,反对

---

[1]　珍妮:《美国画出自由贸易安排全球路线图》,《WTO经济导刊》2006年第4期,第21页。

[2]　Michael Mecham, "Mercosur: A Failing Development Project?" *International Affairs*, Vol. 79, No. 2(2003), pp. 384 – 385.

地区内部和地区之间任何形式的严重冲突。①

自 1994 年迈阿密会谈至 1998 年圣地亚哥会谈期间,美国与巴西不断发生摩擦。其中,1997 年 5 月在巴西贝洛奥里藏特的会谈中,美国正式承认美洲自由贸易区将与次区域组织如北美自由贸易区以及南共市一起共存,这是美国一次重要的让步。阿根廷外长在会谈后评论,"在我们用'膝盖'给了美洲自由贸易区头部一下后,我们认为美国至少已经承认此区域组织是有作用的。"巴西对于克林顿政府没有获得"快轨授权"十分不满,"快轨授权"实际上是美国国会加快立法程序的一种安排,自 1975 年开始,其基本内容包括:肯定宪法赋予总统对外谈判贸易协定的权利,国会有最终权利投票通过或否决一项贸易协定,但只能进行不修改条文的审批。巴西认为,在关税降低的谈判中没有一个"健全"的国家会谈判两次。阿根廷的卡多佐总统也强调,只要克林顿总统没有从议会取得授权,对话就是不可想象的。

美国在美洲自由贸易区谈判中始终不愿放弃反倾销法,而让美国放弃反倾销法是对农产品贸易有特殊支持的巴西等南共市国家寄望于世贸谈判的客观原因。美国国会中支持反倾销法和农业补贴的力量很大,美国农业部长安·M. 维尼曼(Ann Margaret Vcncman)就公开声称,如果国内农业补贴问题必须作为区域贸易协定的一部分进行讨论,美国将不能同意。而以巴西、阿根廷为代表的南美诸国多为农业国,巴西是世界上第三大农业出口国,农产品能否顺利进入美国市场是其最为关注的中心议题。世贸多哈回合谈判为美洲自由贸易区谈判中陷入僵局的农业补贴问题和反倾销限制的讨论提供了契机,2003 年 7 月 5日,当时的巴西驻美大使鲁本斯·巴博萨(Rubens Barbosa)在一次专访中认为,如果没有多哈会谈的特殊的结果,美洲自由贸易区不能做出决定。他直接批评美国不允许讨论反倾销立法和补贴,暗示巴西将会消除美洲自由贸易区里的知识产权和投资。

最终,巴西外长阿莫林(Amorim)在 2003 年 7 月 8 日的一篇文章中说,"卢拉同意了巴西在美洲自由贸易区谈判中的立场……它可以被描述为:(1)有关货物市场的进入、服务和投资的限制形式这些实质主题将被包括在南共市和美国的'4+1'模式中进行;(2)美洲自由贸

---

① 贺双荣:《巴西为何不愿加入北美自由贸易区》,第 34 页。

易区过程将集中在一些基本要素上,如争端解决、对于发展中国家的区别对待、补偿资金、卫生规则、商贸便利;(3) 更敏感的领域如知识产权、服务、投资和政府采购的规范部分,递交给世界贸易组织讨论。"[①] 2003 年 11 月,多哈回合的最终失败促成美洲自由贸易区第八次部长级会议在迈阿密召开。会议要求贸易谈判委员会制订适用于所有国家的涵盖市场准入、农业、服务、投资、政府采购、知识产权和竞争政策、补贴、反倾销和补偿权、争端处理的谈判程序,然而,最终会议形成了"自助餐式"的美洲自由贸易区框架协议,巴西和美国发表一个简短声明,表示延迟发表会议结果,会议始终没有做出任何实质性的决定。[②] 可见,有关农产品补贴问题将成为美洲自由贸易区谈判停滞不前的一个"死结"。

虽然美洲自由贸易区谈判在 2003 年主要因巴、美之间分歧而难有起色,但巴美关系似乎未受负面影响,卢拉(Luiz Inacio Lula da Silva)总统与小布什总统当年还会见两次,并最终发表联合公报,公报称:"美国和巴西致力于建立一个更亲密和强大的关系,已经到了为我们关系给出新的方向的时间了……为的是促进半球和全球的合作。"巴西虽然认为只有世贸组织谈判才能够最终实现消除补贴和其他贸易扭曲的目标,但是不愿意完全放弃美洲自由贸易区谈判。[③] 2007 年 3 月,卢拉访问美国时提出建立美国—南共市自由贸易区的建议,同时明确表示不会与美国签署两国的双边贸易协定,除非是与南方共同市场谈判。在巴西看来,次区域近年签订的各类双边与区域自由贸易协定,由于特惠规则不尽一致,重叠交错,相互之间的兼容性和协调性已经难以保证,这造成了规章制度的透明度下降,制度执行和监督成本增加,因此在现存的所谓"意大利面碗效应"(Spaghetti Bowl Effect)的贸易联合中,再增加美洲自由贸易区的成本无伤大局。如果能够与美国在美

① Albert Fishlow, "Brazil:FTA or FTAA or WTO", *Free Trade Agreements US Strategies and Priorities*, Washington,D.C.: Institute for International Economics, April 2004, p. 293.

② 张勇:《建立美洲自由贸易区的构想和最新发展》,《拉丁美洲研究》2006 年第 1 期第 17 页。

③ Mairia Regina Soares De Lima and Mōnica Hirst, "Brazil as an Intermediate State and Regional Power: Action, Choice and Responsibilities", *International Affairs*, Vol. 82,No. 1 (2006),p. 34.

洲自由贸易区谈判中达成妥协,与其他拉美国家结成更密切关系,这无疑也是其世贸谈判中一个积极因素,同时也有助于推动对如毒品、洗钱、移民等直接与区域安全领域密切相关的议题。

三、与欧盟的区域间自贸谈判:南共市区域经济合作的重要"砝码"

除了进行美洲的自贸区谈判,南共市也积极发展与美洲地区外国家、地区以及区域经济集团的经贸关系,以加强自己在国际经济舞台中的影响力。而在这些自贸谈判中,与欧盟的合作最令人瞩目。由于历史原因,拉美国家与欧盟国家历来有着千丝万缕的联系,特别是巴西等南锥体国家始终和英国、德国、法国以及昔日的宗主国葡萄牙、西班牙之间保持紧密联系。自第一次世界大战以来,欧洲国家在南锥体国家的影响没有因为美国霸权地位的建立而有所下降,一直是南锥体国家工业品、资本货物等进口产品的主要供应者。南共市国家与欧洲之间的经济贸易关系,其程度甚至超过了与美国的关系。欧盟要与美国争夺拉美市场,南共市的"开放"态度为欧盟资本进一步进入拉美创造了良好机会。美欧之间在拉美的竞争必然成为彼此拉拢拉美国家的角逐,而这一点也是南共市所乐见的。

1992 年 5 月,欧盟委员会与南共市共同市场组织签署关于技术援助和制度支持的协议,作为欧共体对南共市的建立提供技术上的援助、人员培训和制度上的支持。这使得美国感到欧盟在拉美影响扩大的压力,并于 1994 年建立北美自由贸易区与之抗衡。1994—1998 年,美国对墨西哥出口翻了一番,从 410 亿美元猛增到 790 亿美元。而同期欧盟向墨西哥出口只有 90 亿欧元。[①] 为此,保持欧盟与南共市的传统关系成为欧盟在拉美的外交重点,欧盟共同外交与安全事务高级代表索拉纳认为,南共市的过去、现在和将来都应是欧洲优先考虑的重点。1994 年 10 月,欧盟委员会首次提出组建"欧盟—南方共同市场地区联盟"的倡议。

1995 年 8 月,在亚松森召开的第八次南共市首脑会议确定了与欧盟建立自由贸易关系的准则。同年 12 月 15 日,双方在马德里签署《欧盟—南方共同市场地区间合作框架协议》,这是两个关税同盟之间签

---

① 王萍:《南共市与欧盟合作的战略关系分析》,《现代国际关系》2005 年第 5 期。

署的第一个区域间框架协议(Interregional Framework Agreement)。按照这一协议,欧盟和南共市成员国巴西、阿根廷、乌拉圭和巴拉圭四国将以"政治、经济和贸易均衡"为基础,用 3 年时间就减少关税问题进行具体谈判,然后用 8 年时间作为逐步减免关税的过渡阶段,逐步实现两大地区之间的工业和服务贸易自由化,最终在 2008 年建立一个范围广阔的洲际自由贸易区。这意味着两地区在进行直接的政治对话的同时,正在推进商业和经济合作上的谈判,特别是强调区域一体化有关领域以及诸如环境、反对毒品和新技术发展等广泛议题上的政策合作。这个框架协议也被作为两个地区之间首次具有经济特征的政治联合。①

1996 年 11 月,一个有关欧盟与南共市的贸易委员会在巴西的贝洛奥里藏特成立。该委员会决定建立三个工作组负责产品市场的准入、服务市场的准入、贸易标准和分类问题,涉及南共市与欧盟之间经贸关系中的敏感问题。1998 年 5 月 14 日,该委员会在布鲁塞尔召开会议,为制订共同文件做准备。1999 年 6 月,首届欧盟—拉美国家首脑会议在巴西里约热内卢召开。欧盟 15 国与拉美 32 个国家的首脑参加会议。会议重申了 1995 年南共市与欧盟之间签署的地区框架协议中的各项承诺,根据世贸组织的普遍原则,就逐步开放市场进行谈判。会议还表示将在欧盟 15 国和南共市的阿根廷、巴西、巴拉圭、乌拉圭以及智利这 20 个国家中先实行自由贸易,为建立未来的"欧盟—拉美自由贸易区"打下基础。1999 年底,南共市与欧盟就贸易自由化再次举行谈判。在 2000 年 11 月的谈判中,南共市同意从 2001 年 7 月开始逐步降低关税。随后在 2001 年南共市与欧盟的谈判中,关税削减、产品和服务的市场准入问题成为谈判主题。2002 年 9 月,欧盟发布《南共市区域战略报告》,决定为南共市完成区域内部市场建设、机构建制和公民社会提供支持和援助,这标志着欧盟与南共市合作关系不断深化。②

在 1996 年 6 月召开的首届拉美与欧盟国家首脑会议上,南共市与

---

① Andy Klom, "Mercosur and Brazil: A European Perspective", *International Affairs*, Vol. 79, No. 2(2003), p. 357.

② Andy Klom, "Mercosur and Brazil: A European Perspective", pp. 361–362.

欧盟曾计划于 2004 年 10 月 31 日之前完成有关自由贸易区建立的谈判,2005 年 1 月建成跨大西洋自由贸易区。然而,在 2004 年 7 月 19 日至 23 日在布鲁塞尔举行的第 15 轮谈判中,南共市代表因为欧盟在农产品准入问题上立场丝毫没有让步而终止谈判。巴西外贸委员会执行秘书马里奥·穆格纳尼(Mario Mugnalni)表示,南共市对于欧盟提出的农产品配额低且分成 10 年管理的建议是不能接受的。但同时也承认,中止谈判是对欧盟施压的一种策略。南共市同欧盟自由贸易协定谈判中存在 11 点分歧,主要是:(1) 农产品方面,欧盟分 10 年分配给南共市的农产品配额总量低于南共市原来预期;(2) 糖方面,欧盟没有将它包括在享受配额的农产品范围之内;(3) 汽车方面,南共市内部没有就此达成共识,因此缺少此项,也就很难与欧盟达成包括关税条款这一基本要求在内的最终协定;(4) 银行方面,欧盟希望南共市最大限度地开放金融市场,但又明确表示自己不准备对南共市开放此领域;(5) 电信方面,欧盟要求南共市开放电信业务中的跨境服务;(6) 海上运输方面,欧盟坚持南共市海上运输应包括沿海航运,巴西认为这将威胁到本国相关企业生存;(7) 工业产品方面,欧盟要求南共市缩短工业产品关税减让的时间表,特别提出化工产品和药品;(8) 原产地规则方面,欧盟要求南共市细化原产地规则,即允许南共市某一国家的商品自由进入南共市其他国家;(9) 政府采购方面,欧盟提出在政府采购的公开招标中优先考虑欧盟企业的利益,巴西对此表示接受,但前提条件是欧盟要满足在农产品领域对南共市的出价条件;(10) 版权方面,欧盟要求最大限度的版权保护,并签订一旦侵权情况下的惩罚协议,南共市因清楚自己缺乏打击盗版能力而不愿接受,处于两难;(11) 葡萄酒方面,欧盟要求南共市遵循国际法规对知名葡萄酒和蒸馏饮料进行更严格的产权保护。[①]

南共市随后对此提出新方案,可免税进入南共市的欧盟产品比例将从 88% 增加到 90% 以上,同时将进一步开放电信和金融市场。欧盟则提议,在达成自由贸易协议后的 10 年内,南共市应逐步取消所有工业品的进口关税。在农产品贸易方面,欧盟将保留牛肉、鸡肉和食糖等

---

① 《南共市同欧盟自贸谈判中的主要分歧》,http://news.stock888.net/040726/101,1317,989547,00.shtml.

少数敏感产品的进口配额,对来自南共市的其他农产品进口关税将降低和取消。另外,欧盟还将向南共市开放服务和政府采购市场。然而双方互对彼此方案不满意,南共市认为欧盟在开放农产品市场方面没有满足其要求,而欧盟认为南共市在取消工业品关税方面出现严重倒退。南共市目前只提议对77%的欧盟工业品取消关税,而不是原先提议的87%,此外在公共工程以及政府采购等方面还做得不够。欧盟委员会贸易发言人冈萨雷斯(Gonzalez)9月30日说,欧盟与南共市一致认为,鉴于他们各自提出的方案与对方的期望相距太远,双方无法按原计划在10月31日达成自由贸易协议。①

　　2004年10月9日和11日,南共市四国外长和欧盟25国外长曾分别在里约和布鲁塞尔会晤,讨论协议前景。巴西外贸委员会认为,无论是美洲自由贸易区协议还是南共市与欧盟的自贸协议,均无法在地区之间就"农业补贴和反倾销措施"议题达成协议,这些议题只能在世界贸易组织范围内得到解决,可能取得进展的领域是原产地规则、政府采购、市场准入等。根据2005年3月4日巴西外长阿莫林和欧盟新任贸易委员彼得·曼德尔森(Peter Mandelson)在肯尼亚的蒙巴萨举行的由30个国家代表参加的世贸组织多哈回合农业议题谈判期间达成的谅解,南共市与欧盟新一轮自贸协议谈判于3月21日和22日再次进行技术层面的会谈,然而双方仍然没能达成共识,双方互相指责,甚至连下一次谈判时间都没有确定就不欢而散。巴西谈判代表雷吉斯·阿斯拉尼安(Régis Arslanian)大使称,应该尊重南共市是欠发达地区的事实,在欧盟缺乏改善农产品市场准入条件的前提下,南共市只对工业、服务业、知识产权等领域进行有限制的开放。② 巴西外长阿莫林2004年12月2日在巴西参议院表示,南共市和欧盟至少还需一年半时间才能达成自由贸易协定,因为"两个集团所提的建议存在巨大的差距"。他重申,对巴西来说,世贸组织的谈判更重要,世贸组织的谈判是根本性的,这决定诸如南共市—欧盟自贸协定、美洲自由贸易区达成的时间表。然而直到2006年年底,双方仍未就自贸协定达成任何实质性的

① 《欧盟与南共市无法如期达成自由贸易协议》,http://news.xinhuanet.com/world/2004 - 10/01/content_2044266.htm.

② 《新一轮南共市与欧盟自贸协议谈判未取得任何进展》,http://br.mofcom.gov.cn/ aarticle/jmxw/200503/20050300028779.html.

决议。

2009 年 12 月 8 日,南共市第 38 届首脑会谈在乌拉圭首都蒙特维的亚结束,与会各国领导人就加强区域一体化、重启与欧盟的自贸协议谈判以及改善地区发展不平衡等问题达成诸多共识。南共市四个成员国以及正在加入进程中的委内瑞拉均出席会议,对欧盟重启自贸协议谈判是本次首脑会议的重要议题之一。时任巴西总统卢拉表示,欧盟是南共市的重要贸易伙伴,在接下来的谈判中,南共市国家将采取更为灵活的态度,以求公正、平等地签署自贸协议。刚接任南共市轮值主席国的阿根廷总统克里斯蒂娜则建议改变以往的谈判方式,采取逐步过渡的务实方针,以求达成最大共识。她提出,目前导致欧盟和南共市搁置自贸谈判的内容并不多,建议从双方已有共识的内容开始,逐步过渡到服务贸易、政府购买等分歧不大的领域。对于存在较大分歧的,如取消农产品补贴和工业保护等问题,双方可暂时持保留意见。她表示,阿根廷在担任轮值主席国期间将在现有基础上同欧盟进行谈判,2010 年西班牙将任欧盟轮值主席国,届时双方将在该年 5 月于马德里重启自贸谈判。① 2010 年 10 月,欧盟与南共市在布鲁塞尔进行的第二轮谈判卓有成效,双方制订了 2011 年完成自贸协定谈判日程表,然而农产品问题依然是双方谈判中的焦点。

地区之间组织间的合作通常被认为是一种"新现象",双方一体化机制的差异和成员国数量的差异涉及很多方面,因此双方会仔细考虑建立自由贸易区后的成本和收益。而且随着国际环境的变化,这种成本与收益也会出现明显变化,很难计算。每个成功的区域一体化的扩大都具有地缘政治和地缘经济的需要,但这可能会带来市场损失和第三方影响的损失。就南共市与欧盟合作后可能产生的收益而言,首先,南共市与欧盟的谈判将会增加南共市在美洲自由贸易区谈判中对美国的砝码,在北美与欧洲之间保持一种平衡具有政治与经济的双重意义。美国很明显不愿冒与南共市重要市场边缘化的危险,1997 年 1 月美国议会在听取美国贸易代表查伦·巴尔舍夫斯基(Charlene Barshefsky)的说明后,关于美国应给予南共市应有的重要性被承认。在美国参议院金

---

① "EU and Mercosur Agree to Re-launch Trade Talks Next July", 18 May 2010, http://en.mercopress.com/2010/05/18/eu-and-mercosur-agree-to-re-launch-trade-talks-next-july.

融委员会前听证时,当被问到有关"快车道"( fast-track authority)①的缺失和美国是否在南美失败时,她认为:"'快车道'的缺失使我们的半球留下一个真空,事关领导权和我们在南半球的贸易的规则。这种缺失导致其他贸易伙伴的国家在我们的半球聚集起来,作为建立他们的规则和义务的基地。南共市就是这样的例子。"②

其次,双方历史和文化的悠久联系是南共市愿意与欧盟建立跨地区自由贸易区的重要基础。从早期的西班牙人、意大利人和英国人到19世纪的德国人和波兰人移民,一直延续至第二次世界大战以后,这种强烈的联系有助于加强许多南锥体国家的欧洲情结。同时,欧盟和其成员国是南共市国家主要的资助者,1996年的资助占其收到的所有援助的67.2%(第二是日本,占大约30.7%)。1990—1997年,欧盟委员会也单独提供4.8亿埃居(European Currency Unit, ECU)给南共市和它的成员国。尽管在1990—1996年,欧洲处于外国直接投资的第二位,但随着英国、法国和西班牙直接投资的稳定增长,欧盟很快成为南共市最重要的外国投资者。自从20世纪90年代起,它的投资增长率就已经超过美国。尽管贸易流向有些不对称,由于南共市购买力很大,欧盟仍是其最大的贸易伙伴。考虑到每个地区的经济利益,欧盟与南共市对话的重要性理所当然。

第三,对于欧盟来说,考虑到南共市作为世界第四大区域经济集团,以及作为拉美目前最大、最有活力的一个次区域经济一体化集团,进入南共市的重要性十分显著。事实上,自从1990年以来,南共市对于欧盟而言是一个扩大的出口市场。1990—1997年,欧盟对南共市的出口年增长19.7%,而对其他拉丁美洲国家的出口年增长为12.5%,对墨西哥的年增长仅为6.3%。在这一时期欧盟外部出口年增长率仅仅为7.7%,这意味欧盟对南共市的出口增长率几乎是欧盟对外出口增长

---

① 所谓"快车道"即"快速审批"贸易谈判权,是指美国总统在与其他国家进行贸易谈判中拥有的一种特权。如果美国国会授予这一特权,那么对于总统及其谈判代表今后与其他国家达成的贸易协定,美国国会就只能批准或否决,而无权进行修改。经过8年搁置,美国国会终于在2002年8月7日正式通过"贸易促进授权法案",恢复政府对外谈判贸易自由协定的"快车道"。此项授权为期三年,经国会同意,可延期二年。

② Riordan Roett, "U.S.Policy Toward Mercosur: From Miami to Santiago", in Riordan Roett ed., *Mercosur: Regional Integration, World Markets*, p. 116.

率的 3 倍。然而,欧盟从南共市的进口增长仅仅占整个欧盟对外进口增长的 2/3。[1] 与南共市建立一个跨洲自贸区显然有利于保持和提高在该地区的经济利益。无论北美自由贸易区的扩张,或者可能达成的美洲自由贸易区,都可能危害欧盟在拉美地区的贸易,正如墨西哥进入北美自由贸易区的例子那样,在 1994—1997 年,欧盟对墨西哥的外贸减了一半。自从 1992 年欧盟与南共市签署第一次政府间协议以来,欧盟与南共市还发现双方在维护地区稳定上存在着共识,认为区域间的联合将有助于维持地区和平,控制军备以及解决环境与毒品等非传统安全问题。[2] 因此,欧盟和南共市都认为有必要在全球化进程中建立一个新的区域间联盟,这个联盟不是军事的,而是带有金融、经济和技术等特点。

总之,区域内一体化协议的大量缔结是区域一体化进程中的一个重要现象。[3] 除了市场、贸易以及投资等经济利益推动一体化的不断扩大,来自社会和政治等领域的因素也不能忽视。就南美地区而言,南共市在经济、政治以及安全等因素的驱动下,不断增加与周边国家签署自贸协议。以南共市为主导的南美国家在美洲自由贸易区谈判中的态度,也反映了其对美国在地区安全问题上的警惕,之后随着恐怖主义、毒品走私、非法移民和难民以及经济危机等非传统安全问题在拉美地区日渐凸显,南共市感到需要与美国在安全和反恐问题等领域加强合作。因此,如果能够与美国在农产品等敏感问题上达成协议,南共市也赞同建立一个大的美洲自由贸易区。在这一背景下,与另一个对南美市场感兴趣的欧盟进行一个区域间的自贸谈判,无疑将会使美国有所顾虑,即增加南共市国家在美洲自由贸易区谈判中的有利地位。

此外,值得注意的是,南共市与委内瑞拉、玻利维亚这些反美的拉美左派政府之间关系的接近,也对一些亲美国家与南共市的一体化合作产生了不利影响。2011 年 4 月 28 日,墨西哥与秘鲁、智利、哥伦比亚四国在秘鲁首都利马签署了《太平洋协定》。根据这份协定,秘鲁、

---

[1] Wolf Grabenaorff, "Mercosur and the EU: From Cooperation to Aliance?" in Riordan Roett ed., *Mercosur: Regional Integration*, *World Markets*, p. 99.

[2] Ibid., p. 107.

[3] Andrew Hurrell, "Security in Latin America", *International Affairs*, Vol. 74, No. 3 (1998), p. 538.

智利、哥伦比亚和墨西哥四国将建立太平洋联盟,决定尽快使成员国间的资金、资源、人员和服务得以自由流动,同时四国承诺简化海关手续,并促成四国股票交易的融合。为了使协定尽快落实,四国总统一致同意在每一环节设立专门的技术组,由四国专业人士商讨解决细节问题,并且将于 2011 年 12 月在墨西哥再次召开首脑会议,评估协定进程。[1]这份协定签署后,秘鲁、智利、哥伦比亚、墨西哥四国组成的经济体就会超越现在的南共市,成为拉美地区最大的次区域经济组织。秘鲁、哥伦比亚、墨西哥与美国的政治和经济联系尤其紧密,而委内瑞拉、玻利维亚等国则一直倡导建立一个排除美国在外的美洲自由贸易区。这两种截然不同的态度既是美洲自由贸易区谈判停滞不前的原因之一,也使得原本以南共市为主导的南美区域经济一体化的扩展可能因为政治意识形态的分歧而遇到障碍。

## 第三节　南共市货币一体化的努力和南方银行的建立:
## 　　　　南美经济安全的基石

自布雷顿森林体系解体后,伴随国际资本的自由流动和金融自由化,全球化实质上改变了国际经济的动态过程,而缺少政府调控的宏观经济政策也很难限制资本流动,国际投机资本频频触发严重货币问题。经济全球化对全球经济的影响并非全是稳定和增长,相反也引发了一系列经济问题,比如汇率不稳定、低增长率、高失业率以及收支不平衡等。20 世纪 90 年代以后全球爆发了一系列金融危机,其主要表现为一国不良的汇率政策而诱发的金融危机,通过贸易、投资等渠道对其他新兴市场经济体产生广泛的传染效应,在开放的资本市场条件下,由金融危机导致的市场信心危机会诱使国际资本突然中止,从而扩大并加重传染效应的范围和程度。[2]

作为首个由发展中国家组成的共同市场和南美最重要的经济一体化组织,南共市的建立极大地促进了区域一体化发展。面对一系列国

---

① 《拉美四国签署〈太平洋协定〉,寻求发展多边经济》,http://news.hexun.com/2011 - 04 - 29/129172268.html.

② 朱小梅:《从博弈论视角看拉美的"美元化"前景》,《拉丁美洲研究》2006 年 2 月第 1 期,第 42 页。

际金融危机对地区经济的消极影响以及区域一体化深化的双重要求，南共市曾于1998年正式提议建立货币联盟。然而在连续遭遇1999年巴西雷亚尔危机和2001—2002年阿根廷经济危机的沉重打击后，不仅阿根廷、巴西贸易保护主义抬头，两国贸易摩擦不断，而且对地区内贸易依赖较大的巴拉圭和乌拉圭也遭受池鱼之殃，南共市发展在这一时期举步维艰，甚至于2003年时陷入停滞。在这种情况下，南共市努力开展的货币一体化进程成为重要特色，它既是应对国际金融危机、维护经济安全的重要步骤，同时也对区域一体化进程的深化起到推动作用。

一、20世纪90年代以来的金融危机对南共市国家的冲击

无论是历史原因还是债务危机(debt crisis)的后遗症，拉美地区金融领域对外部的依赖相对较其他领域都要大。20世纪70年代，拉美国家在当时国际借贷环境十分宽松的情况下筹措了大量资金。1980—1982年资本主义世界经济危机爆发，发达资本主义国家纷纷将危机转嫁给拉美国家，实行贸易保护主义和高利率政策，导致拉美国家出口蒙受重大损失。由于国际市场商业利率的急速提高和国际贸易条件不断恶化，许多国家难以偿还到期债务的本息。1982年，以墨西哥宣布无力支付债务本息为信号，一场严重的债务危机在拉美地区爆发。巴西、委内瑞拉、阿根廷、秘鲁、智利等国也相继发生偿债困难。这使拉美经济进入了一个长期停滞和衰退的时期，整个80年代因此被称为"失去的十年"。[①] 到1981年底，拉美地区外债总额已达2 770多亿美元，还本付息占出口的21%。1983年，支付外债的利息就为340亿美元，相当于所有国家当年出口总值的约300%和地区生产总值的51%。[②] 1980—1985年，巴西人均GDP增长率为−3.%，墨西哥为−2.7%，阿根廷为−17.7%，智利为−9.1%。[③] 债务危机对拉美各国的生产体系、金融体系造成了严重危害，也给拉美区域的一体化事业增加了变数。

20世纪90年代全球又爆发了一系列金融危机，1992—1993年欧

---

① Ashwini Deshpande, "Rethinking Strategy for Global Debt Crisis", *Economis and Political Weekly*, Vol. 30, No. 21(May 1995), p. 1241.

② 方幼封、曹珺:《漫漫探索路》,北京:学林出版社2000年版,第10—11页。

③ Rudiger Dornbusch and Stanley Fischer "Third World Debt", *Science* (New Series), Vol. 234, No. 4778(November 1986), p. 839.

洲货币危机、1994—1995 年墨西哥龙舌兰危机（Tequila Crisis）、1997
年亚洲金融危机（Asian Financial Crisis）、1998 年俄罗斯货币危机，这
使本来就十分脆弱、敏感的拉美地区金融领域波澜迭起。如果拉美国
家的金融领域不对外开放，拉美经济就很难适应世界经济和自身经济
形势的变化，但是在市场调控机制不很完善的情况下拉美金融领域完
全对外开放，又使它们失去自我保护，其经济容易随外部资金的进出变
化而波动。[①] 南共市成员国也因此深受其害。比如因墨西哥金融危机
的影响，整个拉美国家经济增长率从 1994 年的 5.2% 降至 1995 年的
0.4%，巴西、阿根廷、智利和委内瑞拉等国家的金融市场受到很大冲
击，其中阿根廷 GDP 迅速下跌，其经济在 1995 年出现了 3.1% 的负增
长，城市公开失业率由上一年的 11.5% 上升到 17.5%。[②]

在亚洲金融危机和俄罗斯货币危机发生后，拉美地区国家普遍表
现为股市动荡，资金外流，国际储备下降，货币贬值，紧接着便发生了
1999 年巴西雷亚尔危机和 2001—2002 年的阿根廷经济危机。1998 年
巴西为了维护货币汇率的稳定和吸引外资，被迫消耗大量的国际储备
并采用过高的利率，结果其国际储备从 1998 年 5 月的 700 多亿美元降
至年底的 400 多亿美元，国内利率提高到年利率 50% 的高水平。当年
巴西经济仅仅增长 0.5%。巴西自 1994 年 7 月实行雷亚尔计划以后，
雷亚尔一直大幅升值，到 1998 年底其爬行钉住对美元的汇率制度难以
维持了。由于巴西国会没有通过财政调整计划中增加公务员福利税和
对退休公务员征收福利税的法案，而 1998 年财政收支赤字、贸易和经
常账户逆差均大幅超过了预计水平，结果造成市场信心更加跌落，终于
引发投机性冲击，巴西央行被迫于 1999 年 1 月 15 日宣布雷亚尔对美
元自由浮动。虽经过多方努力，1999 年 4 月初巴西汇率市场出现回稳
迹象，但是这场雷亚尔危机对巴西经济特别是对南共市其他成员国经
济产生了极大的负面影响。

阿根廷进入 2001 年以后，金融形势不断恶化，平均每月都要经历
一次金融动荡，而且一次比一次严重。同年 7 月阿根廷在经济部长卡

① 吴国平：《21 世纪拉丁美洲经济发展大趋势》，北京：世界知识出版社 2002 年版，第 162
页。

② 苏振兴：《拉丁美洲的经济发展》，北京：经济管理出版社 2000 年版，第 188 页。

瓦略宣布启动"零赤字计划"后爆发危机,证券市场空前动荡,资本市场的崩溃一触即发。8 月 21 日,阿根廷经过与国际货币基金组织的艰苦谈判,获得 80 亿美元的应急追加贷款。为迎合国际货币基金组织的要求,阿根廷政府实行财政紧缩,国民工资和养老金降低了 13%,这加剧了国内政局动荡,总统接连辞职。10 月底,当阿根廷政府准备与债权银行谈判,重新安排高达 1 280 亿美元巨额债务的消息传出后,外国资本加速抽逃,曾经出现一天就被提走 7 亿美元的严重局面。12 月 3 日,阿根廷颁布法令规定,从当日起,任何储户,不论是个人还是机构,每月提取的存款数额不得超过 250 比索或等值的美元,一个成年人每个月出境带出的外汇现钞不得超过 1 000 美元。2002 年 1 月,阿根廷 15 天内的第 5 位总统杜阿尔德(Eduardo Alberto Duhalde Maldonado)就职后,宣布取消了实行近 11 年的货币局制度(Currency Board System)。① 阿根廷国内抗议、示威不断,甚至出现哄抢商店的骚乱。

在国内爆发金融危机的情况下,阿根廷和巴西两国的保护主义情绪上升。阿根廷限制巴西的纺织品和钢铁产品的进口,而巴西也停止了与阿根廷在汽车、糖、鞋等领域的贸易谈判。双方随后又各自采取了一些限制对方产品出口的措施。像巴西取消了阿根廷出口产品享受的优惠待遇,对阿根廷出口的 400 种产品实行与非南共市国家产品同样的政策。2000 年,阿根廷在南共市的贸易额占其总贸易额的 30%,而巴西只占 14%,相反其在欧盟的贸易额还达到 26%。相对落后的巴拉圭是南共市内最有依赖性的成员国,它的地区内贸易占其总贸易量的54%。这种不对称局面导致了贸易争端的发生。阿根廷多次要求采取保护条款,13 次对巴西进口商品采取反倾销关税②,并在 2001 年陷入经济危机后宣布暂停执行南共市的共同对外关税,对生产资料进口实行零关税,而对消费品进口征收高于共同关税的税收。

两个主要成员国在宏观经济政策上的分歧以及随后爆发的金融危机也殃及了乌拉圭和巴拉圭。由于阿根廷是乌拉圭的主要贸易伙伴,

---

① 陈岩:《国家金融战略》,北京:经济管理出版社 2004 年版,第 11—12 页。

② Lia Valls Pereira, "Toward the Common Market of the South: Mercosur's Origins, Evolution, and Challenges", p. 13.

阿根廷在爆发经济危机之后采取的一系列措施,尤其是对比索实施的贬值,使得乌拉圭对阿根廷产品的出口受到很大损害。2002年初,巴拉圭对阿根廷的出口也减少了三分之二。为减少阿根廷金融危机对其国内经济的冲击,乌拉圭于2002年6月20日放弃了有限浮动的汇率政策,采用彻底的自由浮动汇率制。阿根廷中央银行于2001年12月宣布冻结银行存款,政府随后又于2002年4月19日宣布开始全面、无限期地关闭阿根廷境内的所有银行和外汇市场,并强制性地把美元定期存款转为10年期的美元债券,把比索固定利率存款转为5年期比索债券。受这种恶劣经济形势的波及,被称为"南美洲瑞士"的乌拉圭,出现了蜂拥的提款潮。2002年7月30日,乌拉圭政府宣布全国所有银行暂停营业一天,紧接又延长一周,所有提款机中断服务。[①] 这是该国70年来首度采取这样的措施。

由上可见,在经济全球化的背景下,非军事安全,特别是经济安全的重要性不断上升。国际经济和贸易相互依存程度的加深,除了给国家带来贸易和投资上的利益外,同时也带来了可能引发经济危机的风险。这种风险的"多米诺骨牌"效应也常常从经济安全直接过渡到整个国家安全的其他层面。[②] 对于经济和金融调控能力都相当薄弱的拉美地区来说,抵御风险的能力更低,这就要求他们必须寻求如何应对全球金融风险的手段和途径。由于单个国家应对金融危机的能力有限,这又要求他们必须在这个领域进行合作。在此背景下,南共市真正开始努力加强成员国在货币金融领域的协调与合作,致力于实现货币一体化,以维护区域经济安全与稳定,增强成员国的凝聚力。

## 二、南共市区域货币合作和南方银行的建立

南共市建立伊始并没有明确货币合作的目标,虽然1991年签署的《亚松森条约》提出了在南共市成员国进行宏观经济合作的主张,但是直到1997年4月8日,在南共市建立统一货币的想法才最初出现在一篇名为《给南共市的一个建议》的新闻报道中。在4月27日南共市的

---

① 江时学:《金融全球化与发展中国家的经济安全——拉美国家的经验教训》,北京:社会科学文献出版社2004年版,第310—311页。

② 邹永忠:《经济全球化与发展中国家安全战略重新定位的启示——以墨西哥安全战略转变的经验教训为例》,《拉丁美洲研究》2004年第4期,第13页。

一次新闻发布会上,阿根廷总统梅内姆提出在南共市内部建立统一货币,不过基于阿根廷当时实行的货币局制度,梅内姆更倾向于在南共市内实现经济"美元化"。1998 年,南共市成员国在阿根廷的乌苏艾亚召开第十四次会议并签署《乌苏艾亚法案》(Ushuaia Act),宣布未来南共市需要深化发展的几个方面:(1)制定金融和投资政策;(2)加强宏观经济合作;(3)考虑建立统一货币的可能。虽然此次会议没有为上述目标制订具体细节,但这是南共市官方首次正式提到把建立货币联盟作为一个长期目标。2000 年,南共市四国经济部长和央行行长在巴西圣保罗市就共同经济目标、统一国民经济方法、财政状况和公共债务的约束、货币和资本市场的统一监控、建立更高层次的宏观经济对话机制等达成共识,主要包括:(1)建立自由贸易区;(2)成员国在定义和衡量主要的宏观经济变量上统一标准;(3)保证汇率在正常范围内,为此可以成立一个地区中央银行防止货币贬值;(4)通胀率不应该高于3.0%;(5)各国都不能有过多的金融赤字,赤字预算不能超过 GDP 的3.0%;(6)各国的公债不能超过 GDP 的40.0%;(7)每个国家不能有过多的经常账户赤字,并且最高不能超过 GDP 的3.0%。① 可以看到,后面几项规定基本与《马斯特里赫特条约》衡量成员国可以加入欧洲货币联盟(EMU)的趋同标准接近。

由于 1999 年巴西雷亚尔危机和 2001—2002 年阿根廷金融危机的爆发,各国忙于应付金融危机所带来的严重后果,贸易保护主义高涨,南共市在这一时期陷入严重的发展危机。南共市的奠基者,阿根廷前总统阿方辛和巴西前总统萨尔内批评了南共市经济一体化的发展方向。乌拉圭银行职员协会领导人博萨斯(Carlos Bouzas)等人也认为此时的南共市离最初建立共同市场的目标相差甚远。在这一背景下,2003 年,阿根廷总统杜阿尔德与巴西总统卢拉举行会谈,表示要重兴因受经济危机影响而陷入发展危机的南共市一体化进程,并商讨建立南共市议会和在南共市内采取独立的共同货币。南共市在 1997 年至2003 年间的发展危机被一些西方学者归结为"两个主要合作伙伴的敌

① Fernando Ferrari-filho. "Why does It not Make Sense to Create a Monetary Union in Mercosur? A Keynesian Alternative Proposal", *Journal of Post Keynesian Economics*, Vol. 24, No. 2(Winter 2001 – 2002),pp. 241 – 242.

对的宏观经济条件"所致。① 但实质上这就是经济全球化,特别是金融自由化所带来的消极后果之一。在宏观经济缺乏合作的前提下,阿根廷和巴西面临高通货膨胀和经济衰退的困扰,不是首先采取控制财政赤字并稳定宏观经济形势,而是立刻采取激进的利率自由化、汇率自由化措施,导致名义利率和实际利率迅速攀升,加剧了通货膨胀预期,而通货膨胀高涨反过来又进一步推动了利率上扬,形成恶性循环。无疑,阿根廷、巴西等成员国这一时期植根于通货膨胀和旧金融结构之中的金融危机,要求南共市必须进行货币一体化改革。

随着双边贸易的增长和贸易成本限制中小企业的发展,巴西和阿根廷于 2005 年开始在外贸中采取本币支付系统(SML),并最终于 2007 年 12 月 25 日的亚松森会谈上同意南共市成员国之间的贸易施行本国货币支付,但目前这一体系仅仅在巴西和阿根廷之间进行。本币支付系统的采纳在避免美元作为国际贸易中介货币的同时,主要目标是降低双方贸易中的金融和管理成本。随着 2008 年 9 月全球金融危机的加深,资金外流,贸易紧缩,这些促使巴西和阿根廷签署了本币支付协议,同年 10 月,本币支付体系启动。尽管面临金融危机的消极影响,但是巴西和阿根廷本币支付体系中的交易依然处于一个增长趋势,最初主要是能源、金融、汽车以及零配件,纺织品、化妆品以及食品。尽管本币支付体系具有比传统支付体系降低贸易成本的益处,但是由于需要该国金融部门的准备,加之本国货币储备的不足,汇率风险的存在等,因此本币支付体系的发展仍然面临不少困难。但是它对于减少巴西和阿根廷交易成本以及美元化趋势是一个突破性的措施。根据巴西央行预测,2009 年两国贸易中的 10%—20% 是通过该体系实现的。但是该体系的扩大仍然需要金融体系上的变革和更多的本国货币的信用准入。

2009 年初以来,巴西因雷亚尔大幅贬值再次引发金融动荡,本国经济陷入严重困境,也给拉美其他国家带来不利影响,南共市再次面临着组建以来最严峻的考验。在这一背景下,南共市 4 个成员国于 2009 年 2 月份举行会议并发表联合公报,重申全面加快和深化一体化进程

---

① Juan Carlos M. Beltramino, "The Building of Mercosur: A Continuous Negotiation Process", p. 193.

的决心。会议重点解决南共市内部的贸易争端、应对国际金融危机和甲型流感疫情的措施以及推动南共市经济和社会一体化等重大问题。这次会议还批准了在成员国之间用本国货币结算双边贸易的协定。2009 年 4 月,巴拉圭组成"南共市本币交易研讨会",讨论如何采取本币结算体系去应对金融危机。2009 年 4 月 22 日,拉美一体化协会的首脑齐聚乌拉圭的蒙得维的亚举行会议,集中讨论本币支付以及它与该地区的互惠支付和信用交易协议①的区别及相似性。地区贸易本币结算体系的实行将削弱美元在地区贸易中的地位,有助于扭转美元化趋势,同时也将减少各成员国的贸易结算成本,从而有力地推动南美地区的金融一体化进程。

随着全球金融危机的深化,美国联邦储备基金和欧洲中央银行、英格兰央行、日本央行、瑞士国家银行之间签署了类似协议,同时还与巴西、墨西哥、韩国和新加坡央行也签署了协议。中国央行也与韩国、马来西亚、印尼、白俄罗斯以及阿根廷签署了货币互换协议。巴西和阿根廷经济部长也于 2009 年 5 月举行会谈,旨在建立大约 15 亿美元的本国货币的配额线,时间大约三年。根据巴西政府所称,这条线旨在应对国际危机,在美联储与巴西央行签署了 300 亿美元的协议之后。在这一背景下,虽然巴西国内认为货币互换在短期内更有利于阿根廷,但是双方货币互换协议最终于 2009 年 8 月 19 日签署。而巴西和乌拉圭的金融部长也同意就设计和执行类似协议进一步讨论。②

2009 年 12 月 8 日,为期两天的南共市第 38 届首脑会谈在蒙特维的亚结束。就如何加强经济领域一体化进程和改善地区发展不平衡状况,巴西总统卢拉提出加强地区本币贸易结算体系。他表示,去年 10 月阿根廷与巴西启动双边非美元贸易本币结算,摆脱了美元汇率大幅波动给两国贸易带来的风险。目前,巴西已确定于 2010 年 8 月与乌拉圭签署本币贸易结算体系,巴拉圭最终加入该体系也势在必行,而本币结算体系在南共市成员国之间的全面实行将进一步推动地区贸易和金融一体化,也将有助于地区经济的稳定与合作。

---

① 该协议由拉美一体化协会在 1982 年 8 月 25 日签署,当时拉美国家普遍面临债务危机的严峻局面。协议主要为降低可替换货币的使用和便利成员国交易,加速地区国家的金融联系,使得地区国家的中央银行在货币、汇率以及支付体系上互相磋商。

② Inter-American Development Bank, "Mercosur Report ", No. 14, p. 7.

　　在此期间,除了上述推动南共体成员本币结算体系的行动,2007年南方银行(Bank of the South)的成立则是以南共市为核心的南美国家谋求金融独立的进一步尝试,并为构建一个完善的南美联盟奠定了重要基础。2005年12月9日,南共市在设于乌拉圭首都蒙得维的亚的总部举行首脑会议,会议通过建立南共市议会和南共市结构转换基金规定等协议。2007年1月,南共市首脑会议在巴西里约热内卢举行,与会领导人均主张消除分歧,加强团结,继续推进区域一体化进程。同年5月,南共市议会正式成立并召开首次会议。12月9日,由阿根廷、巴西、巴拉圭、玻利维亚、厄瓜多尔和委内瑞拉等国参加的南方银行宣告成立,南方银行总部将设在委内瑞拉首都,并在阿根廷、玻利维亚首都设立分部。主席国由成员国轮流担任,任期2—3年。银行启动资本为70亿美元,最高决策机构为七国财长组成的管理委员会。由于成员国在南方银行中所占资金份额不同,所以虽然成立时确定了所谓"一国一票",但是占南方银行资金最多的三个成员国巴西、阿根廷和委内瑞拉,除了后者表示同意"一国一票"的原则,巴西和阿根廷都认为应该根据所占份额来增加更多发言权。此外,各成员国一致同意将给予基础设施、社会以及农业投资以更大的关注。能源与金融是当前南美一体化进程的两大支柱,南方银行的成立使南美区域一体化进程具备了纵深发展的条件。南方银行将很快资助建设连接委内瑞拉、巴西、阿根廷的长达6 000多公里的南方能源管道,推动建设沟通巴西和智利、连接太平洋和大西洋的铁路计划等。最重要的是,南方银行还将创建一个货币稳定基金,并建立一个结算单位,以期有朝一日发展成为一种共同货币。①

　　面临国际资本频繁流动以及金融危机爆发的威胁,加强区域货币合作维护本地区的金融稳定和经济发展成为一种趋势。而拉美地区与美国经济联系的密切,也使得其更易受到世界经济局势的影响。一方面,美元化使成员国以牺牲铸币收益为代价,而央行的缺失,也使其失去作为最终贷款人形式职能的灵活性,无法有效稳定本国金融市场。此外,实行美元化的国家也将不得不服从美国的货币政策。当资金在国际上流动时,贸易自由化与资本项目的开放结合在一起,使得本国货币升值,这在通过固定"汇率锚"来控制通货膨胀的国家更加明显。本

---

① 于培伟:《南方银行成立后面临的复杂局势》,《中国经济时报》2008年1月17日,第4版。

国币值一旦被高估,将进而导致贸易和进场项目赤字,最终造成外汇和货币危机。[1] 巴西和阿根廷启用双边贸易本币结算体系,就是希望逐步摆脱美元作为中介货币,乌拉圭和巴拉圭对此也十分支持。虽然目前并没有找到比美元更合适的替代货币,但是南共市成员国希望扭转美元化趋势、削弱其在地区贸易中地位的态度已很明显。在这种情况下,虽然南共市内部发展不平衡现象依然存在,特别是各国不同的利率和汇率政策,但是区域一体化深化的要求和金融全球化的风险促使其必须加速区域货币合作。因此,正如阿根廷前总统杜阿尔德所说的,在南共市内部建立货币联盟只存在时间上的早晚问题。

## 第四节　南美洲国家联盟的建立与南美区域安全机制的形成

根据安全区域主义理论,各种威胁带来的不安全常常与地理接近性联系紧密,大多数国家和其他行为体对相邻国家和其他行为体的恐惧超过了远距离国家和其他行为体的恐惧,因此,"安全相互依存"的常规模式是一种以区域为基础的安全集合。[2] 除了历史遗留的地区不稳定因素,经济全球化大潮下国际金融危机的冲击,以及区域经济合作发展中所出现的新问题都增添了地区安全的隐患。南共市的建立成功地缓和了长期以来一直充斥在巴西和阿根廷之间的敌对情绪,成员国阿根廷与联系国智利之间的敏感关系也得到了极大改善。在这一背景下,南共市一直致力于以其为主导实现整个南美的一体化,即建立一个大的南美洲国家联盟,从而不断加强地区各国的相互依存程度和彼此之间的透明度与开放度,各国开展地区层面上的经济、政治、文化等各领域的全面合作。然而按照安全区域主义所希望的从一种包含冲突、竞争与合作的"安全复合体"走向合作关系的"安全共同体",发展并不容易,特别是南美各国之间经济和社会发展模式存在较大的差异,政治和意识形态也有很大差距,再加上美国对拉美事务的"插手",南美国

---

① 芭芭拉·斯托林斯、威尔逊·佩雷斯:《经济增长、就业与公正——拉美国家改革开放的影响及其经验教训》,北京:中国社会科学出版社 2002 年版,第 240 页。

② 郑先武:《安全区域主义:一种批判 IPE 分析视角——约恩·赫特纳"新区域主义方法"述评》,《欧洲研究》2005 年第 2 期,第 27 页。

家一体化进程将会遇到极大挑战。

## 一、从南美共同体到南美洲国家联盟

伴随着南美一体化的不断扩大和深化,2000 年 8 月,巴西在首届南美国家首脑会议上提出了建立"南美洲国家共同体"(South American Community of Nations)和"南美自由贸易区"的倡议。2004年 12 月 8 日,在秘鲁库斯科召开的第三届南美洲国家首脑会议通过了《库斯科声明》(Cusco Declaration),宣布南方共同市场与安第斯共同体以及智利、圭亚那和苏里南三国成立南美共同体,仅次于北美自由贸易区和欧盟的第三大自由贸易区,并希望将其建成为政治统一体、基础设施一体化和南美自由贸易区的综合组织。① 南美共同体主张南美国家以一个整体同美国进行美洲自由贸易区的谈判。南美共同体 12 个成员国一致认为,拉美国家只有团结联合起来,实现本地区一体化,才能应对全球化的挑战,才能增强与美国谈判的分量。

2007 年 4 月 16—17 日,首届南美洲国家共同体能源峰会在委内瑞拉举行,南美洲 12 国政府首脑和代表出席会议。与会各方一致认为共同促进南美地区能源合作和一体化是本地区消除贫困和推进经济社会发展的动力,成员国之间应加强在资源可持续利用和能源开发领域的联系与合作,共同推进南美一体化。委内瑞拉总统查韦斯在这次会议上提出将南美洲国家共同体改名为南美洲国家联盟(UNASUR)。同年 12 月 9 日,委内瑞拉、阿根廷、巴西、厄瓜多尔、巴拉圭和玻利维亚六国成立了南方银行。南方银行的建立表达了拉美国家希望自主应对世界金融危机的决心,它们希望以此进一步削弱世界银行和国际货币基金组织等国际金融机构对南美的影响力,进而赢回拉美制定经济政策的主导权。

2008 年 2 月 22 日,巴西总统卢拉访问阿根廷,两国领导人达成了"深化南共市,建设南美联盟"的重要共识。② 2008 年 5 月 23 日,南美

---

① "Cusco Declaration on the South American Community of Nations Third South American Presidential Summit", http://www. comunidadandina. org/ingles/documentos/documents/cusco8 - 12 - 04.htm.

② 范剑青等:《怀着百年梦想,尝试何种合作方案,但现实往往"高开低走",透视南美一体化进程》,《人民日报》2008 年 3 月 31 日,第 6 版。

12 国元首在巴西首都签署《南美国家联盟条约》,宣告南美洲国家联盟正式成立。南美洲国家联盟的建立是南美一体化发展中的重要里程碑,成员国将会强化经济、金融、社会发展和文化交流的整合。玻利维亚总统莫拉莱斯(Juan Evo Morales Aym)表示:"我们今天圆了祖先的梦,开始建设统一的南美洲,今天是我们美洲人民历史性的一日。"东道主巴西总统卢拉表示,《南美洲国家联盟宪章》的签署,标志着南美洲一体化进程取得了一个里程碑式的胜利,也标志着南美国家从此将以一个共同的身份出现在国际舞台上。南美国家联盟从南美国家共同体发展而来,由于南美共同体的性质、宗旨、纲领以及运行机制一直没有明确,因此,《南美洲国家联盟条约》在某种程度上相当于南美洲国家联盟的宪章,从法理上正式规定了"南美洲联盟"的指导思想、组织方式和基本运作模式。条约规定,该组织的主要目的就是协调区域内的政治、经济和社会问题,促进地区一体化,加深能源、通信、科技、教育和金融机制等方面的对话和合作。

南美洲国家联盟的目标是建立一个南美一体化联盟,成员国在政治对话、社会政策、教育、能源、基础设施、金融以及环境等领域进行广泛对话。《南美洲国家联盟章程》规定,南美国家领导人只有在达成一致的情况下,才能做出共同的决策。提出决议时要求有四分之三的成员国出席,未出席国家应该在提出决议后的 30 天里做出答复。任何国家都可以通过申请豁免已经同意的协议。南美洲国家联盟轮值主席按成员国字母顺序排列,从阿根廷、玻利维亚、巴西、哥伦比亚、智利、圭亚那、巴拉圭、秘鲁、乌拉圭以及委内瑞拉依次排序,任期一年。南美洲国家联盟每年将召开一系列重要会议以协调成员国之间的问题,包括政府首脑会议(一年一次和特别会议),部长级以及外交部长级会议(一年两次和特别会议),代表会议(执行委员会主要由各国出一名代表组成,一般一月两次会议);南美洲国家联盟秘书处设在厄瓜多尔的首都基多(Quito),秘书长由政府首脑会议任命,任期两年。

同时,南共市这一时期安全共识上的区域合作意识还体现在积极参与区域整体行动,如与美洲国家组织(Organization of American States,OAS)的合作。1948 年正式成立的美洲国家组织自成立以来一直是西半球最重要的政府间国际组织,在协调美国与拉美国家的关系,维护西半球和平与安全方面起着重要作用①,在 2008 年南美防务委员会成立之前,一直负责定期召开西半球防务会议。1999 年,一个美洲国家反恐委员会在阿根廷的倡议下建立。2002 年,美洲国家组织在"9·11"事件后签署了美洲国家反恐协议,表示将提高区域反恐合作,遵守联合国反恐协议并采取行动反对恐怖主义威胁。而南共市成员国也积极和其他拉美国家一起参加联合国的维和任务,如阿根廷在科尔普斯负责组织一个包括巴西及其他拉美国家在内的反恐部队,并于1995 年建立首个区域维和训练中心等。此外,南共市自"9·11"事件后与美国在反恐方面合作也不断加深。2002 年,阿根廷、巴西、巴拉圭和美国建立区域安全合作机制,旨在实现反恐合作以及阻止"三方国界"(Triple Frontier,阿根廷、巴西和巴拉圭三国交界地区)恐怖主义事件的发生。2006 年,一个区域情报中心也在该机制下设立,用于成员国之间关于反恐信息的交流。

## 二、南美区域安全机制的特点及发展趋势

虽然南共市是在寻求区域安全的背景下产生的,并在发展过程中不断达成新的安全共识,但是它在成员国之间始终没有明确设立一种安全机制。相比较而言,南美洲国家联盟自成立后便致力于解决区域政治和安全等方面出现的问题,特别是面对恐怖主义、毒品走私、非法移民和难民、边界和领土(领海)的争端和冲突,霸权主义和强权政治、敌对势力的颠覆和破坏活动等这些来自国际安全方面的威胁时,南美洲国家联盟往往先将区域内国家联合起来,依靠集体力量保障区域安全与稳定,并逐渐形成较有特点的安全机制。

首先,南美洲国家联盟积极维护成员国内部政局的稳定,而这也是南美经济一体化顺利前行的必要条件。玻利维亚土地改革所引发的大规模骚乱是其成立伊始遇到的第一个问题。2008 年 9 月,玻利维亚总统莫拉莱斯试图修宪、推行土地改革而引发大规模骚乱。玻利维亚多个反对派省份企图推翻政府,玻利维亚政局急剧动荡。在此情况下,南美洲国家联盟于 9 月 15 日在智利圣地亚哥召开紧急会议,发表联合申明,决定给予莫拉莱斯政府"最充分和坚决的支持"。最终,玻利维亚

---

① 李巨轸:《略论美洲国家组织的维和机制》,《拉丁美洲研究》2007 年第 5 期,第 64 页。

执政党和反对党举行宪法公投达成协议,玻利维亚国内政治危机得以缓解。

2009 年 6 月 28 日,中美洲国家洪都拉斯发生军事政变,总统曼努埃尔·塞拉亚(José Manuel Zelaya Rosales)被军方扣押后并紧急转移至哥斯达黎加,洪都拉斯政局陷入动荡。南美洲国家联盟对洪都拉斯军方此举表示了明确的反对态度。8 月 10 日召开的南美洲国家联盟第三届首脑会议表示不会承认由临时政府召集的选举及其结果,并呼吁国际社会采取新的措施保证被罢免总统塞拉亚以合法总统的身份重返洪都拉斯继续履行职务。同时邀请被赶下台的洪都拉斯总统塞拉亚列席会议,以表明南美洲国家在维护拉美民主体制上的决心和立场。智利总统米歇尔·巴切莱特(Michelle Bachelet)在讲话时强调,"巩固民主是南美洲国家联盟面临的最大挑战",洪都拉斯国内大选"如果是在临时政府领导下进行,南美洲国家联盟将不承认这次大选的结果"。①

第二,南美洲国家联盟注意在能源、卫生、毒品、金融等非传统领域的安全合作。2009 年 8 月 10 日,南美洲国家联盟第三届首脑会议在厄瓜多尔首都基多开幕。12 个成员国的代表签署《基多声明》(The Quito Declaration),呼吁加强区域一体化,并希望避免外国军事势力在该地区的存在。② 声明指出,该区域一体化进程得到了深化,在能源和公共卫生方面取得了进展。声明要求刚刚成立的南美能源委员会制订能源战略、行动计划和这一领域的一体化计划框架。声明提出把"公共卫生体系放在经济和贸易利益之上",特别指出药品要成为公共福利,这在抗击甲型 H1N1 流感等大规模传染病时尤为重要。声明还要求各成员国经济部长尽快提交研究报告以推动南方银行的建设、共同储备金建设和计划中的地区支付和赔偿体系,并强调避免外国军事势力在该地区的存在。哥伦比亚正在与美国协商在其领土上建设 7 个美军基地,此举引起一些周边国家的强烈不满,虽然《基多声明》中没有提及哥伦比亚与美国协商军事合作一事,但该事件成为会议各国讨论

① 温宪等:《两大峰会凸显美洲复杂局面》,《中国改革报》2009 年 8 月 13 日,第 4 版。

② "Quito Declaration on Finance for Living Well and the Forcement of Nature's Rights", http://ifis.choike.org/informes/1082.html.

的焦点,各国领导人决定当月 24 日继续在基多举行一次外长和国防部长特别会议对此事进行讨论。此次会议还宣告成立南美反毒委员会、南美基础设施和计划委员会,以及南美教育、文化和科技委员会,并且建议尽快成立南美人权委员会。

在 2010 年 1 月海地爆发大地震后,南美洲国家联盟也迅速做出反应。2 月 9 日,在厄瓜多尔首都基多召开的南美洲联盟援助海地的特别首脑会议通过决议,承诺向海地提供 3 亿美元的资金援助用于震后重建。本次由南美洲国家联盟轮值主席国厄瓜多尔总统拉斐尔·科雷亚(Rafael Correa Delgado)倡议召开的特别会议,旨在整合南美洲各国资源为援助海地灾后重建提供中长期支持。此次会议出席者包括来自 12 个成员国的政府首脑或代表及海地总统普雷瓦尔(René Garcia Préval)和美洲国家组织秘书长何塞·米格尔·因苏尔萨(José Miguel Insulza)。最后该组织 12 个成员国通过决议:南美洲国家联盟将建立一个 3 亿美元的基金帮助海地进行灾后重建,其中,该组织成员国将按照各国国内生产总值的比例募集 1 亿美元,另外 2 亿美元由美洲开发银行(Inter-American Development of Bank,IDB)提供为期 20 年的长期低息贷款,这笔债务将由南美洲国家联盟成员国共同担保和偿还。[①]

第三,加强防务领域的合作是南美洲国家联盟安全合作的主要内容和一大特点。2008 年 3 月以来,成员国哥伦比亚、委内瑞拉、厄瓜多尔三国之间爆发外交危机,这使南美洲国家联盟开始重视发展成员国在军事防务领域的合作,并最终在巴西的倡议下建立了防务委员会。与哥伦比亚最大的左翼反政府武装"哥伦比亚革命武装力量"有杀亲之仇的哥伦比亚总统阿尔瓦罗·乌里韦·贝莱斯(Álvaro Uribe Vélez)自 2002 年 8 月就任后,即与美国通力合作,展开清剿毒贩与游击队的"哥伦比亚计划"。2006 年,乌里韦以"还给民众和平与免于恐惧的哥伦比亚"为诉求而获得连任,更进一步扩大清剿游击队和毒枭的行动,哥伦比亚武装力量的势力逐渐萎缩。6 年来已有 9 400 名"哥伦比亚革命武装力量"游击队员自首。2008 年 3 月,哥伦比亚特种部队越境进入邻国厄瓜多尔,清剿"哥伦比亚革命武装力量"。这次行动

---

① Freddy Paredes, "UNASUR Summit in Quito", http://www.infosurhoy.com/cocoon/saii/xhtml/en_GB/features/saii/features/main/2010/02/09/feature-02.

击毙了武装力量第二号人物劳尔·雷耶斯,随后另一名游击司令伊凡·里约斯也在政府百万美元重赏下被手下杀死。5月2日,潜伏在哥伦比亚西部的"哥伦比亚革命武装力量"女游击司令莫斯克拉向政府自首,"哥伦比亚革命武装力量"的士气濒临瓦解。① 然而这次越境行动直接导致了哥伦比亚、委内瑞拉、厄瓜多尔三国严重的外交危机,也激起了厄瓜多尔与委内瑞拉的强烈反应,当事方甚至陈兵边境,局势紧张。在5月南美洲国家联盟成立会议上,按照顺序下一届轮值主席职务本该由哥伦比亚总统乌里韦出任,然而乌里韦拒绝接受这一职务,最终改由智利总统巴切莱特担任。

哥伦比亚、委内瑞拉、厄瓜多尔三国之间爆发的这场外交危机凸显了南美洲国家在通往一体化的道路上增进军事层面互信的必要性。因此,在巴西的倡议下,2008年12月16日,南美洲国家联盟在巴西绍伊皮海滨举行领导人特别会议,决定成立南美防务委员会(CDS),主要负责成员国的防务合作、军事训练和装备等工作。巴西外长阿莫林说:"该委员会旨在促进互信,使南美地区在防务问题上形成一致看法,其关注重点是防务合作、军事训练和装备等工作。"在2009年3月召开的第一届南美洲国家防务理事会会议上,南美洲国家联盟12个成员国的国防部长就推动南美国家在军事领域建立互信机制达成一致。这标志着南美国家在经济一体化取得成果之后,开始着力推进防务领域的合作。② 这是南美洲国家第一次在没有外部力量"主导"和"参与"下召开的地区防务会议。用玻利维亚国防部长圣米格尔的话说,西半球安全与防务的理念开始具有"区域的个性特点"。③ 会议决定加强防务方面的对话与合作,增强各国军费开支透明化,促进军事工业的合作,维护和巩固本地区的和平。南美防务合作的具体措施包括:筹建南美国防研究培训体系;调查分析南美国家军事工业现状和战略协作范围,促进军事工业生产的互补和技术转让;在成员国之间建立紧急状态快速

---

① 林寒:《南美版"欧盟"诞生 内部协调是关键》,《世界报》2008年5月28日,第5版。

② 吴志华:《南美防务合作起步 将建军事领域互信机制》,《人民日报》2009年3月16日第3版。

③ "ACTION PLAN 2009 - 2010 UNASUR South American Defense Council", http://www.scribd.com/doc/30562709/UNASUR-South-American-Defense-Council-CDS-ACTION-PLAN-2009 - 2010 - Santiago-Chile.

磋商机制,评估军事威胁程度以便迅速做出反应。2009 年 5 月,巴西所倡导的南美防务委员会最终建立,该委员会将旨在探讨和提高地区军事力量的交换和合作。

这一时期来自国际社会的压力也使得南美国家意识到开展防务合作的重要性。英国政府不顾阿根廷政府的强烈反对,允许英国石油公司在马岛海域进行石油勘探和开采,引起阿根廷政府强烈抗议。南美国家对于阿根廷的立场表示支持,拒绝从事石油勘探和开采活动的英国公司船只在本国港口停靠。巴西国防部长内尔松·若宾(Nelson Jobim)强调指出,如果南美国家在相互尊重主权的基础上展开积极有效的防务合作,将会有效遏制外部势力对南美国家核心利益的挑战。2011 年 5 月 13 日,第三届南美防务理事会会议在秘鲁首都利马闭幕,与会成员国的国防部长在会后发表的《利马声明》(Lima Declaration)中呼吁加快在本地区建立和平的步伐。《利马声明》强调,南美洲国家联盟应该在集团内部建立促进信任机制,以便各国能够加强相互了解,在确定区域军事能力的基础上制定出本地区的防务战略。防务战略研究中心此后不久便宣告成立,南美洲国家联盟秘书长玛丽亚·梅西亚(Maria Mejia)以及来自南盟的 12 个成员国的国防部长或代表出席了防务战略研究中心的揭牌仪式和随后举行的区域防务会议。防务战略研究中心是在南美洲国家联盟框架下设立的第一个拥有常设总部和办事机构的实体性区域机构,其理事会成员由南盟 12 个成员国的国防部长、副部长组成。梅西亚认为,防务战略研究中心的建立和运行,标志着南盟的一体化进程从"言论转向实际行动"的关键转变。

2011 年 5 月 27 日,南美洲国家联盟防务战略研究中心会议在阿根廷首都布宜诺斯艾利斯落幕,南美国家就本区域共同防务政策核心目标达成一致。阿根廷国防部长普里塞利(Puri Kayseri)认为,南美区域防务政策今后的核心目标是捍卫本地区国家的主权完整,化解成员国之间的分歧,保护本地区的自然资源,遏制国际势力损害本地区的利益。此外,除了在打击恐怖主义、贩毒、有组织犯罪等方面采取联合行动,南美防务理事会还同意将生物多样性和其他战略自然资源的保护问题列入其 2012 年工作计划,在非传统安全领域为本地区安全与稳定做出贡献。

# 结　语

通过国际贸易来缓和国家间的紧张关系,使不同国家凝聚到一起,这种思想至少可追溯到 18 世纪伊曼努尔·康德(Immanuel Kant)的《永久和平》一书。阿根廷和巴西在 20 世纪 80 年代展开的一系列推动一体化合作、希望建立共同市场的行动,不仅缓和了彼此之间的紧张关系,并将临近的小国乌拉圭和巴拉圭纳入协定之中,客观上促进了区域安全和稳定。联合国贸发会议(United Nations Conference on Trade and Development, UNCTAD)总干事、巴西前财政部长鲁本斯·里库佩罗(Rubens Ricupero)肯定了南共市在区域安全问题上所起的重要作用:"两个国家都是从军阀政府时期过来的,在那一时期双边关系非常紧张,长期存在的在普拉塔盆地公共河流的水力发电问题上的竞争就是问题的焦点。双方都在秘密试验自己的核计划。在经济领域内的协定也是很关键的,它可以创造一个更加良性的外部环境,牵制核武器计划,用一体化代替敌对关系。这一努力经历了一系列阶段,最终带来了巴西和阿根廷两国政府在协定上的签字。"[1]

学者们对南共市建立的目标虽然解释各异,但在本质上也都承认了通过区域经济一体化将会促进区域的安全稳定。例如阿尔梅达认为,它其实是两国为迅速扩大双边一体化所做出的一个政治决定,"南共市本质上一个政治决定,通过一系列经济行为来实现……南共市作为国家之间利益集中的实践出现,不管规模上有何差异,基本上处于同样的经济和社会发展层次。南共市是一体化的适度构建,它的功能是成员国之间的共同管理。"[2]卡森则认为南共市的建立是从巴西的大国战略出发的。还有学者认为,南共市是阿根廷与巴西国内生产改革和加入世界市场竞争改革的副产品,它的中心因素就是宏观经济稳定和贸易自由化。[3] 因此具有一定的政治目标对达成区域经济协定来说是很重要的。南共市的成立就是希望通过一体化,使得与集团内贸易密

---

[1] Maurice Schiff, L. Alan Winters,《区域一体化与发展》,郭磊译,北京:中国财政经济出版社 2004 年版,第 122 页。

[2] Albert Fishlow, "Brazil: FTA or FTAA or WTO?" pp. 288 - 289.

[3] Michael Mecham, "Mercosur: A Failing Development Project?" p. 376.

切相关的区域安全内部化,从而促进成员国之间的和平与合作。

由此可见,南方共同市场的建立本质上是一个政治决定,体现了成员国希望通过经济合作实现区域安全的目标,而南共市的安全共识随着时代发展也不断发生着变化。自 20 世纪 80 年代中期起至南共市建立初期,政治上的民主和经济上的发展是这一时期区域安全的核心内容。在阿根廷和巴西这两个南美地区最大的国家不断寻求和解、加深一体化合作的进程中,寻求人权、民主、政治稳定和经济发展等目标甚至不断超过传统的军事安全目标。1991 年南共市的确立也被认为不仅仅是成员国领土意义上的一体化,而且是对民主和发展目标的追求,这也是维护区域安全的关键原因。① 民主在这里不是一个政治目标,而成为一种区域安全事务。这一时期,南共市内部发布一系列有关区域核政策的联合申明,并签署了核合作条约。阿根廷和巴西之间也互访了双方的核设施。这些举动增强了南共市内部的政治透明度,加强了成员国之间的政治互信。同时,如何稳定"失去的十年"后的区域经济,以及更好地嵌入世界经济中发展是南共市维护区域安全的另一个重要目标。

从南共市建立至 20 世纪 90 年代末是第二个时期,南共市将安全重点放在如何防范整个南美区域的冲突之上,更加关注自身在整个区域维护和平、解决冲突的领导地位,而不是仅仅单纯关注本集团内部的军事竞争、军备竞赛以及武器控制。为此,2000 年 8 月,南共市主要成员国巴西在首届南美国家首脑会议上倡议建立"南美洲国家共同体"和"南美自由贸易区"。此外,恐怖主义的安全威胁在这一时期也十分明显,特别是 1992 年和 1994 年发生在阿根廷布宜诺斯艾利斯的两起针对犹太人的汽车炸弹事件,使南共市开始关注所谓的"三方国界"法律的相对缺失。1996 年,一个专门处理"三方国界"警务的警察机构建立,共同市场会议还决定每半年就此问题召集各成员国内政部长开会,讨论如何处理区域层面上的恐怖主义事件。此后,南共市还决定制订一个区域安全事务合作和互助的总的安全计划,并建立成员国之间互换安全信息的网络系统。直到 1999 年后期,恐怖主义和毒品走私一直

---

① Andrea Oelsner, "Consensus and Governance in Mercosur: The Evolution of the South American Security Agenda", *Security Dialogue*, Vol. 40(2009), p. 197.

是南共市区域内打击有组织犯罪的两个最主要威胁。南共市为此建立了应对恐怖主义工作组,集中了各成员国金融、司法以及情报、反恐等多个领域专家,将反恐作为一个单独领域进行重点处理。

2001 年的"9·11"事件之后至 2008 年南美洲国家联盟建立是南共市区域安全共识发展的第三个时期,区域安全的跨国化逐渐成为这一时期新的安全共识。由领土、资源、民族矛盾等因素引发的军事对抗与冲突尚未消除,以恐怖主义为代表的各种非传统安全问题日见突出,加之来自金融全球化的风险与挑战,安全问题不仅仅是某个国家自身的问题,而是一种跨国界的威胁;它不再是单纯的军事问题,而是涉及政治、经济、金融、社会、科技、文化等诸多领域的问题。[①]因此,建立一个处理上述问题的综合的区域安全委员会十分有必要。

此外,国际金融危机在这一时期的频频爆发也给南共市区域安全带来新的挑战。20 世纪 90 年代以来在世界范围内相继爆发的一系列金融危机,特别是 1997 年亚洲金融危机,使得发展中国家开始感到单纯依靠国际经济组织或大的区域经济合作组织来抗御这种全球金融危机是不够的,应当挖掘次区域的经济合作潜力,以达到联合自强、抵御危机的目的。墨西哥金融危机在拉美地区产生了严重的"龙舌兰效应",巴西金融危机下的"桑巴效应"以及阿根廷经济危机对南共市成员国以及其他南美金融部门所产生的激烈冲击,也表明拉美金融部门极其脆弱,各国政府在金融政策和财政以及其他经济政策上的不协调性给金融部门的稳定埋下了隐患。[②] 金融动荡对各国经济造成的严重冲击不仅限于国内范围,更是直接成为区域经济安全与稳定的隐患。这些都要求南共市不断推动货币一体化进程,逐步采取本币互换体系,努力扭转美元化趋势等措施,从而尽可能小地抵消金融全球化的风险,维护区域经济安全与稳定。

同时,虽然美国在这一区域依然拥有较大的影响力,但是美国政府早已担心自己将失去"南美后院",在美洲自由贸易区谈判陷于停滞后,自然更不愿看到一个统一的"南美国家联盟"的出现。南美洲各国现在基本都是南美左翼政府在执政,南美洲联盟的成员国也希望防务

---

① 徐世澄:《拉美地区的安全形势与安全合作》,《拉丁美洲研究》2003 年第 4 期,第 1 页。
② 江时学:《阿根廷危机反思》,北京:社会科学文献出版社 2004 年版,第 231 页。

战略研究中心的有效运转可以推动南美国家摆脱美国的影响,制定独立的地区防务政策。早在 1947 年,美国曾经和 18 个拉美国家在巴西里约热内卢签署了《美洲国家间互助条约》(Inter-American Treaty of Reciprocal Assistance)。条约规定,任何对美洲一国的武装攻击应被视为对全体美洲国家的武装攻击,其他缔约国应予以援助。在 2011 年 5 月召开的南美洲国家联盟防务战略研究中心会议上,厄瓜多尔国防部长庞塞提出,南美国家目前在制定本地区防务政策的同时,应该学习墨西哥集体退出这一条约,以实现区域防务政策的独立性。在对于英国政府允许英国石油公司在马岛海域进行石油勘探和开采的问题上,联盟成员拒绝从事石油勘探和开采活动的英国公司船只在本国港口停靠来支持阿根廷的抗议。① 这些都表明南美国家本地区安全政策目标开始逐渐趋向一致。

南美洲国家拥有相似的历史遭遇和文化传统,并且深受玻利瓦尔一体化思想的影响,但是各国经济发展水平悬殊,综合国力各不相同,甚至对外政策也有很大区别,内部也存在着矛盾或常有分歧发生。巴西和阿根廷的经济摩擦早已存在,哥伦比亚与厄瓜多尔、委内瑞拉的三国外交危机余波未平。哥伦比亚与美国之间的军事合作也给未来区域安全埋下了隐患。正如前文所述,以巴西为首的南共市国家主张南美洲国家联盟应当是"具有拉美本色"的区域一体化机制,它应当成为"与美国对话和谈判的工具"。而委内瑞拉等左翼主导的南美国家主张的是"玻利瓦尔式的一体化",希望将南美洲国家联盟变成一个"反对帝国主义的联盟",或者是"替代美国在拉美地区霸权"的一种"选择"。双方在南美一体化上的这种分歧和矛盾很难解决,因此也可能会使区域一体化进程陷入一定的僵局。但同时南美国家在防务领域上不断加强合作也显示,防务一体化也许将是一个实质性地推动区域一体化进程的新突破口。

---

① 《南美筹划集体防务　意欲摆脱美国》,http://www.jinbw.com.cn/jinbw/xwzx/gjxw/2011053020.htm.

# 第五章　非洲集体安全机制建设:
## 动力、进程与成效

　　"集体安全"(collective security)作为一种创建和保持国际和平的重要工具,它通常被作为一个普世的全球性安全机制来讨论。[①] 冷战结束后,随着带有"集体安全"性质的区域政府间组织(以下简称"区域组织")所推动的安全区域主义的不断发展,越来越多的学者将之运用于对区域安全的分析,由此形成一种新的区域集体安全机制或体系观点。更重要的是,随着区域集体安全机制的发展,原来那种在联合国法律框架内运行的"中心化集体安全"开始向区域自主化的"非中心化集体安全"转变。[②] 由非洲的区域、次区域组织所积极推进的区域集体安全机制建设及其实践格外引人注目。一些学者将之作为区域集体安全机制建设的典型案例加以研究。但这些研究主要是以非洲联盟或西非国家经济共同体为视角的个案研究,且局限于对这些区域组织所主导

---

① 参见 Inis L. Claude, Jr., *Power and International Relations*, New York: Random House, 1966, chaps. 4 – 5; Inis L. Claude, Jr., *Swords into Plowshares: The Problems and Progress of International Organization*, 4th ed., New York: Random House, 1971; Charles A. Kupchan and Clifford A. Kupchan, "The Promise of Collective Security", *International Security*, Vol. 20, No. 1 (Summer 1995), pp. 52 – 61; 门洪华:《和平的纬度:联合国集体安全机制研究》,上海:上海人民出版社 2002 年版。

② 参见 Charles A. Kupchan and Clifford A. Kupchan, "Concerts, Collective Security and the Future of Europe", pp. 114 – 161; Ademola Abass, *Regional Organisations and the Development of Collective Security: Beyond Chapter Ⅷ of the UN Charter*, Oxford: Hart Publishing, 2004; Gregory Gleason and Shahutdinov, "Collective Security and Non-State Actors in Eurasia", *International Studies Perspectives*, Vol. 6 (2005), pp. 274 – 284; 郭学堂:《人人为我,我为人人:集体安全体系研究》,上海:上海人民出版社 2010 年版;郑先武:《安全、合作与共同体:东南亚安全区域主义理论与实践》。

的非洲区域或次区域集体安全机制建设早期阶段的描述性分析。①

　　本章讨论内容主要涉及撒哈拉以南的非洲,拟从不同案例的比较研究出发,将描述性与规范性分析结合起来,对非洲集体安全机制建设的原动力、历史进程、典型实践及其重要创新和现实困境进行总体性研究,阐明非洲集体安全机制独特的规则与规范及其在非洲安全区域主义进程中所扮演的核心角色。

## 第一节　冷战结束后非洲安全的区域化趋势

　　随着冷战的结束和全球化进程的加快,非洲安全②的区域化趋势日益明显。这一方面表现在大量的安全问题通过跨边界扩散而日益呈现出一种区域聚集,即区域内部的安全问题互动性占据主导地位;另一方面表现在区域主义的纵深化发展使非洲的国家和区域组织等内部行为体解决区域安全的自主性大大提升,即非洲内部的行为体开始在解决自身安全事务中扮演核心角色。这里主要分析非洲安全问题的区域化。

　　从安全的来源和安全议题看,非洲安全问题的区域化呈现出明显的综合性特征,即它涉及全球、区域、次区域、国家和次国家等多个层次和军事、政治、经济、环境、社会等多个领域,以致形成一种多层次、多领域紧密互动的"网状"安全格局。③　这就是冷战结束后非洲内部冲突的本质特征。

---

① 参见 Ademola Abass, "The New Collective Security Mechanism of ECOWAS: Innovations and Problems", *Journal of Conflict and Security Law*, Vol. 5, No. 2 (2000), pp. 211 - 229;罗建波:《理想与现实:非盟与非洲集体安全机制的建构》,《外交评论》2006 年 4 期,第 48—55 页;罗建波:《非洲集体安全机制的发展研究》,《西亚非洲》2005 年第 5 期,第 35—40 页;郑先武:《非洲集体安全机制的创新与困境》,《社会科学》2011 年第 6 期,第 27—36 页。

② 由于北部非洲在安全动力上与中东和地中海区域联系得更为紧密,本章所涉及的"非洲安全"不包括这一地区,而是特指撒哈拉沙漠以南的非洲地区。

③ 参见郑先武:《非洲内部冲突的综合化趋势:一种综合安全观》,《国际论坛》2011 年第 5 期,第 1—6 页。

一、国家、次国家层次的动力

如果将区域作为安全问题分析的核心层次,非洲安全的区域化就既有"从外到内"的动力,又有"从内到外"的动力。这里的"外"主要指全球层次,"内"包括区域、次区域、国家、次国家等层次。来自国家和次国家的行为体有时相互合作,形成一种良性互动;有时又相互竞争乃至排斥和敌对,形成一种恶性互动。这种复杂的安全相互依赖状态在很大程度上决定着非洲安全问题的本质、强度、深度和广度,从而在非洲安全的区域化进程中起着决定性作用。用穆罕默德·阿约伯的话说,这种安全的内部纬度是决定非洲等发展中国家安全问题的"核心变量"。[①]

从国家层次上看,后殖民时代的非洲国家总体上仍处于国家建设进程之中,国家权力整体上仍表现出较低的水平。按照戴维·弗兰西斯的解释,国家广义上可被定义为在特定的领土和人口范围内行使合法的强制手段和拥有运用武力的独占权,并得到国际承认的一系列制度。国家作为管理特定领土的权威的决策实体,它被赋予向其人民提供包括福利、和平、秩序和安全在内的一系列基本功能的义务。实际上,国家拥有三个相互联系的功能,即作为有权组织决策并得到承认和接受的主权权威,作为拥有决策权威的无形的认同标志及作为制度和民主、安全的首要提供者。站在合法性角度看,国家主权拥有外部和内部两种纬度。"外部合法性"又称外部主权或司法上的主权,指国家作为由主权国家构成的国际社会中合法的和平等的成员得到国际承认,能够在日益独立的现代世界中参与国际关系和交往。"内部合法性"又称内部主权或事实上的主权,包括领土合法性和政府合法性。前者指国家得到生活在特定领土内、拥有共同价值观和认同的人民的同意,有权依照国际法在与之相关的所有领土内行使权威和控制;后者指国家作为建构权威的基础,有权通过得到承认的宪法工具代表其民众展开行动。[②]

---

① Mohammed Ayoob, *The Third World Security Predicament: State Making, Regional Conflict, and the International System*, Boulder: Lynne Rienner Publishers, 1995, p. 21.

② David J. Francis, *Uniting Africa: Building Regional Peace and Security Systems*, Burlington: Ashgate, 2006, pp. 34 – 36.

从这一角度看，绝大多数非洲国家并不完整地拥有这些"国家特性"。更重要的是，它们在外部主权和内部主权行使上存在巨大鸿沟，即它们在国际体系内被其他国家承认为主权独立实体，却没有能力在其自身的领土内行使有效的权力或保护自身免于外部入侵。罗伯特·杰克逊等人将这类国家称作"准国家"（quasi-states）。它们有司法上主权国家属性，但实质上的主权国家属性严重不足，主要表现在制度不健全、经济基础脆弱、欠发达，几乎谈不上国家的统一。这些国家实际上是一种"法律上、司法上的国家"，而非"实质上、经验上的国家"，属于当代国家体系中"弱国家"的类型。① 这些国家尤其集中在撒哈拉沙漠以南的西部非洲、大湖区和非洲之角，呈现明显的区域聚集。

这种"弱国家"形态与非洲各种类型的内部冲突紧密联系在一起，这些冲突包括：革命性战争，即政府与旨在推翻中央政府的、政治上有组织的挑战者之间持续的暴力冲突；族群战争，即国内的民族、宗教派别或其他少数民族挑战政府，以寻求自身地位重大改变的持续的暴力冲突；不良的政府变迁，即治理形态中重大的、突然的转变，包括国家崩溃、严重的政权不稳或威权主义政治取代民主等；大屠杀和政治镇压，即由国家或其代理人推行的持续的政策或国内战争导致的公共和政治集团成员的持续的大量的死亡。② 据统计，20 世纪 80—90 年代，在撒哈拉沙漠以南非洲，持续发生的或最近才停止大规模冲突的国家有利比里亚、卢旺达、塞拉利昂、索马里、安哥拉、布隆迪、苏丹；稍前发生大规模冲突的国家有乍得、乌干达、埃塞俄比亚、厄立特里亚、莫桑比克、南非；90 年代开始新的大规模冲突的国家有刚果（布）、科特迪瓦、刚果（金）、几内亚比绍，发生小规模冲突的国家有科摩罗、吉布提、马里、纳米比亚、尼日尔、塞内加尔、津巴布韦，发生政治性暴力的国家有中非、加纳、肯尼亚、莱索托、毛里塔尼亚、多哥等。目前，有 30 多个国家正经历着不同程度的内部冲突。③ "弱国家"形态已构成影响非洲安全的重要的"区域纬度"。

---

① 罗伯特·杰克逊、乔格·索伦森：《国际关系学理论与方法》，吴勇等译，天津：天津人民出版社 2008 年版，第 26—28 页。

② Karin Dokken, *African Security Politics Redefined*, Houndmills：Palgrave Macmilan, 2008, p. 42.

③ Ibid., pp. 3–4.

现实表明,非洲国家内部各种严重的冲突常常是在合法的中央政府与各种次国家或非国家行为体之间展开的。而正是其弱国家的特征给这些组织化的次国家和非国家行为体的滋生提供了沃土。这些行为体反过来不断地掏空国家,并形成一种强大的扩散不安全因素的跨国主义,从而推动着非洲安全的区域化。来自次国家层次的影响国家和区域安全的行为体或安全问题主要包括民族分离主义、种族主义、宗教极端势力、恐怖主义、反对派政党、商业集团(包括走私集团、军火商等)、农牧业主、雇佣兵等。例如,在非洲之角的各种冲突中,民族分离主义、种族主义、宗教极端势力影响巨大,它们作为原合法政府核心的挑战者常常是内战或武装冲突中重要的一方。在利比里亚和刚果(金)的内战中,反对派政党及其领导的反政府武装起了先导作用;各种战略精英联盟、商业集团和雇佣兵等跨国的次国家行为体也在其中发挥了重要作用。[①] 根据联合国一个专门委员会的报告,2002 年 10月,有 85 家公司违反了国际规则,在刚果(金)内战中与交战各方保持"供应链"关系,由此建立起由关键的政治、军事和商业精英组成的"精英网络"。[②] 这种国家层次与次国家层次之间紧密的互动已成为非洲安全区域化的一个重要特征。

二、区域、次区域层次的动力

在非洲,虽然各种武装冲突绝大部分源自国家内部,但它们时常跨越国家边界呈现区域扩散之势,因而成为非洲安全区域化最重要的推动力量。在这方面,西非、非洲之角(非洲东北部)、大湖区(中部非洲)等次区域成为重灾区。在西非,最严重的是利比里亚内战的区域化。利比里亚内战正式爆发于 1989 年 12 月。这是查尔斯·泰勒(Charles Taylor)领导的反政府武装"利比里亚全国爱国阵线"(NPFL)向塞缪尔·多伊(Samuel Doe)为总统的利比里亚政府发起的战争。这场战争从一开始就与利比里亚的邻国联系在一起。战争前后,不但是查尔斯·泰勒得到了利比亚、科特迪瓦、布基纳法索等西非国家的军事、政

---

①   Karin Dokken, *African Security Politics Redefined*, pp. 49 – 73.

②   焦军普:《跨国公司与战争:以美国跨国公司卷入美伊战争、刚果内战为例》,《世界经济与政治》2005 年第 2 期,第 72 页。

治和经济支持,而且在战争中崩溃的利比里亚使整个西非陷入一种
"发展的利比里亚战争经济"。一个直接的连锁反应是,塞拉利昂最著
名的反叛者福迪·桑科(Foday Sankoh)领导的"革命联合阵线"
(RUF),利用该地区的混乱于 1991 年 3 月向塞拉利昂军政府发起战
争。利比里亚内战外溢到塞拉利昂强化了西非次区域的战争或冲突的
区域化。福迪·桑科及其支持者直接得到泰勒领导的"利比里亚民族
爱国阵线"和诸如布基纳法索、科特迪瓦、利比亚等西非国家的支持。
而塞拉利昂和几内亚政府鼓励和支持了利比里亚反对泰勒的"争取民
主联合解放运动"(ULIMO)的组建。战争期间,几内亚的反叛集团
"几内亚民主联合阵线"(RFDG)在泰勒和桑科领导的武装力量的支持
下,从利比里亚领土对几内亚发动了入侵,波及几内亚整个边界沿线的
村庄和市镇。作为一种回击,几内亚支持了"利比里亚人争取和解与
民主联盟"(LURD),利用本国领土攻击利比里亚。[①]

在中部非洲,1993 年爆发的布隆迪内战和 1994 年发生的卢旺达
大屠杀开始了长达 10 年的暴力冲突。两国的冲突很快扩散到刚果
(金),从而引发了一场大规模的区域化的战争。1996 年,在卢旺达和
乌干达的政治和军事支持下,洛朗-德西雷·卡比拉(Laurent Désiré
Kabila)领导的"解放刚果—扎伊尔民主力量同盟"(AFDL)向约瑟
夫·蒙博托(Joseph Mobutu)领导的政府发动战争,并于 1997 年 5 月
推翻蒙博托政府,自任新政府总统。1998 年 3 月,乌干达和卢旺达转
而反对卡比拉政府,并支持新的反政府武装"刚果争取民主联盟"
(RCD)和"刚果解放运动"(RCD-ML)对卡比拉政府所进行的战争。
两国认为卡比拉支持了两国的反政府武装。卡比拉将卢旺达和乌干达
的行为视作对刚果(金)领土和政治主权的侵犯。卡比拉得到来自苏
丹、利比亚、纳米比亚、乍得、刚果等国军队的支持。刚果(金)内战演
变为"非洲的首次世界战争"。[②]

在非洲之角,安全区域化的形势更加复杂。长期以来,该次区域的

---

① John M. Kabia, *Humanitarian Intervention and Conflict Resolution in West Africa*: *From
ECOMOG to ECOMIL*, Aldershot: Ashgate, 2009, p. 48; David J. Francis, *Uniting Africa*:
*Building Regional Peace and Security Systems*, p. 33, p. 160.

② Katharina P. Coleman, *International Organisations and Peace Enforcement*: *The Politics of
International Legitimacy*, Cambridge: Cambridge University Press, 2007, pp. 119 – 121.

大多数国家为战争和武装冲突所困,包括埃塞俄比亚与厄立特里亚之间的战争,以及索马里、苏丹和乌干达等国的内战。非洲之角与长期陷入政治动荡的西非和大湖区两个次区域紧邻,又与中东紧密联系,从而被称作"非洲—中东次区域",因而其内部战争和暴力冲突具有明显的内部和外部纬度:内部相互影响,外部既有来自中东和东非次区域国家的支持,又影响到大湖区和中部、南部非洲等次区域。比如,埃-厄战争期间,厄立特里亚得到了埃及、叙利亚等中东国家的支持;吉布提因在战争中支持埃塞俄比亚而受到厄立特里亚的"惩罚",厄立特里亚支持吉布提境内不同政见的阿法尔民族集团的叛乱;两国相互支持对方境内的反叛武装和其他持不同政见者,埃塞俄比亚实际支持了"厄立特里亚解放阵线"(ELF)等,厄立特里亚支持了埃塞俄比亚的"奥罗莫解放阵线"(OLF)等。埃-厄战争还扩大到索马里,两国支持索马里内战中的不同派别。1996 年、1999 年,厄立特里亚两次军事介入索马里,支持"索马里民族阵线"(SNF)与伊斯兰激进组织的斗争。2006 年 12 月,埃塞俄比亚宣布公开介入索马里内战,对索马里反政府武装"伊斯兰法院联盟"(ICU)进行军事打击。在苏丹内战中,在美国的资金支持下,厄立特里亚、乌干达和埃塞俄比亚等国向"苏丹人民解放运动/苏丹人民解放军"(SPLM/A)提供了直接的经济和军事帮助。鉴于此,弗兰西斯将非洲之角称作"非洲的悲剧以赤裸裸的暴力方式演绎的舞台"。①

后冷战时期,非洲复杂的内部冲突及其对国家和社会的毁灭性影响使之成为"持久地进行着反对自己的战争的大陆"。②

三、全球层次的动力

全球层次对非洲安全区域化的影响主要体现在三个方面:一是全球化带来的便捷的信息技术、快速的资本流动和宽松的市场准入,不但赋予了现代战争和冲突特有的跨国和跨边界本质,而且大大便利了依赖于外部支持的"战争经济",从而在一定程度上促进了非洲安全的区

---

① David J. Francis, *Uniting Africa*: *Building Regional Peace and Security Systems*, pp. 218 – 231.

② Ibid., p. 59.

域化。冷战结束后,轻型武器在非洲灰色和黑色市场上的走私上升了。在西非,50%的武器交易是非法的。在这些交易中,武器提供者的主要动机是经济利益。非洲的国际恐怖主义活动也在增多:1990—2002 年间上升了6%。其间,在非洲发生的 296 起国际恐怖主义事件中,有 6 177 人伤亡,仅次于亚洲。"9·11"事件后,非洲恐怖主义被证实与全球恐怖主义网络本·拉登领导的基地组织有联系。2003 年,国际非政府组织"全球绿色资助基金会"发布的报告称,从 20 世纪 90 年代开始,基地组织卷入了肯尼亚、坦桑尼亚、塞拉利昂和利比里亚等非洲国家的钻石贸易,从而与该地区的恐怖主义组织建立了组织上的联系。另外,非洲之角已成为基地组织重要的活动场所。这些恐怖组织不同程度地卷入了当地的冲突之中。①

二是全球化所加剧的全球经济不均衡和不平等发展与非洲的安全区域化联系起来。战争与武装冲突的持久性和易复发性是非洲内部冲突的一个典型特征。尽管其原因是多方面的,但影响其复发的重要经济因素日益明显。联合国开发计划署发布的《2006 年人类发展报告》显示,全球贫富差别仍在扩大,特别是撒哈拉以南的非洲国家发展停滞不前。在人类发展属于低水平的 31 个国家中,撒哈拉以南的非洲国家就占了 28 个。② 2007 年世界银行发布的报告显示,全球 63 个低收入国家中,有 38 个国家位于撒哈拉沙漠以南的非洲。③ 而这些国家与战争和冲突紧紧联系在一起。

三是冷战结束后超级大国间全球性竞争的结束,既影响了西方大国对非洲的政策,又部分地改变了非洲国家的战争性质,从而推动了非洲安全的区域化。在 20 世纪 50—80 年代,民族解放战争或反殖民战争是非洲内部战争的共同特征。而且,在冷战大背景下,这些战争的绝大部分被纳入两个超级大国所支配的意识形态冲突和竞争之中,以致"这些解放战争的区域纬度潜在地被冷战背景所限制"。而随着冷战的结束,许多被超级大国所支持的傀儡政权崩溃了,先前被冷战所遏制的冲突也转变为流血的内部战争。涉及国家、非国家行为体和次国家

---

① Karin Dokken, *African Security Politics Redefined*, pp. 14 – 15, p. 57.

② UNDP, "Human Development Report 2006", http://hdr. undp. org/hdr2006/pdfs/report/ HDR06-complete.pdf.

③ Karin Dokken, *African Security Politics Redefined*, p. 4.

集团的"以认同为基础的战争"和"以资源为基础的战争"等所谓"新战争"(new wars)成为非洲战争与冲突的基本形态。① 西方大国对非洲尤其是最贫穷国家的政策发生了重大变化,以致这些非洲国家"不再期望能够利用它们的战略地位、矿产资源或在区域冲突中的政治支持,作为与超级大国讨价还价的筹码"。② 这种新的地缘政治形势明显影响了西方大国对非洲国家的经济和军事援助。卡琳·多肯(Karin Dokken)就此评论:"对于经济援助来说,它意味着条件改变并被削弱了。对于军事援助而言,它意味着一种实质性削减。在很大程度上,非洲国家现在被置于一种安全—政治真空之中。"③

四、综合安全的动力

上述分析表明,在非洲安全区域化的格局中,战争和武装冲突尤其是国内冲突始终处于中心位置。但这种区域化的战争与冲突所引发的军事安全问题又时常与政治、经济、环境、社会等非军事安全问题紧密联系在一起。在实际中,两种性质不同的安全问题常常互为因果,相互建构,日益融合为一种整体的综合安全格局,并已成为冷战结束后非洲安全区域化的新动力。这主要表现在四个方面。

一是与政治安全的关系。政治安全作为一个特定的安全领域,它是关于社会秩序的组织的稳定性,其核心是对国家主权及其合法性的非军事威胁。④ 在非洲,对主权国家的这种非军事威胁除了前面提到的民族分离主义、宗教极端主义、恐怖主义外,最重要的就是难民问题。在利比里亚和塞拉利昂的内战中,大量难民(主要是妇女、儿童和老人)超越国境涌向它们的邻国。据统计,两国内战期间,在科特迪瓦,有大约50万流亡者和6.9万难民,其中绝大部分来自利比里亚。在靠近塞拉利昂的边境,有大约1.3万利比里亚难民驻扎。在几内亚,有大

① David J. Francis, *Uniting Africa: Building Regional Peace and Security Systems*, pp. 69 –73.

② Keith Somerville, "Africa after the Cold War: Frozen Out or Frozen in Time?" in Louise Fawcett and Yezid Sayigh eds., *The Third World Beyond the Cold War: Continuity and Change*, Oxford: Oxford University Press, 1999, pp. 135 – 136.

③ Karin Dokken, *African Security Politics Redefined*, p. 31.

④ Barry Buzan, Ole Waever and Jaap de Wilde, *Security: A New Framework for Analysis*, Boulder: Lynne Rienner Publishers, 1998, pp. 141 – 161.

约8.9万利比里亚难民和6 000名塞拉利昂难民。在利比里亚,也有超过35万流亡者和成千上万的塞拉利昂难民等待安置。在大湖区,连年的内战和冲突造成了400万内部流亡者,其中60万是难民。[①] 在非洲之角,仅苏丹连年大规模的内战就造成400万人背井离乡,其中有相当一部分涌入其邻国;其境内伊斯兰激进主义与恐怖主义网络和行动联系在一起,也影响了肯尼亚、乌干达、索马里、吉布提等邻国。[②] 这些因国内冲突而产生的流亡者和难民不但会引发跨边界的食品和疾病扩散问题,而且常常与跨边界的"革命"集团和贸易网络及其他各层次国家行为体联系起来,部分助长了暴力冲突。比如,难民时常按族群聚集,会强化各种民族分离主义;他们还会出于经济目的而支持反政府势力和武装集团。[③]

二是与经济安全的关系。在非洲,与战争和冲突相关的经济安全主要体现在不发展、非法贸易等方面。毋庸置疑,经济不发展是非洲战争和冲突较多的主要原因之一。这些战争和冲突反过来又对经济不发展产生重要的负面影响,而平民成为最重要的牺牲品,其中主要是妇女、儿童、老人等弱势群体。据统计,整个20世纪90年代,非洲有20万儿童死于战火,仅刚果(金)内战中就有大约200万人被杀或死于战争引发的饥饿和疾病。战争和冲突对基础设施的破坏恶化了国家管理经济的能力,并影响了教育、文化、医疗等各项事业。战争和暴力冲突还导致贸易出口和外国投资减少以及国家债务增加。另外,战争和冲突所引发的战争经济,使非法贸易更加猖獗,包括军火交易、商品走私等,从而为一些牟取暴利的非法商业集团提供了良机。而非法贸易导致的小型和轻型武器的扩散加剧了暴力犯罪和暴力的私人化。[④] 有研究表明,进入刚果(金)的武器有90%来自乌干达,其余来自卢旺达、苏丹等国,使用者包括本国普通民众、外国士兵、猎人、难民、反叛者及其联盟、商人和企业主等;在塞拉利昂内战中,几内亚比绍军队中从事非

---

① Karin Dokken, *African Security Politics Redefined*, p. 60, p. 68.

② David J. Francis, *Uniting Africa: Building Regional Peace and Security Systems*, p. 227.

③ Karin Dokken, *African Security Politics Redefined*, p. 70.

④ David J. Francis, *Uniting Africa: Building Regional Peace and Security Systems*, pp. 60 –62.

法交易的军人跨越边界,为塞拉利昂境内的分离主义者提供武器。[1]
这些非法的武器交易不但助长了冲突,而且阻碍了健康的经济发展。
总之,战争和武装冲突既恶化了经济不发展,又加剧了国家的崩溃,从
而强化了非洲总体的不安全。

三是与环境安全的关系。环境安全通常涉及因环境恶化和资源匮
乏所产生的物质威胁。它与战争和暴力冲突也是相互影响的。比如,
严重的环境问题会引发政治不稳定和冲突乃至战争准备。[2] 冷战结束
以来,非洲"新战争"一个重要特征就是那些"失败国家"发生的内部战
争和武装冲突常常是旨在争夺和控制矿产资源,而不是为实现意识形
态或政治目标。如刚果(金)、塞拉利昂、安哥拉内战等都带有这种特
征。[3] 保罗·科利尔(Paul Collier)等人认为,非洲的许多内战是经济
贪婪而不是政治不满造成的。他们解释说,在非洲许多冲突中,反政府
武装并不追求提出一致的政治议题,如利比亚民族阵线、塞拉利昂革
命联合阵线和科特迪瓦爱国运动等。作为政治领导,这些运动的领导
者更多地是在做生意。[4] 戴维·弗兰西斯称这种战争为"以资源为基
础的战争"。[5] 在非洲之角,国家对环境恶化的治理更加脆弱。在这
里,所有国家都被各种各样的环境问题所影响,如水缺乏、土壤侵蚀、沙
漠化以及人口的压力。环境恶化导致的资源短缺与大量增加的人口流
动结合起来使冲突很容易发生。[6]

四是与社会安全的关系。社会安全与政治安全的关系密切,其指
涉对象是那些"非国家的社会集团",主要是民族、部落等,但也与宗教
及种族有关。所以,它是关于集团及其认同的。不同认同之间的矛盾

---

[1] Karin Dokken, *African Security Politics Redefined*, p. 66; John M. Kabia, *Humanitarian Intervention and Conflict Resolution in West Africa*, p. 53.

[2] Barry Buzan, Ole Waever and Jaap de Wilde, *Security: A New Framework for Analysis*, pp. 74 – 75.

[3] Osita Agbu, "West Africa's Trouble Spots and the Imperative for Peace-Building", Council for the Development of Social Science Research in Africa, Dakar, 2006, p. 12.

[4] Paul Collier and Anke Hoeffler, "Greed and Grievance in Civil War", the World Bank, Washington, D.C., 2000, p. 101.

[5] David J. Francis, *Uniting Africa: Building Regional Peace and Security Systems*, pp. 80 –85.

[6] Karin Dokken, *African Security Politics Redefined*, p. 111.

乃至冲突常常影响国家安全和区域安全。[①] "以认同为基础的战争"已是非洲"新战争"的另一个重要特征。[②] 具体而言,非洲内部的民族矛盾与民族冲突主要表现为三个层次,包括同一民族内部不同民族集团或部落集团间的分歧与争斗,如索马里、肯尼亚、刚果(金)、加纳、几内亚、乍得等国,都发生过此类事件引发的动乱或冲突;多民族国家内部不同民族之间的矛盾和冲突,这在尼日利亚、苏丹、利比里亚、卢旺达、布隆迪、安哥拉等国表现得更加突出;非洲国家间存在的跨界民族问题带来的政治后果,如索马里、埃塞俄比亚、肯尼亚三国之间,刚果(金)与安哥拉之间,乌干达、坦桑尼亚和肯尼亚三国之间,都因跨界民族问题发生过边界冲突。[③] 这些民族问题与国家失败以及环境、政治等安全问题结合起来,使非洲内部的战争和冲突更加复杂化和持久化。

以上种种表明,非洲内部的战争和冲突不能与邻国的政治、经济、环境和社会等安全问题分开看待。也就是说,发生在一国的安全问题很容易对邻国的安全形势产生正面或负面的影响。这既显示出非洲安全的区域化和综合化,又赋予非洲安全区域主义更强大的动力。戴维·弗兰西斯称:"在非洲,战争和武装冲突的区域化既阻碍又促进着区域和平与安全体系的构建。"[④]卡琳·多肯强调:"当前绝大多数暴力冲突具有明显的区域侧面的事实使非洲政治家和援助社会的成员们认识到,解决冲突的可持续的途径必须本质上是区域化的。"[⑤]

## 第二节 非洲集体安全机制的建设进程

从 1963 年 5 月非洲统一组织(OAU,简称非统)成立开始,构建集体安全机制就成为非洲区域主义实践的重要组成部分。非统制定了一些安全原则,如推动非洲的非殖民化进程,实现非洲的彻底解放;反对

---

① Barry Buzan, Ole Waever and Jaap de Wilde *Security: A New Framework for Analysis*, pp. 110 – 114.

② David J. Francis, *Uniting Africa: Building Regional Peace and Security Systems*, pp. 76 – 80.

③ 参见罗建波:《非洲一体化与中非关系》,北京:社会科学文献出版社 2006 年版,第 201—209 页。

④ David J. Francis, *Uniting Africa: Building Regional Peace and Security Systems*, p. 60.

⑤ Karin Dokken, *African Security Politics Redefined*, p. 79.

外来干涉,奉行不结盟的中立政策;非洲国家间应恪守不干涉内政的原则,建立正常的国际秩序;确立边界不可侵犯的原则,以防止国家间爆发领土冲突等,并以此作为非洲集体安全战略和安全机制建设的基础。[①] 为此,非统还成立"调解、和解与仲裁委员会",并于 1981 年首次在乍得实施了维和行动。然而,由于非统致力于实现的目标主要是政治上的而不是安全上的,加之冷战的特殊背景和非洲内部的复杂形势,非统的集体安全机制建设并不成熟,其具体的实践也没有出现明显的成效。[②] 直至冷战结束后,随着全球化背景下非洲安全的日益区域化和非洲自主性的区域主义的纵深发展,集体安全机制建设才活跃起来并日臻成熟,大量有影响的实践也随之展开。在这方面,西非国家经济共同体(ECOWAS,简称西共体)、南部非洲发展共同体(SADC,简称南共体)、(东非)政府间发展组织(IGAD,简称伊加特)和非统及后来的非洲联盟(AU,简称非盟)等非洲主要的区域、次区域组织发挥了核心作用。就此,"冲突管理的区域化成为后冷战非洲一个日益显现的主要特征"。[③]

一、次区域组织与非洲集体安全机制建设

鉴于冷战后非洲安全问题在次区域层次的聚集更为明显,尤其是在西非、南部非洲和非洲之角,非洲安全区域主义在这些次区域发展得更快,作为其核心的集体安全机制建设的成就也更为突出。可以说,西共体、南共体、伊加特等次区域组织作为冲突管理的工具,它们在非洲集体安全机制建设进程中起着重要的"先导作用"。

(一)西共体与集体安全机制建设

西共体作为非洲最大的次区域组织,它拥有非洲最强有力的安全机制和最发达的冲突管理机构,已成为非洲集体安全机制建设中一支

---

① 罗建波:《非洲集体安全机制的发展研究》,第 35—36 页。
② Karin Dokken, *African Security Politics Redefined*, pp. 120–121.
③ David J. Francis, *Uniting Africa: Building Regional Peace and Security Systems*, p. 91.

最引人注目的力量。① 该组织的基本目标是通过区域一体化推动经济发展,但区域安全挑战也是其持续的关注。早在 1977 年,西共体就签订了具有排他性的《互不侵犯与防务互助协定》(ANAD),成员国承诺放弃侵略行为,以维护成员国的领土完整;1981 年,又通过了《防御互助议定书》(PMAD),决定建立一支共同体的联合武装部队,以便在出现对整个共同体内的安全与和平的可能威胁时,对成员国的内部事务进行合法干预。这两个文件首次将集体安全的观念和基本原则引入西共体的合作进程,包括任何成员国的武装威胁或侵略都构成对整个共同体的威胁;成员国有义务在反击来自该地区外部的武装侵略中提供相互援助和军事支持;在国家间关系中不使用武力,并避免对成员国的颠覆性、敌对性或侵略性行为,从而为西共体拥有区域集体安全和维和能力奠定了基础。然而,由于在实践中国家主权原则仍占据支配地位,这两个文件所规定的决策程序并没有很快实施。西共体的集体安全尚处于"宣言层面"。②

正是利比里亚内战的爆发推动了西共体的集体安全机制建设进入了实质性操作阶段。1990 年 5 月,在尼日利亚的提议下,由它和冈比亚、加纳、马里、多哥等四个成员国成立了"常设调解委员会"(SMC),负责寻找解决利比里亚内战的和平途径。8 月,该委员会举行会议,创立了西共体停火监督集团(ECOMOG),作为处理西共体内部争端和冲突的区域机构。该集团在一个武装部队总司令的领导下运行,旨在监督民主选举,恢复宪政规则。该部队司令"有权为实现监督停火、恢复法律的目标而实施军事行动"。③ 随后,该集团在利比里亚采取军事行动。西共体停火监督集团在利比里亚的运行,"代表着 1981 年非洲统一组织在乍得试图建立非洲间部队进行干预以来区域安全行动的首次

---

① 西共体成立于 1975 年 5 月,现有 15 个成员国,它们是贝宁、布基纳法索、佛得角、科特迪瓦、冈比亚、加纳、几内亚、几内亚比绍、利比里亚、马里、尼日尔、尼日利亚、塞内加尔、塞拉利昂、多哥。

② 参见 David J. Francis, *Uniting Africa: Building Regional Peace and Security Systems*, pp. 146 – 147; Rodrigo Tavares, *Regional Security: The Capacity of International Organizations*, London: Routledge, 2010, p. 36.

③ David J. Francis, *Uniting Africa: Building Regional Peace and Security Systems*, pp. 151 – 152.

努力"。①

1993 年,西共体修改了其运行的基础性法律《拉各斯条约》,正式将"保持区域和平、稳定与安全"作为合作的主要领域,并强调需要建立和强化及时防范和解决国家内部和国家之间的合适机制。随后,西共体相继签署实施了一系列宣言和条约,进一步强化这一区域合作的"安全纬度"。两个最重要的进展就是西共体分别于 1998 年和 1999 年签署实施的《关于轻型武器进出口和制造的备忘录》和《西共体关于冲突预防、管理和解决及维和与安全机构的议定书》。后者在西共体集体安全机制建设中具有里程碑意义。按照该议定书的规定,西共体建立起一个冲突预防、管理和解决的永久性机制。该机制由防御事务上互助的权威机构、区域调解与安全理事会、行政秘书处三个机构组成,其中调解与安全理事会是最重要的制度,其主要职责包括:决定所有与和平、安全有关的事务,决定和履行冲突预防、管理、解决,维持与安全相关的所有政策,授权各种形式的干预尤其是决定政治和军事使命的实施,批准与这些使命相关的指令和条款,根据形势变化评估这些指令和参照条款,任命行政秘书处的特别代表等。为方便该调解与安全理事会的运行,西共体还建立了防御与安全委员会、元老理事会和西共体停火监督集团。西共体停火监督集团的正式角色由此确立,其职责包括:观察和监督,维持和恢复和平,支持人道主义事件,人道主义干预,强制性制裁(包括贸易禁运);预防性任务;和平建设,裁减军备和消除军事动员;治安活动,包括打击诈骗和有组织犯罪活动等。该集团下的武装部队军费不再由成员国而由西共体提供。该部队的司令由调解与安全理事会任命。依照该议定书,西共体还成立了负责早期预警的次区域和平与安全观察系统,由设在阿布贾的西共体秘书处的观察与监督中心和该次区域内的四个观察与监督分区构成,负责该次区域和分区对影响和平与安全的文件信号的数据收集。②

2001 年,鉴于利比里亚和塞拉利昂等国内战导致的日益严峻的人

---

① Rodrigo Tavares, *Regional Security: The Capacity of International Organizations*, p. 40.

② ECOWAS, "Protocol Relating to the Mechanism for Conflict Prevention, Management, Resolution, Peacekeeping and Security", Abuja, 10 December, 1999, http://www.comm. ecowas.int/sec/index.php? id = ap101299&lang = en.

道主义形势,根据 2000 年 4 月召开的特别首脑会议达成的共识,西共体签署实施《关于民主与善治的备忘录》,作为对《西共体关于冲突预防、管理和解决及维和与安全机构的议定书》的增补,民主和人道主义保护正式成为西共体停火监督集团的一项新任务。[1] 2004 年 6 月,西共体决定在停火监督集团基础上成立西共体待命部队。该部队将由来自各成员国的训练有素的士兵组成,其中包括一支由 1 500 名士兵构成的、能够在 30 天以内做出军事反应的"快速反应部队",而这个待命部队可以在 90 天之内完成部署。[2] 2007 年 1 月,西共体用防御与安全委员会取代行政秘书处,作为共同体制度的"法律代表"。该委员会下设政治事务、和平与安全、观察与监督中心和其他相关机构的行政专员,主管维和行动与安全事务。[3] 至此,西共体集体安全机制既拥有了完整的组织框架,也确立了它在共同体内部的法律地位。

(二)南共体与集体安全机制建设

南共体[4]虽亦将经济一体化作为主要目标,但与西共体有所不同的是,它从成立开始就将区域安全合作作为目标之一。1992 年 8 月,决定成立南共体的《南共体条约和宣言》规定,"加强、保卫和保持民主、和平、安全与稳定"是共同体的目标,并将"团结、和平与安全""和平解决争端"作为共同体的基本原则。[5]

1994 年,南非加入南共体后,其区域安全合作进入实质性操作阶段。这年 4 月,南共体在温得和克成立一个"民主、和平与安全工作组",为南共体正式介入安全、冲突调解和军事合作领域铺平了道路。两年后,即 1996 年 6 月,南共体哈博罗内首脑会议发布《南共体政治、防御和安全合作机构宣言》,决定成立"南共体政治、防御和安全合作

---

[1] Karin Dokken, *African Security Politics Redefined*, p. 37.

[2] John M. Kabia, *Humanitarian Intervention and Conflict Resolution in West Africa*, p. 181.

[3] Karin Dokken, *African Security Politics Redefined*, pp. 37 – 38.

[4] 南共体的前身是 1980 年 4 月启动的南部非洲发展协调会议。1992 年 8 月,该会议成员国签署《南共体条约和宣言》,正式改名为南共体。目前有 15 个成员国,它们是安哥拉、博茨瓦纳、刚果(金)、莱索托、毛里求斯、马达加斯加、马拉维、莫桑比克、纳米比亚、塞舌尔、南非、斯威士兰、坦桑尼亚、赞比亚、津巴布韦。

[5] SADC, "The Treaty and Declaration of the Southern African Development Community", Windhoek, 17 August 1992, http://www.sadc.int/index/browse/page/120#preamble.

机构"(the Organ on Politics，Defence and Security Co-operation，简称南共体安全机构)，以便在最高层次对敏感的和潜在的和平与安全议题做出更具灵活性和即时性的反应，其核心目标涉及军事/防御、预防犯罪、对外政策、人权和民主等议题。这是共同体建立一个对和平与安全议题做出反应的区域集体安全机制的"首次努力"，其重要创新之处就是"从包含人、环境和社会的多维度视角将安全概念化"，也就是说，它采用的是"一种综合的、多领域的和平与安全方法"。该机构设置一个主席职位，并通过包括现任主席、前任主席和新任主席组成的"三驾马车"运行。1998 年 10 月，南共体马普托首脑会议正式授权该机构可以"干预该区域发生的所有冲突"。①

然而，由于南非领导的"和平主义"集团和津巴布韦领导的"军事主义"集团之间在集体安全的方法上存在分歧，南共体安全机构最初并未在南共体框架内运行。直到 2001 年 3 月，南共体布兰太尔首脑会议才正式将该机构纳入南共体总的合作框架。此次峰会颁布了《南共体关于政治、防御和安全合作的备忘录》，承诺南共体国家对和平共存、相互独立的责任，并阐明了该机构的主要目标，即通过安全保证，避免区域不稳定、内部的国内战争和国家间冲突及来自外部的威胁，以促进区域和平与安全。该备忘录承诺，将通过和平手段促进区域安全与防御合作，预防、管理和解决国家内部和国家之间的冲突，特别是将考虑使用武力或强制行动作为管理和解决区域冲突的最后措施或机制。该备忘录有一个重要条款规定，共同体将讨论区域集体安全能力和相互防御条约的发展以及参与维和行动的区域维和能力的发展等。该备忘录还明确强调"保护人民和保障本区域的发展，避免来自法律和秩序崩溃、国家内部与国家间冲突和侵略所引发的不稳定"，并进一步明确了任何强制行动的决定都应该由南共体峰会根据南共体安全机构主席提供的建议做出，而且在该地区内任何冲突中所进行的干预或所采取的和平强制行动都应该得到南共体峰会的批准。最后，该备忘录对南共体安全机构做了新的制度安排，即在原来"三驾马车"机制外设立秘书处，由"三驾马车"主席担任，在南共体峰会、部长会议、专门会议

---

① David J. Francis，*Uniting Africa：Building Regional Peace and Security Systems*，pp. 192 - 193.

等层次上运行。[1] 这年 8 月,南共体修改《南共体条约》,将"南共体政治、防御和安全机构"解释为共同体内部的制度。就此,南共体安全机构被确认为预防、管理和解决冲突与和平建设的区域集体安全机构,从而奠定了南共体集体安全机制运行的法律基础。[2]

随后,南共体集体安全机制建设进一步深化。2004 年 8 月,南共体首脑会议决定实施《政治、防御和安全合作机构战略标志性计划》,在政治、防御、国家安全和公共安全等四个领域推进实质性的合作,并建议在南共体秘书处建立新的机构——政治、防御与安全部,分别主管政治与外交、防御与安全和战略分析三个分支机构。[3] 同一年,南共体签署实施《共同防御条约》,强调"对一个国家的武装入侵将被认为是对区域和平与安全的威胁,而且这样的威胁将招致即时的集体行动"。南非外长莱科塔(Mosiuoa Lekota)解释说,该条约旨在使该区域稳定化,培育适合于投资的及长期稳定的氛围,为预防南共体国家之间、南共体国家与其他国家之间的冲突和南共体国家采取联合行动抗击外部侵略提供一个机制。[4]

2005 年 8 月,南共体在哈拉雷设立"区域维和训练中心",以便为该区域采取的和平支持行动提供支持,并强化其对冲突做出反应和保持区域稳定的能力。2007 年 8 月,南共体创建了一支维和部队——"南共体待命旅"(SADCBRIG),在南共体框架内为预防性外交、和平创建、人道主义干预、维和、和平强制及和平建设采取相应行动。为确保这一行动的实施,南共体专门成立一个自主的管理机构——规划组,作为南共体安全机构的一种工具,开展日常性行动。这一待命部队分军事、警察和民事三个部分,其主要功能包括:观察和监督使命;其他类型的和平支持使命;在严峻形势下或在当事国的申请下对一国进行干预,控制争端或冲突升级、持续的暴力冲突向邻国或邻近区域扩散、已达成协定的暴力复发等预防性使命;冲突后军备控制和去军事动员化

---

[1]　SADC, "Protocol on Politics, Defence and Security Co-operation", Blantyre, 14 August 2001, http://www.sadc.int/index/browse/page/157.

[2]　David J. Francis, *Uniting Africa: Building Regional Peace and Security Systems*, p. 194.

[3]　SADC, "Strategic Indicative Plan for the Organ on Politics, Defence and Security Cooperation", 5 August 2004, http://www.sadc.int/index/browse/page/116.

[4]　Rodrigo Tavares, *Regional Security: The Capacity of International Organizations*, p. 58.

的和平建设;缓解冲突区域平民灾难的人道主义援助;经南共体首脑会议授权的其他使命等。[1] 2007年底,南共体安全机构建立一个早期预警系统,由成员国早期预警中心和一个设在共同体总部哈博罗内的区域预警中心组成,以方便对预防冲突的爆发和冲突的升级而采取即时行动。该预警中心将传统安全事务作为关注的焦点,但也给予食品安全等新的安全问题一定的关注。[2]

这些安全制度的构建是南共体维持次区域和平与安全的集体行动走上可操作化的重要步骤。

### (三)伊加特与集体安全机制建设

伊加特的前身是政府间抗旱与发展组织(IGADD),是为解决旱灾、饥馑与沙漠化问题而创建的,旨在改进对自然灾害的区域反应。1996年3月,为适应东非区域一体化的需要,该组织成员国举行特别首脑会议并签署了《关于建立政府间发展组织的决定》,正式将东非政府间抗旱与发展组织改为现名。[3] 该组织目标是促进区域和平与安全,并作为实现食品安全、环境保护和区域可持续发展的基础。它关注四个领域的核心议题,包括食品安全和环境保护,基础设施发展,区域冲突预防、管理和解决,人道主义事务等。在此框架内,该组织将"非洲之角"的区域一体化和合作作为实现区域和平与安全的驱动力量。按照该协定的规定,成员国将为保护和平、安全与稳定而采取集体行动,以便为经济和社会发展创造必要的前提条件。为实现这一目标,成员国将采取有效措施消除对区域合作、和平与稳定的威胁,建立和平解决国家间和国家内部争端的有效的磋商与合作机制,准备领先于其他区域组织或国际组织,在该次区域机制内部处理国家间和国家内部的冲突等。

---

[1] SADC, " Memorandum of Understanding among the Southern African Development Community Member States on the Establishment Standby Brigade", Lusaka, August 2007, http://www.sadc.int/rptc.

[2] Rodrigo Tavares, *Regional Security: The Capacity of International Organizations*, pp. 58－62.

[3] 目前,该组织有7个成员国,它们是吉布提、埃塞俄比亚、厄立特里亚、肯尼亚、索马里、苏丹、乌干达。

伊加特拥有一套自己的组织结构和决策程序。国家与政府首脑会议是最高权力机构,至少每两年进行一次。首脑会议下辖部长理事会,由成员国的外交部长和其他关键部门的部长组成,负责制订具体的工作计划,也是至少每两年举行一次会议。该理事会下设大使委员会和永久秘书处。大使委员会由成员国派往吉布提的大使或公使组成,负责向行政秘书提出建议,指导其完成部长理事会制订的工作计划,并负责需要进一步阐明的政策和指导原则的解释工作。秘书处设在吉布提,是该组织的行政机构,由一个经政府与政府首脑会议任命的行政秘书主持日常工作。在具体的运作中,国家与政府首脑会议、部长理事会和大使委员会均采用共识决策程序,但在部长理事会和大使委员会中,如果通过共识决策不能达成一致,可以通过成员国 2/3 多数投票决定。①

在安全和人道主义事务方面,伊加特重点关注能力建设和区域意识创建以及冲突的早期预警机制建设。在该组织成立之初,它就制订了《关于冲突预防、解决与管理的方案》,规定增进冲突预防的建设能力,记录去战时动员化和冲突后建设的经验,阐明和平与容忍的文化,发展冲突的早期预防机制,创建紧急信用基金等。这样,伊加特从环境保护和发展合作的狭窄议题扩大到区域和平与安全议题领域,由此建立起和平、安全、冲突与发展之间的紧密联系。② 2002 年 1 月,为将关于区域和平与安全议题的合作制度化,伊加特部长理事会会议签署了《关于建立冲突早期预警和反应机制的议定书》,启动冲突早期预警与反应机制(CEWARM)建设。按照该议定书的规定,它在每个成员国设立了区域早期预警单元,并设立了关于冲突和不安全的早期预警委员会,总部设在埃塞俄比亚的亚的斯亚贝巴。这一早期预警机制是该组织政治与人道主义事务部的组成部分,有一个专职主任主持工作,拥有行动的自主性,其职能涵盖早期预警系统的各个方面,包括成员国之间以即时、透明、合作和信息自由流动为原则的信息交换与合作;收集和确认与该地区暴力冲突缓解和预防相关的信息,并将结果递交给政

---

① 以上参见 IGAD Secretariat, "Agreement Establishing the Inter-Governmental Authority on Development (IGAD)", Nairobi, 21 March 1996, http://www.gtz.de/en/dokumente/en-agreement-establishing-igad.pdf.

② Karin Dokken, *African Security Politics Redefined*, p. 114.

府间发展组织及其成员国政府中的决策者;在国家和地区层次上采取合适的行动,对冲突预防、缓解和管理做出反应等。2003 年 6 月,这一预警机制正式运行。①

2006 年 11 月,为强化冲突早期预警和反应机制,伊加特发布《2007—2011 年冲突早期预警和反应机制战略》,制定了六大目标,具体内容为:扩大对所有成员国内的畜牧业和相关冲突的监控和报告;通过所有成员国内冲突早期预警和早期反应的可操作性强化该机制的早期反应;扩大信息的来源,增强信息的收集系统,增强早期预警和反应系统的数据分析能力;改进公共关系和沟通战略,促进对早期预警和反应工作的认识;通过所有有效的途径强化早期预警和反应系统的制度和功能性能力,包括研究、训练、行政和金融支持等,实施长期的、可持续的基金战略,确保该系统运行所必需的资源等。② 这一机制的运行,既监控了该地区的暴力突发事件及其社会影响和各种环境压力,又追踪了成员国恶化暴力冲突的轻型武器的扩散情况。伊加特通过这一机制收集的独特的数据资料为掌控成员国跨边界的冲突提供了"即时的、持续的和详尽的信息",进而为改进干预方案和反应措施奠定了良好基础。③

伊加特还在非洲联盟的集体安全机制内构建起次区域的维和机制。2004 年 2 月,该组织召开了一次专家会议,决定建立"东非待命旅"(EASBRIG)。同月,又制定了东非待命旅运行的政策和法律框架。次年 4 月,东非待命旅正式投入使用。其运行结构并不复杂,只包括设在亚的斯亚贝巴的司令部、设在肯尼亚内罗毕的规划部和设在司令部的后勤基地。它还使用设在内罗毕的"凯伦中心"训练用于和平支持活动的部队。2007 年 5 月,该组织将负责东非待命旅运行责任交给一个独立的机构——东非待命旅协调机构。通过冲突早期预警与反应机

---

① IGAD Secretariat, "Protocol on the Establishment of a Conflict Early Warning and Response Mechanism for IGAD Member States", Khartoum, 9 January 2002, http://www.cewarn. org/index.php.

② IGAD Secretariat, "CEWARN Strategy 2007 - 2011", Addis Ababa, November 2006, http://www.gtz.de/de/dokumente/en-CEWARN-Strategy-2006.pdf.

③ Karin Dokken, *African Security Politics Redefined*, p. 117.

制以及东非待命旅,伊加特构建起次区域集体干预机制。①

二、非统/非盟与集体安全机制建设

随着冷战的结束和非洲国际安全与冲突环境的变化,非统开始在对区域和平与安全挑战的评估和反应方法上做出根本性改变。1990年6月,非统发布的《非洲政治、社会—经济形势和世界基本变化的宣言》和1990年5月召开的坎帕拉领导人论坛都表示,它将在国家和地区层次上重新解释安全,并将和平、安全与社会经济发展、民主化、人权、善治联系起来。这两个文件也承认,非统应更直接和积极地介入非洲内部的冲突。1993年6月,非统开罗首脑会议通过《关于建立冲突预防、管理与解决的宣言》,决定建立"冲突预防、管理和解决机制"。该机制在非统秘书处内部建立一个称为"中心机构"的新的专门决策团体,并建立了非洲和平基金。1995年,这一机构开始在占非统预算5%的非洲和平基金支持下运作。② 不过,由于这一机制关注的焦点是冲突的预防,而不是冲突的管理与解决,非统仅仅在这一安全机制框架内建立微弱的军事使命,没有能力在复杂的非洲冲突中进行更积极的干预。

1999年9月,非统首脑会议决定建立非盟后,该组织集体安全机制建设进入一个全新的阶段。2000年7月非统洛美首脑会议颁布《非洲联盟宪政法案》。该法案将促进非洲和平、安全与稳定作为目标之一,并建立起非洲冲突预防、管理与解决机制的规范与法律框架。法案主要内容包括:成员国之间主权独立与完整,尊重成员国的现有边界,建立非洲共同的防御政策,采取合适的措施和平解决成员国之间的冲突,禁止成员国之间使用武力或威胁使用武力,成员国不干涉他国国内部事务,联盟在面对战争犯罪、大屠杀和危害人类犯罪等严峻形势时有权对成员国进行干预,成员国问和平共处,成员国有权为恢复和平与安全请求联盟干预等。与过去相比,该法案最大的变化是允许对成员国进

---

① Rodrigo Tavares, *Regional Security: The Capacity of International Organizations*, pp. 51 – 52.

② David J. Francis, *Uniting Africa: Building Regional Peace and Security Systems*, pp. 123 – 124.

行干预,这是对非统奉行多年的不干预政策的最大修正。①

2001 年 7 月,非统卢萨卡首脑会议决定根据《非洲联盟宪政法案》规定,效仿联合国安理会的框架,将原有的"中心机构"合并而组建为非洲联盟的一个机构。2002 年 7 月,非盟在南非德班召开首届首脑会议,会议通过《关于建立非盟和平与安全理事会议定书》。该议定书于 2003 年 12 月正式生效。2004 年 5 月,非盟和平与安全理事会(AUPSC)在埃塞俄比亚首都亚的斯亚贝巴正式成立。按照该议定书的规定,非盟和平与安全理事会是非盟内部常设的冲突预防、管理和解决的决策机制。它是一种为便于对非洲冲突和危机形势做出即时和有效反应的集体安全和早期预警安排,其主要目标包括:促进非洲的和平、安全与稳定,以便对非洲人民的生命、财产、福利及其环境保护提供保证,并创建适合于持续发展的条件;预防和制止冲突;促进和平建设与冲突后重建,以巩固和平,抑制暴力的复发;在预防与打击各种国际恐怖主义方面进行合作和协调;建立联盟的共同防御政策;作为预防冲突努力的一部分,促进和鼓励民主惯例、善治、法治,保护人权和基本自由,尊重人的生命和国际人道主义法的神圣性等。在这些目标的指导下,该理事会发挥作用的领域主要为:促进非洲的和平、安全与稳定;早期预警和预防性外交;和平创建,包括善治、调停、调解等;和平支持活动和干涉;和平建设和冲突后重建;人道主义行动和灾难管理等。

为此,该理事会被赋予了一系列行动权力,包括:预防和制止争端与冲突以及引发大屠杀和反人道罪的各种政策;为解决已有冲突而发挥和平创建及和平建设的功能;授权和平支持使命;为履行上述使命而制定总的指导原则;在成员国出现相关国际法所定义的战争犯罪、大屠杀、反人道罪等严重形势时向联盟大会建议进行干预;支持联盟对某一成员国的干预;对违背宪法政权更迭的成员国进行制裁;实施联盟的共同防御政策;在预防与打击国际恐怖主义等方面,确保联盟和其他国际的、区域的法规履行,并就此开展协调和联合;促进各次区域机制与联盟之间在推动和保持非洲和平、安全与稳定方面进行紧密的协调、联合

---

① 参见 OAU, "Constitutive Act of the African Union Adopted by the Thirty-Sixth Ordinary Session of the Assembly of Heads of State and Government", Lomé, 11 July 2000, http://www.africa-union.org/root/au/Aboutau/Constitutive_Act_en.htm.

与合作；促进和鼓励对武器控制和裁军方面的国际法规的实施；支持在发生武装冲突或重大灾难的情势下所采取的人道主义行动等。

非洲和平与安全理事会由 15 个非洲国家组成，在非盟委员会、智者小组、大陆早期预警系统、非洲待命部队和特别基金的支持下展开工作。后三个机构实际上是其下属机构。其成员三年选举其中 5 个，两年选举 10 个，没有永久性成员。它采用共识性决策，各成员亦没有否决权。理事会主席每月在成员间轮流一次。非盟委员会主席在和平与安全理事会的领导之下并经与卷入冲突各方协商，就冲突的预防、管理与解决提出适当的动议，并通过斡旋或次区域机制防止潜在的冲突，解决实际的冲突，促进和平创建和冲突后重建。智者小组由 5 名富有声望的对非洲和平、安全与发展事业有突出贡献的非洲人士组成，由非盟委员会主席与各成员国协商后选定，它可以就与促进和维持非洲和平、安全与稳定有关的问题向和平与安全理事会和非盟委员会主席提出建议。大陆早期预警系统由一个称作"形势办公室"的观察与监督中心和与该系统有联系的各次区域机制的观察与监督单元组成，旨在发展基于明确界定并得到广泛接受的政治、经济、社会、军事和人道主义指标的预警模式。非洲待命部队的主要职能有：观察与监督使命；在某成员国出现危及和平与安全的严重情势或应成员国请求以恢复和平与安全而进行干预的使命以及其他和平支持使命；预防性行动，旨在预防争端或冲突升级、暴力冲突向邻国和邻近地区扩散、冲突各方已达成协议的暴力复发等；和平建设，包括冲突管理、裁减军备和去军事动员化等；人道主义援助，以便解决冲突地区平民所受灾难，并支持涉及重大自然灾害的努力。特别基金旨在为实现和平、冲突期间创建和平以及冲突后重建提供财政支持。和平与安全理事会还设有一个军事参谋委员会，负责就与促进和维持和平与安全有关的军事与安全要求向理事会提出建议并提供帮助。

《关于建立非盟和平与安全理事会议定书》还确立了非洲次区域组织所构建的集体安全机制在非盟总的集体安全机制中的法律地位。该议定书阐明，非洲次区域安全机制作为非盟总的安全结构的组成部分，它们对促进非洲的和平、安全与稳定负有主要责任。为此，非洲和平与安全理事会和非盟委员会主席应该在和平、安全与稳定领域和各次区域组织的活动进行协调及合作，以确保这些活动与非盟的目标和原则保持一致;与非洲次区域组织紧密合作,确保双方在促进和把持和平、安全与稳定中建立有效的伙伴关系;非盟和平与安全理事会还应该与各次区域组织协商,以完善旨在预防和控制冲突以及发挥和平创建及和平建设功能的各种动议;为实现这些目标,次区域组织和理事会均应通过委员会主席让对方"完全而持续地"了解自身的行动,为确保双方紧密的协商和合作,并为规定的信息交换提供便利;委员会主席应与次区域组织负责和平与安全的官员定期召集会议;委员会主席还应保持必要的措施,确保次区域组织完全参与到早期预警系统和非洲待命部队的建设和有效运行之中。①

此后,在《关于建立非盟和平与安全理事会议定书》和非盟和平与安全理事会的框架内,非洲集体安全机制建设不断取得新的进展。2002 年 7 月至 2004 年 1 月间,非盟召开了一系列小型会议,讨论实施共同的防御与安全政策。2003 年 5 月,非盟第三次防务参谋部长会议签署了《关于建立非洲待命部队和军事参谋委员会的政策框架》,承诺非盟将在 2010 年 6 月 30 日前创建一支由 8 000 名军人和 2 000 名非军事人员组成的快速反应部队,该部队将由北非、西非、中非、东非和南非 5 个次区域待命部队构成。2004 年 1 月,非盟国防部长会议正式通过《非洲共同防御与安全政策框架草案》。在这些小型会议成果的基础上,当年 2 月,在利比亚召开的第二届非盟特别首脑会议决定实施这一政策,目的是通过预防性外交和在冲突地区的快速反应直接处理冲突。在这次会议上,非洲领导人通过了《非洲共同安全与防御政策神圣宣言》,对通过集体行动保证非洲安全做出了原则性规定,其目标是对非洲的内部和外部共同威胁做出实质性反应。这种"共同威胁"既包括传统的武力使用,也包括保护公民的非军事威胁。2005 年 1 月召开的第四届非盟首脑会议签署了《非盟互不侵犯和共同防御条约》,明确宣布,对任何成员国的侵略或侵略威胁都将被视作对非盟所有成员国的侵略或威胁,非盟有权对侵略情势做出判断并进行干预。该宣言和条约与《关于建立非盟和平与安全理事会议定书》一起构成支持非

---

① 以上参见 AU, "Protocol Relating to the Establishment of the Peace and Security Council of the African Union", Durban, 9 July 2002, http://www.au2002.gov.za/docs/summit_council/secprot.htm.

盟集体安全机制的重要的法律支柱。①

2005 年、2007 年,非盟委员会和非盟冲突管理部分别制定了《冲突后重建和发展的政策框架》和《冲突后重建的非洲》等政策文件,为非盟的和平建设提供了指导性文件。2007 年 1 月,非洲"大陆早期预警系统"(CEWS)在亚的斯亚贝巴正式启动。② 目前,非洲 5 个次区域设立非洲待命部队的工作也正在进行之中。③ 非盟的集体安全机制建设已从制度的构建走上具体的实践。

## 第三节 非洲集体安全机制的典型实践

非洲集体安全机制源于非洲区域安全合作的实践,又用于解决非洲内部共同的安全问题,两者相互联系,相互影响,共同推动着非洲集体安全机制建设进程由弱到强、由浅入深地持续发展。在非洲集体安全机制的实践中,西共体、南共体和伊加特等次区域组织和非盟仍然起着支配性作用。本节即以这些区域、次区域组织为视角,选取一些典型案例,对非洲集体安全机制的具体实践进行历史与现实的深入解读。

一、西共体在利比亚的集体行动

西共体是非洲集体安全机制建设最成熟的次区域组织,也是非洲集体安全机制最重要的实践者。这种实践有冲突预防与和平创建,但最重要的还是维和与强制行动等集体行动。这些集体行动主要有:1990—1997 年,第一次利比亚内战中的维和与强制行动;1997—1999 年,塞拉利昂内战中的维和行动;1998—1999 年,在几内亚比绍的军事行动;2003 年,第二次利比亚内战中的维和行动;2003—2004

① Rodrigo Tavares, *Regional Security: The Capacity of International Organizations*, pp. 27 – 29; Karin Dokken, *African Security Politics Redefined*, pp. 128 – 129.

② 参见 El-Ghassim Wane and Charles Mwaua et al., "The Continental Early Warning System: Methodology and Approach", in Ulf Engel and João Gomes Porto eds., *Africa's New Peace and Security Architecture: Promoting Norms, Institutionalizing Solutions*, Burlington: Ashgate, 2010, pp. 91 – 110.

③ 参见 Jakkie Cilliers and Johan Pottgieter, "The African Standby Force", in Ulf Engel and João Gomes Porto eds., *Africa's New Peace and Security Architecture: Promoting Norms, Institutionalizing Solutions*, pp. 111 – 141.

年,在科特迪瓦的和平使命等。① 其中在利比里亚两次内战中的维和和强制行动最引人注目。这次干预行动被认为是非洲区域和平建设的"首次努力",标志着"以非洲为基础的冲突解决的一个新时代的开始"。② 它还是由非洲次区域组织开展的"首次和平强制行动",在国际上被认为是"对区域冲突管理的一个检验案例",并"为非洲其他区域组织考量区域和平强制行动提供了一个范例"。这次行动也促进西共体内部制度的迅速发展,该组织从此开始逐步发展为"非洲最发达的冲突管理机构"。③

利比里亚内战爆发后,西共体很快做出强烈反应。1990 年 5 月,西共体通过决议,呼吁冲突各方停止敌对行动,并试图通过新成立的共同体常设调解委员会进行调停。但利比里亚形势不断恶化,调停没有成功。7 月 14 日,利比里亚总统塞缪尔·多伊向西共体国家求助。他援引西共体《互助和共同防御议定书》的有关条款,称查尔斯·泰勒的反叛对整个西共体次区域造成了毁灭性影响,请求西共体进行干预,以"预先阻止日益增加的恐怖和紧张,确保环境的和平变迁"。④ 8 月 6—7 日,该常设委员会成员国领导人在班珠尔举行会议,通过了《西共体利比里亚和平计划》,主要内容包括:冲突各方立即停止敌对行动;组建并立即派遣"西共体停火监督集团"到利比里亚;由"西共体停火监督集团"监督,冲突各方普遍解除武装;禁止成员国对交战各方武器出口;交战各方组建全国联合临时政府,直至启动普遍选举;为利比里亚普遍的总统选举营造良好氛围等。⑤

西共体的决定得到利比里亚政府和已从"利比里亚全国爱国阵线"中分离出来的罗斯福·约翰逊(Roosevelt Johnson)领导的"利比里亚独立全国爱国阵线"(NPIL)的欢迎,却遭到泰勒的拒绝。8 月 24日,该集团进入利比里亚,展开名为"自由行动"(Operation Liberty)的

---

① Rodrigo Tavares, *Regional Security: The Capacity of International Organizations*, pp. 42 – 43.

② Karin Dokken, *African Security Politics Redefined*, p. 85.

③ Katharina P. Coleman, *International Organisations and Peace Enforcement*, p. 73.

④ David J. Francis, *Uniting Africa: Building Regional Peace and Security Systems*, p. 151.

⑤ Clement E. Adibe, "The Liberian Conflict and the ECOWAS – UN Partnership", *Third World Quarterly*, Vol. 18, No. 3 (1997), p. 474.

干预行动,以"维持和平、恢复法律与秩序,并确保停火受到尊重"。这支维和部队最初有 4 000 名军人组成,其中 70% 来自尼日利亚,其余来自加纳、冈比亚、几内亚和塞拉利昂。此时内战正在继续,泰勒领导的"利比里亚全国爱国阵线"已经控制了利比里亚 90% 的国土。实际上,利比里亚既无和可维,亦无停战可监督。这支西非维和部队无可避免地直接介入这场冲突之中。它们加入了对泰勒的战斗。1990 年 9 月,塞缪尔·多伊被"利比里亚独立全国爱国阵线"逮捕并杀害,其残部及其支持者成立了"利比里亚争取民主联合解放运动"并加入内战。利比里亚局势更加复杂。但西非维和部队在约翰逊一派的支持下很快占领了首都蒙罗维亚,取得了军事上的胜利。11 月,西共体在巴马科举行特别首脑会议,督促除泰勒以外的利比里亚交战各方签署停火协议。随后,西共体维和部队又击败了约翰逊部,并清扫了"利比里亚争取民主联合解放运动"势力,扶植反对多伊的利比里亚流亡人士阿莫斯·索耶(Amos Sawyer)担任新建立的利比里亚临时政府总统。到 1994 年,西非维和部队兵力达到最高峰,总人数为 15 000 人,马里派兵加入其中。①

　　西共体并没有放弃和平努力。早在 1991 年 8 月,在西共体国家的斡旋下,利比里亚交战各方达成《亚穆苏克罗协议》(the Yamoussoukro Accord),协议规定各派军队在维和部队监督下在指定地点集结,各方控制区交由维和部队管理;成立选举委员会准备 1992 年大选。10 月 20 日,西共体举行科托努会议,宣布实行监督停火 15 天,执行《亚穆苏克罗协议》,并宣布对违反者实行海陆空全面封锁。② 在此威慑下,泰勒随即宣布"利比里亚全国爱国阵线"单方面停火。与此同时,联合国和非统开始介入利比里亚和平进程。1993 年夏,经过一系列会议,利比里亚交战各方、西共体、非统和联合国在科托努达成了一个新的和平计划,又称《科托努协议》(the Cotonou Accord)。协议要求交战各方解除武装,用一个称作"利比里亚过渡政府联合国家委员会"取代索耶领导的临时政府,并呼吁交战各方取消军事动员,通过全国范围的投票选

①　John M. Kabia, *Humanitarian Intervention and Conflict Resolution in West Africa*, pp. 74–75.

②　郑雪飞:《区域组织与其成员国的内战:反思利比里亚内战期间西非国家经济共同体的武力行动》,《东南大学学报》(哲学社会科学版)2001 年第 3 期,第 56—57 页。

举一个实质性的政府。协议还决定建立一个联合国在利比里亚的观察团,以监督和平协议的执行。[1]

但这些和平协议并没有得到很好的执行。1995 年 8 月,在西共体的努力和其他各种力量的配合下,利比里亚交战各方在尼日利亚首都阿布贾签署了《阿布贾和平协议》(the Abuja Peace Accord),为和平计划的实施安排了新的时间表:1995 年 8 月 26 日之前,全利比里亚停火生效;1995 年 9 月 2 日前,由 6 个成员组成的联合总统职位委员会成立;12 月 16 日,各派别开始解除武装,并于 1996 年 1 月 30 日全部完成;1996 年 8 月 20 日,在全利比里亚进行总统的普遍选举。为顺利执行《阿布贾和平协议》,1996 年 8 月,西共体在加纳首都举行会议,推动利比里亚各派领导人达成《阿布贾和平协议》的修正版。其核心条款是:1997 年 1 月 31 日前各派解除武装,并停止一切军事动员;1997 年 2 月底之前所有各派的军队解散;1997 年 5 月 31 日前进行大选;1997 年 6 月 15 日前成立全国性政府。[2] 尽管存在不足,该协定还是按计划得以执行。1997 年 7 月 19 日,利比里亚举行全国大选,泰勒获胜。在选举活动中,西共体维和部队发挥了重要作用。他们在利比里亚各港口、机构、城市大街小巷、交通要道查抄私藏武器,制止威胁和恫吓竞选对手的非法行为,保持了大选的和平气氛。8 月 2 日,泰勒正式就职总统。西共体维和部队应泰勒的邀请,仍留下来帮助重建武装部队、巩固和平和保证全国范围内的安全与稳定。[3]

然而,利比里亚的和平并没有持续多久。1999 年,其国内冲突再起。“利比里亚争取民主联合解放运动”和“利比里亚人争取和解与民主联盟”两个反政府武装开始在利比里亚边境地区频繁活动,尤其是 2000 年 7 月以来对泰勒领导的政府的攻势趋猛。2002 年 2 月初,他们攻占距首都蒙罗维亚 35 公里处的克雷镇。泰勒遂宣布国家进入紧急状态。西共体再次介入,利比里亚召开民族和解会议,但反政府武装拒绝参加。12 月后,反政府武装再次逼近蒙罗维亚。到 2003 年初,他们已控制除首都以外的利比里亚全境。在此背景下,美国、联合国、非盟

---

[1]　Clement E. Adibe, "The Liberian Conflict and the ECOWAS – UN Partnership", p. 477.

[2]　Ibid., pp. 486 – 487.

[3]　郑雪飞:《区域组织与其成员国的内战》,第 57 页。

亦介入其中。在各方压力之下,7月初,利比里亚领导人达成和解办法,其核心是泰勒辞去利比里亚政府总统。7月4日,泰勒宣布辞职,并于8月11日正式移交权力。8月18日,利比里亚政府与反政府武装在加纳首都阿克拉正式签署《全面和平协定》,又称《阿克拉和平协定》(The Accra Peace Agreement)。①

　　为稳定区域安全形势,9月开始,西共体派遣由来自尼日利亚、马里、塞内加尔、多哥、贝宁、冈比亚、加纳、几内亚比绍等国的3 563名士兵组成的维和部队进驻利比里亚。10月1日,联合国安理会通过第1509号决议,建立由15 000人组成的"联合国国际稳定部队",西共体维和部队加入这支部队之中。10月2日,利比里亚临时政府成立。至此,利比里亚第二次内战正式结束。②

## 二、南共体在刚果(金)和莱索托的集体行动

　　与西共体相比,南共体的集体安全实践要少得多,但它在刚果(金)和莱索托的集体行动同样引人注目。

　　1998年8月,刚果(金)内战爆发后,卡比拉总统向联合国、非统和南共体请求军事援助,以拯救他所领导的政权。南共体率先做出回应。8月8日,南共体安全机构主席、津巴布韦总统罗伯特·穆加贝(Robert G. Mugabe)遂召集安哥拉、刚果(金)、纳米比亚、卢旺达、坦桑尼亚和赞比亚等国领导人在维多利亚瀑布城举行特别首脑会议,讨论卡比拉的请求。会议成立一个专门小组制定有关政策建议。该小组随后将有关建议交给8月18日在哈拉雷举行的南共体国家间防御与安全委员会会议。会议决定同意接受卡比拉总统的请求。会上,津巴布韦、纳米比亚和安哥拉宣布,在南共体的支持下派遣维和部队进驻刚果(金),对卡比拉提供军事支持。几天后,一支由5 600名士兵组成的维和部队从安哥拉进入刚果(金),开始名为"主权合法性行动"(Operation Sovereign Legitimacy)的军事干预。9月13—14日,在毛里求斯举行的南共体首脑会议表示了对这一干预行动的支持。会议发表的公报称:

---

① John M. Kabia, *Humanitarian Intervention and Conflict Resolution in West Africa*, pp. 152－155.

② Karin Dokken, *African Security Politics Redefined*, p. 89.

"首脑会议欢迎南共体及其成员国帮助刚果(金)恢复和平、安全与稳定的行动",并"赞同安哥拉、纳米比亚和津巴布韦政府提供军队帮助刚果(金)政府和人民打败叛军及其联盟夺取首都金沙萨和其他战略要地的非法企图"。[①]

南共体维和部队与卡比拉的部队一起,很快打败了西部的反政府武装,并解放了首都金沙萨,从而保护了卡比拉的政府。然而,反政府武装"刚果争取民主联盟"仍然控制着刚果(金)东部大片领土。加之,刚果(金)境内的乌干达和卢旺达军队支持"刚果争取民主联盟",布隆迪、苏丹和乍得也有短暂的卷入,刚果(金)局势仍趋紧张。这支维和部队被迫休战。津巴布韦和南非提出了新的外交和政治动议,推动刚果(金)危机的调解与政治解决。不久,在时任南非总统姆贝基(Thabo Mbeki)的调解下,有关各方签署了一个通过谈判解决刚果(金)冲突的"十点计划"。计划的核心条款包括:所有外国军队撤出;创建并部署联合国维和部队;创建并启用一个联合军事委员会;启动刚果人之间的对话,以建立一个具有广泛代表性的全国联合政府。南非政府保证支持联合国的维和使命,并在创建联合国维和部队中扮演核心角色。

2000年2月,在南共体的推动下,联合国安理会通过决议,决定创建"联合国刚果(金)使团",进入刚果(金)监督停火协定的执行。年底,津巴布韦、纳米比亚和安哥拉撤出它们的大部分部队,只留下一部分军事人员与联合国维和部队一起执行任务。2001年3月,乌干达和卢旺达军队开始从刚果(金)撤出。2001年4月,南非向联合国维和部队派出了第一支小分队。在南非的主导下,2003年4月,刚果(金)冲突各方通过谈判签署了《刚果人之间政治对话最后文件》。据此,刚果(金)将建立以洛朗-德西雷·卡比拉的儿子约瑟夫·卡比拉(Joseph Kabila)为总统的、权力分享的过渡政府,直至2005年按照过渡宪法进行民主选举。随后,在刚果(金)建立了一个由非盟、南非和莫桑比克"三驾马车"构成的国际委员会,以帮助刚果(金)的战后重建和发展。就此,刚果(金)保持了脆弱的安全与和平进程。可以说,南共体与非盟、联合国等机构紧密地合作,在推动刚果(金)和平进程中发挥了

---

① Katharina P. Coleman, *International Organisations and Peace Enforcement*, pp. 120 - 121, 151 - 155.

"关键作用"。①

南共体在参与刚果(金)和平进程的同时,还积极介入莱索托的国内冲突。1998 年 3 月,在莱索托举行的议会选举中,莱索托民主大会党(LCD)以绝对优势取胜,该党主席莫西西里(Pakalitha Mosisili)任首相。但巴索托国民党(BNP)和巴苏陀兰大会党(BCP)等反对党不承认选举结果,并持续采取抗议活动,抵制政府,由此引发国内骚乱。莱索托皇家防御部队不但拒绝对骚乱事件进行干预,而且向叛乱分子提供武器支持,他们实际上站在政府的对立面。莱索托政府陷入瘫痪。9月 16 日,莫西西里给南非、津巴布韦、博茨瓦纳和莫桑比克总统写信,请求援引南共体法律尽快进行有力的军事干预,以帮助莱索托恢复正常秩序。9 月 21 日,600 名南非国防军士兵进入莱索托,随后,200 名博茨瓦纳国防军士兵加入其中。他们以南共体的名义在莱索托展开名为"波利斯行动"(Operation Bleas)的联合干预行动,目的是抑制无政府状态的进一步恶化,并为恢复法律和秩序创建稳定的环境。②

这一干预行动遭到莱索托皇家防御部队和其他武装反对派的抵制。1998 年 10 月初,干预部队人数增加到 850 人。这一干预行动最终促使莱索托各竞争中的政党达成和平协定。12 月 3 日,莱索托各方签署最终协定,正式结束这场对抗。随后,南非和博茨瓦纳联合部队开始撤退,并于 1999 年 5 月 15 日全部撤出莱索托。这次干预行动虽未得到南共体正式授权,但得到南共体的公开承认。1999 年 8 月召开的南共体首脑会议发表公报称,这次干预是"博茨瓦纳和南非部队所进行的南共体的军事干预",并"对来自南共体领导人的给本地区带来和平与和谐的强有力决定表示满意"。南共体秘书长认为:"南共体在莱索托和刚果(金)的军事和政治干预旨在抑制这些国家政治的军事化。"③可以说,这次干预行动与南共体所支持的在刚果(金)开展的"主权合法性行动",共同有力地推动了南共体集体安全机制的建设进程。

---

① 以上参见 David J. Francis, *Uniting Africa: Building Regional Peace and Security Systems*, pp. 119-211.
② Katharina P. Coleman, *International Organisations and Peace Enforcement*, pp. 161-163.
③ Ibid, pp. 184-185.

### 三、伊加特在苏丹和索马里的集体行动

伊加特虽没有像西共体和南共体那样对成员国的内部冲突一再实施军事干预和维和行动,但它通过对话及和平支持等非武力方式下的集体行动,在东非次区域国家间和国家内部冲突的预防、管理和解决中发挥了重要作用。它持续介入索马里和苏丹两国内部的和平进程就是典型的例子。

伊加特实际介入索马里和平进程始于 1998 年。这年 1 月,伊加特及其成员国在罗马主持召开了一次国际会议,帮助埃塞俄比亚在索马里进行的和平建设努力。伊加特和非统一道授权埃塞俄比亚领导索马里和平进程。同年 3 月,伊加特在吉布提举行首脑会议和部长会议,专门讨论索马里问题。会议决定通过伊加特采取进一步的行动推动索马里和平进程。1998 年 10 月,在伊加特的支持下,埃塞俄比亚主持召开了一次关于索马里问题的国际会议,同意建立一个名为"索马里前线国家专门委员会",以发起新的和谈行动。该委员会由 15 个成员组成,除了伊加特 7 个成员国,还有非统和阿拉伯联盟的代表参加。2000年,在伊加特的支持下,索马里成立了一个全国过渡政府。次年,伊加特在喀土穆举行首脑会议,授权肯尼亚承担政治领导,为索马里和平进程提供便利。2002 年 10 月,在肯尼亚的领导下,前线国家专门委员会在肯尼亚举行索马里国家和解会议。这是一个关于索马里和平进程的最具包容性的论坛。会议最终签署了《索马里国家和解进程的结构、原则以及终止仇恨的宣言》,确定为索马里创建联邦的治理结构,但索马里内战各方就会议所建议的联邦宪章所进行的谈判破裂。2003 年10 月,伊加特首脑会议请求非盟帮助,为恢复索马里和解进程提供便利。2004 年 1 月,索马里内战各方领导人在内罗毕签署一个协定,将这一谈判推向最后阶段。根据该协定,索马里各方制定了《索马里过渡联邦宪章》,并成立拥有 4 年过渡期的政府。3 月 13 日,该宪章生效。①

从 2005 年 1 月开始,伊加特与非盟一道努力支持索马里增强新政

---

① 以上参见 David J. Francis, *Uniting Africa: Building Regional Peace and Security Systems*, pp. 115–116.

府的权威性。非盟和平与安全理事会决定向索马里派出"非盟和平支持特使团",其主要任务就是为索马里过渡政府和联邦机构提供安全,以保证伊加特和平进程的成果得以维持,并帮助创建和平与安全,包括训练警察与部队。2008 年 10 月,伊加特特别首脑会议决定成立"索马里和平便利化办公室",对增强索马里政府和人民的能力提供支持,以便为索马里带来真正的和平、政治稳定和安全。[1]

与在索马里和平进程中的作用相比,伊加特在苏丹和平进程中所承担的角色更加引人注目。在其介入苏丹和平进程之前,主要在苏丹政府与苏丹人民解放运动/苏丹人民解放军(简称"苏人运")之间展开的内战已经持续了整整 10 年。其间,美国(1989 年 12 月)、尼日利亚(1991 年 5 月—1993 年 5 月)等国和非洲统一组织相继在冲突双方之间进行调解,并组织结束这场冲突的和平谈判,但均未成功。在这种情况下,1993 年 9 月,伊加特在埃塞俄比亚首都亚的斯亚贝巴召开的年度首脑会议上接受苏丹总统巴希尔的邀请,决定在苏丹内部冲突中扮演"调解人"角色。在这次首脑会议上,成立了由肯尼亚、厄立特里亚、埃塞俄比亚和乌干达组成的"四国调解委员会",并由来自这四个国家的成员构成的"部长调解委员会"管理具体的调解事宜,肯尼亚总统丹尼尔·莫伊(Daniel Arap Moi)任该委员会主席。1994 年 1 月,在与苏丹冲突各方协调后,伊加特在肯尼亚首都内罗毕创建了"伊加特苏丹和平常设委员会",在肯尼亚外长主管下运行,并于当年 3 月在内罗毕启动官方的和平谈判。[2] 从此,伊加特开始在苏丹和平进程中处于实际的领导地位。

从时间上看,伊加特领导的苏丹和平进程可以分为 1994—1999 年和 2002—2005 年两个阶段。第一个阶段主要是推动苏丹政府与苏人运之间进行谈判,苏丹北部和南部的全国民主联盟、公民社会组织和其他政治集团一再要求在其中获取正式的或观察员地位,但都无例外地被拒绝了。所以,这一谈判进程是精英驱动的,时常是秘密进行的,关注的议题也比较狭窄。1994 年 5 月,伊加特提出双方签署一个《原则

---

[1]　IGAD, "About the Somalia Peace Facilitation Office", http://igad.int/index.php? option = com_content&view = article&id = 250&Itemid = 180.

[2]　参见 Gilbert M. Khadiagala, *Meddlers or Mediators? African Interveners in Civil Conflicts in Eastern Africa*, Boston: Martinus Nijhoff, 2007, pp. 189 – 194.

宣言》的建议,主张承认苏丹南部自决的权利,但通过全国共识实现苏丹国家统一仍然是优先的原则。为创造全国共识,该宣言建议:内战双方需要达成一个过渡时期,以便以国家和宗教分离、多党民主、尊重基本人权和松散邦联下的政治非中心化为原则,逐步走向国家统一;经过一个必需的过渡期后,南方和其他被边缘化的集团可以通过公投决定是继续统一的安排还是选择如分离这样的替代性安排;完成这些的核心是,各方承诺实现国际监督的停火。当年7月,伊加特将这一建议提交苏丹政府与苏人运。苏人运同意这一建议,并表达了对它的信任。但苏丹政府认为自决和世俗主义的议题不容谈判,因而予以拒绝。苏丹政府声称,"自决及宗教与国家的议题超越了伊加特集团的能力范围。"①随后,苏丹政府对谈判采取了更强硬的立场,但伊加特并未放弃和平努力。为打破僵局,它转而试图通过与苏丹和苏人运分开的会谈,将双方拉回谈判桌。这一努力最初并未使苏丹政府改变立场,它认为,伊加特提出的《原则宣言》是对南部要求的同情,并公开质疑其公正性和中立性。1994年11月,苏丹政府明确表示,除非伊加特将自决和世俗主义从谈判议题中消除,否则它不会重新参加会谈。随之,伊加特开始采取对苏丹政府敌视的政策,谴责它致使会谈破裂,已成为东非地区不稳定的主要来源。伊加特转而支持联合国对苏丹政府的制裁,并对苏人运等反政府派别提供军事和经济支持。②

在国际压力和区域孤立的不利情况下,1997年初,苏丹政府开始采取新的务实外交。新成立的伊加特借此启动恢复和平谈判的外交和政治动议。肯尼亚在其中扮演起"领导国"的角色。1997年7月,在莫伊总统的说服下,巴希尔在内罗毕举行的伊加特首脑会议上重回谈判桌,并最终接受《原则宣言》作为谈判的基础。为推动谈判进程,伊加特在内罗毕建立了一个关于苏丹和平进程的永久秘书处,肯尼亚提供了政治领导、金融和技术支持。为确保积极的政治和外交支持,肯尼亚政府任命了一个关于苏丹和平进程的特使。这推动苏丹政府与反政府派别于1999年7月开始更紧密的对话。双方同意为便利于人道主义

---

① Gilbert M. Khadiagala, *Meddlers or Mediators? African Interveners in Civil Conflicts in Eastern Africa*, pp. 198–200.

② Karin Dokken, *African Security Politics Redefined*, p. 113.

救援物资运送而开放"安全走廊"。第一阶段的谈判就此结束。该阶段的谈判虽然没有在实质性问题上取得进展,但伊加特所推动的这一和平进程创建了"对话的精神"和对解决国内战争可能性的信心,从而为苏丹内战的最终解决创建了主要的推动力量。① 尤其是,伊加特提出的《原则宣言》虽未能实施,但它为苏丹各方提供了进一步谈判的平台。《原则宣言》作为和平解决办法的"基本框架",它逐步演变为解决苏丹内部冲突的"关键工具"。②

在第二个阶段的和平进程中,伊加特的策略发生了重大转变。这一阶段的谈判既是透明的,又有苏丹人广泛的参与,其关注的议题也有明显的拓宽。这是一种包容性的和平进程。"9·11"事件发生后,美国、英国、挪威相继介入苏丹和平进程,共同推动冲突各方实现停火,并支持伊加特振兴在这一进程中的"调解人"角色。莫伊总统随即任命苏姆比耶沃(Lazaro Sumbeiywo)将军为伊加特的首席调解人。在伊加特秘书处,苏姆比耶沃组建了由来自美国、南非和瑞士等国的外交官、法律专家组成的"调解团"。2002 年 5 月,该调解团与来自美国、英国、挪威和意大利的观察团一起相继进行了谈判。他们很快把《原则宣言》所关注的议题浓缩为一个简明的谈判文本,作为谈判的基础。他们还通过举行各种专家组会议征求专家们对专业问题的意见。2002 年 6 月,这些调解者与苏丹政府和苏人运代表在内罗毕附近的马查科斯举行首次高层次的谈判,审议调解团所建议的协定草案。7 月 20 日,经过 5 个星期的谈判,双方终于达成《马查科斯议定书》(the Machakos Protocol),议定书规定:在实施停火期间应有一个 6 个月期限的临时过渡期,而伊斯兰立法不适用于南方;在临时过渡期,按照该议定书准备一个最后和平协定,其中包括关于政府结构、国家与宗教、苏丹南部人民的自决权等专门条款。他们商定继续就悬而未决的权力分享、财富分配权和停火问题举行会谈。③ 该议定书是双方妥协的产

---

① David J. Francis, *Uniting Africa：Building Regional Peace and Security Systems*, pp. 227 - 228.

② Gilbert M. Khadiagala, *Meddlers or Mediators？ African Interveners in Civil Conflicts in Eastern Africa*, p. 218.

③ 参见 IGAD " The Machakos Protocol ", Achakos, 20 July 2002, http://www. smallarmssurveysudan.org/pdfs/HSBA-Docs-CPA-2.pdf.

物,它不仅为谈判未决的议题建构了一个共同的框架,而且阐明了达成最后和平协定的要旨,其核心是双方各自放弃了先前"不可谈判"的条款,即苏丹政府坚持的南部苏丹的伊斯兰化和苏人民运所坚持的整个苏丹的世俗化。双方还据此成立了安全监督机制和独立评价委员会。这些机制成为第二个阶段苏丹和平进程的基础。[①]

《马查科斯议定书》签署不久,在伊加特主持下,巴希尔总统与苏人运领导人约翰·加朗(John Garang)在乌干达首都坎帕拉举行了首次会谈。双方保证"争取总的和平与安全",并强调"需要强化这一和平进程,缔造关于全面政治解决办法的全国共识"。[②] 2002 年 8 月,双方开始关于财富分享和停火的第二轮"马查科斯会谈"。10 月中旬,双方达成一个涵盖全国的停火协定。这是 1983 年冲突开始以来的首个停火协定。11 月中旬,双方进一步的谈判又签署了关于苏丹全国停止敌对行动的"理解备忘录",并成立一个验证与监督小组来调查违反停火协定的行为。2003 年春开始,谈判聚焦于政治、安全和财富分享的具体安排。为推动谈判进程,伊加特举行了一系列研讨会。2003 年 6月,伊加特调解团到苏丹各地走访,广泛听取普通民众和领导人对谈判议题的看法。专家与普通民众一起促进共识的形成。这使得谈判更具参与性。在此基础上,苏姆比耶沃制订了一个总体的协商文件,作为解决悬而未决议题的框架,即"纳库鲁文件"。9 月,加朗与苏丹副总统塔哈(Ali Osman Taha)在肯尼亚的奈瓦沙开始最高级别的直接会谈,谈判进程由此大大加快。不久,双方达成关于过渡期内安全和军事安排的协定,同意苏丹政府军从南部撤出,并建立一支联合军队。12 月,双方解决了在财富分配问题上的分歧,并于 2004 年 1 月达成协定,同意北部与南部各拥有 50%的石油财富。5 月,双方就权力分享以及阿卜耶伊、南科尔多凡和青尼罗 3 个冲突地区的地位达成 3 个协定。[③] 6 月5 日,在伊加特主持下,苏丹政府与苏人运签署了《内罗毕宣言》(the Nairobi Declaration),确认它们对这一和平进程的承诺,并决定成立一

---

① Ruth Iyob and Gilbert M. Khadiagala, *Sudan: The Elusive Quest for Peace*, Boulder: Lynne Rienner Publishers, 2006, pp. 121 – 122.

② Gilbert M. Khadiagala, *Meddlers or Mediators? African Interveners in Civil Conflicts in Eastern Africa*, p. 242.

③ Ruth Iyob and Gilbert M. Khadiagala, *Sudan: The Elusive Quest for Peace*, pp. 122 – 124.

个建立在权力分享之上的全国统一的过渡政府,约翰·加朗任政府第一副总统。2004 年 12 月 31 日,苏丹政府与苏人运最终完成了和平谈判,并于 2005 年 1 月 9 日签署《全面和平协议》(CPA)。经过长达 12 年的时间,伊加特领导的苏丹和平进程终于成功地达成了一个和平解决办法。[1]

《全面和平协议》把《马查科斯议定书》和此前达成的其他 5 个议定书和协定的条款固定下来,包括 2003 年 9 月 25 日签署的《关于安全安排的协定》,2004 年 1 月 7 日签署的《关于财富分享的协定》,2004 年 6 月 25 日签署的《关于权力分享的议定书》《关于解决阿卜耶伊冲突的议定书》和《关于解决南科尔多凡/努巴山区和青尼罗州冲突的议定书》。该协定要求在 6 个月过渡准备期和 6 年过渡期之后,就南部苏丹人民的自决权利举行全民投票。[2] 从总体上看,它并没有从根本上背离伊加特提出的《原则宣言》和"纳库鲁文件"。《全面和平协议》标志着苏丹持续 20 多年的内战结束。

《全面和平协议》签署后,虽然"联合国苏丹使团"承担起对该协定执行的监督任务,但伊加特仍在苏丹和平进程中发挥着关键作用。这种作用在协定执行的最后阶段显得更加重要。2008 年 6 月,伊加特设立派往"CPA 评估委员会"的"伊加特特使办公室",以监督《全面和平协议》的执行。2010 年 3 月,为保证在这一进程中的"核心地位",伊加特在苏丹南部政府首府朱巴设立联络处,以对选举和公投提供专门支持。2010 年 4 月 11—18 日,在苏丹全国大选期间,伊加特派出一个由来自成员国的 37 个观察员组成的"选举观察使团",到苏丹的 13 个地点观察、监督投票过程,以保证大选的顺利进行。[3] 这次全国大选是苏丹 24 年来举行的首次多党民主选举,是苏丹北南和平进程中取得的又一重大进展,它表明"自 2005 年北南双方签订《全面和平协定》以来,

---

① Karin Dokken, *African Security Politics Redefined*, pp. 114 – 115.

② 参见 United Nations Mission in Sudan, "The Comprehensive Peace Agreement Between the Government of the Republic of the Sudan and the Sudan People's Liberation Movement/ Sudan People's Liberation Army", Naivasha, 31 December 2004, http://unmis.unmissions. org/Portals/UNMIS/Documents/General/cpa-en.pdf.

③ IGAD Secretariat, "Press Release: IGAD Observers Deployed in Different Part of Sudan", Khartoum, 9 April 2010, http://igad.int/index.php? option = com_content&view = article&id = 194.

苏丹确实走上了和平发展的道路"。① 这次大选的成功举行为 2011 年 1 月 9 日举行的苏丹南部公投铺平了道路。

2011 年 1 月 9—15 日,按照《全面和平协议》规定,南部苏丹地区举行了公投。2 月 7 日,这一公投最终结果公布,98.83% 的投票选择南北分离。苏丹南部公投是在"平静、公正和透明的"环境中进行的。来自苏丹民族团结政府、苏丹南部自治政府,和苏丹各党派、公民社会组织,联合国、阿盟、非盟、欧盟等国际组织,中国、俄罗斯等国际援助国的国际观察员,对公投和计票过程进行了观察和监督。伊加特派出了由来自除苏丹之外所有成员国和秘书处的 40 名观察员组成的"观察使团"参加了对苏丹南部公投的观察与监督过程。这个非洲面积最大的国家在经历了"非洲持续时间最长的内战"之后终于迎来了苏丹总统巴希尔所称的"苏丹的历史翻开了新的一页,是一个分水岭"的历史时刻。② 7 月 9 日,苏丹南方自治区议会议长瓦尼在朱巴加朗广场举行的开国大典上郑重宣布南苏丹共和国正式诞生,苏丹北南双方《全面和平协议》得到落实。③

四、非盟在布隆迪和苏丹达尔富尔的集体行动

1993 年,非统通过建立冲突预防、管理与解决机制启动新的集体安全机制后就开始更积极地介入非洲的各种国际、国内冲突。它先后参与调解了索马里、卢旺达、布隆迪、利比里亚、塞拉利昂、安哥拉、莫桑比克、科摩罗、苏丹和刚果(金)等国的内部冲突,成功地调解了埃塞俄比亚与厄立特里亚的领土争端和埃塞俄比亚与苏丹的边界纠纷。④ 非盟对非洲冲突预防与维和显示出更强烈的政治愿望,它相继在布隆迪、苏丹达尔富尔、科摩罗、索马里实施了维和与和平支持行动,以监督、观察、监控和保证停火协定的执行,或者为政府与反政府集团之间达成停

---

① 《苏丹北南和平进程取得重要进展》,《人民日报》2010 年 4 月 28 日,第 3 版。

② 参见《苏丹南部公投在平静中进行》,《人民日报》2011 年 1 月 10 日,第 3 版;《再见,流血和眼泪!》,《人民日报》2011 年 2 月 9 日,第 3 版;IGAD Secretariat, "Southern Sudan Observation Mission", Juba, 5 January 2011, http://igad.int/index.php? option = com_content&view = article&id = 280.

③ 《南苏丹从和平喜庆中起程》,《人民日报》2011 年 7 月 10 日,第 3 版。

④ 罗建波:《非洲一体化与中非关系》,第 85 页。

火提供便利。① 非盟所介入的这些国内冲突都是近十年来非洲所出现的影响巨大、持续时间很长的暴力事件，且集中在热点最多的"非洲之角"或"大湖区"。这里，主要谈谈非盟在布隆迪和苏丹达尔富尔的集体行动。

非盟正式启动后便开始关注布隆迪内战的发展态势。2003 年 1 月，在南非调解下，布隆迪过渡政府与反政府武装"保卫民主力量"达成和解，同意永远结束敌对状态，并确保结束双方之间发生的各种形式的武装冲突。为稳定布隆迪的国内安全形势，2003 年 5 月，非盟向布隆迪派出了"非盟驻布隆迪特派团"。这是非盟成立后的首次维和行动。这支维和部队由来自埃塞俄比亚、莫桑比克和南非三国的 3 000 名军人组成，主要任务是监督检查停火协议的执行，巩固布隆迪的和平进程。2004 年 5 月，联合国安理会授权向布隆迪派出维和部队，非盟维和部队成为其中的重要组成部分。2005 年 8 月，在非盟和联合国的共同努力下，布隆迪"保卫民主力量"领导人皮埃尔·恩库伦齐扎就任总统。布隆迪的国内政治局势基本得到控制。延续 12 年之久的布隆迪内战就此结束。② 2006 年 6 月，布隆迪最后一个反政府武装团体"民族解放力量"（PNL）与政府签署和平协定。布隆迪成功进行了民主大选，建立了统一的国防和警察部队。鉴于此，12 月 31 日，联合国决定结束在布隆迪的维和行动。非盟驻布隆迪特派团仍然留在布隆迪，独自承担维和使命。③

非盟在 2003 年 2 月达尔富尔危机爆发后便积极充当苏丹政府与达尔富尔反政府武装之间和谈的重要协调人。2004 年 4 月，在非盟的调解下，苏丹政府与"苏丹人民解放运动"和"正义与平等运动"等反政府武装团体在乍得恩贾梅纳达成《人道主义停火协议》，但这一协议未得到有效执行。为监督各方停火，2004 年 7 月，非盟首脑会议决定向该地区派出一支"武装保护部队"。8 月 15 日，这支由卢旺达和尼日利亚的 300 名军人组成的维和部队进驻达尔富尔地区。2004 年 10 月，

① Rodrigo Tavares, *Regional Security：The Capacity of International Organizations*, pp. 29 – 31.

② 罗建波：《非洲一体化与中非关系》，第 129—130 页。

③ Rodrigo Tavares, *Regional Security：The Capacity of International Organizations*, p. 30.

非盟和平与安全理事会决定强化在达尔富尔的维和行动,以改善达尔富尔的安全局势,监督难民和国内流离失所者安全返回家园。此后,非盟不断增加在该地区的维和人员。2005 年 1 月《全面和平协定》签署后,南非加入维和行动。非盟维和人员已达 7 000 人。他们在非盟的领导下在达尔富尔开始执行综合性的维和使命,即"生命线行动"(Operation Life Line)。与此同时,非盟主持苏丹政府与两个反政府武装之间进行多轮"苏丹人之间的和平谈判"。2006 年 5 月,在第七轮和平谈判中,苏丹政府与"苏丹人民解放运动"签署了《达尔富尔和平协议》。该协议为在达尔富尔达成持久的政治解决办法并实现持续安全提供了依据。但此后,达尔富尔地区的暴力冲突有增无减。在此背景下,非盟开始与联合国采取联合行动。

2006 年 11 月,非盟、联合国、阿拉伯国家联盟与苏丹政府就达尔富尔问题在埃塞俄比亚首都亚的斯亚贝巴举行联席会议。会议接受了联合国秘书长安南提出的联合国分三个阶段向非盟驻达尔富尔维和部队提供支援的计划,直至在该地完成部署"联合国—非盟混合部队"。按照规定,这支混合部队应尽可能由非洲国家提供。2007 年 7 月 31 日,联合国安理会通过决议,决定向达尔富尔地区派驻"联合国—非盟混合部队",以取代非盟维和部队。2007 年 12 月 31 日,非盟驻达尔富尔维和部队向联合国—非盟混合部队正式移交了维和任务。非盟在达尔富尔的维和行动进入一个新阶段。[①]

此后,达尔富尔紧张局势迅速走向缓和。8 月和 10 月,联合国和非盟先后在坦桑尼亚的阿鲁沙和利比亚的苏尔特共同主持了两次达尔富尔问题国际会议,在推动达尔富尔反政府派别决定以一致的立场与苏丹政府进行政治谈判后,又推动苏丹政府与达尔富尔 7 个反政府派别启动和平谈判。2010 年 2 月,苏丹政府与"正义与平等运动"签署了旨在实现和解的框架协议。2011 年 7 月,在非盟、联合国、阿盟共同斡旋下,苏丹政府与达尔富尔地区另一个主要反政府武装"解放与公正运动"经过长达 30 个月的艰难谈判在卡塔尔首都多哈签署了和平协

---

① 参见罗建波:《非洲一体化与中非关系》,第 131—132 页;Rodrigo Tavares, *Regional Security: The Capacity of International Organizations*, pp. 29 - 30; David J. Francis, *Uniting Africa: Building Regional Peace and Security Systems*, pp. 228 - 229.

议,协议规定:保障因内战而造成的大批难民重返家园,给予难民补偿,合理分配权利和资源,制定地区行政管理机制。协议还包括保障人权、永久停火、建立内部对话与协商机制,以及执行机制。该和平协议为实现达尔富尔地区的全面和平奠定了新的基础。[①]

## 第四节　非洲集体安全机制的总体评价

从 1990 年 8 月西共体停火监督集团成立至今,由次区域组织所开启的非洲集体安全机制及其大规模实践已经有二十余年,其中有成功的经验,也有失败的教训。对其进行全面的评估,对于我们认识颇具自身特色的非洲集体安全机制及其对于区域乃至世界和平与安全的重要意义大有裨益。本部分就从非洲集体安全机制的创新、困境及其破解之道等三个方面对之进行尝试性评析,以期人们对这一机制有进一步的认识。

### 一、非洲集体安全机制的重要创新

不管是从规范上还是从实践上看,非洲集体安全机制的都有明显的创新之处。这主要体现在三个方面。

#### (一) 一种非中心化的集体安全

集体安全公认的最早实践与法律化是第一次世界大战后成立的国际联盟。但作为首个全球性集体安全机制,国际联盟的实践并不成功。这样,集体安全的真正实践就落到联合国身上。《联合国宪章》所构建的法律框架及其实践中所形成的一系列原则与规范就成了当代集体安全机制建设及其实践的法律与规范性基础。由于集体安全经常被设定为具有普遍性,其有效实施又必须依赖于一个普遍性政府间组织,长期以来,集体安全就特指联合国(主要是安理会)为保持和平与安全而使用武力的排他性权力。鉴于此,联合国所主导的"只有一个最高机构被赋予管理集体武力工具的权力"安全机制本质上就成为一种"中心

---

① 《苏丹与达尔富尔主要反政府武装签署和平协议》,《人民日报》2011 年 7 月 16 日,第 3 版。

化的集体安全体系"。①

在联合国的实践中,这种"中心化的集体安全"常常通过联合国安理会授权其成员国或其认可的区域组织来具体实施。然而,在实际中,这种集体安全机制出现两种"非中心化"的情况。一种是得到联合国安理会授权,却未受到联合国安理会有效控制的"非中心化强制行动",如1950年6月和1991年1月美国领导的多国部队按照联合国安理会决议分别在朝鲜和伊拉克采取的军事行动以及1999年7月北约按照联合国安理会授权在科索沃进行的军事干预等。另一种就是由区域组织按照自己的集体安全法律—规范框架独立开展的、未得到联合国安理会授权的"非中心化集体安全"。艾德莫拉·阿巴斯(Ademola Abass)将"非中心化集体安全"定义为:"区域组织能够完成包括但不限于维和、和平建设、和平创建、冲突的和平解决和强制性行动等诸种功能的体系,它无须《联合国宪章》法律机制的授权,且处于可以撇开联合国安理会权威的环境之中。"②非洲的区域、次区域组织就是这种"非中心化集体安全"最早的和最重要的实践者。

从法律角度看,区域组织所建构的集体安全机制应该是联合国普遍的集体安全机制的一部分。按照《联合国宪章》第八章规定:只要符合联合国之宗旨及原则,区域办法或区域机构可以用来应付有关国际和平及安全之维持而宜于区域行动的问题;缔结此办法或设立此机构的联合国会员国将区域性争端提交安理会之前,应依该区域办法或由该区域机构力求和平解决;安理会对于依区域办法或由区域机构而求区域性争端和平解决,不论其系由关系国主动或由安理会提交者,应鼓励其发展;安理会职权内之执行行动,在适当情况下,应利用此项区域办法或区域机构;但区域办法或区域机构的行动,除非针对敌对国(即第二次世界大战中本宪章任何签字国之敌国),如无安理会授权不得依区域办法或区域机构采取任何执行行动,而且,依区域办法或区域机构已经采取或正在采取的维持国际和平及安全之行动,无论何时应向

---

① Ademola Abass, *Regional Organisations and the Development of Collective Security*, pp. 109 – 110, p.78.

② Ibid., pp. 78 – 83, p. 157.

安理会充分报告。① 这些构成了现代国际法中区域办法解决争端赖以遵循的重要原则和规则。

虽然非洲的区域、次区域组织都强调集体安全行动与《联合国宪章》相关条款相一致,并声称与联合国保持密切合作,但由于它们都有自己独立的处理区域、次区域冲突的集体安全制度框架,故仍强调其在维护本区域国际和平与安全中"负有首要责任"。② 在实际中,这些区域、次区域组织可以直接就集体安全行动做出决定,无须寻求联合国安理会授权,它们也没有严格执行向联合国安理会报告的义务。比如,西共体 1990 年在利比里亚、1997 年在塞拉利昂、2002 年在科特迪瓦,南共体 1998 年在刚果(金)和莱索托、1999 年在几内亚比绍,非盟 2003年在布隆迪和科摩罗、2004 年在达尔富尔等地的集体行动都没有得到联合国安理会的授权。③ 对于此,非盟和平与安全理事会负责人萨姆·依博克(Sam Ibok)的解释是:"我们(非盟)不是联合国的分部,我们接受联合国的全球权威,但我们不会在我们计划采取行动时等待联合国授权。"④

### (二)和平强制行动与人道主义干预

"和平强制行动"是由一个或更多国家基于实现保持或恢复国际的、区域的或地方的和平与安全的明确的目标,对第三国进行强行的军事干预,以终结该国内部的暴力冲突。⑤ 从全球范围看,这一行动正式的法律基础是《联合国宪章》第七章的规定,即联合国安理会有权采取行动以应对威胁和平、破坏和平及侵略行为,包括联合国会员国的海陆

---

① 《〈联合国宪章〉第八章》,联合国官方网站(中文),http://www.un.org/zh/documents/charter/chapter8.shtml.

② AU, "Protocol Relating to the Establishment of the Peace and Security Council of the African Union", pp. 126 – 127.

③ Ademola Abass, *Regional Organisations and the Development of Collective Security*, pp. 45 – 57.

④ Suyash Paliwal, "The Primacy of Regional Organizations in International Peacekeeping: The African Example", *Virginia Journal of International Law*, Vol. 51 (2010), p. 198.

⑤ Katharina P. Coleman, *International Organisations and Peace Enforcement*, p. 4.

空示威、封锁及其他军事行动，以维持或恢复国际和平与安全。① 然而，非洲区域、次区域组织将这一法律原则用于自身的机制建设和实践的时候并没有寻求联合国授权，而是将之作为其"非中心化集体安全"的重要组成部分。

如前所述，西共体、南共体和非盟相关法律安排都明确规定，它们有权对成员国的冲突采取干预行动。此种干预行动可以是应成员国的邀请而展开，也可以不征得成员国同意而强行进行。也就是说，它们有权按照自己的动议对成员国进行干预。按照《非洲联盟宪政法案》的规定，其行动的基本依据和条件是，当成员国正面临一种严峻环境，即战争犯罪、大屠杀和针对平民的犯罪，并得到非盟国家和政府首脑会议2/3 多数确认。② 《西共体关于冲突预防、管理和解决及维和与安全机构的议定书》规定，当内部冲突引发人道主义灾难或对次区域的和平与安全产生严重威胁，或者出现对人权和法治的严重和大规模的侵犯，或者出现推翻或试图推翻民选政府的事件时，可以授权进行人道主义干预。③ 为此，非盟和西共体、伊加特等其他次区域组织专门组建了自己的"待命部队"，负责开展包括干预、人道主义援助及这些组织授权的其他各种活动。西共体在利比里亚、塞拉利昂、几内亚比绍和尼日尔等地都采取了这种干预行动。西共体对利比里亚两次干预行动前都明确表示，其行动不需要冲突各方的任何一方同意，其基本理由就是"阻止无谓的杀戮，以制止人道主义灾难"。④ 可见，这种和平强制行动关注的核心是人的安全，而不是传统的国家安全，它本质上是一种"强行的军事人道主义干预"。⑤

"强行的军事人道主义干预"由于涉及武力的使用和不干预主义等国际通行的规范，因而在国际上颇有争议。一些法律专家与学者就

---

① 《〈联合国宪章〉第七章》，联合国官方网站（中文），http://www.un.org/zh/documents/charter/chapter7.shtml.

② OAU, "Constitutive Act of the African Union", Article 7(1), Article 4(h).

③ ECOWAS, "Protocol Relating to the Mechanism for Conflict Prevention, Management, Resolution, Peacekeeping and Security", Article 25.

④ Ademola Abass, *Regional Organisations and the Development of Collective Security*, pp. 188 – 189.

⑤ John M. Kabia, *Humanitarian Intervention and Conflict Resolution in West Africa*, p. 12; Ademola Abass, *Regional Organisations and the Development of Collective Security*, p. 175.

人道主义干预中使用武力提出了一系列"标准",主要包括:对人权的大规模侵犯,正当性使用武力的动机带有强烈的人道主义特征,军事力量的使用是必须的,军事力量的使用与对基本人权的威胁相称,适合于紧急情势的和平方法已经用尽,联合国安理会可能因大国否决权的使用或威胁使用而不愿或不能做出反应,此种反应是通过国家的集体或区域组织的多边行动等。但迄今为止,这些人道主义干预的"标准"没有纳入任何正式的全球性国际法框架。① 按照一些学者和外交官的看法,虽然从国际习惯法看,联合国已经宽容了单边的人道主义干预,但《联合国宪章》并不支持人道主义干预的权利。② 而非盟、西共体所主导的非洲集体安全机制却是一个"例外"。值得注意的是,1999 年 9月,77 国集团外长会议发布宣言,表示"拒绝所谓人道主义干预的权利"时,132 个国家在宣言上签了字,其中包括非盟的 51 个成员国。但这些非洲国家通过非盟和西共体等区域、次区域组织把类似的人道主义干预"标准"写入自己的安全合作法律框架,从而使区域性的人道主义干预权正当化。这表明,这些非洲国家"不愿非洲之外的实体介入非洲国家的人道主义干预,而它们想保卫它们自己的大陆,必要时使用武力抑制滋生的人权灾难"。③

艾德莫拉·阿巴斯谈及西共体集体安全机制时说,这一机制引入诸多次区域集体安全的"创新观点",它是国际组织"首次将广受质疑的人道主义观念和为恢复民选政府而使用武力,正式用法律固定下来",由此,该机制"作为区域组织所探索的非中心化集体安全路径的首次努力",已构成"对《联合国宪章》下集体安全体系的重要发展"。④苏亚什·包利华(Suyash Paliwal)就此指出:"假如人道主义干预作为一种权利还没有出现的话,非洲国家的实践可以作为区域性人道主义干预发展为国际习惯法指明一种方向。"⑤

---

① Suyash Paliwal, "The Primacy of Regional Organizations in International Peacekeeping", pp. 222 - 223.

② David J. Francis, *Uniting Africa: Building Regional Peace and Security Systems*, p. 130.

③ Suyash Paliwal, "The Primacy of Regional Organizations in International Peacekeeping", p. 223.

④ Ademola Abass, "The New Collective Security Mechanism of ECOWAS", pp. 211 - 212.

⑤ Suyash Paliwal, "The Primacy of Regional Organizations in International Peacekeeping", p. 226.

（三）冲突预防与早期反应

与传统的集体安全旨在通过"维持现状"求和平相比，冷战结束后新的集体安全越来越关注通过"和平变革"求安全，建立冲突预防机制便是实现这一目标的核心工具之一。而早期预警和早期反应是其最重要的组成部分。前者主要是遵循即时、透明、合作与信息自由流动等原则，收集、验证、分析、交换、共享有关潜在的暴力冲突及其爆发和升级的各种信息，以预知可能的暴力冲突；后者主要是采取适当的行动抑制、缓解和管理冲突，以防止冲突的升级和扩散。①

从 1989 年联合国秘书长德奎利亚尔（Javier Pérez de Cuéllar）首次提出通过建立在早期预警之上的"预防性外交"预知和防止冲突扩大开始，加利、安南两任联合国秘书长相继提出多个报告，强调基于预警的冲突预防行动的重要性。为此，联合国不但赋予安理会、大会和秘书长实施冲突预防行动的权力，还由联合国维和行动部专门负责此项工作。② 但由于联合国强调"预防冲突必须由国家自主办理"，即"预防冲突的首要职责属于国家政府"，所以，它并未在联合国安全机制框架内建立起关于早期预警和早期反应的统一而有效的机制。在这方面，拥有一定超国家性质的区域组织取得了突破性进展。这些区域组织中，除了欧盟，成就最为突出的就是非盟、西共体、南共体、伊加特等非洲的区域、次区域组织。2001 年 6 月，安南提出的关于"预防武装冲突"的报告中称这些区域组织形成了"早期预警和预防冲突的创新性机制能力"。③

非洲的区域、次区域组织不但已将冲突预防纳入其集体安全的法律框架，而且通过建立"早期预警与反应系统"和以早期反应为重要使命的"待命部队"展开具体的冲突预防行动。"早期预警系统"和"待命部队"的建立，不但强化了非洲区域、次区域组织预防冲突的能力，而且为这些组织采取维和乃至和平强制行动提供了组织和资源能力上的重要支撑。

① David J. Francis, *Uniting Africa：Building Regional Peace and Security Systems*, p. 223.
② 牛仲君：《冲突预防》，北京：世界知识出版社 2007 年版，第 80—99 页。
③ 《预防武装冲突——秘书长的报告》，联合国官方网站（中文），S/2001/574, 2001 年 6 月7 日，第 27、31 页，http://www.un.org/chinese/aboutun/prinorgs/sc/report/2001/2001-sgrep01.htm.

（四）一种多层次的"合作维和"

在冷战时期,联合国与区域组织的维和行动是分开进行的,在非洲也是这样。当时联合国与在非洲唯一开展过维和行动的本地组织非统并没有实质性合作,非统亦没有明确地将自己描述为一个区域组织。[①]正是冷战结束后非洲新的集体安全机制启动后,双方的合作关系才正式建立起来。

在实践中,非洲"非中心化的集体安全"并不排除联合国和其他外部行为体对非洲大陆和平与安全可承担的责任,相反,它在维和领域与之保持着持续的合作关系,由此推动集体安全机制中一种重要的创新——涉及非洲内部和外部多个行为体的多层次"合作维和"机制的创立。在这种"合作维和"中,虽有军事性的和平强制行动,但更多的是非强制、非军事的和平行动。它通常是通过向可能引发冲突的地区派驻维和部队而履行一系列和平使命,主要包括:冲突预防,即预防冲突发生或冲突跨边界扩散;停火验证,即停火后冲突形势的稳定化,以为冲突各方创造一种达成持续和平协定的环境;和平履行,即帮助履行全面和平协定;保障政府过渡,即支持建立在民主原则、善治和经济发展之上的政府的稳定过渡等。[②]

需要强调的是,在这种"合作维和"行动中,非洲的区域、次区域组织与联合国或其他外部行为体不是"从属关系",也不是"责任分担",而是一种伙伴关系下的"分工协作"。正如 2006 年 9 月联合国秘书长安南提出的《区域—全球安全伙伴关系:挑战与机会》所言,这种伙伴关系是"建立在反映各个组织比较优势的明晰的分工之上"的。[③] 具体而言,这种"分工协作"主要有"序列"(sequential)、"平行"(parallel)和"一体化"(integrated)三种形式。"序列型"的核心特征是,某个组织率

---

① Ademola Abass, *Regional Organisations and the Development of Collective Security*, p. 35.

② Emanuel Fanta, "The Capacity of African Regional Organisations in Peace and Security", Paper Presented at the ERD Workshop, Transforming Political Structures: Security, Institutions, and Regional Integration Mechanisms, Florence, 16 – 17 April 2009, pp. 4 – 5, http://erd.eui.eu/media/fanta.pdf.

③ United Nations, "Regional – Global Security Partnership: Challenges and Opportunities", Report of the UN Secretary-General, 28 July 2006, A/61/204-S/2006/590, http://www.securitycouncilreport.org/site/pp. aspx.

先做出即时反应,然后将任务全部或部分交给其他组织来实施;"平行型"指各个组织同时执行维和使命;"一体化型"指各个组织联合计划,并拥有共同的命令和控制结构。① 重要的是,在具体的"合作维和"行动中,由于非洲的区域、次区域组织往往率先做出即时反应,它们实际上在其中扮演着"发动机"的角色。

这种"合作维和"诞生于第一次利比里亚内战期间,即 1993 年 7 月《科托努协议》签署之后。在西共体经过 3 年的努力已经创造了一定程度的和平条件后,联合国正式介入,分别执行了各自的维和使命。实际上,这是一种"平行型""合作维和"行动。联合国向利比里亚派驻了一个"观察员使团",负责监督《科托努协议》的执行,从而补充了西共体的和平行动。西共体在负责保护联合国观察员使团的安全的同时,继续致力于推动具体的和平进程。1995 年达成的《阿布贾和平协议》为联合国开展和平使命提供了更好的框架。② 类似的"合作维和"比较典型的还有 1998 年 7 月开始的西共体与联合国在塞拉利昂、1999 年 11 月开始的南共体与联合国在刚果(金)、2004 年 4 月开始的西共体与联合国在科特迪瓦、2004 年 6 月开始的非盟与联合国在苏丹等地的维和行动。在利比里亚开始的这一"合作维和"的重要性已得到联合国秘书长的肯定。加利指出,这是联合国首次参与"由另一个组织已经开启的维和使命",它"预示着联合国和区域组织之间一种新的分工"。安南称之为一种"成功的创新性维和模式"。③

"序列型""合作维和"的典型例子是非盟与联合国在布隆迪的维和行动。如前所述,2003 年 5 月,非盟率先向布隆迪派驻和平使团。2004 年 6 月,这一维和使命正式移交联合国维和部队。而 2006 年 12 月,联合国结束在布隆迪的维和行动后,非盟再次接受了这一和平使命。在这次"合作维和"中,非盟推动布隆迪冲突各方谈判达成了持续的和平协定,并有效地监督了该和平协定的执行,进而为联合国的正式介入提供了一个"过渡性工具";而联合国推动布隆迪改革安全部门、

---

① Malte Brosig, "The Mulitiactor Game of Peacekeeping in Africa", pp. 327 – 328.

② 参见 Clement E. Adibe, "The Liberian Conflict and the ECOWAS – UN Partnership", pp. 471 – 488.

③ 转引自 John M. Kabia, *Humanitarian Intervention and Conflict Resolution in West Africa*, p. 89, p. 92; Katharina P. Coleman, *International Organisations and Peace Enforcement*, p. 98.

做好选举准备、开展军备控制和促进人权等非盟难以完成的"附加任务",由此反映出非盟和联合国"实现特定使命的各自的组织能力"。[①]

在"一体化型""合作维和"的行动中,2007 年 7 月正式启动的"联合国—非盟达尔富尔混合行动"最为引人注目。这次维和行动得到了联合国的授权。联合国通过的决议援引《联合国宪章》第七章授权维和部队在必要时使用武力,用以自卫和保护人道主义救援人员及平民的安全。这一行动也得到苏丹政府同意。为保障这一行动的顺利进行,联合国—非盟混合部队在达尔富尔首府法希尔设立了总部,在法希尔、杰奈纳和尼亚拉设立 3 个部门总部,并在达尔富尔 3 个州设立 50 多个活动点。部队的日常运作遵照联合国和非盟共同商定的行动构想。共同任命的非盟—联合国达尔富尔问题联合特别代表,负责领导混合行动,并向联合国秘书长及非盟委员会主席报告工作。非盟和平与安全事务专员及联合国主管维持和平行动副秘书长将向联合特别代表发布指示。非盟和联合国的战略总部将确保通过一个设在亚的斯亚贝巴的联合支助协调机制进行有效磋商,该机制由若干联络官员和通信设备组成。截至 2010 年 12 月 31 日,这支混合部队的人数达到 26 715 人,包括 22 444 名军警人员、1 109 名国际文职人员、2 689 名当地工作人员和 473 名联合国志愿人员。所以,这次混合维和行动既是具有联合管理结构和"鲜明非洲特征"的新的"合作维和"行动,又是联合国历史上最大规模的维和行动。联合国秘书长潘基文(Ban Ki-moon)称之为"历史性的和前所未有的"。[②]

## 二、非洲集体安全机制的困境与破解

非洲集体安全机制的建设与实践虽然取得了诸多引人注目的成就乃至重大创新,但其运行过程中亦出现不少现实性困境。这些困境已在一定程度上制约了其在维持非洲区域、次区域和平与安全中的作用。概括起来,这种现实困境主要集中在合法性的缺乏和能力性的不足两个方面。

---

① 参见 Malte Brosig, "The Muliti-actor Game of Peacekeeping in Africa", pp. 332 – 335.
② 《非洲联盟—联合国达尔富尔混合行动》,联合国官方网站(中文),http://www.un.org/chinese/peace/peacekeeping/unamid/index.shtml.

（一）合法性困境

对国际组织或制度而言，合法性（legitimacy）有规范和社会学的双重含义。从规范意义上讲，说一种制度是合法的是认为该制度拥有统治的权利；从社会学意义上讲，说一种制度是合法的是它被普遍相信拥有统治的权利。[①] 它主要涉及决策依据、决策程序的法律化及来自国际社会对其行动合理性的广泛承认和接受，同意是其共同的内核。[②] 合法性程度直接影响着国际制度在国际安全治理中的地位和作用。

客观地讲，非洲集体安全机制及其实践拥有一定程度的合法性。它不但拥有自己的集体安全法律框架，其重大的集体行动大多是在非洲区域或次区域组织的授权或认可下进行的，而且，其法律框架和集体安全行动与公认的国际法则和规范基本是一致的，其在维持区域和平与安全中的重要作用也得到国际社会的广泛认可。1990 年和 1997 年西共体相继在利比里亚和塞拉利昂采取干预行动后，联合国安理会就公开称赞西共体"持续在此危机的和平解决中扮演了重要角色"。欧盟、美国、英国、中国等国际组织和联合国安理会重要成员都公开称赞西共体的此种"积极角色"。[③] 2010 年 10 月，联合国秘书长潘基文在安理会有关非洲和平与安全辩论中指出："非盟和非洲次区域组织在防止、斡旋和解决非洲大陆的冲突中做出巨大努力。非洲和平与安全架构的发展对于有效和从长远角度解决和预防冲突发挥着至关重要的作用。"[④]

不过，非洲集体安全机制的实践仍然面临合法性不足的质疑。主要集中在其强制性干预及维和行动要不要联合国授权、是否合法、是否有失公正等问题上。前两点主要源自其"非中心化"的本质，从而使之被认为有违《联合国宪章》所形成的"普遍原则与规范"。主要是其许

---

① Allen Buchanan and Robert O. Keohane, "The Legitimacy of Global Governance Institutions", *Ethnic and International Affairs*, Vol. 20, No. 4 (December 2000), p. 405.

② Friedrich Kratochwil, "On Legitimacy", *International Relations*, Vol. 20, No. 3 (2006), pp. 302 – 308.

③ Ademola Abass, *Regional Organisations and the Development of Collective Security*, pp. 158 – 160.

④ 《潘基文：非盟维和行动应享受联合国维和行动同等待遇》，联合国官方网站（中文），2010 年 10 月 22 日，http://www.unmultimedia.org/radio/chinese/detail/142715.html.

多集体行动既未得到联合国安理会授权,又不受联合国所控制;其和平强制行动和人道主义干预行动违背了不干预他国内政的原则等。这正如一位非洲外交官谈及西共体在利比里亚的干预时所言:"从法律观点来看,它是不正确的。《联合国宪章》要求各国在干预之前寻求授权。这样一个针对公众的重大决定,一个机构不能简单地赋予自身做出这种决定的权利。"①

与之相比,非洲集体安全机制所面临的公正性问题更加严重,由此造成的现实性负面影响也表现得更加明显,其中尤以非洲区域、次区域组织所开展的自主性维和为甚。首先,非洲区域、次区域组织的一些重要的维和行动明显与联合国维和机制的基本原则相违背。《联合国宪章》并没有控制维和行动的条款,但它作为联合国集体安全机制的一种重要创新,后来通过联合国和各国的实践已逐渐形成国际社会普遍接受的一些原则,主要包括:在干预某一冲突之前应得到当事国同意或邀请,即同意原则;在冲突各方之间必须保持完全公正,不偏袒冲突中的任何一方,即中立原则;除非自卫不得使用武力,即非武力原则;维和行动必须得到联合国安理会授权,即执行原则等。② 这些原则已构成联合国及其所授权的维和行动的法律基础。然而,由于非洲集体安全的法律框架已经赋予本地的区域、次区域组织对成员国的冲突进行合法干预的权利,除了无须联合国授权外,联合国维和的非武力原则也不再适用;现实中,其维和行动虽也常征得东道国政府的同意,但这并不是其选择是否干预的决定前提,同意原则很难得到有效遵守。更重要的是,由于非洲区域、次区域组织和非洲国家所领导的维和行动经常根据自己的意图和偏好进行,其公正性原则时常发生动摇,乃至出现重大偏差。实际上,它们经常倒向东道国现政府或与自己利益联系密切的一方,而成为内部冲突中"交战一方"。在第一次利比里亚内战中,参与西共体维和部队的国家是尼日利亚和其他几个法语国家,它们支持同属于法语集团并与之关系紧密的多伊政府;而当时利比里亚国内局势是,泰勒领导的反政府武装已控制了利比里亚绝大部分领土,多伊政府已经失去了管理国家的能力和代表国家发言的权力。在此情况下,

---

① Katharina P. Coleman, *International Organisations and Peace Enforcement*, p. 78.

② Ademola Abass, *Regional Organisations and the Development of Collective Security*, p. 162.

西共体维和部队选择强行介入。① 另外,这些区域、次区域组织领导的维和部队经常被批评在战争中谋取私利。比如,在利比里亚和塞拉利昂,西共体维和部队被谴责参与掠夺了这些国家的钻石资源。② 在刚果(金),南共体的维和部队受到同样的指控。在莱索托,南非作为维和行动的领导者,被批评更多地是关注自身的水供应,而不是莱索托的民主。许多莱索托人将这一维和行动视作侵略而南非就是"侵略者"。③ 这种合法性困境已成为非洲集体安全机制有效运行的重要障碍。

## (二)能力性困境

按照"集体安全"的逻辑,由于军事力量现在是、在可以预见的未来可能仍然是国际政治中的核心现实,所以,强化稳定的核心是对军事力量的合适管理,而制度是实现这一目标的关键。在现实中,集体安全要求,在"和平解决冲突"的宗旨下,一个国际组织既提供对付侵略行为的规范与程序,也提供说服成员国压抑敌意的规范与程序;最后的步骤是,一旦和平解决失败,该组织有能力使用武力对付侵略。④

对于区域组织而言,它在安全事务中的能力主要包括组织能力和资源能力。"组织能力"表明一个区域组织在保持和平与安全中做出决定和保证其履行的总的结构性能力。授权采取和平与安全相关行动是其主要的机构决策能力,而履行决定的能力是其核心。"资源能力"指区域组织在保持和平与安全中采取有效和持续行动必需的金融和人力资源的规模。⑤ 从非洲集体安全机制建设及其实践看,非盟和各个涉及和平与安全的次区域组织都建立起自己的法律框架,并能够在此框架内通过一定的决策程序就非洲区域或次区域的和平与安全事务做出必要的决定,然后独立地或与其他组织合作展开相应的集体行动。这些区域、次区域组织亦拥有一定的资源能力。然而,在实际运作的过

---

① David J. Francis, *Uniting Africa: Building Regional Peace and Security Systems*, p. 152.

② John M. Kabia, *Humanitarian Intervention and Conflict Resolution in West Africa*, pp. 122 – 123.

③ Katharina P. Coleman, *International Organisations and Peace Enforcement*, pp. 174 – 184.

④ Ademola Abass, *Regional Organisations and the Development of Collective Security*, pp. 112 – 114.

⑤ Emanuel Fanta, "The Capacity of African Regional Organisations in Peace and Security", p. 3.

程中,这些区域、次区域组织能力不足的问题依然非常突出。在组织能力上,因其一体化水平偏低,自主性决策尤其是做出集体行动的决定及履行这些决定的能力经常受到各种因素的限制。非盟和西共体、南共体等虽然都具有一定的"跨国家性",但它们本质上仍属于国际政府间组织,致使它们在很多情况下仍依赖于成员国尤其是区域性大国的支持。它们的集体行动实际上成为一种主权国家之间"意愿的联合"。[①]

在利比里亚和塞拉利昂,由于西共体成员国中法语国家与英语国家之间的不一致,这些维和行动实际上是由支持两国现政府的法语国家进行的,而该组织最强大的国家尼日利亚在其中起了领导作用。据统计,西共体在两次于 1990—1992、1993—1994 和 1997 年开展的三个阶段的维和行动中,尼日利亚派出的军队人数分别占维和部队总人数的 62%、86% 和 78%。在两次维和行动中,尼日利亚提供了后勤所需资金的 80%。在 1998 年西共体在几内亚比绍的维和行动中,由于尼日利亚不愿支持该国政府的转换进程而没有参加,最终这场"首次没有这一次区域主导国介入"的西共体维和行动以失败而告终。[②]

在刚果(金),由于南非与津巴布韦之间的不一致,南共体的维和行动只有支持干预的津巴布韦、安哥拉、纳米比亚三国参加,而追求该次区域"军事领导"的津巴布韦扮演了核心角色。津巴布韦领导的军事行动停止后,南非开始积极推动刚果(金)的和平进程。为推动它所倡议达成的和平条款的执行,南非政府拿出 1 000 万—1 400 万美元的预算资金用于支持本国的维和部队,并额外支付 12 万美元资金为创建"联合军事委员会"提供便利。[③] 在莱索托,南共体内部的这种不一致继续存在,只有支持莱索托现政权的南非和博茨瓦纳参与了维和行动,而在该国拥有更多利益和强烈的领导意愿的南非在其中起了绝对的"核心作用"。起初,南非派出的部队占维和部队总人数的 91%,后有所减少,亦占总人数的 75%。[④]

在非洲之角,伊加特成员国之间在许多问题上也存在明显的竞争。这种"区域竞争"阻碍了其在解决安全问题中形成一致的和稳固的方

① Karin Dokken, *African Security Politics Redefined*, p 164.
② Katharina P. Coleman, *International Organisations and Peace Enforcement*, pp. 79 – 85.
③ Ibid., pp. 124 – 159, 208 – 209.
④ Ibid., pp. 162 – 177.

法。而该组织能够在索马里、苏丹等地和平进程中发挥积极作用，与本次区域的大国肯尼亚在其中"扮演中枢国家的角色"密不可分。肯尼亚一直是"非洲之角"区域合作的积极推动者，又被普遍认为是该区域"核心的和平使者"。它相继在乌干达、索马里等国的内部冲突中充当过调解人。所以，肯尼亚在伊加特领导的苏丹和平进程中一直处于领导地位，为该和平进程施加了主要的政治影响，并提供了调解行动所必需的资金和人力支持。最重要的是，它主持了多轮重要的和平谈判以及苏丹和平进程秘书处和重要的政策制定等具体工作。[①]

这种组织能力不足的问题大大影响了非洲集体安全机制的有效性，主要表现在三个方面。

一是区域性大国的领导使之受制于这些国家的战略意图，乃至服务于其霸权需要，并使其干预行动具有一定的倾向性和选择性。这导致这一集体安全机制在非洲一些严重的区域性冲突中未能发挥作用。如发生在乍得和中非共和国的冲突 20 世纪 90 年代以来持续存在，并与达尔富尔等地的危机紧密联系在一起，形成中部非洲严重的"区域性冲突"。但非洲内部的区域、次区域组织没有对此开展实质性集体行动。相反，欧盟、联合国和法国等"外部行为体"在该区域的和平进程中扮演了"核心角色"。[②]

二是由于缺乏统一的资金分担机制和依赖于成员国自主的资金支持，加之非洲"弱国家"的特征，非洲集体安全机制在运行中经常面临资金困难，进而造成其资源能力的明显不足。从目前世界上与安全相关的区域组织年预算总资金看，欧洲理事会 59 500 万美元、欧安组织24 600 万美元、非盟 13 300 万美元、美洲国家组织 8 800 万美元、独联体和东盟各 900 万美元、西共体 12 100 万美元、南共体 4 500 万美元、伊加特 300 万美元。比较而言，鉴于非洲面临的内部冲突和其他安全

---

① David J. Francis, *Uniting Africa: Building Regional Peace and Security Systems*, pp. 232 – 236.

② 参见 Hylke Dijkatra, "The Military Operation of the EU in Chad and the Central African Republic: Good Policy, Bad Politics", *International Peacekeeping*, Vol. 17, No. 3 (June 2010), pp. 395 – 407.

问题更多,更严峻,预算资金明显偏少。① 这种资源能力的不足,时常成为非洲集体安全行动终止或转交的一个重要原因。2005 年 3 月,伊加特曾建议依据《联合国宪章》第八章在索马里组建一个 1 万人的"和平支持使团",第一年就需要资金 5 亿美元,但这一建议由于缺少国际支持和资金而没有成形。② 在苏丹达尔富尔维和行动中,非盟遭遇了同样的问题。非盟维和部队缺乏设备,没有飞机,仅有一些车辆和帐篷。它总是要等援助者提供了承诺的设备后才能展开行动。卢旺达和尼日利亚派出了部队,却面临资金短缺。卢旺达曾试图派出 300 人的部队,但因为住房没有准备好而被迫推迟。正是主要出于财力和人力不足的原因,非盟决定将在达尔富尔的维和使命移交给联合国主持组建的"联合国—非盟混合部队"。③

三是人力资源的不足,既限制了非洲集体安全行动的规模,也引发了一些问题。据统计,目前的欧安组织和欧洲理事会分别有 3 450 名和 2 140 名工作人员,而非盟约有 700 人,西共体、南共体和伊加特人员更少,分别只有约 300 人、200 人和 30 至 50 人。况且,在非洲这些区域、次区域组织中,非盟的和平与安全理事会成立不到 10 年,西共体、南共体和伊加特本质上是经济组织,它们用于安全部门的人员数量少,又缺乏足够的专业技能训练。这很容易在维和行动尤其是和平强制行动中滋生管理混乱和权力滥用等问题。比如,西共体在利比里亚和塞拉利昂的维和行动中,部分维和部队人员的非法冒险行为就大大降低了其可信度。④

### (三)困境破解之途

面对非洲集体安全机制的上述困境,应该采取什么样的措施予以破解呢? 区域主义的发展有内部逻辑,也有外部逻辑。作为安全区域主义的一种重要形式,集体安全机制亦如此。从内部看,通过推进区域

---

① Emanuel Fanta, "The Capacity of African Regional Organisations in Peace and Security", pp. 14 – 15.

② Rodrigo Tavares, *Regional Security: The Capacity of International Organizations*, p. 54.

③ Ibid., p. 31.

④ John M. Kabia, *Humanitarian Intervention and Conflict Resolution in West Africa*, pp. 122 – 123.

一体化为集体安全机制建设与实践提供更好的外部保障,制度环境无疑是首要的选择。这也是强化非洲集体安全机制合法性和能力性的最根本途径。由于集体安全的核心行为体是主权国家,其有效运行不但需要各国达成一系列共同的规则与规范,更重要的是这些国家能够很好地遵守这些规则与规范。这就要求"负责任"的各成员国不能仅考虑其狭窄的自我利益,而是要将自身的国家利益与更宽范围的集体利益等同考虑;各国还必须彼此信任,即各国必须愿意确信它们的命运系于集体安全。① 而区域一体化以培育共同的制度和集体认同为核心,高水平的制度和集体认同不但会强化区域组织的自主性,而且会创造更大的集体利益和更强烈的相互信任,最终使区域组织及其成员国更容易在安全问题上采取合作的共同行动。② 由于非洲集体安全机制是更大的非洲区域主义的重要组成部分,其最终的目标就是通过区域一体化建立起非洲区域、次区域的共同体,所以,与联合国集体安全机制相比,它具有现实的和潜在的优势。亚历山大·温特认为,主权国家之间发达的集体认同感已成为集体安全体系的一个"附加的界限条件",而这种认同在今天全球规模的实现仍很遥远,但其优势已在区域层次展现出来。③

当然,由于区域一体化是一个渐进的长期进程,它对非洲集体安全机制的影响不可能立竿见影。而非洲集体安全机制旨在应对现实的重大危机与冲突,对于合法性和能力性的提高而言,它更需要能产生更多即期效果的应对策略。从目前情况看,从外部寻求进一步的支持无疑是一种最现实的选择。这种支持既有外部合法性的扩大,又有资金、人力等重要资源的获取。这就是非洲集体安全机制困境破解的外部逻辑。在外部合法性扩大方面,最重要的是,其集体安全行动尤其是和平强制行动,应最大限度地寻求联合国安理会的授权和支持。2008 年 1 月,联合国维和行动部提出的《联合国维和行动原则与准则》明确指出,国际合法性是联合国维和行动"最重要的资产之一",而这种资产

---

① John J. Mearsheimer, "The False Promise of International Institutions", *International Security*, Vol. 19, No. 3 (Winter 1994/95), pp. 26–32.

② 郑先武:《安全、合作与共同体:东南亚安全区域主义理论与实践》,第 170—179 页。

③ Alexander Wendt, "Why a World State is Inevitable", *European Journal of International Relations*, Vol. 9, No. 4 (2003), p. 521.

"源自获得联合国安理会命令后建立起来的事实"。① 潘基文在谈及对非盟维和行动的支持时明确将得到联合国安理会授权作为前提。他说:"当非盟根据《联合国宪章》第八章的规定,接受安理会的授权开始执行维和行动时,我们需要找到一种能够向其提供可预见、持续和灵活的资源的解决办法。"②所以,从法律角度看,联合国安理会的授权已是非洲集体安全机制获取国际合法性的重要途径。

在资源能力的扩大方面,最重要的是获取联合国、欧盟等国家组织和其他一些大国的资金和人力资源支持。事实上,鉴于非洲国家经济不发展和区域、次区域组织资源能力不足的客观情况,外部行为体一直是非洲区域和平和安全进程中不可或缺的资源的重要提供者。联合国、欧盟和一些大国在非洲一些国家联合或单独承担着维和任务。冷战结束后,截至 2012 年 4 月,联合国已在非洲的中非、乍得、刚果(金)、安哥拉、布隆迪、利比里亚、莫桑比克、卢旺达、塞拉利昂、索马里、苏丹等国内部,和中非—乍得、埃塞俄比亚—厄立特里亚、卢旺达—乌干达等两国间完成了维和行动,正在刚果(金)、科特迪瓦、利比里亚、西撒哈拉、苏丹达尔富尔、南苏丹等地开展维和行动。③

欧盟既是非洲维和行动的重要参与者,又是非盟委员会的主要资金援助者。最近 10 年来,随着欧盟不断强化其共同安全与防务政策,它越来越积极地在此政策框架内对外展开自主的维和行动。截至 2012 年 3 月,欧盟已完成和正进行的此类行动已达 24 项,其中非洲占 10 项,均在撒哈拉以南地区,是数量最多的地区。这些维和行动已完成的有 6 项,分布在刚果(金)、乍得、中非、苏丹、几内亚比绍等国;正

---

① United Nations, " United Nations Peacekeeping Operations: Principles and Guidelines", Department of Peacekeeping Operations, 18 January 2008, http://pbpu. unlb. org/pbps/ library/capstone_doctrine_eng.pdf.

② 《潘基文:非盟维和行动应享受联合国维和行动同等待遇》,联合国官方网站(中文), 2010 年 10 月 22 日。

③ 《联合国维持和平行动》,联合国官方网站(中文),http://www.un.org/zh/peacekeeping/ operations/peacekeeping.shtml.

进行的有 4 项,分布在刚果(金)、索马里等国。① 2004 年,欧盟还启动了推动非洲和平建设的新项目。按照首期预算,欧盟提供 2.5 亿欧元资金用于非洲和平支持行动和非洲和平与安全机构的能力建设。该中心已经在苏丹、科摩罗、索马里等国的和平进程中提供了资金支持。到2007 年这一行动结束时,欧盟实际提供了 3.75 亿欧元资金。2008—2010 年的第二期预算资金为 3 亿欧元。②

其他一些国家也在非洲和平与安全建设中发挥了重要的作用。从苏丹和平进程来看,1995 年 2 月,伊加特在美国的支持下设立了"伊加特伙伴论坛(IPF)",为西方国家和国际组织的外交和经济介入提供一个专门的多边平台,其外部成员包括美国、意大利、加拿大、英国、挪威、比利时、荷兰、瑞士、法国、德国、希腊、爱尔兰、日本、澳大利亚、瑞典等国和欧盟、世界银行、联合国开发署等国际组织。通过这一论坛,这些国家和国际组织不但给伊加特及其成员国提供了一定的资金、技术和人力支持,一些国家还派出调解人直接介入,从而在一定程度上促进了其领导的苏丹和平进程。③ 这一点已得到有关各方的承认。约翰·加朗称,该论坛的创建"促进和强化了伊加特的和平动议"。④ 调解特使苏姆比耶沃强调,在调解的过程中,尽管挪威、美国、意大利等国各有自己的对解决方案的看法,但它们的"角色都是非常积极的"。⑤

不过,不管是来自外部的合法性的扩大还是资源乃至行动的支持,这些外部逻辑并不能替代其内部逻辑,它们对非洲集体安全机制只能起一种辅助性作用。那么,在集体安全机制建设及其行动中,非洲区

① The European Union, "Overview of the Missions and Operations of the European Union", March 2012, http://www.consilium.europa.eu/eeas/security-defence/eu-operations? lang = en. 关于欧盟在非洲维和行动中的详细分析,参见郑先武:《欧盟区域间集体安全的建构:基于欧盟在非洲危机管理行动的经验分析》,《世界经济与政治》2012 年第 1 期,第 49—73 页。

② Rodrigo Tavares and Maximilian Rasch et al., "Capacity Survey: Regional and Other Intergovernmental Organisations in the Maintenance of Peace and Security Produced by the United Nations", UNU-CRIS, 2008, p. 23, http://www.cris.unu.edu/capacity-survey.249.0.html.

③ Ruth Iyob and Gilbert M. Khadiagala, Sudan: The Elusive Quest for Peace, pp. 117 – 118.

④ Gilbert M. Khadiagala, Meddlers or Mediators? African Interveners in Civil Conflicts in Eastern Africa, p. 204.

⑤ "The Mediator's Perspective: An Interview with General Lazaro Sumbeiywo", London, 2006, http://www.c-r.org/our-work/accord/sudan/mediators-perspective.php.

域、次区域组织与这些外部行为体应该建立一种什么样的关系呢？显然,在非洲"非中心化集体安全"的基础上巩固多层次的"合作维和"是一种稳妥的选择。这是由两类不同的行为体在非洲集体安全行动中的不同作用所决定的。非洲的区域、次区域组织作为本区域和平与安全中最直接的"利益攸关方",它们可能是最大的受益者,也可能是最大的受害者。这促使它们既最有可能对现实的危机与冲突做出最快的反应,也最有可能为了持久的地区和平而寻求根本上解决问题的途径。现实中,它们不但有处理危机与冲突的集体安全法律框架,而且有预防冲突发生和蔓延的早期预警系统和待命部队。况且,由于非洲国家对区域外部干涉常心存戒心,它们的集体行动更易于为冲突各方及其他次国家集团和民众所接受,从而能够比其他外部行为体获取更多的支持。这阐明了一种事实:"如果非洲自己能够有效地处理自己的问题,就无须等待外来者的帮助。"[1]所以,非洲的区域、次区域组织不但可以在本地的集体安全制度与规范建设中发挥领导作用,而且可以在本地的危机与冲突的早期预防、早期反应、和平谈判、武力强制乃至冲突后重建等方面起着独特作用。

以苏丹和平进程为例。由于与苏丹政府及其民众有紧密联系并拥有诸多共同命运的伊加特及其成员国从提出《原则宣言》开始就抓住了苏丹冲突的核心议题,尤其是国家与宗教的关系、自决、权力与财富分享等,因此,在这一和平进程的每一个阶段,伊加特都将这些议题作为关注的焦点,直至《全面和平协议》的签署将之转化为正式的法律文本。可以说,这一协定就是建立在对苏丹国内冲突的"相互联系的各种根源的承认之上的"。[2] 联合国前秘书长安南在向安理会提交的关于苏丹的报告中称:"伊加特领导的和平进程是苏丹全面和平的核心。没有其他任何一项和平进程能取得如此重大进展并能解决苏丹南部冲突的根源问题。"[3]萨里·希利(Sally Healy)认为:"伊加特首先是设计了作为北—南议题的问题,其次是保持了作为整体的苏丹和平进程大

---

[1]　David J. Francis, *Uniting Africa: Building Regional Peace and Security Systems*, p. 179.

[2]　Ruth Iyob and Gilbert M. Khadiagala, *Sudan: The Elusive Quest for Peace*, p. 33.

[3]　United Nations Security Council, "Progress Report of the Secretary-General on the Sudan Pursuant to Paragraph 7 of Security Council Resolution 1547 (2004)", S/2004/763, 26 September 2004, http://www.un.org/zh/documents/view_doc.asp? symbol=S/2004/763.

致的持续性。这一长期介入使有关各方能够利用各种机会促进解决办法。如果没有伊加特的持续介入,这些机会就非常有可能丧失。"①

这种区位优势成为伊加特在苏丹和平进程中获取权威地位的一个重要来源。关于这一点,苏丹总统巴希尔邀请伊加特承担调解人时说得已很明白。在他看来,伊加特机构的非洲特性将向世界证明"非洲人解决其自身问题已变得非常成熟……不再需要外部的保护"。他相信,伊加特将是中立的和透明的,"不会给殖民主义借口人道主义渗透留下漏洞"。苏丹外交部长阿布·萨利赫(Abu Salih)也将伊加特的地理接近性看作一种优势。他说:"它们(伊加特)国家与苏丹拥有相同的边界,熟知该问题的根本性原因,更适合于帮助提出有吸引力的和平解决办法。"苏人运领导人加朗起初对与苏丹政府有良好关系的伊加特成员国心有疑虑,但区域内国家的地理接近性使他相信伊加特的真诚性。他说:"我对这些国家充满期盼,因为它们是我们的邻居,它们感到正受到边界地区的难民或不稳定等问题所影响。"②鉴于此,伊加特的权威地位不但得到苏丹国内各方的承认和接受,也得到国际社会的广泛承认。这是伊加特在苏丹和平进程中发挥领导作用的根本性前提。

从这个角度看,外部行为体与之相比有着明显的不足。以联合国为例,一方面,由于受到成员国众多、大国实际主导等因素限制,联合国对非洲危机与冲突的反应具有更明显的选择性。冷战结束后,由于非洲在全球竞争中的地位下降,大国对非洲事务的积极性大不如前,致使联合国对非洲的危机与冲突的反应显得迟缓,且采取的措施力度亦不够。比如,在第一次利比里亚内战中,西共体采取干预行动三年后联合国方才介入,而且规模不大。这与同一时期联合国对伊拉克入侵科威特事件上的强烈反应形成鲜明对照。时任联合国秘书长德奎利亚尔首次承认了联合国对冲突的此种不平衡反应是一个"严重问题"。③ 另一

---

① Sally Healy, "Seeking Peace and Security in the Horn of Africa: The Contribution of the Inter-Governmental Authority on Development", *International Affairs*, Vol. 87, No. 1 (2011), p. 111.

② 以上转引自 Gilbert M. Khadiagala, *Meddlers or Mediators? Africa Inteveners in Civil Conflicts in Eastern Africa*, pp. 194 – 195.

③ Ademola Abass, *Regional Organisations and the Development of Collective Security*, pp. 176 – 177.

方面,由于联合国缺乏早期预警系统和独立的待命部队,且没有被赋予对国内冲突合法干预的权力,它的预防性外交和对冲突的早期、快速反应明显不如非洲的区域、次区域组织。缺乏介入性和没有能力即时派出维和部队,已被认为是联合国安全机制的"一大缺陷"。[①] 但联合国在国际合法性、资源能力等方面具有明显的优势。这就给两者发展和巩固"合作维和"提供了重要的互补性基础。尤其是对那些严重而持久的国内、国际危机与冲突,"一体化"的"合作维和"显得更加重要。

## 结　语

鉴于冷战结束后日益区域化的内部冲突和战争一直是威胁非洲和平与安全的核心议题,旨在通过集体行动化解冲突与战争的集体安全机制建设就成了非洲安全区域主义的首要选择。经过非统/非盟和西共体、南共体、伊加特等区域、次区域组织长期的不懈努力,非洲已经建立起颇具自身特色的集体安全机制,并在此框架内展开一系列集体行动的实践。这种"非中心化的集体安全"机制建设与实践,既推动了"区域集体安全法的发展,又培育了联合国与区域组织之间的新型关系"。[②] 由此,它不但通过在维持区域和平与安全中发挥核心作用而强化了非洲兴起中的安全区域主义,而且,其机制建设与实践中的经验与不足对其他区域的安全区域主义发展也具有一定的参照和警示意义。在实际进行中,这一机制虽然面临合法性、能力性不足等现实性困境,但这些困境可以通过进一步的合作最大限度地予以破解。当然,由于集体安全机制由主权国家所建构,又服务于主权国家,所以,在本质上仍是处于国际无政府状态的世界中,它可以成为各国解决共同安全问题的一剂"良药",但绝不会是"万能药"。对非洲国家亦如此。

---

① Jean-Marc Coicaud, "International Democratic Culture and Its Sources of Legitimacy: The Case of Collective Security and Peacekeeping Operations in the 1990s", in Jean-Marc Coicaud and Veijo Heiskanen eds., *The Legitimacy of International Organizations*, New York: United Nations University Press, 2001, pp. 270 - 271.

② Ademola Abass, *Regional Organisations and the Development of Collective Security*, p. 143.

# 第六章　中国自由贸易区战略与安全的护持

冷战结束以来,在全球化不断深入的大背景下,国际安全问题又日益凸显出区域化特色。相应地,区域主义和区域主体在解决全球、区域和国家等各个层面安全问题中逐渐发挥了重要作用。作为区域主体的国家或区域性组织为此制定了各种应对性战略,其中,兼有经济收益与非经济收益特性的"自由贸易区(FTA)战略"就是最为有效的战略之一。改革开放三十多年来,中国在不断探索中对外进行各种领域的合作,并有意识地通过推动"和谐(国内)社会—和谐(周边)地区—和谐世界"三个层面的建构与互动①,谋求和平发展。中国的自由贸易区战略表现为"实践在前,提出在后"②,其宏观的战略目标是谋求建立一个以中国为核心、以周边地区优先③、覆盖全球的自由贸易区网络,通过持久不懈的努力推进来与中国和平发展大战略相协调,从而在维护国家主权、确保国家利益的同时,营造一个有利于经济稳定、快速、可持续发展的良好的国内外安全环境。

中国自由贸易区战略具有"综合性、互动性、开放性、区域间性、多层性"等新区域主义特征④,并充分体现了中国自 20 世纪末以来一直

---

① 张义明:《建构中国和平发展道路的和谐发展模式》,《信阳师范学院学报》(哲学社会科学版)2007 年第 3 期,第 28—31 页。

② 2002 年 11 月 4 日,中国与东盟达成于 2010 年建成中国—东盟自由贸易区的框架协议,开始了自由贸易区建设实践经验的探索。2007 年 10 月,党的十七大报告中正式提出实施自由贸易区战略。

③ 参见对外经济贸易大学国际经济研究院课题组:《中国自贸区战略:周边是首要》,北京:对外经济贸易大学出版社,2010 年版。

④ 张义明:《试析中国"自由贸易区战略"的新区域主义特征》,《东南亚纵横》2009 年第 1 期,第 46—49 页。

提倡的"新安全观"①。新安全观是以和平共处五项原则为理论基础，以"互信、互利、平等、协作"为主要内容，以建立在平等基础上的对话、协商和谈判作为主要实践途径。新安全观主张综合安全、共同安全与合作安全，所以也有着"综合性、相互性和合作性"等特征。本章拟对中国自由贸易区战略的深层目标进行阐述，主要包括三个方面：突破"发展瓶颈"，谋求自由贸易区与世贸组织两条腿走路，保障国际市场安全；强调周边地区优先，"睦邻、安邻、富邻"，保障周边安全；力求压缩"台独"空间，签署并深化两岸类似自由贸易协定性质的经济合作协议，促进台海安全。

## 第一节　国际市场安全：谋求自由贸易区与世贸组织两条腿走路

随着 20 世纪 70 年代末开始进行的改革开放，中国逐步投入经济全球化的浪潮，中国经济也变得越来越依赖于国际市场。目前中国外贸进出口总额占 GDP 的比重达 70% 以上，除了一些以贸易立国的国家外，中国几乎是对外贸易依存度最高的国家。而中国对进口能源和原材料的需求还在不断增加。特别是石油进口增长很快，1995 的对外依存度还只有 6.6%，到 2000 年就达到 25%，而 2010 年则达到了 55%。预计到 21 世纪中叶，除煤炭外，中国绝大部分矿产品均需国外资源补充。

中国对外贸易依存度的不断提高也是中国经济市场化的结果。随着改革开放的不断深化，中国逐渐放弃了"姓社""姓资"的争论，承认"计划"与"市场"都是资源配置的有效手段，从而加速计划经济体制向市场经济体制转变的进程。中国于 2010 年建成较为健全的社会主义市场经济体制，并力争到 2020 年建成较为完善、趋于成熟的社会主义市场经济。社会主义市场经济不是倾向于市场的完全自由化，而是通过宏观调控来消除市场机制的盲目性、滞后性等弊病，从而确保市场经济的安全。因此，随着中国社会主义市场经济体制的逐步确立，中国对

---

① 1997 年 4 月 23 日，江泽民在俄罗斯联邦国家杜马发表的《为建立公正合理的国际新秩序而共同努力》的演讲中，正式提出了树立"新安全观"的主张。1999 年 3 月 26 日，江泽民在日内瓦裁军谈判会议上的讲话全面而系统地阐述了新安全观的基本思想。

外贸依存度的不断加深,中国的经济安全问题很大程度上表现为国际市场安全问题。

国际市场安全问题产生的根源有几个层面:一是贸易伙伴国(地区)为了保护本民族企业的利益而采取新旧贸易保护主义的程度,二是本国(地区)产品国际竞争力的强弱,三是本国(地区)签署有效的双边、多边国际贸易协定的数量及其遵守的程度等。一般说来,贸易伙伴国(地区)很少采取新旧贸易保护主义,本国(地区)的产品具有很强的国际竞争力,又签署很多有效的双边、多边国际贸易协定,尤其是以自由贸易区为主要内容的区域贸易安排/协定(Regional Trade Arrangement/Agreement, RTA),则本国(地区)的国际市场安全程度就高;反之,其国际市场安全程度就低。从目前情况来看,随着已经签署和正在谈判的自由贸易协定数量的不断增加及其质量的不断提高,中国终将构筑一个覆盖全球的自由贸易区网络和全球市场网络,进而影响世贸组织等多边贸易谈判进程及其游戏规则,保障中国经济的国际市场安全,为其可持续发展提供稳定而广阔的国际市场。这也正呼应了胡锦涛总书记在党的十七大报告中提出的将"实施自由贸易区战略,加强双边多边经贸合作"作为"防范国际经济风险"的具体措施之一的宏伟战略构想。因此,中国选择了世贸组织与自由贸易区两条腿走路的方针。

一、世贸组织与中国的国际市场安全

为了确保国际市场安全,最初,中国首先青睐的是参加多边贸易机制,因此,关税及贸易总协定/世贸组织便是首选。中国争取复关和加入世贸组织,看中的就是广阔而稳定的国际市场。世贸组织的广阔性可以从其成员的数量上显示,截至 2008 年 7 月 23 日非洲国家佛得角(Cape Verde)加入,其现有成员为 153 个。其他正在进行入世谈判预计将来加入的国家有近 30 个,其中包括俄罗斯等前苏联阵营的一些国家。而还没有申请加入的国家仅剩朝鲜民主主义人民共和国及贸易量极少或只同邻国进行贸易的少数国家。[1] 世贸组织的稳定性,主要得益于其制度性保障。所有加入关贸总协定/世贸组织的成员都要修改

---

[1] "Understanding the WTO: The Organization, Members and Observers", the WTO website, http://www.wto.org/english/thewto_e/whatis_e/tif_e/org6_e.htm.

与之承诺相违背的国内法律、法规或重新立法予以保障。尽管,中国加入世贸组织不能一劳永逸地解决所有问题,美、欧、日等发达国家和地区仍然会像之前一样,动辄就诉诸非关税壁垒和反倾销调查等手段,但是它们多少有所顾忌,因为,这些手段都是相互的,中国也可以使用。

　　但是世贸组织内在地又存在着一定的矛盾性。首任世贸组织总干事鲁杰罗(Renato Ruggiero)认为"以规则为基础"(rule-based)的特性是多边贸易体制的根本力量,而秘书处用"成员驱动"(member-driven)一词来描述其性质,并称世贸组织是由其成员的政府运转的。[①]"以规则为基础"给人的印象是有一个超国家的机构在制定并执行规则,而"成员驱动"则意味着成员在世贸组织中拥有最终的决定权,世贸组织并不能管辖成员的行为。实际上,世贸组织基本上是融合了这两种性质的一个复杂的混合体,与前身关贸总协定相比,世贸组织具有更强的国际法人地位、更完备的组织形式以及更自动有效的争端解决机制,也因而被视为当前最具影响力的国际经济组织之一。但另一方面,世贸组织的实际运作并不是按照一个国际性机构的方式来进行的,仍然更多地表现为政府间机构(或协定)的性质。国际政治经济学中的新自由制度主义和国际经济法中的墨守法规派都力图强调多边贸易机制本身对于维护和促进贸易自由化、协调各国贸易政策的作用,但事实上前者刻意回避了多边贸易机制中的利益分配问题,而后者则隐藏了关贸总协定/世贸组织作为美国实现国家利益重要工具的根本属性。因此,尽管经济全球化、相互依赖的不断深化使得传统的以国家的军事力量、意识形态为基础的权力政治的思维方式不再适用,但"以国家为中心的现实主义"仍然是观察当前国际政治经济关系(包括世贸组织多边贸易体制)的恰当视角。[②] 同时,尽管世贸组织制定了相当完善的规则体系,并一再宣称自己的公平和互惠,似乎建立了新的以规则而非权力为基础的国际关系模式,但从它的非正式决策过程、多边贸易谈判以及争端解决机制等方面可以看出,权力政治仍然是其规则体系背后的现实情景。虽然弱者并非不能从中受益,但强国始终按照自身的利益

①　屠新泉:《中国在 WTO 中的定位、作用和策略》,《中国博士论文学位全文数据库》,2004年,第23—24页。

②　罗伯特·吉尔平:《全球政治经济学:解读国际经济秩序》,杨宇光等译,上海:上海人民出版社2003年版,第13—30页。

判断主导着多边贸易体制的发展以及规则的执行。

　　第二次世界大战结束以后的美国,经济一枝独秀,为了实现其经济称霸全球的国家利益,竭力倡导建立旨在推动其他国家的进口自由化和市场开放的多边贸易体制。虽然美国最初设想的战后贸易体系的组织形式国际贸易组织(ITO)由于美国国会的抵制而胎死腹中,但是一个从来没有正式名分的"事实上"的国际组织关贸总协定继而担负起了这一使命。为此,美国的贸易政策也呈现出不断降低保护水平的趋势,这一方面是出于美国对在大多数产业中的强大国际竞争优势的信心,另一方面也是要求其他国家开放市场的交换筹码。但尽管如此,保护主义从来都没有从美国的贸易政策中淡出,而随着美国部分产业竞争力的下降和霸权地位的相对衰落,以"公平贸易"为幌子的新重商主义成为美国对外贸易政策中的主流。美国一方面利用关贸总协定/世贸组织机制内的诸如反倾销调查、争端解决机制等手段来保护本国企业利益,同时还经常使用国内法来"弥补"关贸总协定/世贸组织规则上的缺失,比如,美国依据其国内法《1956年农业法》,要求日本签订了一个为期5年的《自愿出口限制协议》,迫使其自愿限制对美国的纺织品出口。而《1988年综合竞争与贸易法》的特别301条款①和超级301条款更突出体现了美国的侵略性单边主义,它使得美国可以仅仅根据自己的判断而非关贸总协定的裁定,就可以对其他国家的所谓"不公平贸易"行为单方面采取报复措施。为避免受到美国的制裁,许多国家不得不与美国进行谈判,签订所谓的《自愿出口限制协议》《有秩序

---

① 美国"301条款"有狭义和广义之分。狭义的301条款只是美国《1974年贸易法》制定的第301条。具体内容是一种非贸易壁垒性报复措施或者说是一种威胁措施。当别国有"不公正"或"不公平"的贸易做法时,美国贸易代表可以决定实施撤回贸易减让或优惠条件等制裁措施,迫使该国改变其"不公正"或"不公平"的做法。广义的301条款包括一般301条款、特别301条款、超级301条款及其相关配套措施。在这个意义上,美国"301条款"倾向于范围逐渐扩大的趋势。其中,一般301条款,即狭义的301条款,是美国贸易制裁措施的概括性表述。然而超级301条款、特别301条款、配套条款等是针对贸易具体领域做出的具体规定,构成了美国"301条款"法律制度的主要内容和适用体系,具体说就是:特别301条款是针对知识产权保护和知识产权市场准入等方面的规定,超级301条款是针对外国贸易障碍和扩大美国对外贸易的规定,配套措施主要是针对电信贸易中市场障碍的"电信301条款"及针对外国政府机构对外采购的歧视性和不公正做法的"外国政府采购办法"。

销售安排协议》等以结果为导向的贸易协议，与日本在汽车、半导体、钢铁等多个部门达成的类似协议，有效地保护了美国的相关产业。随着中美贸易的不断发展，中国也是美国"301条款"等国内法最大的受害国之一。特别在中国加入世贸组织后，中美之间的知识产权摩擦不断增加，并出现了新的变化，即美国由20世纪90年代动用"特别301条款"对中国进行制裁，转为新世纪更多地动用"337条款"①对中国企业展开调查。这是继特别保障措施、反倾销调查等名目繁多的贸易技术壁垒后，美国再次对中国企业使出的"壁垒武器"。乌拉圭回合达成了新的《保障措施协议》，明确禁止了《自愿出口限制协议》等灰色区域措施，但是美国并没有废止301条款，显示出美国仍然不放弃在世贸组织规则用尽的情况下诉诸单边行动的权利。

欧共体/欧盟各成员国作为一个整体，在关贸总协定/世贸组织中获得了仅次于或等同于美国的强势地位。尽管农业在关贸总协定中的豁免最初是美国开创的先例，但最大的利用者却是欧共体。根据《罗马条约》的有关规定，欧共体在20世纪60年代逐步完善和建立了共同农业政策的框架，其中农业经济比重最大，而农产品出口遭遇困境的法国成为共同农业政策的主导者。此时，实行共同贸易政策会使对外贸易保护水平提高的效应体现出来，为了保护法国、荷兰、意大利等农业大国的利益，共同农业政策的实际保护水平以最需要保护的国家为标准制定，从而使原本保护水平较低的国家也纳入统一的保护框架中。随着美国农业比较优势的不断体现，美国开始后悔把农业排除在关贸总协定之外，从肯尼迪回合开始，美国提出大幅度削减农产品进口关税、取消数量限制的要求，但共同农业政策正处于形成过程中的欧共体坚决予以拒绝。东京回合时，美国再次试图讨论农产品贸易问题，但刚刚从共同农业政策中尝到甜头的欧共体对此根本不予以考虑。直到乌拉圭回合谈判，欧共体出于自身的多种原因，如欧共体内部各国之间为农业保护经费的分配不公而产生矛盾，农产品严重过剩，财政补贴不断

---

① "337条款"因美国的《1930年关税法》的第337节而得名，后来分别在1974年、1988年及1994年进行了三次重大修订。"337条款"授权美国国际贸易委员会（ITC）在美国企业起诉的前提下，对进口中的不公平贸易做法进行调查和裁处。若判定违反了"337条款"，该委员会将签发排除令（Exclusion Order），指示美国海关禁止该批产品的进口，其结果是特定企业的相关产品乃至全行业的相关产品都无法进入美国市场。

提高,不得不开始考虑共同农业政策的改革,当然美国的压力以及欧共体对关贸总协定多边自由化的期望也是促使其改革的原因。[1] 除了共同农业政策之外,欧共体在反倾销的使用上也是仅次于美国的第二大使用者。尽管在农业问题上存在激烈的冲突,但欧共体在其他议题上则支持了美国的倡议,特别是在争端解决机制、服务贸易、知识产权、非关税措施等议题上,欧共体与美国的立场并没有太大分歧。在纺织品与服装领域,欧共体紧跟在美国后面,直接促成了《多种纤维协定》的产生;在应对迅速崛起的日本时,欧共体同样采取了和美国一样的方式,通过双边的自动出口限制协议,阻止日本对欧洲工业的冲击。随着欧盟的扩大,欧元的启动,欧盟在贸易问题上已经成为和美国完全平等的伙伴,并有能力否决任何全球贸易协议。正如伯格斯坦(Bergsten)指出的,美国领导了以前各轮贸易谈判,但现在世贸组织已经形成了G-2的管理架构,即美国和欧盟。[2] 因此,对21世纪的欧盟来说,多边贸易自由化已经成为它的一种内在需要,这也决定了它将在世贸组织中扮演越来越重要的角色。

二、自由贸易区与中国的战略性选择

中国加入世贸组织所花费的时间是有史以来最长的。1948年关贸总协定成立之初,中国曾是最早的23个成员之一。但是新中国成立之后的第二年,台湾当局发表了中国退出关贸总协定的声明。随即中国政府也发表声明,不承认退出关贸总协定,并希望就加入条件进行再次谈判,并于1986年7月申请重返关贸总协定。其后,历经波折,比如,1995年复关转为加入世贸组织,1999年美国轰炸中国位于贝尔格莱德的大使馆,2001年中美撞机事件等一系列事件,终于15年之后的2001年12月11日中国成为世贸组织成员。中国加入世贸组织,真可谓"忍辱负重"。一是长达15年的"非市场经济地位"。《中国加入世界贸易组织议定书》第15条有关"确定补贴和倾销时的价格可比性的15年特殊过渡期措施"和第16条有关"特定产品的12年过渡性安全

[1] 姜南:《试析欧盟共同农业政策的改革》,《世界历史》2002年第4期,第38—49页。

[2] C. Fred Bergsten, "Fifty Years of the GATT/WTO: Lessons from the Past for Strategies for the Future", in WTO Secretariat ed., *From GATT to the WTO: the Multilateral Trading System in the New Millennium*, The Hague: Kluwer Law International, 2000.

保障措施"，以及《中国加入世界贸易组织工作组报告书》第 242 段有关"纺织品的截止到 2008 年 12 月 31 日的单独过渡性安全措施"，常常将中国产品在国际市场的开拓置于不安全的境地。二是宣示性的发展中国家身份。中国虽然是以发展中国家的身份加入世贸组织，但是从整体上看，中国没有能够享受到多少世贸组织给予发展中国家的优惠和灵活性，而在市场准入水平上中国已经接近甚至超过了某些发达国家。① 比如，在补贴方面是否按发展中国家标准对待中国成为谈判焦点时，中国最终同意将国内补贴（农业补贴）的比例设定为发达国家与发展中国家之间的中间比例8.5％以内。② 三是还遭到诸如萨尔瓦多等个别国家采取的关贸总协定第 35 条"互不适用条款"。中国在很多方面以超世贸组织义务加入世贸组织，目的是为了赢得广阔而稳定的国际市场，但同时也确实为中国享受应得的利益带来了不确定性，甚至可能使中国丧失对竞争对手的比较优势。

　　世贸组织的规则从来都不仅仅是被遵守，更是根据美欧等发达国家和地区的需求和意愿而被创造的。多哈回合谈判一次次地无果而终，欧盟区域经济一体化水平的不断提高，使得美国也开始推行既被世贸组织承认，又容易达成协议的自由贸易区。近年与约旦、新加坡缔结了自由贸易协定，并使用赋予总统的贸易谈判权与摩洛哥、澳大利亚、巴林、南非、中美、东盟等分别缔结了自由贸易协定。另外，还效仿欧盟给予非加太各国（African, Caribbean and Pacific Countries, ACP）优惠政策的做法，给予加勒比海各小国以关税优惠。③ 当然，毋庸置疑的是，美国绝不会放弃世贸组织这一苦心经营多年、有利于其倡导全球贸易自由化的多边贸易体制，而是一方面想通过不断推进自由贸易区战略，来刺激世贸组织的其他成员进一步谈判的意愿，另一方面也想通过自由贸易协定的谈判和建设所取得的成果影响世贸组织谈判的未来议题，进一步获得其规则制定的霸权。同时，美国的这一做法也意外地产生了一种磁吸效应。这种效应已在加入北美自由贸易区并逐渐成为香饽饽的墨西哥身上体现出来。欧盟为了进入北美市场，与墨西哥签署

———————

① 屠新泉：《中国在 WTO 中的定位、作用和策略》，第 59 页。
② 高瀬保：《WTO 与 FTA》，边红彪、陈恺之译，北京：中国计量出版社 2008 年版，第 46 页。
③ 同上，第 42 页。

了自由贸易协议,日本为了谋求消除歧视性待遇,也与墨西哥缔结了自由贸易协议。墨西哥迅速取得了"狐假虎威"之势,并且签署了 30 个左右的自由贸易区,构建了以自己为轮轴国的自由贸易区网络。像墨西哥这样的还有智利、新加坡以及东盟等,巧妙地选择了以己为轮轴的自由贸易区网络,以其所体现出的"轮轴—辐条"效应(Hub-Spoke effect)为支点,撬动区域乃至全球的市场,从而确保了自身的国际市场安全,同时也提高了自身的国际经济政治地位。

正是基于这样一些背景,党的十七大报告才明确提出要实施"自由贸易区战略"。中国自由贸易区战略实际上是 FTA 战略。FTA 是两种概念的缩写,即 Free Trade Area 和 Free Trade Agreement。Free Trade Agreement 意思是"自由贸易协定",是指两个或两个以上的国家(包括独立关税地区)根据关贸总协定/世贸组织相关规则,为实现相互之间的贸易自由化所进行的区域贸易安排/协定(RTA)①。而由自由贸易协定的缔约方所形成的区域称为自由贸易区。需要说明的是,近些年来,在国内一些公开发表的文章、内部工作文件和媒体报道中,常常出现另一种"自由贸易区"的提法,实际上是"自由贸易园区"(Free Trade Zone,FTZ)。"自由贸易园区"指在某一国家或地区境内设立的实行优惠税收和特殊监管政策的小块特定区域,类似于世界海关组织的前身——海关合作理事会所解释的"自由区"。按照该组织1973 年订立的《京都公约》的解释:"自由区(Free Zone)系指缔约方境内的一部分,进入这一部分的任何货物,就进口税费而言,通常视为在关境之外,并免于实施通常的海关监管措施。有的国家还使用其他一些称谓,例如自由港、自由仓等。"我国的经济特区、保税区、出口加工区、保税港、经济技术开发区等特殊经济功能区都具有"自由贸易园区"的某些特征,但目前我国尚无与"自由贸易园区"完全对应的区域。②

---

① 在 GATT/WTO 规则中,RTA 包括 FTA(缔约国之间取消关税和贸易数量限制)以及关税同盟(FTA+对非缔约国实行统一关税)等。

② 中国商务部和海关总署为了顺利实施自由贸易区战略,还特意向各省、自治区、直辖市、计划单列市、新疆生产建设兵团商务主管部门以及各直属海关发函,规范"自由贸易区"的表述,以便正确理解自由贸易区内涵。并对"自由贸易区"(FTA)与"自由贸易园区"(FTZ)的区别予以清晰界定。《商务部海关总署关于规范"自由贸易区"表述的函》,中国商务部网站,2008 - 05 - 14/2008 - 07 - 08,http://gjs.mofcom.gov.cn/aarticle/af/ak/200805/20080505531188.html.

自由贸易协定的达成是以关贸总协定/世贸组织的相关规则为基础的,也就是说,自由贸易协定能够在关贸总协定/世贸组织体制之内存在。这些相关规则主要是 GATT 1947/1994 第 24 条和根据乌拉圭回合确定的"服务贸易总协定"(GATS)第 5 条。但是也有一些全部由发展中国家组成的自由贸易区是依据东京回合中通过、1979 年生效的"授权条款"(Enabling Clause)建立的,比如,中国—东盟自由贸易区。根据这些规则,自由贸易区在并不提高对区域外的贸易障碍、区域内成员相互之间取消所有贸易障碍和全部谈判 10 年内完成等三个条件下,可以作为最惠国待遇(Most Favored Nation treatment, MFN)[①]原则的例外成立,但是如果由于自由贸易区的成立使针对区域外的贸易障碍有所提高,则视为违反关贸总协定/世贸组织规则。根据"授权条款"建立的自由贸易区则可以享受区别于一般自由贸易区的更为宽松的特殊安排。由于自由贸易区谈判对象少、时间短、见效快,再加上多哈回合谈判一再受阻,使得以自由贸易区为核心的区域贸易协定在 20 世纪90 年代以来又如雨后春笋般地涌现。截至 2011 年 5 月 15 日,向关贸总协定/世贸组织通报的区域贸易协定(分别包括货物和服务类)达到489 个左右,其中,358 个是基于 GATT 1947/1994 第 24 条的,36 个是基于"授权条款"的,而 95 个是基于服务贸易总协定(GATS)第 5 条的,同时,297 个正在运行。在这些区域贸易协定中,自由贸易协定和局部的自由贸易协定超过了总数的 90%,而关税同盟还不到 10%。[②]尽管对于关贸总协定/世贸组织允许自由贸易协定在体制内存在有一些不同看法,比如说,是迫于当年欧共体放出集体退出的"狠话"的压力等,但多数人认为二者是一种互补互动关系,自由贸易协定有助于关贸总协定/世贸组织推动全球贸易自由化的宗旨,其中的原因:一是建立自由贸易区可以为成员实现贸易和投资自由化目标提供多种选择的机会;二是可以弥补关贸总协定/世贸组织多边贸易体系的空白和缺陷,为推动全球贸易自由化积累经验;三是有助于减少多边贸易谈判的

---

① 世贸组织的最惠国待遇原则指,一成员方应立即和无条件地将其在货物贸易、服务贸易和知识产权保护领域给予第三方的优惠待遇给予其他成员方。而关贸总协定中的这一原则仅措货物贸易领域。

② "Regional Trade Agreements", The official website of WTO, http://www.wto.org/english/tratop_e/region_e/region_e.htm.

层次,提高关贸总协定/世贸组织机制的运作效率;四是对贸易伙伴的贸易保护主义可以形成牵制。[①]

自由贸易协定的传统含义是缔约各方之间相互取消货物贸易关税和非关税贸易壁垒。但是最近几年的自由贸易协定出现了新的变化,其内容不仅包括货物贸易自由化,而且涉及服务贸易、投资、政府采购、知识产权保护、标准化等更多领域的相互承诺。为了突出这种新变化,以及缔约各方之间更紧密的经济合作与安排,自由贸易协定便有了其他称呼。比如,澳大利亚与新西兰签署的"更紧密经济关系"(Closer Economic Relations, CER),新西兰与泰国签署的"更紧密经济伙伴协议"(Closer Economic Partnership Agreement, CEPA),印度和新加坡签署的"综合性经济合作协议"(Comprehensive Economic Cooperation Agreement, CECA),日本和泰国签署的"经济伙伴协议"(Economic Partnership Agreement, EPA),欧盟与阿尔及利亚签署的"联系国协议"(Association Agreement, AA)等。这样一来,我们就明白了内地与港澳之间签署的更紧密经贸关系的安排,也并不是专门为"一国两制"量身打造的。至于台湾地区更为倾向的综合性经济合作协议(CECA)最近很可能因为跟更紧密经济伙伴协议(CEPA)"长相接近",遭到"统战""矮化"的诋毁,又要改换为"经济合作框架协议"(Economic Cooperation Framework Agreement, ECFA)。好在大陆对此表现出超凡的弹性,真正关注的倒是两岸应尽快签署类似自由贸易协定的经济合作协议,"建立具有两岸特色的经济合作机制"。

自由贸易区实际上也是国际区域经济一体化的一种类型[②],因此,区域经济一体化主要产生的一些贸易效应对其也都有一定的适用程度。这些贸易效应共有六种。[③] 一是贸易创造效应(Trade Creating Effect)。在经济一体化区域内,进口国开始从区内进口本国国内生产

---

① 赵晋平:《从推进 FTA 起步——我国参与区域经济合作的新途径》,《国际贸易》2003 年第 6 期,第 4—9 页。

② 根据发展目标和程度的不同,国际区域经济一体化可分为六种类型:优惠贸易安排(PTA)、自由贸易区、关税同盟、共同市场、经济同盟(Economic Union)、完全经济一体化(Complete Economic Integration)。

③ 张海森:《中国与澳大利亚建立自由贸易区研究》,北京:对外经济贸易大学出版社 2007 年版,第 10—12 页。

成本较高的产品,进而带来成员国间贸易规模扩大、社会福利增加等收益。这种收益体现为两种效应:(1)生产效应,即低效率国会减少或取消某些在本国国内生产成本相对较高的商品,转而从区内生产成本更低的伙伴国进口。这对于出口国而言,是国内生产规模的扩大;对于进口国而言,是生产资源的节约。(2)消费效应①,即由于进口的低成本产品替代了本国高成本产品,使得本国居民对该项产品消费开支减少,从而增加了消费者剩余。

二是贸易转移效应(Trade Diversion Effect)。过去从生产成本较低的非成员国进口的产品,转而从经济一体化区域内生产成本相对较高的成员国进口,从而带来福利损失。这种损失来自两个方面:一是成员国的进口产品从区外的低成本产品变为区内的高成本产品,导致进口成本增加;二是成员国对相同产品的消费从区外的低成本产品转向区内的高成本产品,从而造成消费者剩余减少。综合上述分析,维纳(Viner)提出了衡量区域经济一体化的总体效果的"维纳标准",即贸易创造效应和贸易转移效应的差额。

三是贸易扩张效应(Trade Expansion Effect)。维纳所提出的贸易创造和转移效应实际上针对的都是低效率的成员。詹姆斯·爱德华·米德(James Edward Meade)在1955年提出了贸易扩张效应,使得对区域经济一体化的经济效益分析包括高效率和低效率两方面。对于高效率成员,其低价高产的商品会在一体化区域内迅速占领整个市场,贸易量大大增加,这就是贸易扩张效应;对于低效率成员,随着区域经济一体化的实现,其国内市场价格会逐步降低,同时能够通过规模扩大的对外贸易获得更多的供给,并刺激国内需求的增加,这就是低效率成员所面临的贸易扩张效应。

四是贸易偏转效应(Trade Deflection Effect)。所谓"贸易偏转",是指利用成员国之间的关税差异,从关税最低的国家进入,以便在其他成员国销售。"原产地原则"的诞生便是基于这一理论。

五是规模经济效应。科登(W.Corden)指出,在规模收益递增的条件下,可能会产生两种后果:成本降低效应(Cost Reduction Effect)和

---

① 哈里·约翰逊:《货币、贸易与经济成长》,侯家驹译,台北:联经出版事业公司1976年版,第1—92页。

贸易抑制效应（Trade Suppression Effect）。成本降低效应是指发生贸易转移效应时，一方面伙伴成员国因产量扩大而降低了单位成本的生产效应；另一方面，消费者因为价格降低而实现了额外消费的消费效应。贸易抑制效应是指尽管原本需要进口的产品生产转移到区域内成员进行生产而产生贸易创造效应，但对区内生产成员而言，却会因为在区内从事成本相对较高的生产，而要放弃从区外更低成本的进口所带来的福利。

六是贸易条件效应。[①] 蒙代尔（Robert A. Mundell）指出，在区域经济一体化没有影响到世界其他地区进口需求的时候，区域内的贸易条件是不会变化的。如果情况相反，那么区域内外的贸易条件都将得到改善，这种改善能够减少贸易转移带来的损失，甚至完全抵消这种损失。

当然也有学者将自由贸易区对区域内经济的影响大致分为两类，即静态效应和动态效应。前者是指区域内成员相互之间取消关税和贸易数量限制措施直接对各成员贸易发展所产生的影响；后者是指缔结自由贸易协定之后，区域内生产效率提高和资本积累增加，导致各成员经济增长加快的间接效果。静态效应中最具有代表性的影响是贸易创造效应和贸易转移效应。动态效应主要包括"市场扩张效应"和"促进竞争效应"。市场扩张效应是指贸易规模的扩大将产生生产和流通的规模效益，并带来产业集聚效果。促进竞争效应是指区域统一市场的形成将促进区域内垄断行业的竞争，提高生产效率。对于自由贸易区成员而言，贸易创造效应、市场扩张效应和促进竞争效应会带来许多正面影响，但是贸易转移效应也有可能带来负面影响，原因在于区域内的低效率产品可能会取代非成员的高效率产品。一般来说需要通过吸收高效率成员和扩大区域覆盖范围才有可能防止这一负面影响。[②]

现在，我们以中国—东盟自由贸易区为例，来看一下自由贸易区都能带来哪些正面的经济效应。一是贸易额递增效应。自1990年以来，中国与东盟的双边贸易额以年均约20%的速度递增。统计数据显示，

---

① 罗伯特·蒙代尔:《蒙代尔经济学文集》第1卷《古典国际贸易理论》，向松祚译，北京:中国金融出版社2003年版，第87—98页。

② 赵晋平:《从推进FTA起步——我国参与区域经济合作的新途径》，第4—9页。

2007 年中国与东盟的双边贸易额(2 025 亿美元)较加入世贸组织之初的 2001 年(376.83 亿美元)增加了 4.4 倍,进口额增加 4.2 倍,出口额增加 4.5 倍,进出口总额较 2006 年增长 25.9%。同时,2007 年中国对东盟的双边贸易中中方仍然持续逆差,但较上一年略有减少。据统计,中国—东盟自由贸易区货物贸易协议实施以来,中国已从东盟第六大贸易伙伴上升为第三大贸易伙伴,而东盟则连续多年成为中国第四大贸易伙伴,是中国在发展中国家中最大的贸易伙伴。2010 年 10 月 29 日,温家宝总理在河内出席第十三次中国与东盟领导人会议发表的讲话中指出,力争双边贸易额到 2015 年达到 5 000 亿美元。

二是非关税壁垒降低效应。根据原国家计委的研究,以 2001 年的数据计算,中国—东盟自由贸易区建立后,通过程序的协调简化将减少 25% 的成本,相当于贸易点值 1.75%—2.5% 的收益,也就是可以使我国至少增加 7.2 亿美元的经济利益。另外,与标准和认证相关的技术条例造成的出口减少值占总出口值的 3.75%—6.5%。如果自由贸易区的建立能够使标准和认证统一,以 2001 年数据计算,则我国对东盟的出口将因此增加 6.86 亿美元。总的来看,从降低非关税壁垒中,我国至少可获得·14 亿美元的利益。此外,贸易便利化能够增加双方的福利。双方通过建立区域内电子数据交换系统,协调海关、银行、运输部门的管理和经营,将大大提高双边贸易的效率。至于知识产权保护,则可以通过双方的技术合作,建立统一的知识产权保护体系。[①]

三是促进竞争效应与规模经济效应。在中国国内,尽管一些产品的市场规模相对较大,但却广泛存在着不完全竞争的市场结构。产品在这些市场上的竞争力逐渐消失,价格居高不下,市场陷入高利润率、高价格、低资本周转率、小规模生产的恶性循环中。中国—东盟自由贸易区建立后,可以把中国与东盟各国的国内市场整合成一个大市场,从而打破市场狭小、厂商寡头或多头垄断的局面,使得区域内一些行业的竞争加剧,使这些产品价格明显下降,迫使生产厂商转向大规模的生产。生产的逐步扩大又会使消费者实际收入水平提高,消费者福利增加,从而带来正的经济效应,出现"大市场—竞争激烈—大生产—大量消费"的良性循环。

---

① 霍伟东:《中国东盟自由贸易区研究》,成都:西南财经大学出版社 2005 年版,第 171 页。

　　四是刺激投资效应。中国—东盟自由贸易区的建立不仅扩大了双边贸易的市场规模，还将消除双方的投资障碍，改善投资环境。相互提供的投资优惠政策将促进双方投资量的增加，进而完善投资结构。因此，在自由贸易区内，中国由于目前的投资优势会吸引大量来自东盟国家的投资；而经济的迅速增长也会使中国成为一个重要的资本输出国，大幅增加对东盟的投资额，从而使得中国和东盟国家获得较大的投资刺激效益。[①]

　　截至 2010 年底，双方累计相互投资总额已突破 740 亿美元。而在 1991 年，东盟国家来华投资只有 3.32 亿美元。截至 2010 年底，东盟对华直接投资累计总额达 630 亿美元。在东盟来华投资增长的同时，中国政府对国内企业实施"走出去"战略，中国对东盟国家的投资也正以较快的速度增长。据中国商务部统计，1991 年中国对东盟投资（非金融类）累计为 1.5 亿美元，截至 2010 年底，中国对东盟投资（非金融类）累计总额已达 114.8 亿美元。其中，仅 2003 年至 2009 年，中国对东盟的实际年投资额增长超过了 13 倍。近年来，中方还向东盟提供了多种形式的资金支持。例如，2009 年中方决定设立 100 亿美元的中国—东盟投资合作基金，并向东盟提供了 150 亿美元的信贷，为东盟国家建设大型基础设施项目、发展工业、救灾救援和人员培训等方面提供了有力支持。

　　五是开放服务业效应。我国与东盟在该领域具有较大的互补性，双方在承包工程和劳务、旅游业、文化交流、人力资源开发和培训等方面的合作都将得到促进。比如新加坡在建筑业、金融、电信和教育培训等方面具备较大的优势，此外，我国与东盟在金融方面扩大合作有利于提高双方的国际信用，增强对外资的吸引力。

## 第二节　周边安全：由构建区域内交通能源合作网络入手

　　漫长的陆地边界线和海岸线毗邻着众多的国家和地区，因此，中国历来都十分重视周边安全问题。并且这些年来，中国解决周边安全问

―――――――――――

[①]　冯煜、龚晓莺：《中国—东盟自由贸易区双边贸易动态经济效应分析》，《北方经济》2008 年第 8 期，第 82—83 页。

题的方式也在发生着变化：由军事对抗到"搁置争议，共同开发"，由"睦邻，安邻"再到"富邻"，由注重增强"硬实力"作为解决安全问题的坚强后盾到同时也注重提高"软实力"对周边地区的影响程度。事实上，中国在解决周边安全问题方式上的变化，也是顺应了时代的潮流。冷战结束以来，虽说有的国家所持的价值观与"合则两利"有所冲突，但是世界上大多数国家都应该是同意"互利共赢"的原则的。在这一原则下，各个国家和地区都比较容易聚集在一起，从经济领域的合作到政治、安全等其他领域的合作，都是如此。

　　因此，新时期中国提出和实施自由贸易区战略不失为周边安全问题解决的最佳路径之一。首先，自由贸易区较之世贸组织谈判程序便捷、开放领域广泛、升级空间广阔，能够很快实施到位。中国实施以周边地区优先的自由贸易区战略迎合了周边地区大多数的国家和地区渴望经济快速发展和提升的愿景。其次，中国实施以周边地区优先的自由贸易区战略最起码可以在本地区成为一个"轮轴国"。一旦中国与周边地区都达成了自由贸易协定，就会形成以中国为核心的自由贸易区网络，中国就可以利用这一网络平台构建和巩固安全体系架构，从而也使得自身在解决周边安全问题时能够从容应对。事实上，在中国自由贸易区战略的框架下，确保周边安全的一系列机制已经初具规模。比如，由起因于解决边界安全等问题而成立的"上海五国"发展为现在的经贸合作与安全合作并进的上海合作组织（该组织也有建设自由贸易区的设想），由起因于防范中国而成立的东盟与中国在 2010 年全面建成的自由贸易区，由"全天候的战略伙伴"巴基斯坦与中国达成的自由贸易区，等等，都有相应体制框架下安全保障方面的磋商与协调、定期会晤等机制。

　　由于中国自由贸易区战略所涵盖的周边地区范围比较广泛，为更好地说明问题，这里选取紧邻周边的东盟和上海合作组织在交通与能源领域的合作为例子进行阐述。交通合作直接支撑贸易投资便利化，能源合作则关系经济发展命脉，同时这也是当前中国自由贸易区战略拓展与深化的迫切需要。中国自由贸易区战略以周边国家和地区作为优先的谈判对象，必然要面临一个非常重要的事实，即周边地区绝大多数国家是发展中国家，其交通与能源基础设施建设相当落后，这就严重制约了它们自身经济的快速发展以及达成自由贸易区后的实施效果。

中国在改革开放过程中,东部与中西部地区经济发展严重不平衡,因而提出了"西部大开发"的重要战略举措。"西部大开发"的入手处首先就是加大对交通与能源基础设施建设的投入,从而使得中、西部能与东部经济发展的快车道接轨,它们的能源得以及时地开发和输出。中国的大部分周边地区正好也是"西部大开发"所辐射的区域,通过与它们在交通与能源基础设施建设等方面的共同合作,将在中国与周边地区构建起一个以便利、畅达的交通能源基础设施为网络的"命运共同体",从而更好地化解周边安全隐患。

一、中国—东盟自由贸易区区域内的交通能源合作

随着中国—东盟自贸区建设的不断深入,双方业已密切的经贸合作关系得到了进一步加强,同时,也对双方交通能源合作的软硬层面建设提出了更高的要求。从硬件层面来看,首先是交通基础设施、能源管道铺设路径等方面的合作与对接;从软件层面来看,重要的是服务贸易协定的签署、双方关于交通能源合作方面法律法规的协调及修订。而这软硬两个层面的建设又都具体地涉及中国和东盟的海、陆、空三个领域的几乎所有部门,同时,也包括一些感兴趣,甚至已经介入这些领域合作的国家和地区以及国际(地区)组织,因此,协调起来非常繁杂,真是"牵一发而动全身"。搞不好就牵扯到主权问题,再深入又会触动到各方的地方利益争夺,特别是涉及"谁出钱"的问题时,各方更是谨慎万分。这也是多年来中国和东盟在交通能源领域的合作一直滞后的重要原因。但是,不管怎样,中国与东盟之间的交通能源合作却一直走在行进途中。下面我们就从几个方面来具体展示双方在交通能源合作上的历程。

首先,我们来谈一下中国与东盟之间的"泛亚铁路"建设。

1960 年,联合国亚太经社委员会(UNESCAP)首次提出建设泛亚铁路网的设想,当时的规划是形成从新加坡到土耳其的铁路通道,途经东南亚、孟加拉、印度、巴基斯坦和伊朗等国,全长 1.4 万公里,但至今未能实现。此后,亚太经社委员会不断扩大,泛亚铁路网所覆盖的范围也拓展到整个亚洲大陆。

2006 年 4 月 12 日,来自 60 多个国家和地区的 600 多名代表在印度尼西亚首都雅加达举行的第 62 届联合国亚太经社委员会年会落幕

时通过了《泛亚铁路网政府间协议》(Intergovernmental Agreement on the Trans-Asian Railway Network),一张连接亚洲和欧洲28国、线路总长81 000公里的庞大铁路网真实地呈现在世人面前。2006年11月10日,包括中国、俄罗斯在内的18个亚太经社委员会成员代表在韩国釜山汇聚一堂,签署了《泛亚铁路网政府间协议》。这份政府间文件的签署,确定了泛亚铁路网的框架,为打造新的钢铁丝绸之路,促进亚洲地区的经济发展和共同繁荣奠定了"一个新的里程碑"。①

泛亚铁路网总共有四条路线。一是北部路线,全长32 500公里,贯通亚洲北部地区,连接欧洲和太平洋。从德国出发,经波兰、白俄罗斯、俄罗斯、哈萨克斯坦、蒙古、中国,到达铁路网最东端的朝鲜半岛。二是南部路线,全长22 600公里,将中国和印度这两个地区大国连在了一起。这条"丝路"连接了土耳其、伊朗、巴基斯坦、印度、孟加拉国、缅甸、泰国(与中国云南省连通)、马来西亚和新加坡。三是南北部路线,长13 200公里,它连接着北欧和波斯湾,伊朗是它的中枢。这条"丝路"从芬兰的赫尔辛基出发,通过俄罗斯到里海,然后分成三路,西路经过阿塞拜疆、亚美尼亚和伊朗西部,中路通过海运直穿里海到达伊朗,东路从哈萨克斯坦、乌兹别克斯坦、土库曼斯坦到伊朗东部。三条路线在伊朗首都德黑兰交汇,然后延伸到伊朗港口。四是东盟路线,全长12 600公里,连接中国南部与东南亚国家和地区。②

泛亚铁路东盟线被明确提出则是在1995年12月的东盟第五届首脑会议上,时任马来西亚总理马哈蒂尔提出修建一条超越湄公河流域范围,从马来半岛南端的新加坡,经马来西亚、泰国、越南、缅甸、柬埔寨到中国昆明的"泛亚铁路"倡议。该倡议立即得到了东盟首脑和中国政府的认同。这条大通道纵贯中南半岛,建成后将有利于加强东南

---

① 世界上30个内陆国家中,有12个在亚洲,其中10个是泛亚铁路网的成员国。泛亚铁路开通后,这些被陆地"封锁"的国家等于获得了出海口,其国际贸易得到了很大促进。泛亚铁路网成员国是亚美尼亚、阿塞拜疆、孟加拉国、柬埔寨、中国、朝鲜、格鲁吉亚、印度、印度尼西亚、伊朗、哈萨克斯坦、吉尔吉斯斯坦、老挝、马来西亚、蒙古、缅甸、尼泊尔、巴基斯坦、韩国、俄国、新加坡、斯里兰卡、塔吉克斯坦、泰国、土耳其、土库曼斯坦、乌兹别克斯坦和越南。参见《亚太经社会:"丝绸铁路"即将梦想成真》,联合国官方网站,2006 11 06/2008-07-08,http://www.un.org/chinese/News/fullstorynews.asp? newsID=6750.

② 《中俄等国签订政府间协议穿越欧亚28国修筑8.1万公里铁路 46年后重启泛亚铁路网》,《河南商报》2006年11月22日,第B03版。

亚各国的物资交流,加快湄公河流域的开发,并可加强中国西南部各省(区、市)与东南亚的联系。云南省澜沧江—湄公河区域合作开发前期研究协调领导小组所做的一份报告认为,要达到基本实现工业化的目标,中国每年要消耗 10 亿吨原油和 7 亿吨铁矿石,2010 年需进口原油 8 亿吨、铁矿石 3 亿吨、粮食 1 亿吨,而如果能加快泛亚铁路建设,中国内陆省区西下印度洋和西进中东、北非、西欧等国家可缩短运距 3 000—5 000 公里,运输费用和时间也能大大节省,中东地区的石油资源就可以通过陆路进入中国,中国还可以从泰国、越南等国家获得粮食补给,"一旦发生战争,可打破霸权主义的海上封锁,保证国家战略安全"。因此,中国—东盟商务理事会中方理事许宁宁形容它将是一条便捷的"黄金走廊"。①

对泛亚铁路东盟路线的建设,中国政府一贯持积极的态度。自 20 世纪 90 年代以来,中国就对泛亚铁路国内段进行了大量的前期研究工作,并将泛亚铁路东、中、西三个方案的国内段项目列入了《中长期铁路网规划》。2008 年 3 月 31 日,中国国务院总理温家宝在老挝万象举行的大湄公河次区域经济合作第三次领导人会议上发表的题为《合作的纽带 共同的家园》的讲话中郑重承诺:"中国愿出资 2 000 万元人民币对泛亚铁路东线缺失段(巴登至禄宁)进行工程可行性研究,愿与各方一道探讨建设融资的可行性,并提供技术、管理和设备支持,争取使东线早日贯通。"②泛亚铁路东盟路线共分东线、中线、西线三个方案。东线起于昆明,经既有的昆玉铁路、新建的玉溪—河口准轨铁路,在河口口岸与越南铁路网相连,并经柬埔寨、泰国、马来西亚铁路网后抵达新加坡,全长 5 445 公里。其中中国境内玉溪—河口新建长度 285 公里,国外新建长度 431 公里,分别位于柬埔寨和越南境内。中国境内路段主要分为玉溪—蒙自铁路和蒙自—河口铁路。中线起于昆明,经既有的昆玉铁路、新建的玉溪—磨憨铁路抵达中国与老挝边境口岸磨憨,此后经老挝、泰国、马来西亚抵达新加坡,全长 3 894 公里,其中中国境内新建长度 599 公里,国外老挝境内新建长度 580 公里。西

---

① 王强:《泛亚铁路:再启中国—东盟"大陆桥"梦想》,《西部论坛》2005 年第 2 期,第 11—14 页。

② 《合作的纽带 共同的家园——温家宝在大湄公河次区域经济合作第三次领导人会议上的讲话》,《人民日报》2008 年 4 月 1 日,第 3 版。

线起于昆明,经既有的成昆铁路、广大铁路,新建的大理—瑞丽铁路抵达中缅边境口岸瑞丽,此后经缅甸、泰国、马来西亚抵达新加坡,全长4 758公里,其中中国境内新建长度339公里,国外新建长度495公里,分别位于缅甸和泰国境内。①

　　尽管泛亚铁路东盟路线对于东南亚各国来说意义如此重大,但是从20世纪90年代提出这一构想到现在已经十几年过去了,围绕泛亚铁路的实质性动作和合作并未开始,该项目一直处于前期论证和准备阶段。这主要有几个方面的原因。首先是该项目所需900多亿元的庞大建设资金,对于像老挝、柬埔寨、缅甸等经济落后的国家来说,是"心有余而力不足"的,急需国外资金和技术的援助。目前三条线路中仅仅中段的中老线有开工迹象,但也出现问题,一位接近铁道部的内部人士透露:"中老铁路的资金,70%靠银行贷款,30%是自有资金。在自有资金中,中方出70%,老挝方面出30%,而中方的70%资金中,昆明铁路局出资30%,中国南车出资10%,中国中铁出资20%,中水电出资10%。目前项目资金没有到位,只有中铁投入了2个多亿,主要是花在了前期工程设计上。"按照初步估算,泛亚铁路项目需要39年才能还本付息。② 其次是协调多样的技术和设计问题,而轨距不统一是最大的难题。泛亚铁路东盟线路所经各国,有三种不同的铁路轨距,分别是1 435毫米、1 067 毫米、1 000 毫米。所以有专家建议,研制一种新型可变轮距的准轨—米轨列车,将可在泛亚铁路全线通行无阻,也是实现泛亚铁路国际联运必备的重要条件。但这还需要各国进一步的沟通和合作,要进行米轨和标准轨道的更换以及对接问题,成本和造价比较高。最后是区域内外力量的博弈。区域内,作为泛亚铁路的倡议国,马来西亚一直对这一大通道的建设非常重视,政府内外都希望尽早开工。而新加坡的主要贸易市场在欧美和日本,其进出口贸易主要通过海路,国际陆路运输所占比重不大,因此反应比较冷淡。虽说建设区域性铁路网特别重要,但老挝、柬埔寨、缅甸和越南等国家对于线路的选择仍存在争议,因为不同的线路对沿线各国所带来的意义是截然不同的。区

---

① 李卫民:《连通东盟和欧亚大陆的泛亚铁路》,《中国铁路》2007 年 7 期,第51—54 页。
② 《铁道部的"泛亚铁路"计划可能被大幅压缩》,中华铁道网站,2011－05－26/2011－08－25,http://www.chnrailway.com/news/20110526/0526342856.html.

域外,日本通过提供援助插手泛亚铁路项目,并且还积极支持中南半岛几个国家建设东西走向的交通线路,以与泛亚铁路这条"南北走廊"相抗衡。作为该地区的海外最大直接投资国和援助国,日本加大了支持建设横贯湄公河的东西走廊①的力度。另外,印度在其全面"东进"东盟战略中,也将尽快修通从新德里到河内的铁路作为重点。

接下来,我们谈谈中国与东盟之间另一个重点项目"泛亚公路"的建设。

"泛亚公路"(Asian Highway, AH)一词很多情况下是为了表述方便,在正式文本中通常以"亚洲公路网"的概念出现。泛亚公路(亚洲公路网)是联合国亚太经社委员会自 1959 年开始倡导规划的一个连接亚洲地区各国重要城市的国际公路交通运输网的合作计划,是亚洲陆路交通基建发展计划(ALTID)三大工程之一(另外两个为泛亚铁路和促进陆路交通计划)。② 2003 年 11 月 18 日,联合国亚太经社委员会在泰国曼谷正式通过了《亚洲公路网政府间协定》(Intergovernmental Agreement on the Asian Highway Network)文本,32 个成员国同意加入亚洲公路网。2004 年 4 月 26 日在中国上海举行的亚太经社会第 60 届会议上,日本、韩国、印度尼西亚、泰国、哈萨克斯坦、越南、土耳其等 23 个成员国正式签署该协议,还有一些国家也陆续签署了协议。根据《亚洲公路网政府间协定》,亚洲公路网由亚洲境内具有国际重要性的公路路线构成,包括大幅度穿越东亚和东北亚、南亚和西南亚、东南亚以及北亚和中亚等一个以上次区域的公路线路;在次区域范围内,包括那些连接周边次区域的公路线路以及成员国境内的亚洲公路线路。

亚洲公路网的路线主要连接各国首都、主要工农业中心、主要机场、海港与河港、主要集装箱站点以及主要旅游景点,是促进亚洲经济一体化的基础和手段。建立亚洲公路网的宗旨是协调并推动亚洲地区

---

① 所谓的"东西走廊"实际上就是横向穿越湄公河流域的物流通道。"东西走廊"有两条,第一条东起越南岘港,经老挝南部、泰国东北部,至缅甸毛淡棉港的交通线及沿线经济带,全长 1 450 公里,于 2007 年 12 月全线通车;另一条连接泰国与柬埔寨,总长为 1 000 公里。参见《日本将援建"东西走廊"讨好东盟 抗衡中国》,中国评论新闻网,2008 - 01 - 05/2008 - 07 - 08, http://cn. chinareviewnews. com/doc/1005/3/5/5/100535577. html? coluid = 7&kindid = 0&docid = 100535577.

② 《泛亚公路》,维基百科, http://zh. wikipedia. org/w/index. php? title = % E6% B3% 9B% E4% BA% 9E% E5% 85% AC% E8% B7% AF&variant = zh-hans.

国际公路运输的发展,促进亚洲各国贸易往来,繁荣旅游业,从而刺激亚洲地区的经济发展,便利区域经济贸易和文化交流。被命名为亚洲公路1号(AH1)的线路是整个公路网中最长的一条线路,它始于日本东京,从福冈经轮渡到韩国的釜山,再经由中国的沈阳、北京、广州等城市,进入越南河内,随后经柬埔寨、泰国、老挝、缅甸、印度、巴基斯坦、阿富汗、伊朗、土耳其等10多个国家到达保加利亚边境。到目前为止,亚洲公路网的入网公路里程已超过14万公里,其中中国已加入和今后将加入的亚洲公路网线路总里程约为26 000公里,占亚洲公路网总长度的近20%。[1]

中国与东盟之间的"泛亚公路"也可以说是中国与东盟计划修建的三条高速公路,即东线、中线、西线三条线路。有资料显示,东线是南宁至仰光高速公路,被誉为"南疆国门第一路"的南友(南宁—友谊关)高速公路与越南一号公路相连,并经越南连接中南半岛7个国家。建设线路由中国南宁—越南河内—老挝琅勃拉邦—泰国清迈—缅甸仰光,全长约1 250公里,途经中、越、老、泰、缅5国。其中,中国段南友高速公路179.2公里,已于2005年底投入使用。中线昆曼(昆明至曼谷)公路起于昆明,经过老挝,止于曼谷,全长1 807公里,中国境内688公里、老挝境内229公里、泰国境内约890公里。中国政府采取以提供无息贷款和部分无偿援助(共计2.49亿元人民币)的方式与亚洲开发银行和泰国共同出资分别承建1/3老挝境内路段。中国段(包括中国援建的老挝段)已于2008年3月28日建成通车。西线是2007年4月开通的中国援建的新滇缅公路。

中国与东盟之间的"泛亚公路"建设同样遇到"泛亚铁路"建设的资金、技术问题。在资金方面,比较贫穷的缅甸、老挝、柬埔寨等国家只能等着包括中国在内的外国和亚洲开发银行等国际组织的援建资金到位,如昆曼公路老挝段,中国所承建的部分已经通车,但是泰国所承建的尚在建设中。在技术方面,除了建设时会遇到复杂的地理自然因素外,还遭遇到通车联网管理的道路标志统一、检疫与车辆安全标准等问题。例如,2003年10月1日中泰两国正式将果蔬进出口关税从原来

---

[1] 《亚洲公路网》,新华网,2004 - 04 - 27/2008 - 07 - 08,http://news.xinhuanet.com/ziliao/2004 - 04/27/content_1441717.htm.

的平均 30% 降为零,本可期望贸易由此井喷,但由于中泰两国的工作对接出现了问题,湄公河上的许多水果商贩跑来跑去办不了手续,反而造成了损失。① 其实在这之前的 2002 年 11 月,在柬埔寨首都金边举行的大湄公河次区域经济合作(The Greater Mekong Sub-region Economic Cooperation,GMS)首次领导人会议上,中国就加入了《大湄公河次区域便利货物及人员跨境运输协定》。②

最后,我们来谈一下《中国与东盟交通合作规划设想》《(有的文章中称为《规划(草案)》)。

2007 年 9 月 10 日,在广西南宁召开的第一届中国—东盟交通战略规划研讨会上,中国交通部向中国与东盟 10 国的交通专家和官员提交了《中国与东盟交通合作规划设想》(以下简称《设想》)。《设想》勾画了中国与东盟国家间将形成"四纵两横"运输大通道:一纵是中缅通道,该通道由公路、内河航道、铁路和石油管道③共同组成,是从中国云南省进入缅甸境内,并通向印度洋的战略性综合运输大通道;二纵是昆明—曼谷—新加坡通道,该通道是由新加坡至昆明的泛亚铁路、昆曼公路、澜沧江—湄公河航道④等国际运输路线组成的综合运输通道;三纵

---

① 尹鸿伟:《中国编织"亚洲公路网"》,《南风窗》2008 年第 8 期,第 79—82 页。
② 《大湄公河次区域便利货物及人员跨境运输协定》(简称《便利运输协定》)是大湄公河次区域经济合作框架下的重要内容,协定主要包括跨境手续、道路标志、运输价格、海关检查、车辆管理等涉及交通运输领域的便利化措施,旨在实现大湄公河次区域六国之间人员和货物的便捷流动,使该次区域公路网发挥最大效益,使各国在交通基础设施投资的硬件方面与便利客货运输的软件方面协调发展。
③ "中缅石油管道"项目已经在积极地推进。中缅油气管道西起缅甸西海岸的实兑,从云南瑞丽进入中国境内,直达云南昆明,长度为 900 公里,每年计划向国内输送 2 000 万吨原油,相当于每日运输 40 万桶左右。
④ 澜沧江—湄公河是亚洲唯一的一江连六国(中、老、缅、泰、柬、越)的国际河流。自古以来,这条"东方多瑙河"就是一条天然纽带、民族走廊、经济通道,把中国西南和东南亚的社会经济文化紧密联系在一起。为给中、老、缅、泰澜沧江—湄公河提供法律保障,自 1994 年开始历经 7 年 6 次事务级会谈后,四国交通部长于 2000 年 4 月正式签署了《中老缅泰澜沧江—湄公河商船通航协定》;为维护和改善河流通航条件,以确保船舶安全顺利航行,四国于当年 9 月又通过了《澜沧江—湄公河航道维护与改善导则》等 6 个文件草案。据研究预测,2010 年货运量可达到 150 万吨以上,旅客量 40 万人次以上。参见《中老缅泰澜沧江—湄公河商船通航合作概况》,中国—东盟博览会官方网站,2005 - 01 - 23/2008 - 07 - 08, http://www.caexpo.org/gb/news/special/GMS/coporation/t20050123_30935.html.

是中越通道,中越通道主要由中国西南沿海港口,越南北部沿海港口,中越红河航道及内河港口,昆明、南宁至河内的公路、铁路等国际运输通道组成;四纵是海上运输通道,开辟了中国沿海港口通往北部湾、泰国湾、孟加拉湾等沿岸国家的海上航线,是中国与东盟外贸物资运输的主要通道。此外,马来半岛和苏门答腊岛之间的马六甲海峡通道,和联系中国云南、缅甸、孟加拉国和印度的中缅孟印通道将构成"两横"大通道。①

《设想》中的"四纵两横"运输大通道谋求在中国与东盟之间打造一个建立在已有的现实基础上,统揽除了航空以外的各种交通运输方式,立体式、全方位、多领域的交通能源安全合作网络。正因为有了现实基础作为依托,"四纵两横"运输大通道的建设势必会迅速行动起来,立竿见影。这样一来,既尊重了传统,又节省了资金。我们经常可以看到有很多种关于回避"马六甲困局"②的富有创建性的设想。比如,汪海就在其一篇文章中,针对"建设从中国北部湾到东南亚和印度洋的现代化、综合性国际大通道"设计了5种具体方案:(1)中国北部湾至新加坡的铁路和公路方案;(2)泰国至中国北部湾石油管道方案;(3)缅甸至中国北部湾石油管道方案;(4)东南亚至中国珠江三角洲天然气管道方案;(5)中国海南岛至越南和印度洋海陆联运通道方案。③ 这五种方案的精心设计显示了作者宏大、开阔的建构视野,着实令人佩服。但是,就目前中国与东盟之间现代化、综合性运输大通道的建设来看,还有许多不得不考虑的多方面的因素,诸如资金、技术等问题,更多要考虑的是一涉及跨国,特别是多国的交通能源合作时,就得多方面勘察、论证与协调,而不仅仅是地理上选取几何式的最近距离。相比之下,这样的大通道,经过的国家越少越好,谈判协调起来简单方便。这也部分地解释了中缅石油管道建设,虽历经艰难险阻、排除种种"非议"也在积极推进的原因。当然,运输方式与途径的多元化为应对现代化建设快速增长的能源和原材料需求以及抵御各种潜在危机与风险

①　《中国欲打造东盟十国"四纵两横"运输大通道》,广西壮族自治区人民政府门户网站,2007-09-13/2008-07-08,http://www.gxzf.gov.cn/gxzf_gxdm/gxdm_zgdmfzgh/zgdmfzgh_fzgh/200709/t20070913_11385.htm.

②　"马六甲困局"是指中国进口能源、原料运输过度依赖马六甲海峡的困境。

③　汪海:《从北部湾到中南半岛和印度洋——构建中国联系东盟和避开"马六甲困局"的战略通道》,《世界经济与政治》2007年第9期,第47—54页。

展示了战略性的抉择,这恐怕也是《设想》的深层考虑。就拿油气运输不一定要经管道来说,铁路、公路、水路等各种途径都要考虑与尝试,这样才能真正缓解"马六甲困局"。2006年年底,两艘满载150吨成品油的专用油船,从泰国清盛码头启航并顺利抵达云南景洪港关累码头,标志着首次澜沧江—湄公河国际航道成品油试运输取得成功。这也是能源运输通道(途径)多元化的又一重大突破。

二、上海合作组织区域内的交通能源合作

上海合作组织成立十多年以来,经贸合作与安全合作"两个轮子"[①]一直齐头并进,并向多领域拓展。安全合作是上海合作组织形成的起点,经贸合作则是其深入发展的落脚点和基础,共同打击"三股势力",维护各国安全与加强经贸合作、促进各国发展,仍将是该组织的两大系统工程,是其巩固和发展的两大支柱,而补充和加强经贸合作这一重要支柱,则是它相对于其前身"上海五国"的一个突出的特点。

在2003年着重讨论经贸合作问题的上海合作组织成员国政府首脑(总理)会议上,温家宝总理对上海合作组织的区域经济合作提出三点倡议:(1)推进贸易和投资便利化,为实现在上海合作组织框架内的货畅其流,减少直至消除通关口岸、检验检疫、统一标准、交通运输等环节的非关税壁垒;(2)确定若干大的经济技术合作项目,把交通、能源、电信、农业以及家电、轻工、纺织等领域作为优先方向;(3)确立长远的区域经济合作目标,逐步建立上海合作组织自由贸易区。[②] 在这次会议上,六国总理还签署了旨在逐步通过三个阶段达到自由贸易区的《上海合作组织成员国多边经贸合作纲要》。[③] 为此,2004年在比什凯克通过了《关于〈上海合作组织成员国多边经贸合作纲要〉落实措施计划》,该计划包括贸易、投资、海关、质检、交通、能源和信息等11个领域的127

①《江泽民在上海合作组织圣彼得堡峰会上发表重要讲话》,《人民日报》2002年6月8日,第1版。

②《上海合作组织成员国总理会晤举行 温家宝主持会议并代表中国政府发言》,《人民日报》2003年9月24日,第1版。

③《上海合作组织成员国多边经贸合作纲要》,上海合作组织区域经济合作网,2003 - 09 - 23/2008 - 07 - 08,http://www.sco-ec.gov.cn/crweb/scoc/info/Article.jsp? a_no = 568&col _no = 50.

个项目。而 2008 年 10 月 30 日在阿斯塔纳举行的上海合作组织成员国政府首脑(总理)例行会议又批准了该措施计划的修订版本。现在,我们就几个方面具体地谈一下上海合作组织区域内交通能源合作的进程。

首先,我们谈一下上海合作组织区域内的交通合作。事实上,在前面中国—东盟自由贸易区区域内的交通合作中谈到的"泛亚铁路"和"泛亚公路"的一些线路,很大程度上也要经过广袤的上海合作组织区域范围之内,但是,我们要研究上海合作组织区域内的交通合作,必然要将其范围扩展到"6+4"(上海合作组织 6 个成员国加上 4 个观察员)的合作范围,甚至更大一些,这样才会显得更完整。上海合作组织的一些中亚地区的成员国在本组织还没有成立之时,甚至在苏联解体、国之刚立之际,就与中国之间达成了某些交通合作协议。特别是从"上海五国"成立的那一年开始,穿越上海合作组织成员国之间的一些公路、铁路线路就通过多方协定的形式得以确定,并开始兴建、改建与扩建。这些线路主要有:(1) 哈萨克斯坦—乌兹别克斯坦—土库曼斯坦—伊朗(谢拉赫斯—麦什德,谢拉赫斯协定,1996 年);(2) 中国—哈萨克斯坦—俄罗斯—乌克兰—波兰—德国;(3) 中国—吉尔吉斯斯坦—乌兹别克斯坦(安集延—奥什—喀什,中国、吉尔吉斯斯坦、乌兹别克斯坦国际公路交通协定,1997 年);(4) 欧洲—高加索—亚洲(欧亚大干线,主要多边协定,1998 年);(5) 印度—伊朗—俄罗斯—欧洲("北—南"、印度、伊朗、阿曼和俄罗斯协定,2000 年);(6) "E-40"国际间技术委员会,德国—波兰—乌克兰—俄罗斯—哈萨克斯坦—乌兹别克斯坦—哈萨克斯坦—中国;(7) 跨越阿富汗的新的运输走廊(乌兹别克斯坦—阿富汗—伊朗,阿富汗、伊朗、乌兹别克斯坦协定,2003 年);(8) 中国—哈萨克斯坦(吉尔吉斯斯坦、塔吉克斯坦)—乌兹别克斯坦—阿富汗—伊朗,走向印度洋港口;(9) 中国—塔吉克斯坦—乌兹别克斯坦—阿富汗—伊朗;(10) 中国—塔吉克斯坦—乌兹别克斯坦;(11) 中国—哈萨克斯坦—土库曼斯坦—伊朗(铁路干线新方案)等。①这么多的交通运输线路如果真的都能够达到顺畅如流,那么亚洲的大

---

① 　阿卜杜拉·哈希莫夫:《上海合作组织与中亚交通运输》,李永庆译,《俄罗斯中亚东欧市场》2004 年 11 期,第 1—8 页。

部分区域范围都将会被一个紧密的交通网络所整合。其中,值得一提的是,为了又快又好地建设上海合作组织区域内的交通运输通道,该组织特意将中国—吉尔吉斯斯坦—乌兹别克斯坦公路和 E - 40 公路作为交通领域的示范性项目来抓。

在这些现有的基础上,中国曾提出与上海合作组织其他成员国之间进行交通合作的初步设想,其主要内容如下。上海合作组织各成员国要进一步加大对公路基础设施的投入,并争取得到世界银行、亚洲开发银行等国际金融机构的更大支持,加快建设贯通中国—中亚—欧洲的三条东西运输通道:(1) 中国—哈萨克斯坦—俄罗斯—欧洲(欧亚洲际运输通道之北通道),这是中国经过哈萨克斯坦、俄罗斯连接欧洲的重要通道。中国国内公路通道由连霍国道主干线和霍尔果斯、吉木乃、巴克图、阿拉山口口岸公路组成,已基本完成高等级公路改造,是目前欧亚联系的主要陆路通道之一。(2) 中国—哈萨克斯坦—里海—欧洲(欧亚洲际运输通道之中通道),这是中国经过哈萨克斯坦的腹部地区到达里海,然后进一步延伸至欧洲的便捷通道。(3) 中国—中亚—伊朗—土耳其—欧洲(欧亚洲际运输通道之南通道),横贯我国东、中、西部,东起连云港、途经西安,西抵新疆乌鲁木齐、阿克苏、喀什,通过吐尔尕特和伊尔克什坦口岸可以联系吉尔吉斯斯坦,并通过吉尔吉斯斯坦到达乌兹别克斯坦、塔吉克斯坦和土库曼斯坦,通过卡拉苏等口岸到达塔吉克斯坦等中亚国家,再经高加索地区到欧洲,经伊朗和土耳其,通过博斯普鲁斯海峡到达欧洲,沿线经过中亚的比什凯克、杜尚别、塔什干、霍罗格、胡詹等中亚国家的首都和重要城市,是经过中亚国家最多、沿线人口最密集的通道。这条通道将我国与中亚主要国家、西亚和欧洲连接在一起。① 这三条东西通道可以将中国和东北亚、中亚及欧洲更紧密地联系起来。通道横贯了中亚五个国家,连接了这些国家的行政中心、主要城市和资源产地,为发展中国与俄罗斯、中亚、南亚等国家乃至欧洲等国家的经济贸易提供良好的通道运输条件。同时,俄罗斯、中亚、南亚等相关国家就建立连接俄罗斯、中亚至南亚阿巴斯、卡拉

---

① 《建设公路运输通道,实现便利运输,促进经贸发展》,中国交通运输部网站,2006 - 06 - 16/2008 - 07 - 08, http://www. moc. gov. cn/zizhan/siju/guojisi/shuangbianquyu _ HZ/quyuhezuo/gongzuodongtai/200709/t20070923_406375.html.

奇等港口的南北运输通道达成共识,这将为中国与中东、波斯湾和印度洋地区的国家开通陆路联系,也为中亚地区开辟向南的出海通道,为通过海上运输连通中亚和中国西部地区提供了可能,对上海合作组织成员国发展经贸和公路运输合作意义重大。

当然,在重点推进中国与上海合作组织区域公路运输大通道的基础上,中国已加大资金投入建设和正在规划建设通往本区域国家的 12 条现代化高速公路运输线路的中国境内路段,其中 5 条为近期重点建设线路(总长约 5 200 公里),上述路线将把中国乌鲁木齐、喀什等重要城市通过霍尔果斯、伊尔克什坦、卡拉苏等口岸与中亚国家、俄罗斯、欧洲连接起来。在建设自己境内路段的同时,中国也向其他成员国提供力所能及的援助。比如,中国政府已向吉尔吉斯斯坦提供 6 000 万人民币的无偿援助用于援建中吉乌公路;中国政府还提供 3 亿美元优惠出口买方信贷用于修建全长 380 公里的连接中吉乌公路的塔乌公路项目。

从 2004 年 8 月到 2007 年 12 月,前后经历了 7 次谈判,经过各方的努力,《上海合作组织成员国政府间国际道路运输便利化协定》有关各方在北京完成了框架协定的绝大部分文本讨论,有待正式签署。建立和完善各国间公路跨境过境运输法律框架,消除人为因素造成的非物理障碍,实现各成员国的跨境过境运输便利化,是充分发挥国际公路运输通道基础设施建设投资效益的基本保证。因此,上海合作组织各成员国对道路运输便利方面的合作非常重视,都希望尽快签署该协定,为本组织道路运输便利化提供可靠的法律保障。

其次,我们再来谈一下上海合作组织区域内的能源合作。在上海合作组织区域所涵盖的范围内,有着俄罗斯、伊朗、哈萨克斯坦、乌兹别克斯坦、吉尔吉斯斯坦等生产潜力巨大的资源国。据统计,该地区的石油储量约占世界总储量的 10.9%(如果包括观察员国,则为 22.9%),天然气储量约占世界总储量的 30.65%(如果包括观察员国,则为 46.15%),煤炭储量约占世界总储量的 33.4%(如果包括观察员国,则为 43.9%)。又有中国、印度、蒙古、巴基斯坦等能源需求旺盛的消费国。据国际能源机构预测,到 2030 年,世界能源需求将以年均 1.6% 的速度递增,而亚洲发展中国家的增长最快,这主要是指中国和印度。中国的石油需求量预计年均增长率约为 3.4%,印度为 3%。相应地,到 2030 年,中国的原油消费量将达到每天 1 530 万桶(其中 77% 依靠进口），印度约为每天 540 万桶（其中 87% 依靠进口）。也就是说，届时仅中国一国的原油消费量大致就相当于整个欧洲的水平。另外，到 2030 年，中国每年的天然气需求量将达到 1 690 亿立方米（其中 33% 依靠进口），印度约为 900 亿立方米（其中 30% 依靠进口）。[①] 因此，这种客观条件使得它们对开展区域能源合作有着强大的内在需求，同时也为它们之间互利共赢的能源合作开辟了广阔的前景。现在我们从几个具体领域来看一下上海合作组织区域内的能源合作。

一是上海合作组织区域内天然气领域的能源合作。2006 年 3 月，中俄两国签署了《中国石油天然气集团公司与俄罗斯天然气工业股份公司关于从俄罗斯向中国供应天然气的谅解备忘录》，计划从 2011 年开始俄罗斯将通过东、西两条管道每年对华出口天然气 680 亿立方米。第一条管道经阿尔泰边疆区到中国，其依托是亚马尔半岛气田和西伯利亚的恰扬金斯克气田；第二条管线将以萨哈林或科维克金气田为基地。中国还计划建设 16 个液化天然气的终端接收站。中国石油化工集团公司参与了生产液化天然气的俄罗斯"萨哈林-3"勘探项目，拥有该项目中韦宁区块开发项目的 25.1% 股份，目前进展顺利。2004 年，中国和伊朗政府签订了总额为 700 亿美元的巨额投资合同。按照合同规定，伊朗将在 25 年内向中方供应约 2.5 亿吨液化天然气，而中国在未来 25 年对伊朗能源工业的投资总额将有可能超过 1 000 亿美元。正在修建的从伊朗经巴基斯坦再到印度的天然气管道可以保证伊朗每年出口 660 亿立方米天然气，这条管道基本上将能够满足印度日益增长的能源需求。[②] 2007 年 7 月，中国石油天然气集团公司与土库曼斯

---

① 陈小沁：《上海合作组织能源一体化前景探析》，《国际经济合作》2008 年第 10 期，第 50—54 页。

② 此处指的是"伊—巴—印天然气管道"。伊—巴—印天然气管道的想法最早开始于 1993 年，当时印度和伊朗首先签署了铺设天然气管道的备忘录。2001 年，伊朗批准了对管道建设的可行性研究，计划从伊朗南部的阿素里耶气田经巴基斯坦向印度提供天然气。此后三方不断磋商，但谈判进程却起起伏伏。2007 年 4 月，伊、巴、印三方终于签署了一项原则协议，确定管道建设的长度为 2 775 公里，成本约为 74 亿美元，计划于 2009 年开工建设，2012 年实现输气。该计划又称"和平管道"，因为一旦建成将使三国利益更紧密地联系在一起，有助于地区和平与发展。参见《伊巴印天然气管道计划提速》，中国能源网，2008 -04 - 30/2008 - 07 - 08，http://www.china5e.com/www/dev/news/viewinfo-oil-200804300101.html。

坦签署了一项长达 30 年的天然气供应协议。根据该协议,土库曼斯坦将在 30 年内,每年向中国供应 300 亿立方米天然气。按照规划,中石油将修建一条始自土库曼斯坦、途经乌兹别克斯坦和哈萨克斯坦,最后到达中国西部霍尔果斯口岸的天然气管道,以便将中国在土库曼斯坦购买的天然气输送到中国。为此,2007 年 12 月底,中石油决定与其子公司各向中油勘探开发有限公司注资 80 亿元,即共增资 160 亿元人民币以支持该天然气管道项目。

　　二是上海合作组织区域内石油领域的能源合作。俄罗斯远东输油管道"泰纳线"①建成之后,将形成每年 8 000 万吨的输送能力,受益的将包括中日韩在内的亚太地区。随着"阿塔苏—阿拉山口"(哈萨克斯坦—中国新疆)石油管道二期工程正式投入使用,可实现由哈萨克斯坦西部到中国新疆全线贯通,每年输送原油达 2 000 万吨。目前,俄罗斯通过铁路每年可向中国出口 1 000 万—1 500 万吨原油,但这远不能满足快速增长的中国经济对原油的需求。现在伊朗正在计划成为中国主要的原油供应国。伊朗已经向本国的石油部门投入了 300 亿美元,以期到 2015 年实现日产原油 550 万桶,而如果投入 1 000 亿美元,则可实现日产原油 700 万桶。按照中国石油化工集团公司与伊朗方面签署的原油供应合同的规定,中国在未来 25 年每天将可从伊朗获得 15 万桶,即每年超过 5 000 万桶原油。2006 年 2 月时任巴基斯坦总统穆沙拉夫访华时表示,希望中方充分利用巴基斯坦的地理优势,把巴基斯坦作为在本地区的贸易和能源走廊。巴方领导人所提出的"中巴石油管道"的具体路径是,在巴基斯坦西南部、中国政府援建的瓜达尔港至新疆的红其拉甫山口之间修建一条石油管线,这样来自中东和非洲的原油可以通过瓜达尔港输送到中国西北部,从而破解"马六甲困局"。

---

① "泰纳线"是中日"安大线"与"安纳线"竞合的结果。中国最先与俄罗斯达成的"安大线"输油管道按计划西起俄罗斯伊尔库茨克州的安加尔斯克油田向南进入布里亚特共和国,绕过贝加尔湖后,一路向东,经过赤塔州,进入中国,直达大庆。但是"安大线"方案建设由于日本提出优厚条件要求俄罗斯优先兴建从安加尔斯克油田到远东太平洋港口纳霍德卡的"安纳线"输油管道而陡增变数。而"安纳线"也由于很多不确定的不利因素导致流产。之后,俄罗斯最终选定"泰纳线"方案。该线西起伊尔库茨克州的泰舍特,从贝加尔湖北侧经过,然后沿着贝加尔—阿穆尔大铁路,从斯科沃罗季诺开始沿着中俄边境地区,最后到达纳霍德卡。俄方承诺优先向中国支线供油。参见崔颖:《上海合作组织框架下的能源合作》(下),《大经贸》2007 年第 9 期,第 80—85 页。

三是上海合作组织区域内其他领域的能源合作。水力发电是成员国间合作的另一个重要领域。吉尔吉斯斯坦和塔吉克斯坦都拥有丰富的水力资源,而它们现在的利用率还很低,比如在塔吉克斯坦的利用率只有 5%。现在俄罗斯和塔吉克斯坦正在进行建设大型水力发电站的合作项目。另外,中国和哈萨克斯坦现已达成关于在埃基巴斯图兹联合修建热电站的初步协议,这将是哈萨克斯坦境内功率最大的发电站之一,每年可向境外输送约 400 亿千瓦时的电力,而且该热电站的发电量将只供应给中国。

在上海合作组织区域内成员国(包括观察员国)之间能源合作广泛开展的同时,区域外的美国、欧盟、日本等一些国家和地区以及国际组织也在积极渗透进来。美国一方面通过阿富汗战争进驻中亚地区,拉拢英国等西方国家一起炮制出一个"美国管道"——"巴库—杰伊汗管线"[①],用来同"俄罗斯管道"——"田吉兹—新罗西斯克管线"[②]抗衡,同时又威胁中亚地区的能源不能经由伊朗出口,并制裁与伊朗合作的国家与公司。这也使得中亚国家想选择巴基斯坦作为其能源南下出海的通道,比如呼声很高的"土—阿—巴—印天然气输送管道"项目建设[③]。

---

① "巴库—杰伊汗管线",从哈萨克斯坦的阿克套经阿塞拜疆的巴库、格鲁吉亚的第比利斯至土耳其的杰伊汗,该管道绵延 1 767 公里,途经海拔 2 700 多米的高山峻岭和 1 500 多条河流,从酝酿修建到完工,历时 10 年之久,耗资 30 多亿美元。英国石油公司是这个管道项目的最大股东,持有 30% 的股份。主导这个项目的却是美国政府。在美国敦促和英国石油公司领导下,由欧洲复兴开发银行和世界银行下属国际金融公司筹资。管道集团由 10 个国家公司参股,输油能力每天 100 万桶,约占全球日原油总产量 1.2%,相当于美国日原油进口量的 1/10。建设这条管线的真实意图是绕开俄罗斯和伊朗,防止俄、伊两国控制里海能源。参见王海燕:《上海合作组织框架下的里海能源合作》,《新疆金融》2006 年第 11 期,第 43—46 页。

② "田吉兹—新罗西斯克管线",从哈萨克斯坦的田吉兹油田至俄罗斯黑海港口新罗西斯克,该项目 1999 年 5 月开工,管线长 1 580 公里,第一阶段年输油量为 2 820 万吨,随后将达到 6 700 万吨。目前进入国际市场的里海石油很大一部分是从俄罗斯的黑海港口转运的。

③ 根据规划,土—阿—巴—印天然气输送管道长 1 680 公里,从土库曼的道利特巴德市出发,途经赫拉特和坎大哈省,进入巴基斯坦的奎达市,并由此抵达印度边境法兹尔卡镇。预计整个管道建设将耗资 60 亿美元,于 2018 年前建成,每年可输送 330 亿立方米天然气。项目得到亚洲开发银行的支持。参见《阿印巴土四国在伊斯兰堡讨论天然气管道过境阿富汗》,中国能源网,2008 - 04 - 30/2008 - 07 - 08,http://www.china5e.com/www/dev/news/viewinfo-oil-200804250063.html.

在美欧支持下,2007 年 5 月 11 日至 13 日,波兰、乌克兰、阿塞拜疆、格鲁吉亚、立陶宛五国首脑和哈萨克斯坦总统特使在波兰召开"欧亚非正式能源峰会",就 2011 年前修建一条绕过俄罗斯而将里海石油输送到欧洲的"敖德萨—布罗德—格但斯克"石油管线①初步做出决定。日本也通过向中亚 5 国提供政府开发援助( Official Development Assistance,ODA)、"日本+中亚"计划以及积极购入中亚油田股份与谋求打通南方输油通道,构建一个日本版的中亚能源网络。

　　上海合作组织区域内外的国家和地区在该区域范围内多种形式的能源合作,不禁让人思考这里是否有那么多的能源储备经得起多方分流。能源富有国输出能源通道多元化与能源消费国输入能源途径多元化的竞合,会不会导致上海合作组织区域内产生不和谐因素,而导致本组织的凝聚力下降,外来势力乘虚而入呢? 针对这些问题,2006 年 6月,上海合作组织峰会期间,俄罗斯总统普京率先提出了组建"上海合作组织能源俱乐部"的设想,并得到了广泛支持。俄方考虑的是它在上海合作组织内部,尤其是在中亚地区的能源领域的支配地位不断地遭到侵蚀和动摇,需要通过这样一个类似欧佩克的能源组织来重新取得支配地位,至少能够在问题出来之前有一个协调的余地。虽说现在启动能源俱乐部的建设显得为时尚早,最终是以论坛还是协调机构的形式出现,将取决于上海合作组织区域内这些国家能源领域的合作程度以及其他领域的影响程度。但是无论如何,上海合作组织框架内组建的能源俱乐部建设会符合包括中国在内的各成员国/观察员国的利益,因为本组织区域内的这些国家在能源领域的合作将会提高本组织的国际地位与影响力,增进与区域外国家和地区以及国际组织对话与合作程度,增加谈判筹码,最终会呈现多赢互利的局面。

---

① 从乌克兰境内黑海沿岸的敖德萨至乌(克兰)波(兰)边境城市布罗德输油管道(简称"敖布线"),最终延伸至波兰北方港口城市格但斯克。这条扩建后的敖德萨—格但斯克管道(简称"敖格线")若能建成,将打通从里海经黑海至波罗的海的石油运输走廊,从而使里海石油可绕过俄罗斯直接输送到波兰和波罗的海国家。此次峰会促成了该管线的能源需求方(波兰、立陶宛)、过境方(乌克兰、格鲁吉亚)和供应方(阿塞拜疆、哈萨克斯坦)共同做出支持延长敖布线的政治决定。

## 第三节　台海安全：力求深化两岸类似自由贸易协定性质的经济合作协议

台海安全虽然涵盖在周边安全范围之内，但是由于其特殊性，所以就将其独立出来专门进行讨论。自从 2008 年 3 月台湾地区选举了新的领导人以来，两岸不断展现增进共谅共融、互惠互动、欣欣向荣的"和谐台海"的安全构建契机。

台海安全概念的提出，有着很多历史与现实的考量。历史上，由于大陆军事制海权力量薄弱，台湾地区经常遭外敌入侵，孤悬海外。抗日战争的胜利使得台湾重新回到祖国的怀抱，但是，新中国的成立却未能解决内战所遗留下的台海问题。目前，不管台湾地区的政局怎样变换，都是当年中国国民党偏安一隅所造成的。从现实的角度来讲，台海问题产生也有几方面的原因：一是外国势力的干涉与插手。美国一直是始作俑者，为了围堵苏联、现在的俄罗斯以及中国大陆，它着力将台湾地区打造成"第一岛链"的"永不沉没的航空母舰"。虽说美国不断地声称坚持"一个中国"的原则，但暗地里还是不断地为台湾地区谋求"国际空间"，并通过向台湾地区不断出售先进武器确保恐怖平衡，以达到两岸"不统不独"的绝佳状态。日本的殖民情结也是潜在暗流。日本同美国一样不愿看到中国崛起和强盛，总是与美国一起在中国和平发展的道路上不断地设置障碍。1997 年 9 月，日、美正式确定《新安保防卫指针》，指出日美军事防卫范围包括日本的周边事态。[①] 2005 年 1 月初，日本政府开始对 1999 年制定的《周边事态法》进行修改，新版本明确把台海地区包括在所谓的"周边"范围之内。日本国内反复出现对亚太地区发动侵略战争的"集体失忆"，美化侵略历史。2006 年 2 月 4 日，日本时任外相麻生太郎又对第二次世界大战时期对台湾实行的殖民统治大放厥词。当然，日本打台湾牌，也是想在解决中日之间关

---

① 《新安保防卫指针》的第五部分对"周边事态"做出这样的解释："周边事态是指对日本的和平与安全造成重大影响的事态。周边事态不是地理性概念，而是着眼于事态的性质。"但是，台海冲突是否包含在美日安保的范围内，从来都没有明确界定。不过，时任日本内阁官房长官梶山静六就公开宣称："日本周边地区理所当然包括台湾海峡。"而当时的自民党外交调查会代理会长安倍晋三则断言："如果从《新安保防卫指针》中排除台湾地区，就有发生（中国大陆对台湾）武装入侵的危险。"

于历史问题、钓鱼岛问题、东海领海划分问题以及油气资源勘探与开发等问题上占得先机。

二是台海两岸之间在经济、政治、文化和社会等各领域里多年的隔阂形成的不同程度的差异。两岸的经济发展水平差异显著,大陆目前还处在谋求区域经济协调可持续发展的阶段,而台湾则已站上了产业链的高端。政治制度根本性的不同也使台湾地区文化和社会也在多年的发展中呈现独特性。因此,台海两岸在短时间内不可能在各个领域里形成高度的认同。

三是基于外部干涉势力和两岸认同差异,及台湾岛内"台独"势力的存在。"台独"势力不可轻视,曾通过民进党的"执政"达到了高峰。"台独"势力随时局变动,又有不同形态的变化。它不仅想通过政治上谋求所谓的"国际空间",军事上图谋"以武拒统",还想透过经济上"实质外交",文化上"去中国化",社会上"族群分裂"等一系列的动作,达到"法理台独"的目的。

因此,针对台海问题可能爆发的三个机理,要想构建台海安全机制,祖国大陆除了在政治上不断强调"一个中国"和"台湾是中国不可分割的一部分"的原则和立场,而且在军事上绝不承诺"放弃武力统一"的选项,还要加强两岸在文化和社会领域里的各种交流平台的构建,从而增强两岸"同文同种"的认同。当然,更重要的是在经济领域里也要防止"台独"势力的滋生。所以,这也是中国自由贸易区战略的一项重要任务。这项任务主要包括三个方面的内容:(1)固守双方在现有共同加入的世界贸易组织和亚太经济合作组织中的身份定位,防止和消除在多边、区域或双边经济合作中台湾地区有悖身份的企图。2001 年 12 月 11 日和 2002 年 1 月 1 日,海峡两岸分别以 the People's Republic of China(China)和 Separate Customs Territory of Taiwan, Penghu, Kinmen and Matsu(Chinese Taipei)的身份加入世界贸易组织,即中国大陆加入的身份为主权国家,中国台北加入的身份为单独关税区。1991 年 11 月,中国大陆同中国台北和中国香港一起正式加入亚太经合组织。在此之前,中国同亚太经合组织签署了《谅解备忘录》,明确中国作为主权国家,台湾和香港作为地区经济体,分别以"中国台北"和"香港"(1997 年后改为"中国香港")的名称加入;台湾地区只能派负责经济事务的官员出席财经、贸易等专业会议;台湾地区不得举办亚太经合组织会议。1993 年 11 月,在美国西雅图召开了首次亚太经合组织领导人非正式会议,会议确定,台湾地区参加非正式会议的领导人只能是经贸方面的负责官员或者工商界人士。这种方式被称为"西雅图模式",后来的亚太经合组织会议都沿袭了这种模式。(2)坚决反对任何国家和地区与台湾地区以"主权国家"或"政府"等身份达成自由贸易协定。① 台湾地区目前与中美洲的几个"邦交国"签署了自由贸易协定②,但是美国和其他的几个大经济体与之均未达成自由贸易协定,这也说明了他们权衡得失的结果是不能轻易失去或交恶于大陆这个偌大、稳定、快速发展的市场。(3)坚持在"一个中国原则"和"九二共识"的基础上,两岸达成贸易自由化、投资便利化等经贸领域里"双赢"或"多赢"的类似自由贸易协定性质的经济合作协议。

对于第一个方面,两岸在世界贸易组织、亚太经合组织内已经有了约定俗成的合作机制③和身份定位,台湾方面想在这两个平台上做文章已经没有了多大的空间。对于第二个方面,大陆已经取得了实质性的突破。目前,包括巴西、阿根廷、智利、秘鲁等在内的多个拉美国家已宣布承认中国的完全市场经济地位,这对于中国与他们之间自由贸易协定谈判的启动是十分有利的。2006 年中国和智利自由贸易协定的正式实施,2009 年中国和秘鲁自由贸易协定的正式签署,特别是

---

① 2002 年 6 月,时任中国外经贸部长石广生强调:"凡是跟中国建交的国家,同台湾开展经贸关系,一定要遵循一个中国的原则。这些国家如果跟台湾当局签订自由贸易协定,必然会给他们带来政治麻烦。"这反映的正是当时中国政府否定台湾有在世界贸易组织架构下与其他国家洽签自由贸易协定的可能。新加坡与台湾曾于 2001 年就自由贸易协定进行谈判,但最后因北京压力,及台湾坚持使用"台湾"名称而搁置下来。蔡宏明:《台星 FTA 能否跟着融冰》,《国政评论》,2008 - 04 - 28/2009 - 01 - 01;[台湾]政策研究基金会网站,http://www.npf.org.tw/post/1/4138.

② 已与台湾签署自由贸易协定的国家是巴拿马、危地马拉、尼加拉瓜、洪都拉斯、萨尔瓦多。与台湾正在进行自由贸易协定谈判的国家有多米尼加、巴拉圭、哥斯达黎加(此文引用来源是台湾经济主管部门国际贸易局 2007 年 5 月 30 日的材料,而哥斯达黎加 2007 年 6 月与中国正式建立外交关系);邓岱贤:《两岸签署综合性经济合作协议之研究》,《国政研究报告》,2008 - 09 - 30/2009 - 01 - 01;[台湾]政策研究基金会网站,http://www.npf.org.tw/post/2/4745.

③ 比如,两岸在世界贸易组织体制内都没有相互采取关贸总协定第 35 条"互不适用条款",这样一来,两岸在世界贸易组织体制内的贸易争端解决管道也是畅通的。至于在亚太经合组织体制内,台湾方面也醉心于亚太经合组织合作机制创新,对于亚太经合组织朝自由贸易区方向的发展,乐见其成。

2010 年中国和哥斯达黎加自由贸易协定的正式签署①,对于台湾地区在拉美地区的一些"邦交国"来说,既是一种"艳羡",更多的也是一种警示。前两个方面是中国自由贸易区战略在国际层面确保台海安全任务的宏观体现,而第三个方面则是中国自由贸易区战略谋求两岸签署并深化类似自由贸易协定性质的经济合作协议以最终确保台海安全任务的具体体现。2012 年 1 月,国民党候选人马英九再次当选为台湾地区领导人,这不仅是承认"九二共识"的胜利,同时也是两岸签署的经济合作框架协议(ECFA)已逐渐被台湾大多数民众所认同的结果。因此,本节重点就第三个方面进行阐述。

一、中国自由贸易区战略促进台海安全的可能性

经过三十多年的改革开放,中国包括经济、政治、军事、文化等软硬实力在内的综合国力大大增强,使得海峡两岸在各个领域里的对比出现了绝对的不平衡。特别是在经济领域里,大陆已经跃居为世界第二大经济体,逐渐地对世界各国和地区,尤其是周边国家和地区形成了磁吸效应。再加上目前两岸在政治领域里还没有突破性的进展,所以世界上大多数国家和地区更乐于同大陆深化经济等领域里的合作,而不愿意得罪大陆去同台湾深入交往,使得台湾趋于"边缘化"。同时,台商为了抢占大陆商机,一直不断地寻求突破对大陆投资的各种界限,使得台湾本土企业濒于"空心化"。这样一来,大陆力推"先经后政、循序渐进"等构建"和谐台海"的理念,对于台湾当局以及社会各界来说是很容易被接受的。台湾通过同大陆达成类似于自由贸易协定性质的经济合作协议,搭上大陆快速区域经济整合的"便车",从而免于"边缘化"与"空心化"的厄运。这也正是中国自由贸易区战略确保台海安全的可能性之所在。

多年来,台海地区一直处于"不统、不独、不武"的冷和平状态,这对于台湾当局似乎是个大好时机,但事实上,却是处于不断被边缘化的危机中。台湾当局原来一直用一种"自我优越"的眼光看待大陆,竭力延缓同大陆经贸等方面的联系。在两岸经贸政策上,台湾当局从"戒

_____

① 目前,哥斯达黎加是中国在拉美地区的第九大贸易伙伴,而中国已成为继美国之后哥斯达黎加全球第二大贸易伙伴,而且中哥双边贸易呈现出高速发展的态势。

急用忍",到"积极开放,有效管理",再到"积极管理,有效开放"。他们设想除了大陆,还有很广阔的"国际空间",谋求"深耕台湾,布局全球"。可是日子久了,问题就出来了。

虽说台湾自 1987 年开放民众赴大陆探亲后,正式开启了两岸经贸交流,迄今已逾 20 年,但两岸经贸迟迟无法正常化,使得台湾丧失许多商机。两岸经贸无法正常化的各项项目之中,其中影响台湾最为深远的,就是两岸未能直接通航。美国商会及欧洲商会每年白皮书均疾呼两岸直航之重要性,以 2007 年 5 月美国商会白皮书内容为例:"美国商会从 1996 年开始发表年度《白皮书》;每一年报告都不断重申让两岸人员、商品、服务与投资正常流通的重要性,也特别强调两岸直航能提升台湾企业效率,两岸直航迟迟无法落实对台湾经济到底会有哪些负面影响?真的是该说的都说过了。所以,在两岸直航议题上,美国商会给台湾政府的建议跟过去一样明确,'Just do it!'"由此可见台湾的外商对于两岸直航的殷切期盼。正因为两岸不能直航,台湾逐渐丧失了成为亚太营运总部的机会。外商在台湾的营运基地也纷纷搬离台湾,以优比速(UPS)为例,当初为第一个来台设立亚太营运总部的跨国公司,因两岸迟迟无法开放直航,在 2002 年 4 月到菲律宾另设转运中心。此外,在台美国商会人数减至不到千人,台北欧洲商会亦从全盛时期会员逾千人,减至不到 500 人,美国商会执行长亦坦言,28 岁以下的专业个人会员数量大减,表示年轻一代的外国专业人士不想来台发展。也正是因为不能直航,很多台资企业所需的物流与人流必须选择迁往大陆,合作厂商也会要求赴大陆驻点,而台商也必须长驻大陆,台商逐渐失去在两岸间进行产业有效整合及分工的机会,海外台商零组件与半成品从台湾进口的比例开始逐年减少,而台湾在大陆进口占有率亦逐年递减。①

台湾当局也曾想做出撇开大陆另寻"国际空间"的努力,事实上也收到了些许回报。虽然加入了世贸组织与亚太经合组织,可是这又让台湾有身份上的"困扰",而且谈判进程又非常缓慢,在当今以自由贸

---

① 林祖嘉、刘大年、谭瑾瑜:《建立两岸经济合作机制内涵探讨》,《国政研究报告》,2008 - 12 -26/2009 - 01 - 01;[台湾]政策研究基金会网站,http://www.npf.org.tw/post/2/ 5224.

易协定为核心的区域安排协定全球泛滥的时代,台湾地区的国际经济空间将会迅速萎缩,因为谁都不愿意同大陆这样一个快速发展的巨大经济体交恶。台湾地区与美国之间自由贸易协定谈判的搁浅,便是一个很好的例子。当然,也有台湾学者建议台湾当局在无法与重要经贸伙伴签署自由贸易协定时,应循"台日模式",化整为零,就个别部门(sector by sector)的合作先行协商,比如智慧财产权(即知识产权,Intellectual Property Rights,IPR)投资、相互认证等领域,积极寻求双边合作的任何可能。[①] 这样虽说不失为一种次优的选择,但其缓慢而繁杂的进展根本就跟不上区域经济一体化的大趋势,仅在东亚的区域经济整合("10+1""10+3"等)的过程中,台湾就将逐渐地被排除在外,照此下去,台湾终将免不了被边缘化的命运。

　　而更让台湾当局担心的事是产业"空心化"以及对大陆高度贸易依赖程度的终将发生。产业"空心化"是指台湾企业为了寻求台湾以外的其他地区,尤其是大陆地区的更多商机,而直接或间接地绕过台湾当局的资金技术等管制,离开岛内,造成岛内产业虚化现象。另一方面,台湾这两年对香港、大陆的贸易输出,占台湾总贸易输出的40%,弥补了台湾地区对其他国家的贸易逆差,台湾经济成长率若维持5%,岛内的内需贡献只有1.5%,外需贡献却有3.5%,所以两岸经贸对台湾很重要。[②] 因此,台湾对大陆保持高度的贸易依赖程度也是不可避免的。

　　21世纪以来,民进党"执政"8年,更是左冲右突,将全副精力用在"拼政治""去中国化""去蒋、正名、公投"等事关"统独"的议题之上,导致台海局势紧张、岛内不断虚耗。岛内不断拼"口水",政府恶搞,"朝野"恶斗,百姓厌倦,经济衰败,民众信心丧失。2007年,台湾经济增长只有4%左右,排在亚洲"四小龙"之末,当局入不敷出,人民的生活压力日益沉重。经过民进党8年的内耗、折腾,台湾的竞争力正在快速下降,机会正在快速流失。相较之下,2007年,香港本地生产总值增长达6.3%,创下过去10年的新高;07/08年度政府综合盈余高达1 156

---

① 吴荣义、洪财隆:《中国与东协签署 FTA 对"我国"的影响与因应策略》,《台湾经济月刊》2005 年第 3 期,第 98—109 页。

② 林建甫:《两岸签署 CECA 的时代性与必要性》,《国政评论》,2009 - 01 - 19/2009 - 01 - 20;[台湾]政策研究基金会网站,http://www.npf.org.tw/post/1/5314.

亿元,占本地生产总值的 7.2%,是原本预测的 4.5 倍,也创历史新高,库房因此严重"水浸"。新加坡方面,经济成长更高达 7.7%,房地产及股市税收成长均远超预期,国库岁入也十分充实。究其原因,新、港两地能抓住中国大陆经济崛起的机遇,发展壮大自己。香港回归 10 年来,经济历经风风雨雨,虽然经历了金融风暴和 SARS 疫症后的经济逆境,但还是能够把握住内地加入世贸组织、签订更紧密经济伙伴协议(CEPA)等种种机遇,搭上内地经济高速发展的列车;特别是在中央政府的关怀、支持下,以内地为腹地,加速与珠三角融合,落实自由行等,令经济快速复原,及早重现繁荣。港人对"中国好,香港好"的体会越来越深。新加坡方面,政府近年不断加强与中国的政治、经贸关系;李光耀多次提出真知灼见,指出新加坡只有借助中国经济发展的动力,才能发展壮大自己。中新贸易额连年增长,政治、经贸关系越来越紧密。与此相对照,民进党当局仍然坚拒两岸三通,阻挠台商投资大陆,限制大陆资本进入台湾,限制大陆游客到台湾,等等。一系列人为设置的障碍,令台湾优势尽失,日益被边缘化,竞争力不断下降,一年不如一年。[①]

在台湾地区,包括国民党在内的广大台湾同胞早已认识到,离开大陆独自去发展几乎是不可能的事情,唯有通过与大陆达成类似自由贸易区的管道才能与东亚、亚太等区域经济合作机制进行很好的接轨,也可以说是类似于"搭大陆的便车"。据台湾学者研究表明,若两岸经贸能够建立逐步正常化的两岸经济合作机制,甚至达到两岸经贸自由化、便捷化的程度,两岸经济发展将可进入更深化的程度,迈向新的里程碑。台湾学者的一项研究表明,若海峡两岸和香港成立类似自由贸易区的合作,台湾将是最大的受益者,其出口量、进口量、实质 GDP 将依序增加 13.99%、22.79% 及 3.31%,而台湾的社会福利亦将增加 141.3 亿美元。除了对台湾有益,对海峡两岸和香港的进出口、实质 GDP 及社会福利均有正面贡献,其中台湾与大陆之间的贸易额及社会福利将

---

① 中评社:《新港富贵逼人来 台湾当局需反省》,环球网,2008 - 03 - 03/2008 - 07 - 08. http://taiwan.huanqiu.com/opinion/2008 - 03/67803.html.

大幅增长,对台湾经济是一大助力。①

在此方面,大陆也早已做出过努力。当更紧密经济伙伴协议还在酝酿的时候,时任中国商务部副部长安民在 2002 年初,就向台湾提出建立两岸经济合作机制的倡议。内地与香港、澳门签订更紧密经济伙伴协议之后,2003 年 11 月,安民曾在回答记者提问时再次表示,祖国大陆愿与台湾建立类似更紧密经济伙伴协议的安排。该月 11 日,时任中国商务部国际司处长李强在广东外经贸厅举行的更紧密经济伙伴协议说明会上表示,北京有长期的考虑,"希望和台湾有类似更紧密经济伙伴协议的安排"。2004 年 3 月 11 日,安民在接受《人民日报》记者采访时再次表示,海峡两岸经济互补性很强,合作潜力很大,我们非常愿意以适当方式与台湾有关方面就建立两岸更紧密经贸关系安排展开探讨和磋商。②

但大陆所做的这一切坦诚的努力都未能被当时一味"拼政治"的台湾当局所接受。而且,台湾岛内具有"高度政治敏感性"的一部分人也不愿使用更紧密经济伙伴协议(CEPA)来框定两岸经济合作机制。因此,大陆在两岸经济合作机制的名称方面展现出很强的弹性与亲和力是非常重要的。

2005 年 4 月 26 日至 5 月 3 日,中共中央总书记胡锦涛与中国国民党主席连战在北京举行了两党 56 年来的首次会谈,双方就促进两岸关系改善和发展经贸交往等重大问题深入地交换了意见,并共同发布"两岸和平发展共同愿景",达成 5 项共识。其中第 3 项提出"促进两岸经济全面交流,建立两岸经济合作机制","并促进恢复两岸协商后优先讨论两岸共同市场问题"。这里面"两岸共同市场"的概念就是前两岸共同市场基金会董事长、台湾政治大学 EMBA 兼职教授、现任台湾地区副领导人萧万长在 2000 年首先提出来的。而胡锦涛在 2008 年 12 月 31 日纪念《告台湾同胞书》发表 30 周年座谈会上的重要讲话中

---

① 谭瑾瑜:《落实"建立两岸经济合作机制"之建议》,《国政分析》,2009 - 01 - 13/2009 - 01 - 20;[台湾]政策研究基金会网站,http://www.npf.org.tw/post/3/5291,转引自陈坤铭、周济、林家庆:《两岸经贸正常化下亚太区域经济整合对台湾经济之影响》,发表于世新经济 2008 年学术研讨会——"与龙共舞?"两岸开放对台湾经济的影响,2008 年 10 月 4 日。

② 《CEPA:"九二共识"的经济版》,[新加坡]联合早报网站,2004 - 05 - 31/2008 - 07 - 08,http://www.zaobao.com/special/china/taiwan/pages6/taiwan_forum310504a.html。

指出:"两岸同胞要开展经济大合作,扩大两岸直接'三通',厚植共同利益,形成紧密联系,实现互利双赢。我们继续欢迎并支持台湾企业到大陆经营发展,鼓励和支持有条件的大陆企业到台湾投资兴业。我们期待实现两岸经济关系正常化,推动经济合作制度化,为两岸关系和平发展奠定更为扎实的物质基础、提供更为强大的经济动力。""两岸可以为此签订综合性经济合作协议,建立具有两岸特色的经济合作机制,以最大限度实现优势互补、互惠互利,建立更加紧密的两岸经济合作机制进程,有利于台湾经济提升竞争力和扩大发展空间,有利于两岸经济共同发展,有利于探讨两岸经济共同发展同亚太区域经济合作机制相衔接的可行途径。"①这也是正面回应了现任台湾地区领导人马英九所提出的两岸应签署"综合性经济合作协议(CECA)"的建议。

但是由于综合性经济合作协议(CECA)长相类似于更紧密经济伙伴协议(CEPA),在台湾岛内便被贴上了政治标签,又陷入了"统独争议"的老框架。当然,也有很多专家学者对此类"政治过于敏感的人"进行抨击,指出,如果台湾与大陆签署综合性经济合作协议就意味着统一了,那么好多相互之间签署综合性经济合作协议的国家不就都被统一在一起了么? 迫于压力,马英九还是在 2009 年 2 月 27 日将综合性经济合作协议更换为"两岸经济合作框架协议"(ECFA)。对此,中共中央总书记胡锦涛在 2009 年 5 月 26 日会见中国国民党主席吴伯雄时指出:"签订两岸经济合作协议,关键是协议内容要有利于两岸经济共同发展、两岸同胞福祉增进,有利于建立具有两岸特色的经济合作机制。双方应该共同推进商签协议准备工作,争取今年下半年谈起来。"②而在随后的 5 月 28 日,中共中央台办、国务院台办主任王毅在出席首届"重庆·台湾周"开幕式致辞中表示:"我们正在加紧研究建立符合两岸经济发展需要并且具有两岸特色的经济合作机制,争取在下半年启动两岸经济合作框架协议的商谈。"③10 月 25 日,在四川成

---

① 《携手推动两岸关系和平发展,同心实现中华民族伟大复兴——胡锦涛在纪念〈告台湾同胞书〉发表 30 周年座谈会上的讲话》,《人民日报》2009 年 1 月 1 日,第 2 版。

② 《中共中央总书记胡锦涛同中国国民党主席吴伯雄举行会谈》,《人民日报》2009 年 5 月 27 日,第 1 版。

③ 《王毅主任在首届"重庆·台湾周"开幕式上的致辞》,国务院台湾事务办公室网站,2009－05－28/2009－06－08, http://www.gwytb.gov.cn/zyjh/zyjh0.asp? zyjh_m_id=1787.

都由中共中央台办海峡两岸关系研究中心与台湾中华经济研究院共同举办的"2009年度两岸关系研讨会"上,王毅就促进两岸经济关系良性互动提出了三点意见,其中第三点就是:"兼顾各方利益,商签两岸经济合作框架协议,推动两岸经济关系正常化、制度化、机制化,确立两岸经济合作的长期稳定框架。"他认为,"这是为实现两岸经济关系正常化、推进两岸经济全面深入合作而做出的具有两岸特色的制度化安排。""目的是促进两岸经济共同发展,增进两岸同胞共同福祉,最大限度地实现优势互补,最大可能地追求互利双赢。"①总之,大陆方面对于建立两岸特色的经济合作机制并不在乎其名,而更多的是关注这一机制的实质内容。

二、从"综合性经济合作协议"(CECA)到"两岸经济合作框架协议"(ECFA)

2008年4月30日马英九曾拜访"三三会"②,首次与台湾金融业者会面。金融业者建议马英九上任后尽快开放金融业直接登陆,马英九当场表示,上任后将责成"陆委会"委托海基会,发展"第三模式",与对岸签署"综合性经济合作协议"。这是马英九首次抛出两岸共推"第三模式"的"综合性经济合作协议"概念,意在跳出在两岸间被归类为"国与国关系"的自由贸易协定,或"中央与地方关系"的"更紧密经济伙伴协议"等模式的窠臼,走出符合两岸特色且具体可行的新路,为两岸经贸关系正常化创造契机。③可是,后来迫于岛内压力,马英九还是在2009年2月27日将"综合性经济合作协议"更换为"经济合作框架协议"。

---

① 《王毅在2009两岸关系研讨会开幕式上的讲话》,国务院台湾事务办公室网站,2009-10-25/2009-10-28. http://www.gwytb.gov.cn/zyjh/zyjh0.asp? zyjh_m_id=1863.

② "三三会"为台湾地区的民间企业组织。据报道,为了强化对日本企业集团的影响力,1999年担任台当局"经建会主委"的现任国民党副主席江丙坤发起成立了"三三会",邀集台湾年营业额前四十名的企业集团领导人,定期在每个月第3周的星期三中午聚会,希望借此改变台、日企业的往来方式。在两岸同时加入世贸组织之后,"三三会"重新定位为国际交流团体,也将大陆纳入"三三会"经贸交流重要市场。

③ 《两岸综合性经济合作协议是WTO新模式》,[香港]《中国评论月刊》网站,2009-01-06/2009-01-08, http://gb.chinareviewnews.com/crn-webapp/mag/docDetail.jsp? coluid=28&docid=100849038&page=1.

但就实质层面上来讲,无论是"综合性经济合作协议",还是"经济合作框架协议",都可以说是两岸(次)区域贸易安排,其核心就是谋求两岸经贸关系正常化,在经贸领域里逐步消除各种障碍,形成更紧密的经济合作机制。对此,在中国社会科学院台湾研究所于 2008 年 11 月 3 日主办的"建构两岸经济合作机制学术研讨会"上,两岸学者针对两岸经济合作机制内容进行过比较详尽的讨论。周添城认为两岸经济合作的新框架,可以用世贸组织的"最惠国待遇"和"国民待遇"作为建构基础,现存于两岸间各种人为的障碍,其实都违反了"最惠国待遇",这也就是两岸经济往来或合作关系正常化的第一步;并建议新框架内容包括人货往来与交通运输、资本往来与投资、产业往来与合作等三大部分。张冠华则建议以功能面及制度面来建构两岸经济合作框架,而框架内容部分依循两大面向,在功能面包括服务业合作、产业合作、大陆台商转型升级,在制度面包括经济协商机制、经贸关系正常化机制及经济一体化机制。陈丽锳则依据两岸政治经济交流正常化之目标,提出两岸经贸协商优先顺序,依序为:(1)衔接两岸协商中断几年应优先恢复协商之事项,包括两岸直航及两岸食品安全检验;(2)完成签订经济合作协定或和平协定的先行必要措施,包含投资保障(含避免双重课税)协议、产业标准合作之持续推动及分产业研拟关键项目、商标的尊重及保障协商、两岸专利与著作权保护以及取缔犯罪互助协议、自由贸易协定和"综合性经济合作协议"之关税协议等;(3)金融协商及合作协议,然若因金融风暴可提前至第二优先项目,包括允许银联卡在台使用、人民币兑换(货币清算机制)、证券业开放、保险业开放。其他由易至难的项目为:两岸国际关系(或外交)不再恶性竞争之协商可行事项、联合国千禧年目标的两岸经贸合作及完全消除敌意之国防军事合作等。华晓红则针对实现两岸经贸关系正常化,提出:(1)取消对大陆商品进口限制,商签特殊产品保障机制;(2)商签两岸投资保护协定;(3)建立两岸资讯交流、协商机制与争端解决机制;(4)在两岸经贸关系正常化的基础上,商谈大陆给予台湾经贸优惠待遇措施,包括进一步扩大进口关税优惠、有条件不适用反倾销措施、降低大陆市场准入门槛等,在扩大进口关税优惠上,建议继续扩大优惠关税范围至部分农业加工产品,并给予部分工业品优惠关税。谭瑾瑜则提到两岸经济合作的具体内容,仍然不会偏离目前各种全球及区域经贸组织洽谈的内容,以及各国签订自由贸易协定的目的及内涵。因此,在研拟"两岸经济合作架构"内容时,必须参照两岸目前已参与的全球及区域经贸组织,以及与各国签订的自由贸易协定内容,包括:(1) 市场开放,含商品市场及消费市场开放;(2) 商品贸易优惠,含免税及原产地标准;(3) 两岸直航、航权及延远权合作;(4) 观光旅游及人员互访;(5) 服务贸易;(6) 货币清算协议;(7) 租税协议;(8) 两岸贸易及投资便捷化;(9) 技术人才交流;(10) 产业合作;(11) 专业资格认证等。[①]

其实,台湾学者邓岱贤认为,大陆与港澳签订"更紧密经济伙伴协议"的内容稍做修改便可用作"两岸综合性经济合作协议"的内容。他在研究报告中详列了"更紧密经济伙伴协议"内容,首先从其三项目标来看:(1) 逐步减少或取消双方实质上所有货物贸易的关税和非关税壁垒;(2) 逐步实现服务贸易自由化,减少或取消双方实质上所有歧视性措施;(3) 促进贸易投资便利化。若以纯经济的角度来看,为了提升彼此经贸互动,增进彼此利益,这三项目标相信两岸都能接受。其次是由"更紧密经济伙伴协议"的五项原则来看:(1) 遵循"一国两制"的方针;(2) 符合世界贸易组织的规则;(3) 顺应双方产业结构调整和升级的需要,促进稳定和可持续发展;(4) 实现互惠互利、优势互补、共同繁荣;(5) 先易后难,逐步推进。除了第一项遵循"一国两制"的方针较有政治性,台湾无法接受以外,其余各项相信两岸也都可以接受。最后从"更紧密经济伙伴协议"的其余内容来看,第二章"货物贸易"、第三章"原产地"、第四章"服务贸易"、第五章"贸易投资便利化"均为大陆与港澳经贸合作的具体事项,无涉政治层面问题,具体内容可以经由两岸协商定之。也就是说,两岸均为世贸组织会员,如能根据世贸组织规范,签署"综合性经济合作协议",相信对彼此经济发展都有利。至于实际合作内容,可由内地与港、澳签署的"更紧密经济伙伴协议"作为参考,除了五项原则之一的"遵循'一国两制'的方针"之外,其余的两岸应该都可以接受,所以只要将"遵循'一国两制'的方针"代之"以'九二共识'为基础",两岸就可以依据"更紧密经济伙伴协议"的实质内容,进行经贸合作。[②]

---

① 参见林祖嘉、刘大年、谭瑾瑜:《建立两岸经济合作机制内涵探讨》。

② 参见邓岱贤:《两岸签署综合性经济合作协议之研究》。

　　而林祖嘉等研究报告中开列出的"建构综合性经济合作协议时程及具体推动项目",似乎更具有操作性,其大致分为短、中、长程三个阶段。(1)短程阶段:在世贸组织基础上,推动两岸经贸关系正常化。所谓两岸关系正常化,应是回归到世贸组织机制,即双方透过协商,决定消除彼此违反"最惠国待遇"之程度与范围。所以若干不符合世贸组织规范的规定应逐步放宽,此包括大陆进口产品限制之解除,陆资投资的开放、人员往来的限制等。换言之,未来需给予大陆商品及资本、人员"最惠国待遇"。当然,现阶段一些可以立即开放的措施,也应立即实施,例如开放陆客观光、开放陆资来台、放宽台商赴大陆投资限制、两岸签署金融证券的监管合作备忘录、货币清算协议、租税协议与两岸投资保障协议等。(2)中程阶段:单向或双向的更优惠经贸措施(WTO-plus)。在两岸经贸关系正常化之后,双方进一步迈向更紧密的自由贸易区之前,两岸可以彼此给予比世贸组织更多的经贸优惠,可称为WTO-plus;同时,两岸可以先以部分地区当作试点,先成立自由贸易区。两岸由于隔绝与猜忌,在过去数年间不仅未见改善反而恶化,因此在两岸重启协商,展开和平发展之际,互信的建立应该是合作发展的首要前提。故而在短程向中程阶段迈进的同时,两岸间应该可以先展开区域性的合作,由部分区域与产业合作建立互信,如两岸在特殊区域、部分产业,进行点对点的关税自由化。例如金门与马祖可以考虑与海峡西岸经济区①成立"海西自由贸易区",作为两岸自由贸易协议的试点。通过前期互动措施,进行相关配套措施与法令的修改与执行,不仅可降低反弹意见的阻力,而且更可推展出两岸间双赢的策略。(3)长程阶段:两岸签署"综合性经济合作协议"。②

---

① 海峡西岸经济区,是指台湾海峡西岸,以福建为主体包括周边地区,南北与珠三角、长三角两个经济区衔接,东与台湾岛、西与江西的广大内陆腹地贯通,具有对台工作、统一祖国,并进一步带动全国经济走向世界的特点和独特优势的地域经济综合体。它是一个涵盖经济、政治、文化、社会等各个领域的综合性概念,总的目标任务是"对外开放,协调发展,全面繁荣",基本要求是经济一体化、投资贸易自由化、宏观政策统一化、产业高级化、区域城镇化、社会文明化。经济区以福建为主体涵盖浙江、广东、江西三省的部分地区,人口约为6 000万—8 000万,预计建成后年经济规模在17 000亿元以上。《海峡西岸经济区概述》,福建省政府官方网站,2007 - 08 - 20/2009 - 01 - 08,http://www.fujian.gov.cn/zwgk/ztzl/hxxajjq/200708/t20070820_24894.htm.

② 参见林祖嘉、刘大年、谭瑾瑜:《建立两岸经济合作机制内涵探讨》。

　　按照台湾地区经济主管部门给出的定义,"综合性经济合作协议"看来近期是不可能的事情了。因为"综合性经济合作协议"的签署可能会旷日持久,缓不救急。"两岸经济合作框架协议"是指签署"综合性经济合作协议"之前所拟定的纲要,根据实际需要,可以先行签署。并且双方可以实施"早期收获"(Early Harvest),优先针对最急迫、达成共识的工业品项目减免关税。① 台湾当局及台湾社会各界之所以迫切要求签署"两岸经济合作框架协议",主要是出于三个方面的考虑:一是东亚自由贸易区渐趋形成,台湾地区出口产业的竞争力及优势将完全丧失。与台湾地区有着紧密经贸往来的中国大陆、日本、韩国以及东盟等东亚地区占台湾出口总额比重的 65%,其中中国大陆(包括香港)和东盟占台湾对外出口比重的 54%,已超过了美国的 12%。特别是在美国等发达国家受到全球金融危机影响而导致其市场需求减缓的情况下,尽早融入东亚区域经济整合的大势愈益显得重要。2010 年中国—东盟自由贸易区、韩国—东盟自由贸易区将大部分产品实施互免关税,极大地冲击了台湾地区产品的竞争力。二是中国大陆自 2001 年加入世贸组织之后所推行的自由贸易区战略,已经取得了相当大的成果。这使得台湾地区销往大陆的产品的竞争力和优势逐渐消失,甚至会不断被大陆的自由贸易区成员所取代。特别是台湾地区的石化、机械产品分别有 43.2% 和 27.4% 销往大陆,而且要被征收 6.5%—8.2% 的关税,以后影响会更深,进而会影响台湾地区各行各业的投资、成长与就业等。三是两岸若能签署经济合作框架协议,将会进一步推动台湾地区同美国、日本、新加坡等主要贸易伙伴签署自由贸易协定,舒缓其被"边缘化"的危机。与之相应的是,台湾当局推动和大陆签署"两岸经济合作框架协议"也主要有三个目的:一是要推动两岸经贸关系"正常化",二是要避免台湾地区在区域经济整合体系中被"边缘化",三是要促进台湾地区经贸投资"国际化"。

　　经两岸协商,推动"两岸经济合作框架协议"签署的步骤依次是个别研究—共同研究—共同协商—共同签署—"国会"通过—生效实施。

---

① 《两岸经济合作架构协议(ECFA)构想及推动重点》,《"经济部"报告》,2009 - 04 - 13/2009 - 09 - 08;[台湾]"两岸经济合作架构协议"网站,http://www.ecfa.org.tw/pdf/02.pdf.

在经过双方个别研究和共同研究,以及海协会与海基会于 2010 年 1 月 26 日(北京)、3 月 31 日—4 月 1 日(桃园)、6 月 13 日(北京)等三次正式协商,双方决定于 6 月 29 日于重庆正式签署"两岸经济合作框架协议",包括序言和 5 章 16 条及 5 个附件。序言中规定了此协议将"本着世贸组织基本原则",5 章分别是总则、贸易与投资、经济合作、早期收获、其他,16 条依次为目标、合作措施、货物贸易、服务贸易、投资、经济合作、货物贸易早期收获、服务贸易早期收获、例外、争端解决、机构安排、文书格式、附件及后续协议、修正、生效、终止,5 个附件依次为货物贸易早期收获产品清单及降税安排、适用于货物贸易早期收获产品的临时原产地规则、适用于货物贸易早期收获产品的双方保障措施、服务贸易早期收获部门及开放措施、适用于服务贸易早期收获部门及开放措施的服务提供者定义。

为了加速实现"两岸经济合作框架协议","加强和增进双方之间的经济、贸易和投资合作;促进双方货物和服务贸易进一步自由化,逐步建立公平、透明、便利的投资及其保障机制;扩大经济合作领域,建立合作机制"等目标,双方同意对一些产品实施早期收获计划,其主要内容有:在货物贸易方面,大陆将对 539 项原产于台湾的产品实施降税,包括农产品、化工产品、机械产品、电子产品、汽车零部件、纺织产品、轻工产品、冶金产品、仪器仪表产品及医疗产品等 10 类。台湾将对 267 项原产于大陆的产品实施降税。台湾对大陆降税产品包括石化产品、机械产品、纺织产品及其他产品等 4 类。双方将在早期收获计划实施后不超过 2 年的时间内分 3 步对早期收获产品实现零关税。在服务贸易方面,大陆方面承诺,就会计、计算机及其相关服务、研究和开发、会议、专业设计、进口电影片配额、医院、民用航空器维修,以及银行、证券、保险等 11 个服务行业对台实施更加开放的政策措施,具体开放措施包含 19 项内容。台湾方面承诺,就研究与发展、会议、展览、特制品设计、进口电影片配额、经纪商、运动及其他娱乐、航空电脑订位系统以及银行等 9 个服务行业对大陆进一步放开。①

---

① 《海峡两岸经济合作框架协议》文本及附件(简体版),中国商务部台港澳司网站,2010 - 06 - 29/2010 - 06 - 30,http://tga.mofcom.gov.cn/aarticle/subject/ecfa/subjectii/201007/20100707004065.html.

"两岸经济合作框架协议"还规定,两岸将成立由指定代表组成的"两岸经济合作委员会(以下简称经合会)",负责处理与框架协议相关的事宜。货物贸易、服务贸易、投资保障、争端解决等单项协议的商谈将在框架协议生效后6个月内开始,并尽速完成。在经济合作方面,双方商定以知识产权保护与合作、金融合作、贸易促进及贸易便利化、海关合作、电子商务合作等为重点,研究双方产业合作布局和重点领域,推动双方重大项目合作,推动双方中小企业合作并逐步向其他领域拓展。因此,可以说,此协议基本上涵盖了两岸间的主要经济活动,是一个综合性的、具有两岸特色的经济协议。

2010年9月12日,"两岸经济合作框架协议"在两岸顺利完成了各自相关准备程序(台湾立法机构8月17日晚审议通过)之后正式生效。"对两岸关系而言,经济合作框架协议的签署可说是过去30年两岸经济关系发展的总结,是经贸关系提供制度化和正常化互动的基础,将使两岸经济交流与合作进入新的发展阶段。"①2011年1月1日,货物贸易、服务贸易早期收获计划全面实施。6日,经合会宣告成立。2月22日,海协会与台湾海基会在台湾桃园举行经合会第一次例会。经合会召集人海协会常务副会长郑立中与台湾海基会副董事长高孔廉分别在会议上致辞。经合会大陆首席代表、海协会特邀顾问姜增伟与台方首席代表共同主持商谈。会议就经合会工作小组设置、启动经济合作框架协议后续协议磋商、回顾和评估协议早期收获计划执行情况等议题深入交换意见,并取得多项共识。会议充分肯定了两岸投保协议商谈取得的积极进展,并宣布启动货物贸易协议、服务贸易协议、争端解决协议等三个协议的商谈,全面启动了"两岸经济合作框架协议"的后续协商工作。此外,双方还就两岸经贸社团互设办事机构事宜交换了意见。双方表示,将通过经合会平台积极推动经贸社团互设办事机构,为两岸经济交流与合作提供便利。

"两岸经济合作框架协议"早期收获计划自2011年1月1日实施以后,进展顺利,效果初显,促进了两岸经贸往来持续、快速、健康发展。据商务部有关统计数据表明,货物贸易方面,1—3月,大陆自台湾进口

---

① 蔡宏明:《后ECFA时代的两岸经贸新格局》,《国政研究报告》,2010-08-09/2010-08-10;[台湾]政策研究基金会网站,http://www.npf.org.tw/post/2/7908.

享受协议早期收获关税优惠的货物共 3 923 批次，金额为 6.84 亿美元，关税优惠 1.27 亿元人民币。大陆自台湾进口的主要是化工产品，金额 3.15 亿美元，占比 46.1%；其他进口量较大的包括塑料制品、贱金属制品、机电产品和纺织制品，占比分别为 11.2%、10.6%、6.8% 和 4.9%；此外，台湾农产品 159.5 万美元，占 0.2%。受协议优惠措施带动，大陆自台湾进口的协议项下产品共 49.2 亿美元，同比增长 26.1%，高于同期全部自台湾进口产品 16.2% 的增长率；其中，部分产品还出现了高速增长，如对二甲苯产品同比增长 162%，竞赛型自行车增长 106%，数控车床增长 61%，茶叶增长 101%。服务贸易方面，截至 3 月底，依据协议早期收获开放措施，一些台湾企业经批准进入大陆。在非金融领域，5 家会计师事务所申请获得有效期为 1 年的《临时执行审计业务许可证》，9 家企业获准独资经营计算机及相关服务，26 家企业获准经营专业设计服务，2 家企业获准独资经营会议服务。在金融领域，3 家证券公司获得合格境外机构投资者资格，台湾地区保险公司通过整合或战略合并在大陆设立 2 家保险公司。另有 9 家台湾银行虽未直接享受早期收获优惠，但也因早期收获实施而受益：一是有 6 家银行获准在大陆设立分行，将可在分行开业满 1 年且 1 年盈利的情况下经营对台资企业的人民币业务；二是有 3 家银行获准在大陆设立办事处，将可在 1 年后申请设立分行。①

在"两岸经济合作框架协议"签署一周年、早期收获计划也已实施半年之际，台湾当局两岸事务主管部门于 2011 年 6 月 28 日会同相关部门举办"经济合作框架协议签署周年成效说明会"，对协议签署及实施以来的成果予以积极评价。台湾当局两岸事务主管部门负责人赖幸媛在说明会上表示，"两岸经济合作框架协议"签署以来，台湾失业率逐月下降，2011 年 5 月失业率为 4.27%，为近 33 个月来最低；另据统计，今年 1—4 月，台湾平均薪资达 52 505 元新台币，比 2010 年全年的平均薪资大幅提高 8 075 元新台币。"两岸经济合作框架协议"也使台湾农渔民受益增加。台湾当局农业主管部门官员黄有才援引统计数字

---

① 《〈海峡两岸经济合作框架协议〉早期收获计划实施开局良好》，中国商务部台港澳司网站，2011 - 05 - 25/2011 - 05 - 26，http://tga. mofcom. gov. cn/aarticle/e/201105/20110507569468.html.

称,"两岸经济合作框架协议"早收农产品 2011 年 1—5 月销往大陆的出口值为 4 942 万美元,比 2010 年同期的 790 万美元大幅增长 5.26 倍,其中以石斑鱼、茶叶、冷冻秋刀鱼及生鲜甲鱼蛋等增长最为显著。而对于岛内少数人担心台湾在出口贸易方面过于依赖大陆,赖幸媛援引统计数字认为,2011 年 1—5 月,台湾出口大陆(含香港)的金额比去年同期增加逾 11%,但其在出口总金额的比重却由 2010 年的 43.3% 降为 40.7%,显示在台湾对外贸易整体成长的同时,并未发生过于依赖大陆的现象。赖幸媛还表示,最新完成的民调显示,在"两岸经济合作框架协议"实施一段时间之后,大致而言,台湾民众的感受以正面居多。

根据瑞士洛桑国际管理学院(IMD)公布的 2011 年竞争力排名,台湾从 2010 年的第 8 名进步为第 6 名。赖幸媛据此认为,"两岸经济合作框架协议"推动了台湾整体竞争力的提升。她说,"两岸经济合作框架协议"作为架构性的协议,在生效之后,双方已启动两岸货物贸易、服务贸易、争端解决、投资等协议的协商,并开展海关合作、产业合作、双方经贸团体互设办事机构等经济合作事项,"明确了两岸经贸发展的路径图,有序推动并提升两岸经贸往来制度化保障"。[①]

## 结　语

本章的研究路径基本上是以中国自由贸易区战略为主线、横跨"全球—周边—国内"三个层面,涉及"经济—政治—军事—社会—环境"等多个领域,且均指向安全机制建构,以呈现其一个动态的发展过程。中国自由贸易区战略所涵盖区域(特别是周边地区)的不断拓展与一体化的深化,体现的不仅是经济领域的活动,也是一种安全区域主义的实践,而且具有自己的特色,即该战略充分体现了具有"综合安全、共同安全、合作安全"等三层内涵的新安全观。作为中国和平发展大战略的一部分,中国自由贸易区战略既甘担其责,又服务全局,通过自身的不断推进与拓展,寻求解决中国和平发展过程中在区域层面所遇到

---

① 《ECFA 签署迄今已一周年　台行政当局积极评价成效》,中央政府门户网站,2011 - 06 - 28/2011 - 06 - 29, http://www.gov.cn/jrzg/2011 - 06/28/content_1895213.htm.

的一些安全问题。

本章着重阐释了中国自由贸易区战略的三个深层战略目标。首先,从保障国际市场安全来说,中国自由贸易区战略并不是"孤注一掷"搞自由贸易区,而是在多哈回合谈判受阻以及在世贸组织中受到不公正待遇的情况下(比如,长达15年的"非市场经济地位"),寻求在双边自由贸易中取得突破。同时,中国自由贸易区战略不可能撇下世贸组织,仍要以世贸组织为基础;通过区域或双边的自由贸易协定谈判达成WTO-plus的一些协议,推动刺激更多其他国家和地区与中国进行自由贸易协定谈判,这无疑将增加在未来的世贸组织谈判中中国的分量和话语权。因此,中国谋求的是自由贸易区与世贸组织两条腿走路的方针,以保障国际市场安全。

其次,从维护周边安全来说,中国自由贸易区战略致力于同周边地区的绝大部分国家达成自由贸易协定,从而逐渐形成一个覆盖周边地区的自由贸易区网络。中国周边地区绝大多数国家是发展中国家,其交通与能源基础设施建设落后,严重制约了它们自身经济的快速发展以及中国与其达成自由贸易协定后实施的效果。因此,支撑贸易投资便利化的交通合作和关系经济发展命脉的能源合作是当前中国自由贸易区战略拓展与深化的迫切需要。通过对中国—东盟自由贸易区和上海合作组织各自区域内的交通能源合作的建设历程、取得成就、面临问题的分析,我们看到中国与周边地区正在出现一个壮丽的交通能源合作网络的雏形。随着这个网络逐步完善与巩固,中国与周边地区旨在双赢的经济合作纽带得到了进一步加强,从而有利于更好地化解周边安全隐患。

最后,从促进台海安全来说,中国在近几年与周边国家不断地达成自由贸易协定和进行自由贸易协定谈判,使得台湾地区产生了一种逐渐被"边缘化"的危机感。由于对外部世界经济依赖度很强,台湾不可能硬撑下去,它需要抓住时机,同大陆达成类似自由贸易协定性质的协议,才能搭上大陆经济快速发展的"便车",更好地进行岛内产业结构升级和地区间的产业优化组合以及可持续地发展外向型经济。为了祖国统一大业,大陆在台海和平稳定的前提下,尊重岛内政治经济发展现实,按照经济先于政治,循序渐进的原则,积极地同岛内各阶层人士展开对话,从而遏制"台独"势力的蔓延。业已达成的"两岸经济合作框架协议"以及后续的货物、服务、投资、争端解决等单项协议的商谈与签署,将会使两岸经贸等各领域里的关系更深入地发展,互利共赢。这是增进台海安全的一条重要途径。

# 后　记

　　本书是同名的国家社科基金一般项目（2012年结项）的研究成果，现纳入"全球视域下的国际关系"丛书系列。这是一项课题组集体劳动的作品，具体分工是，朱瀛泉为项目负责人，撰写绪论和全书统稿，孔刚撰写第1章，郑先武撰写第2章和第5章，程宏亮撰写第3章，左品撰写第4章，张义明撰写第6章。在本书研讨与写作过程中，课题组各位成员通力协作，各尽其长，付出了辛勤的劳动。正是由于大家的共同努力，才顺利完成了这样一部涵盖面广的专题著作。在本书付梓之际，作为项目负责人，特此略缀数言，以鸣谢忱。同时，我也要感谢国家社科基金对这项课题研究的支持。

　　诚如本书所表明的，世界各地安全区域主义的表现形态和具体特点很不相同，但它们都是所在区域一体化建设中一个不可或缺的组成部分，安全区域主义和经济区域一体化（或称经济区域主义）构成了整个区域一体化进程中互为关联的两根重要支柱，目的是促进区域的和平安全和经济繁荣。在全球化背景以及和平、合作、发展成为时代主流的形势下，寻求区域安全合作是我们必须直面的一种历史趋势。中国适时地提倡"共同安全、综合安全、合作安全和可持续安全"的理念并身体力行，是符合历史潮流之举。我们同时还认为，安全区域主义的根本动力来自区域内部，区域内的国家、组织和人民是该区域安全合作的最直接、最重要的"利益攸关者"和推动者。全球化背景下区域一体化进程是开放的，这是就发挥其正能量的意义而言的，而不是相反地以致丧失区域一体化建设本身的应有属性。近年来世界上的区域安全形势也说明了这一点，在区域安全合作的动力问题上错位或者"本末倒置"，只能贻害区域的和平稳定和发展。在强权政治和冷战思维仍然存在的情况下，这更应引起人们的警戒。

　　安全区域主义不仅是一个理论问题,更是一个实践问题。本书所做的研究仍然是初步的。限于我们的学力和见识,书中难免疏漏和不足,谨请读者批评指正。

朱瀛泉

2015.8

# 主要参考文献

## 一、英文论著

Abass, Ademola. *Regional Organizations and the Development of Collective Security: Beyond Chapter Ⅷ of the UN Charter*. Oxford: Hart Publishing, 2004.

Abass, Ademola. "The New Collective Security Mechanism of ECOWAS: Innovations and Problems". *Journal of Conflict and Security Law*, Vol. 5, No. 2(2000).

Abbott, Jeffrye D. and Robert T. Moran. *Uniting North American Business: NAFTA Best Practices*. New York: Elsevier Science, 2002.

Acharya, Amitav. "A Concert of Asia?" *Survival*, Vol. 41, No. 3 (Autumn 1999).

Acharya, Amitav. *Constructing a Security Community in Southeast Asia: ASEAN and Problem of Regional Order*. London: Routledge, 2001.

Acharya, Amitav. "Realism, Institutionalism, and the Asian Crisis". *Contemporary Southeast Asia*, Vol. 21, No. 1(April 1999).

Acharya, Amitav. "Regionalism and the Emerging World Order: Sovereignty, Autonomy, Identity". in Shaun Breslin and Christopher W. Hughes et al eds. *New Regionalisms in the Global Political Economy*. London: Routledge, 2002.

Adibe, Clement E. "The Liberian Conflict and the ECOWAS – UN Partnership". *Third World Quarterly*, Vol. 18, No. 3 (1997).

Agbu, Osita. "West Africa's Trouble Spots and the Imperative for

Peace-Building". Council for the Development of Social Science Research in Africa, Dakar, 2006.

Agüera, Martin. "ESDP and Missile Defense". Strategic Studies Institute, December 2001.

Alden, Edward. *The Closing of the American Border: Terrorism, Immigration, and Security Since 9/11.* New York: Harper Collins Publishers, 2008.

Andreas, Peter. *Border Gamers: Policing the U.S.- Mexico Divide.* Ithaca: Cornell University Press, 2009.

Ayoob, Mohammed. *The Third World Security Predicament: State Making, Regional Conflict, and the International System.* Boulder: Lynne Rienner Publishers, 1995.

Baer, M. Delal and Sidney Weintraub. *The NAFTA Debate: Grappling with Unconventional Trade Issues.* Boulder: Lynne Rienner Publishers, 1994.

Balakrishnan, Jaydeep. "Factors Affecting the Evolution of Manufacturing in Canada: An Historical Perspective", *Journal of Operations Management* 25(2007).

Baldwin, David. " The Concept of Security ". *Review of International Security*, Vol. 23, No.1(1997).

Baldwin, Richard E. "The Cause of Regionalism". *The World Economy*, Vol. 20, No. 7(November 1997).

Ball, Desmond. "Arms and Affluence Military Acquisitions in the Asia - Pacific Region". *International Security*, Vol. 18, No. 3(Winter 1993/94).

Barry, Donald and Ronald C. Keith. *Regional, Multilateralism, and the Politics of Global Trade.* Vancouver/Toronto: UBC Press, 1999.

Berenskoetter, Felix Sebastian. "Mapping the Mind Gap: A Comparison of US and European Security Strategies". *Security Dialogue*, Vol. 36, No.1(March 2005).

Bergsten, C. Fred. "Fifty Years of the GATT/WTO: Lessons from the Past for Strategies for the Future". in WTO Secretariat ed. *From*

*GATT to the WTO*: *The Multilateral Trading System in the New Millennium*. The Hague: Kluwer Law International, 2000.

Bertrab, Hermann von. *Negotiating NAFTA*:*A Mexican Envoy's Account*. London: Praeger, 1997.

Bickerton, Chris J., Bastien Irondelle and Anand Menon. "Security Co-operation Beyond the Nation-State: The EU's Common Security and Defence Policy". *Journal of Common Market Studies*, Vol. 49, No. 1 (2011).

Biscop, Sven. "The European Security Strategy: Implementing a Distinctive Approach to Security". Royal Institute for International Relations, March 2004.

Booth, Ken. *Critical Security Studies and World Politics*. Boulder: Lynne Rienner Publishers, 2005.

Bouzas, Roberto. "The 'New Regionalism' and the Free Trade Area of the Americas: A Less Benevolent View". *CEPAL Review* 85 (April 2005).

Bradford, John F. "The Growing Prospects for Maritime Security Cooperation in Southeast Asia". *Naval War College Review*, Vol. 58, No. 3(Summer 2005).

Brimmer, Esther. "Seeing Blue: American Visions of the European Union". Chaillot Paper, No. 105, EU Institute for Security Studies, September 2007.

Brimmer, Esther. *The EU's Search for a Strategic Role*: *ESDP and Its Implications for Transatlantic Relations*. Washington, D.C:Center for Transatlantic Relations, 2002.

Brosig, Malte. "The Mulitiactor Game of Peacekeeping in Africa". *International Peacekeeping*, Vol. 17, No. 3 (June 2010).

Buchanan, Allen and Robert O. Keohane, "The Legitimacy of Global Governance Institutions". *Ethnic and International Affairs*, Vol. 20, No. 4(December 2000).

Bulmer-Thomas, V., Nikki Craske and Monica Serrano. *Mexico and the North American Free Trade Agreement*: *Who Will Benefit*? New

York: St. Martin's Press, 1994.

Burges, Sean W. "Without Sticks or Carrots: Brazilian Leadership in South America During the Cardoso Era, 1992 – 2003". *Bulletin of Latin American Research*, Vol. 25, No. 1(2006).

Burwell, F. "Transatlantic Transformation: Building a NATO – EU Security Architecture". the Atlantic Council of the United States, Policy Paper, March 2006.

Buscaglia, Edgardo and Clarisa Long. "An Economic Analysis of Legal Integration in Latin America". *Policy Studies Review*, Vol. 15, No. 2/3(Summer/Autumn 1998).

Buzan, Barry. *An Introduction to Strategic Studies: Military Technology and International Relations*. London: Macmillan, 1987.

Buzan, Barry, Ole Waever and Jaap de Wilde. *Security: A New Framework for Analysis*. Boulder: Lynne Rienner Publishers, 1998.

Caballero-Anthony, Mely. "Non-State Regional Governance Mechanisms for Economic Security: the Case of the ASEAN People's Assembly". in Helen E. S. Nesadurai ed. *Globalization and Economic Security in East Asia: Governance and Institutions*. London: Routledge, 2006.

Cameron, Maxwell A. and Brian W. Tomlin. *The Making of NAFTA: How the Deal Was Done*. Ithaca: Cornell University Press, 2000.

Castro, Renato Cruz De. "Managing 'Strategic Unipolarity': The ASEAN States' Responses to the Post-Cold War Regional Enviroment". in Derekda Cunha ed. *Southeast Asia Perpectives on Security*. Singapore: Institute of Southeast Asian Studies, 2000.

Chudnovsky, Daniel and Femando. "On Argentine – Brazilian Economic Integration". *CEPAL Review* 39(1989).

Cilliers, Jakkie and Johan Pottgieter. "The African Standby Force". in Ulf Engel and João Gomes Porto eds. *Africa's New Peace and Security Architecture: Promoting Norms, Institutionalizing Solutions*. Burlington: Ashgate, 2010.

Clarkson, Stephen. *Does North America Exist?* Washington, D.C.:

Woodrow Wilson Center Press, 2008.

Claude, Inis L., Jr. *Power and International Relations*. New York: Random House, 1966.

Claude, Inis L., Jr. *Swords into Plowshares: The Problems and Progress of International Organization*. 4th ed. New York: Random House, 1971.

Clement, Norris C. *North American Economic Integration: Theory and Practice*. Northampton: Edward Elgar, 1999.

Cohn, Theodore H. *Global Political Economy: Theory and Practice*. New York: Longman, 2000.

Coicaud, Jean-Marc. "International Democratic Culture and Its Sources of Legitimacy: The Case of Collective Security and Peacekeeping Operations in the 1990s". in Jean-Marc Coicaud and Veijo Heiskanen eds. *The Legitimacy of International Organizations*. New York: United Nations University Press, 2001.

Coleman, Katharina P. *International Organisations and Peace Enforcement: The Politics of International Legitimacy*. Cambridge: Cambridge University Press, 2007.

Collier, Paul and Anke Hoeffler. *Greed and Grievance in Civil War*. Washington, D.C.: The World Bank, 2000.

Corsi, Jerome R. *The Late Great USA*. New York: Threshold Editions, 2007.

Cotton, James. "The 'Haze' over Southeast Asia: Challenge the ASEAN Mode of Regional Engagement". *Pacific Affairs*, Vol. 72, No. 3 (Fall 1999).

Cronin, Patrick M. *America's Security Role in a Changing World*. Washington, D.C.: National Defense Univeristy Press, 2009.

Crowe, Brian. "A Common European Foreign Policy after Iraq?" *International Affairs*, Vol. 79, No. 3(2003).

Denon, David B. H. and Wendy Friman. "China's Security Strategy: The View from Beijing, ASEAN, and Washington". *Asian Survey*, Vol. 35, No. 4(April 1996).

Dent, Christopher M. *East Asian Regionalism*. New York: Routledge, 2008.

Deshpande, Ashwini. "Rethinking Strategy for Global Debt Crisis". *Economis and Political Weekly*, Vol. 30, No. 21(May 1995).

Devlin, Robert and Ricardo French-Davis. "Towards an Evaluation of Regional Integration in Latin America in the 1990s". *The World Economy*, Vol. 22, No. 2(March 1999).

Dewitt, David B. "Common, Comprehensive and Cooperative Security". *The Pacific Review*, Vol. 7, No. 1(1994).

Dibb, Paul. "Indonesia: The Key to Southeast Asia's Security". *International Affairs*, Vol. 77, No. 4(2001).

Dijkatra, Hylke. "The Military Operation of the EU in Chad and the Central African Republic: Good Policy, Bad Politics". *International Peacekeeping*, Vol. 17, No. 3(June 2010).

Doctor, Mahrukh. " Why Bother with Inter-Regionalism? Negotiations for a European Union – Mercosur Agreement". *Journal of Common Market Studies*, Vol. 45, No. 2(2007).

Dokken, Karin. *African Security Politics Redefined*. Houndmills: Palgrave Macmilan, 2008.

Dominguez, Jorge I. and Rafael Fernandez De Castro. *The United States and Mexico: Between Partnership and Conflict*. 2nd ed. New York: Routledge, 2001.

Dosch, Jörn. *Changing Dynamics of Southeast Asian Politics*. Boulder: Lynne Rienner Publishers, 2007.

Duke, Simon. "Assessing the UK Presidency: A Second Pillar Perspective". European Institute of Public Administration, Working Paper, 98/W/04.

Duke, Simon. "From Amsterdam to Kosovo: Lessons for the Future of CFSP". *Eipascope* 99/2.

Duke, Simon. *The EU, NATO and the Lisbon Treaty: Still Divided within a Common City*. March 2011, http://euce.org/eusa/2011/papers/5k_duke.pdf.

Elrod, Richard. "The Concert of Europe: A Fresh Look at an International System". *World Politics*, Vol. 28, No. 2(January 1976).

Emmers, Ralf. *Cooperative Security and the Balance of Power in ASEAN and ARF*. London: Routledge Curzon, 2003.

Erlanger, S. "Albright Tours Europe to Whip Up Resolve to Punish Yugoslavians". *New York Times*, 9 March 1998.

Evans, Paul M. *Studying Asian Pacific Security: The Future of Research Training and Dialogue Activities*. Ontario: University of Toronto - York University, 1994.

Fanta, Emanuel. "The Capacity of African Regional Organisations in Peace and Security". Paper Presented at the ERD Workshop, Transforming Political Structures: Security, Institutions, and Regional Integration Mechanisms, Florence, 16 - 17 April 2009, http://erd.eui.eu/media/fanta.pdf.

Farrell, Mary. "Global Politics of Regionalism: An Introduction". in Mary Farrell, Björn Hettne and Luk Van Langenhove eds. *Global Politics of Regionalism*. London: Plute Press, 2005.

Farrell, Mary. "The EU and Inter-Regional Cooperation: In Search of Global Presence?" UNU-CRIS e-Working Papers, W-2004/9.

Fatemi, Khosrow, *North American Free Trade Agreement: Opportunities and Challenges*. London: St. Martin's Press, 1993.

Fawn, Rick. "'Regions' and Their Study: Where from, What for and Where to?" *Review of International Studies*, Vol. 35(2009).

Forsberg, Tuomas. *Integration Theories, Theory Development and European Security and Defence Policy*. http://www.jhubc.it/ecpr-porto/virtualpaperroom/137.pdf.

Francis, David J. *Uniting Africa: Building Regional Peace and Security Systems*. Burlington: Ashgate, 2006.

Fuentes, Juan Alberto. "Open Regionalism and Economic Integration". *CEPAL Review* 53(August 1994).

Garber, Peter M. *The Mexico - U.S. Free Trade Agreement*. Cambridge: MIT Press, 1993.

Gardini, Gían Luca. "Two Critical Passages on the Road to Merco-sur". *Cambridge Review of International Affairs*, Vol. 18, No.3(October 2005).

Gianaris, Nicholas V. *The North American Free Trade Agreement and the European Union*. London: Praeger, 1998.

Gilson, Julie. *Asia Meets Europe: Interregionalism and Asia - Europe Meeting*. Cheltenham: Edward Elgar, 2002.

Gilson, Julie. "Defensive Regionalism in the East Asia". *Review of International Studies*, Vol. 33, No.1(January 2007).

Gilson, Julie. "New Interregionalism? The EU and the East Asia". *Journal of European Integration*, Vol. 27, No. 3(September 2005).

Givens, Terri E., Gary P. Freeman and David L. Leal. *Immigration Policy and Security*. New York: Routledge, 2009.

Gleason, Gregory and Shahutdinov. "Collective Security and Non-State Actors in Eurasia". *International Studies Perspectives*, Vol. 6 (2005).

Globerman, Steven and Michael Walker. *Assessing NAFTA: A Tri-national Analysis*. Vancouver:The Fraser Institute, 1993.

Grayson, George W. *The North American Free Trade Agreement*. New York: University Press of America, 1995.

Gregory, Shaun. *French Defence Policy into the Twenty-First Century*. London: Macmillan Press Ltd., 2000.

Hale, Geoffrey and Moica Gattinger. *Borders and Bridges*. Oxford: Oxford University Press, 2010.

Hannay, D. "No Easy Answers to Today's Threats". *Financial Times*, 15 March 2004.

Healy, Sally. "Seeking Peace and Security in the Horn of Africa: The Contribution of the Inter-Governmental Authority on Development". *International Affairs*, Vol. 87, No. 1(2011).

He, Kai. "Institutional Balancing and International Relations Theory: Economic Interdependence and Balance of Power Strategies in Southeast Asia". *European Journal of International Relations*, Vol. 14,

No. 3(2008).

Hettne, Björn. "Globalization and the New Regionalism: The Second Great Transformation". in Björn Hettne and András Innotai et al. eds. *Globalism and the New Regionalism*. Basingstoke: Macmillan, 1999.

Hing, Bill Ong. *Ethical Borders*. Philadelphia: Temple University Press, 2010.

Hoebing, Joyce, Sidney Weintraub and M. Delal Baer. *NAFTA and Sovereignty: Trade-offs for Canada, Mexico, and the United States*. Washington, D.C.: Center for Strategy & International Studies, 1996.

Hong, Yong-Pyo. "The Two Koreas in Northeast Asia Linkages Between Domestic, Inter-Korean, and Regional Politics". in Edward Friedman and Sung Chull Kim eds. *Regional Cooperation and Its Enemies in Northeast Asia: The Impact of Domestic Forces*. New York: Routledge, 2006.

Hound, Markus. "From 'Neighbourhood Watch Group' to Community? The Case of ASEAN Institutions and the Pooling of Sovereignty". *Australian Journal of International Affairs*, Vol. 56, No. 1(2002).

Hurrell, Andrew. "One World? Many Worlds? The Place of Region in the Study of International Society". *International Affairs*, Vol. 83, No. 1(2007).

Hurrell, Andrew. "Security in Latin America". *International Affairs*, Vol. 74, No. 3(1998).

Hussain, Imtiaz, Satya R. Pattnayak and Anil Hira. *North American Homeland Security: Back to Bilateralism?* London: Praeger Security International, 2008.

Hwee, Yeo Lay. *Asia and Europe: The Development and Different Dimensions of ASEM*. London: Routledge, 2003.

Iyob, Ruth and Gilbert M. Khadiagala. *Sudan: The Elusive Quest for Peace*. Boulder: Lynne Rienner Publishers, 2006.

Jones, David and Milke Lawrence Smith. "The Changing Security Agenda in Southeast Asia: Globalization, New Terror, and the Decisions of Regionalism". *Studies in Conflict and Terrorism*, Vol. 24(2001).

Jones, Michael E. "Forging an ASEAN Identity: The Challenge to Construct a Shared Destiny". *Contemporary Southeast Asia*, Vol. 26, No. 1(2004).

Kabia, John M. *Humanitarian Intervention and Conflict Resolution in West Africa: From ECOMOG to ECOMIL*. Aldershot: Ashgate, 2009.

Katsumata, Hiro. *ASEAN's Cooperative Security Enterprise: Norms and Interests in the ASEAN Regional Forum*. Basingstoke: Palgrave Macmillan, 2009.

Kelly, Robert E. "Security Theory in the 'New Regionalism'". *International Studies Review*, Vol. 9, No. 3(2007).

Kennedy, Paul. *The Rise and Fall of the Great Powers: Economic Change and Military Conflict from 1500 to 2000*. New York: Vintage Books, 1989.

Keohane, Daniel. "Towards a European Defence Market". Chaillot Paper, No.113, EU Institute for Security Studies, November 2008.

Kerr, David. "The Sino – Russian Partnership and U.S. Policy Toward North Korea: From Hegemony to Concert in Northeast Asia". *International Studies Quarterly*, Vol. 49(2005).

Khadiagala, Gilbert M. *Meddlers or Mediators? African Interveners in Civil Conflicts in Eastern Africa*. Boston: Martinus Nijhoff, 2007.

Khong, Yuen Foong and Helen E. S. Nesadurai. "Hanging Together, Institutional Design, and Cooperation in Southeast Asia: AFTA and ARF". in Amitav Acharya and Alastair Iain Johnston eds. *Crafting Cooperation: Regional International Institutions in Comparative Perspective*. Cambridge: Cambridge University Press, 2007.

Kim, Samuel S. "Regionalization and Regionalism in East Asia". *Journal of East Asian Studies*, Vol. 4(2004).

Klom, Andy. "Mercosur and Brazil: A European Perspective". *International Affairs*, Vol. 79, No.2(2003).

Koenig, Nicole. "The EU and the Libyan Crisis: In Quest of Coherence?" Istituto Affari Internazionali, July 2011.

Kratochwil, Friedrich. "On Legitimacy". *International Relations*,

Vol. 20, No. 3(2006).

Kupchan, Charles A. and Clifford A. Kupchan. "Concerts, Collective Security and the Future of Europe". *International Security*, Vol. 16, No. 1(1991).

Kupchan, Charles A. and Clifford A. Kupchan. "The Promise of Collective Security". *International Security*, Vol. 20, No. 1 (Summer 1995).

Lake, David A. and Patrick M. Morgan. "The New Regionalism in Security Affairs". in David A. Lake and Patrick M. Morgan eds. *Regional Orders: Building Security in a New World*. University Park: The Pennsylvania State University Press, 1997.

Leifer, Michael. "The ASEAN Regional Forum". Adelphi Paper, No. 302, International Institute for Strategic Studies, 1996.

Lennox, Patrick. *At Home and Abroad: The Canada – US Relationship and Canada's Place in the World*. Vancouver: UBC Press, 2009.

Lima, Mairia Regina Soares De and Mõnica Hirst. "Brazil as an Intermediate State and Regional Power: Action, Choice and Responsibilities". *International Affairs*, Vol. 82, No. 1(2006).

Liu, Fu-Kuo. "East Asian Regionalism: Theoretical Perspectives". in Fu-Kuo Liu and Philippe Régnier eds. *Regionalism in East Asia: Paradigm Shifting?* London: Routledge Curzon, 2003.

Loucky, James, Donald K. Alper and J.C. Day. *Transboundary Policy Challenges in the Pacific Border Regions of North America*. Calgary: University of Calgary Press, 2008.

Lynch, Dov. "Why Georgia Matters". Chaillot Paper, No.86, EU Institute for Security Studies, February 2006.

Major, Claudia. "EU – UN Cooperation in Military Crisis Management: The Experience of EUFOR RD Congo in 2006". Occasional Paper, No.72, Institute for Security Studies, September 2008.

Malamud, Andrés. "Mercosur Turns 15: Between Rising Rhetoric and Declining Achievement". *Cambridge Review of International Affairs*, Vol. 18, No. 3(October 2005).

Malamud, Andrés. "Presidential Diplomacy and the Institutional Underpinnings of Mercosur: An Empirical Exmination". *Latin American Research Review*, Vol. 40, No. 1 (February 2005).

Mancero-Bucheli, Gabriela. "Anti-Competitive Practices by Private Undertakings in Ancom and Mercosur: An Analysis from the Perspective of EC Law". *The International and Comparative Law Quarterly*, Vol. 47, No. 1(January 1998).

Manzetti, Luigi. "The Political Economy of Mercosur". *Journal of Interamerican Studies and World Affairs*, Vol. 35, No. 49(Winter 1993 – 1994).

Marchand, Marianne H. "Gender and New Regionalism in Latin America: Inclusion/Exclusion". *Third World Quarterly*, Vol. 15, No. 1 (1994).

Martin, Philip L. *Trade and Migration: NAFTA and Agriculture.* Washington, D.C.: Institute for International Economics, 1993.

Matveeva, Anna. "EU Stakes in Central Asia". Chaillot Paper, No. 91, EU Institute for Security Studies, July 2006.

Mayer, Frederick W. *Interpreting NAFTA: The Science and Art of Political Analysis.* New York: Columbia University, 1998.

Mearsheimer, John J. "The False Promise of International Institutions". *International Security*, Vol. 19, No. 3 (Winter 1994/95).

Mecham, Michael. "Mercosur: A Failing Development Project?" *International Affairs*, Vol. 79, No. 2(2003).

Menon, Anand. "Power, Institutions and the CSDP: The Promise of Institutionalist Theory". *Journal of Common Market Studies*, Vol. 49, No. 1(2011).

Millen, Raymond A. "Tweaking NATO: The Case for Integrated Multinational Divisions". Strategic Studies Institute, June 2002.

Morgan, Patrick M. "Multilateralism and Security: Prospects in Europe". in John Ruggie ed. *Multilateralism Matters: The Theory and Praxis of an Institutional Form.* New York: Columbia University Press, 1993.

Morgan, Patrick M. "Regional Security Complexes and Regional Orders". in David A. Lake and Patrick M. Morgan eds. *Regional Orders: Building Security in a New World*. University Park: The Pennsylvania State University Press, 1997.

Muller, H. "Terrorism, Proliferation: A European Assessment". Chaillot Paper, No. 58, EU Institute for Security Studies, March 2003.

Nassauer, Otfried. "Europe's Road to Military Integration". Berlin Information Center for Transatlantic Security, 2000.

Ocampo, José Antonio. "The Pending Agenda". *ECLAC Notes* 15 (March 2001).

Oelsner, Andrea. "Consensus and Governance in Mercosur: The Evolution of the South American Security Agenda". *Security Dialogue*, Vol. 40(2009).

Ortega, Martin. "Building the Future: The EU's Contribution to Global Governance". Institute for Security Studies, April 2007.

Ortega, Martin. "The European Union and the Crisis in the Middle East". Chaillot Paper, No. 62, EU Institute for Security Studies, July 2003.

Ortega, Martin. "The European Union and the United Nations: Partners in Effective Multilateralism". Chaillot Paper, No.78, EU Institute for Security Studies, June 2005.

Osborne, Milton. "The Strategic Significance of Mekong". *Contemporary Southeast Asia*, Vol. 22, No. 3 (December 2000).

Pagani, F. "A New Gear in the CFSP Machinery: Integration of the Petersberg Tasks in the Treaty on European Union". *European Journal of International Law*, Vol. 9(1998).

Page, Sheila. *Regionalism Among Developing Countries*. London: Macmillan Press, 2000.

Paliwal, Suyash. "The Primacy of Regional Organizations in International Peacekeeping: The African Example". *Virginia Journal of International Law*, Vol. 51 (2010).

Park, Tong Whan. "Regions Matters: The Return of Power Politics in East Asia". *Mershon International Studies Review*, Vol. 40, No. 3 (Winter 1996).

Pastor, Robert A. and Rafael Fernandez De Castro. *The Controversial Pivot: The U.S. Congress and North America*. Washington, D.C.: Brookings Institution Press, 1998.

Payan, Tony. *The Three U.S.-Mexico Border Wars: Drugs, Immigration, and Homeland Security*. London: Praeger Security International, 2006.

Phillips, Nicola. "Regionalist Governance in the New Political Economy of Development: 'Relaunching' the Mercosur". *Third World Quarterly*, Vol. 22, No. 4(2001).

Pilegaard, Jess. "The Politics of European Security". Danish Institute for International Studies, 2004.

Posch, Walter. "Iranian Challenges". Chaillot Paper, No. 89, EU Institute for Security Studies, May 2006.

PreusseHeinz G. "Mercosur: Another Failed Move towards Regional Integration?" *International Affairs*, Vol. 79, No. 2(2003).

Quinlan, M. "Atlanticism and European Defence". Atlantic Council of the United States, Washington, 8 December 2000.

Ravenhill, John. "East Asian Regionalism: Much Ado about Nothing?" *Review of International Studies*, Vol. 35, Supplement S1(February 2009).

Rees, G. Wyn. *The Western European Union at the Crossroads: Between Trans-Atlantic Solidarity and European Integration*. Boulder: Westview Press, 1998.

Remmer, Karen L. "Does Democracy Promote Interstate Cooperation? Lessons from the Mercosur Region". *International Studies Quarterly*, Vol. 42(1998).

Rendall, Matthew. "Defensive Realism and the Concert of Europe". *Review of International Studies*, Vol. 32, No. 3(July 2006).

Riggle, S. "EU Officially Adopts Military Tasks: A Summary of the Nice Conclusions". Briefing Paper, Center for European Security and

Disarmament, 18 December 2000.

Roberts, Karen and Mark I. Wilson. *Policy Choices: Free Trade Among NAFTA Nations*. East Lansing: Michigan State University Press, 1996.

Rochlin, James F. *Redefining Mexican "Security": Society, State & Region Under NAFTA*. Boulder: Lynne Rienner Publishers, 1997.

Roett, Riordan. "Mercosur's External Trade Negotiations: Dealing with a Congested Agenda". in Riordan Roett ed. *Mercosur: Regional Integration, World Markets*. Boulder: Lynne Rienner Publishers, 1999.

Rosecrance, Richard, "A New Concert of Powers", *Foreign Affairs*, Vol. 71, No. 2(1992).

Rosin, Christopher J. *The Political Ecology of Mercosur: Local Knowledge and Responses to a Competitive Market*, Madison: University of Wisconsin – Madison, 2004.

Rugman, Alan M. *Foreign Investment and NAFTA*. Columbia: University of South Carolina Press, 1994.

Schenk, H. G. *The Aftermath of the Napoleonic Wars: The Concert of Europe—An Experiment*. New York: Oxford University Press, 1947.

Schott, Jeffery J. and Murray G. Smith. *The Canada – United States Free Trade Agreement: The Global Impact*. Washington, D.C.: Institute for International Economics, 1988.

Schroeder, Paul W. "The Nineteenth Century System: Balance of Power of Political Equilibrium?" *Review of International Studies*, Vol. 15 (1989).

Schulz, Donald E. and Edward J. Williams. *Mexico Faces the 21st Century*. London: Praeger, 1995.

Seda, Maria. "Global Environmental Concerns and Priorities, Implications for ASEAN". in Maria Seda ed. *Environmental Management in ASEAN: Perspectives on Critical Regional Issues*. Singapore: IDSS, 1993.

Sedivy, J. "Enlargement and European Defence after 11 September". The EU Institute for Security Studies, June 2002.

Seelke, Clare Ribando. "Mexico – U.S. Relations: Issues for Congress". CRS Report for Congress, February 15, 2011.

Shambaugh, David. "China Engages in Asia: Reshaping Regional Order". *International Security*, Vol. 29, No. 3(2004/2005).

Sheng, Lijun. "China – ASEAN Free Trade Area: Origin, Developments and Strategic Motivations". ISEAS Working Papers Series on International Politics and Security Issues, No. 1(2003).

Shirk, David A. "The Drug War in Mexico: Confronting a Shared Threat". Council Special Report, No. 60, Council on Foreign Relations, New York, March 2001.

Singh, Daljit. "Evolution of the Security Dialogue Process in the Asia – Pacific Region". in Derekda Cunha ed. *Southeast Asia Perpectives on Security*. Singapore: Institute of Southeast Asian Studies, 2000.

*SIPRI Yearbook* 2002: *Armaments, Disarmament and International Security*. Oxford: Oxford University Press, 2002.

Slantchev, Branislav L. "Territory and Commitment: The Concert of Europe as Self-Enforcing Equilibrium". *Security Studies*, Vol. 14, No. 4(October – December 2005).

Smith, Anthony. "Indonesia's Role in ASEAN: The End of Leadership?" *Contemporary Southeast Asia*, Vol. 21, No. 2(August 1999).

Snitwongse, Kusuma. "Thailand Foreign Policy in the Global Age". *Contemporary Southeast Asia*, Vol. 23, No. 2(August 2001).

Soderbaum, F. and I. Taylor. *Theories of New Regionalisms: A Palgrave Reader*. Houndmills: Palgrave Macmillan, 2002.

Somerville, Keith. "Africa after the Cold War: Frozen Out or Frozen in Time?" in Louise Fawcett and Yezid Sayigh eds. *The Third World Beyond the Cold War: Continuity and Change*. Oxford: Oxford University Press, 1999.

Stadtmuller, Elzbieta. "The Regional Dimension of Security". in Mary Farrell, Björn Hettne and Luk Van Langenhove eds. *Global Politics of Regionalism*. London: Plute Press, 2005.

Stubbs, Lichard. "ASEAN Plus Three: Emerging East Asian Regionalism?" *Asian Survey*, Vol. 42, No. 3(2002).

Tang, Min and Myo Thant. "Growth Triangles, Conceptual and Operation Considerations". in Myo Thant, Min Tang and Hiroshi Kakazu eds. *Growth Triangles in Asia: A New Approach to Regional Economic Cooperation*. Oxford: Oxford University Press, 1994.

Tarling, Nicholas. *Regionalism in Southeast Asia: To Foster the Political Will*. New York: Routledge, 2006.

Tavares, Rodrigo and Maximilian Rasch et al. "Capacity Survey: Regional and Other Intergovernmental Organizations in the Maintenance of Peace and Security Produced by the United Nations". UNU-CRIS, 2008, http://www.cris.unu.edu/capacity-survey.249.0.html.

Tavares, Rodrigo. *Regional Security: The Capacity of International Organizations*. London: Routledge, 2010.

Terada, Takashi. "Constructing an 'East Asian' Concept and Growing Regional Identity: From EAEC to ASEAN+3". *The Pacific Review*, Vol. 16, No. 2(2003).

Thomas, Nick. "ASEAN + 3: Community Building in East Asia?" *Journal of International and Area Studies*, Vol. 8, No. 2(2001).

Toro, Maria Celia. *Mexico's "War" on Drugs: Causes and Consequences*. London: Lynne Rienner Publishers, 1995.

Unterseher, L. "Europe's Armed Forces at the Millennium: A Case Study of Change in France, the United Kingdom, and Germany". Briefing Report, No. 11, Project on Defense Alternatives, November 1999.

Valasek, Tomas. "Surviving Austerity: The Case for a New Approach to EU Military Collaboration". Center for European Reform, April 2011.

Vayrynen, Raimo. "Regionalism: Old and New". *International Studies Review*, Vol. 5(2003).

Villarreal, M. Angeles and Jennifer E. Lake. "Security and Prosperity Partnership of North America: An Overview and Selected Issues". Congressional Research Search Service, May 27(2009).

Vinuesa, Raúl Emilio. "The Mercosur Settlement of Disputes System". *The Law and Practice of International Courts and Tribunals*, Vol. 5(2006).

Walt, Stephen M. "The Renaissance of Security Studies". *International Studies Quarterly*, Vol. 35, No. 2(June 1991).

Wane, El-Ghassim and Charles Mwaua et al. "The Continental Early Warning System: Methodology and Approach". in Ulf Engel, João Gomes Porto eds. *Africa's New Peace and Security Architecture: Promoting Norms, Institutionalizing Solutions*. Burlington: Ashgate, 2010.

Webber, Douglas. "Two Funerals and a Wedding? The Ups and Downs of Regionalism in East Asia and Asia–Pacific after the Asian Crisis". *The Pacific Review*, Vol. 14, No. 3(2001).

Weintraub, Sidney. *NAFTA's Impact on North America: The First Decade*. Washington, D.C.: The CSIS Press, 2004.

Wendt, Alexander. "Why a World State Is Inevitable". *European Journal of International Relations*, Vol. 9, No. 4(2003).

Yahya, Faizai. "India and Southeast Asia: Revisited". *Contemporary Southeast Asia*, Vol. 25, No. 1(April 2003).

Yeats, Alexander J. "Does Mercosur's Trade Performance Raise Concerns about the Effects of Regional Trade Arrangements?" *The World Bank Economic Review*, Vol. 12, No. 1(January 1998).

Yoshimatsu, Hidetaka. "Collective Action Problems and Regional Integration in ASEAN". *Contemporary Southeast Asia*, Vol. 28, No. 1(2006).

Zelikow, Philip R. "The New Concert of Europe". *Survival*, Vol. 34, No. 2(1992).

二、中文论著

C. 弗雷德·伯格斯坦:《美国与世界经济:未来十年美国的对外经济政策》,朱民等译,北京:经济科学出版社 2005 年版。

Maurice Schiff, L. Alan Winters:《区域一体化与发展》,郭磊译,北

京:中国财政经济出版社 2004 年版。

W. 汉里德、G. 奥顿:《西德、法国和英国的外交政策》,徐宗士等译,北京:商务印书馆 1989 年版。

阿卜杜拉·哈希莫夫:《上海合作组织与中亚交通运输》,李永庆译,《俄罗斯中亚东欧市场》2004 年 11 期。

阿米塔·阿查亚:《观念、认同与制度建设:由"东盟模式"到"亚太模式"》,见王正毅、迈尔斯·卡勒、高木诚一郎主编:《亚洲区域合作的政治经济分析:制度建设、安全合作与经济增长》,上海:上海人民出版社 2007 年版。

巴里·布赞、奥利·维夫:《地区安全复合体与国际安全结构》,潘忠岐等译,上海:上海世纪出版集团 2009 年版。

彼得·卡赞斯坦:《地区构成的世界:美国帝权中的亚洲和欧洲》,秦亚青等译,北京:北京大学出版社 2007 年版。

曹云华、唐翀:《新中国—东盟关系论》,北京:世界知识出版社 2005 年版。

陈峰君、祁建国:《新地区主义与东亚合作》,北京:中国经济出版社 2007 年版。

陈寒溪:《建构地区制度:亚太安全合作理事会的作用》,北京:世界知识出版社 2008 年版。

陈乐民:《战后西欧国际关系(1945—1984)》,北京:中国社会科学出版社 1987 年版。

陈漓高等:《全球化条件下的区域经济一体化》,北京:中国财政经济出版社 2006 年版。

陈佩修:《9·11 后东南亚恐怖主义与安全情势的演化》,《恐怖主义与国家安全学术研讨暨实务座谈会论文集》,http://iir.nccu.edu.tw/hjourn/is_c/pdf/45/45 - 6 - 079 - 106.pdf.

陈显泗、宋德星:《和谐东亚:东亚安全的必由之路》,北京:时事出版社 2008 年版。

陈小沁:《上海合作组织能源一体化前景探析》,《国际经济合作》2008 年第 10 期。

陈奕平:《依赖与抗争:冷战后东盟国家对美国战略》,北京:世界知识出版社 2006 年版。

陈芝芸等:《北美自由贸易协定——南北经济一体化的尝试》,北京:经济管理出版社 1996 年版。

陈芝芸等:《拉丁美洲对外经济关系》,北京:社会科学文献出版社 2007 年版。

崔立如:《东北亚地区安全政策及安全合作构想》,北京:时事出版社 2006 年版。

崔颖:《上海合作组织框架下的能源合作》(下),《大经贸》2007 年第 9 期。

戴超武:《美国移民政策与亚洲移民(1849—1996)》,北京:中国社会科学出版社 1999 年版。

对外经济贸易大学国际经济研究院课题组:《中国自贸区战略:周边是首要》,北京:对外经济贸易大学出版社 2010 年版。

法布里斯·拉哈:《欧洲一体化史:1945—2004》,彭姝祎、陈志瑞译,北京:中国社会科学出版社 2005 年版。

方长平:《从知识社群到东亚共同体》,《世界经济与政治》2008 年第 10 期。

方幼封、曹珺:《漫漫探索路》,北京:学林出版社 2000 年版。

房乐宪:《欧洲政治一体化:理论与实践》,北京:中国人民大学出版社 2009 年版。

菲利普·赛比耶-洛佩兹:《石油地缘政治》,潘革平译,北京:社会科学文献出版社 2008 年版。

冯煜、龚晓莺:《中国—东盟自由贸易区双边贸易动态经济效应分析》,《北方经济》2008 年第 8 期。

弗雷德里克·米什金:《下一轮伟大的全球化:金融体系与落后国家的发展》,姜世明译,北京:中信出版社 2007 年版。

弗雷德里克·皮尔逊、西蒙·巴亚斯里安:《国际政治经济学:全球体系中的冲突与合作》,杨毅等译,北京:北京大学出版社 2006 年版。

福尔维奥·阿蒂纳等:《全球政治体系中的欧洲联盟》,刘绯等译,北京:中国社会科学出版社 2009 年版。

傅梅冰:《国际区域经济合作》,北京:人民出版社 1994 年版。

高濑保:《WTO 与 FTA》,边红彪、陈恺之译,北京:中国计量出版社 2008 年版。

宫占奎等:《区域经济组织研究——欧盟、北美自由贸易区、亚太经合组织》,北京:经济科学出版社 2000 年版。

郭学堂:《人人为我,我为人人:集体安全体系研究》,上海:上海人民出版社 2010 年版。

哈里·约翰逊:《货币、贸易与经济成长》,侯家驹译,台北:联经出版事业公司 1976 年版。

何帆、张斌等:《对〈清迈协议〉的评估及改革建议》,《国际金融研究》2005 年第 7 期。

贺双荣:《巴西为何不愿加入北美自由贸易区》,《拉丁美洲研究》1995 年第 6 期。

亨利·基辛格:《动乱年代:基辛格回忆录》,张志明等译,北京:世界知识出版社 1983 年版。

惠一鸣:《欧洲联盟发展史》,北京:中国社会科学出版社 2008 年版。

霍伟东:《中国东盟自由贸易区研究》,成都:西南财经大学出版社 2005 年版。

贾根良:《拉丁美洲市场经济体制》,兰州:兰州大学出版社 1994 年版。

江时学:《金融全球化与发展中国家的经济安全:拉美国家的经验教训》,北京:社会科学文献出版社 2004 年版。

江銮华:《自由贸易区的发展态势及其对策》,《对外经贸实务》2007 年第 2 期。

姜南:《试析欧盟共同农业政策的改革》,《世界历史》2002 年第 4 期。

焦军普:《跨国公司与战争:以美国跨国公司卷入美伊战争、刚果内战为例》,《世界经济与政治》2005 年第 2 期。

焦震恒:《巴西现代化进程与国际环境》,《拉丁美洲研究》1996 年第 3 期。

克雷格·A. 斯奈德等:《当代安全与战略》,徐纬地等译,长春:吉林人民出版社 2001 年版。

李恒:《新地区主义及其与多边自由贸易体制的碰撞》,《世界经济研究》2004 年第 8 期。

李巨轸:《略论美洲国家组织的维和机制》,《拉丁美洲研究》2007年第5期。

李卫民:《连通东盟和欧亚大陆的泛亚铁路》,《中国铁路》2007年第7期。

李正信:《中美战略和经济对话机制初析》,《国际金融报》2009年4月3日。

李志斐:《东亚安全机制构建:国际公共产品提供与地区合作》,北京:社会科学文献出版社2012年版。

梁丹妮:《〈北美自由贸易协定〉投资争端仲裁机制研究》,北京:法律出版社2007年版。

梁茂信:《美国移民政策研究》,长春:东北师范大学出版社1996年版。

刘复国:《东南亚恐怖主义对亚太区域安全影响之研究》,《问题与研究》(台北)2006年第6期。

刘少华:《论东盟在东亚区域合作中的领导作用》,《当代亚太》2007年第9期。

罗伯特·A.帕斯特:《走向北美共同体:新世界应从旧世界汲取的教训》,商务部美洲大洋司译,北京:中国商务出版社2004年版。

罗伯特·吉尔平:《全球政治经济学:解读国际经济秩序》,杨宇光等译,上海:上海人民出版社2003年版。

罗伯特·吉尔平:《全球资本主义的挑战:21世纪的世界经济》,杨宇光等译,上海:上海世纪出版集团2001年版。

罗伯特·杰克逊·乔格·索伦森:《国际关系学理论与方法》,吴勇等译,天津:天津人民出版社2008年版。

罗建波:《非洲集体安全机制的发展研究》,《西亚非洲》2005年第5期。

罗建波:《非洲一体化与中非关系》,北京:社会科学文献出版社2006年版。

罗建波:《理想与现实:非盟与非洲集体安全机制的建构》,《外交评论》2006年4期。

罗振兴:《美国与东亚能源安全》,《美国研究》2008年第3期。

玛丽-弗朗索瓦·杜兰、伯努瓦·马丁等:《全球化地图》,许铁兵

译,北京:社会科学文献出版社 2007 年版

迈克尔·叶胡达:《东亚合作的前景展望与挑战》,见朱立群、王帆主编:《东亚地区合作与中美关系》,北京:世界知识出版社 2006 年版。

门洪华:《和平的纬度:联合国集体安全机制研究》,上海:上海人民出版社 2002 年版。

牛仲君:《冲突预防》,北京:世界知识出版社 2007 年版。

皮埃尔·热尔贝:《欧洲统一的历史与现实》,丁一凡等译,北京:中国社会科学出版社 1989 年版。

秦亚青、魏玲:《结构、进程与权力的社会化:中国与东亚地区合作》,《世界经济与政治》2007 年第 3 期。

塞缪尔·亨廷顿:《我们是谁? 美国国家特性面临的挑战》,程克雄译,北京:新华出版社 2005 年版。

尚德良:《南方共同市场的发展及其影响》,《国际资料信息》2000 年第 11 期。

斯德哥尔摩国际和平研究所:《SIPRI 年鉴 2010:军备、裁军和国际安全》,中国军控与裁军协会译,北京:时事出版社 2011 年版。

宋晓平等:《西半球区域经济一体化研究》,北京:世界知识出版社 2001 年版。

孙若彦:《经济全球化与墨西哥对外战略的转变》,北京:中国社会科学出版社 2004 年版。

孙若彦:《美洲自由贸易区与美拉关系》,《山东师范大学学报》2006 年第 6 期。

汤小棣:《拉丁美洲开放的地区主义》,《拉丁美洲研究》1995 年第 6 期。

托尼·朱特:《战后欧洲史》,林骧华等译,北京:新星出版社 2010 年版。

汪海:《从北部湾到中南半岛和印度洋——构建中国联系东盟和避开"马六甲困局"的战略通道》,《世界经济与政治》2007 年第 9 期。

王帆:《美国的亚太联盟》,北京:世界知识出版社 2007 年版。

王海燕:《上海合作组织框架下的里海能源合作》,《新疆金融》2006 年第 11 期。

王缉思、倪峰等:《美国在东亚的作用:观点、政策及影响》,北京:

时事出版社 2008 年版。

王辑思等:《冷战后的美国外交(1989—2000)》,北京:时事出版社 2008 年版。

王萍:《拉美开放的地区主义与中国》,《拉丁美洲研究》2002 年第 5 期。

王萍:《南方共同市场的形成及其对中国的影响》,《拉丁美洲研究》1995 年第 1 期。

王萍:《南共市与欧盟合作的战略关系分析》,《现代国际关系》2005 年第 5 期。

王萍:《走向开放的地区主义——拉丁美洲一体化研究》,北京:人民出版社 2005 年版。

王强:《泛亚铁路:再启中国—东盟"大陆桥"梦想》,《西部论坛》2005 年第 2 期。

王晓德:《开放的地区主义与拉美经济一体化》,《国际问题研究》2000 年第 5 期。

魏玲:《〈第二次东亚合作联合声明〉与东亚共同体建设》,《外交评论》2008 年第 2 期。

魏玲:《东亚地区化:困惑与前程》,《外交评论》2010 年第 6 期。

魏玲:《规范、网络化与地区主义:第二轨道进程研究》,上海:上海人民出版社 2010 年版。

温北炎、郑一省:《后苏哈托时代的印度尼西亚》,北京:世界知识出版社 2006 年版。

吴国平:《21 世纪拉丁美洲经济发展大趋势》,北京:世界知识出版社 2002 年版。

吴玲君:《东协国家与东亚经济合作:从"东协加三"到"东亚峰会"》,《问题与研究》(台北)2007 年第 2 期。

吴荣义、洪财隆:《中国与东协签署 FTA 对"我国"的影响与因应策略》,《台湾经济月刊》2005 年第 3 期。

伍贻康等:《区域性国际经济一体化的比较》,北京:经济科学出版社 1994 年版。

西口清胜:《东亚共同体的构筑与日本的战略》,刘晓民译,《南洋资料译丛》2006 年第 3 期。

肖斌:《东亚区域间主义:理论与实践》,《当代亚太》2010 年第 6 期。

肖斌:《双边与多边:东盟与欧盟区域间关系的演变》,《南洋问题研究》2009 年第 2 期。

肖欢容:《泛化的地区主义与东亚共同体的未来》,《世界经济与政治》2008 年第 10 期。

徐宝华、石瑞元:《拉美地区地区一体化进程:拉美国家进行一体化的理论与实践》,北京:社会科学文献出版社 1996 年版。

徐进:《东亚多边安全合作机制:问题与构想》,《当代亚太》2011 年第 4 期。

徐世澄:《拉美地区的安全形势与安全合作》,《拉丁美洲研究》2003 年第 4 期。

许利平:《亚洲极端势力》,北京:社会科学文献出版社 2007 年版。

许通美:《探究世界秩序:一位务实的理想主义者的观点》,门洪华等译,北京:中央编译出版社 1999 年版。

阎学通、金德湘:《东亚和平与安全》,北京:时事出版社 2005 年版。

叶兴平:《国际争端解决机制的最新发展:北美自由贸易区的法律与实践》,北京:法律出版社 2006 年版。

约翰·平德:《联盟的大厦:欧洲共同体》,潘琪译,沈阳:辽宁教育出版社 1998 年版。

张宝宇:《阿、巴关系与南方共同市场》,《拉丁美洲研究》1991 年第 5 期。

张海森:《中国与澳大利亚建立自由贸易区研究》,北京:对外经济贸易大学出版社 2007 年。

张海涛:《金融全球化——发展中国家的利益与风险》,北京:经济科学出版社 2003 年版。

张锡昌、周剑卿:《战后法国外交史(1944—1992)》,北京:世界知识出版社 1993 年版。

张义明:《建构中国和平发展道路的和谐发展模式》,《信阳师范学院学报》(哲学社会科学版)2007 年第 3 期。

张义明:《试析中国"自由贸易区战略"的新区域主义特征》,《东南亚纵横》2009 年第 1 期。

张勇:《建立美洲自由贸易区的构想和最新发展》,《拉丁美洲研究》2006 年第 1 期。

张蕴岭:《世界区域化的发展与模式》,北京:世界知识出版社 2004 年版。

赵晋平:《从推进 FTA 起步——我国参与区域经济合作的新途径》,《国际贸易》2003 年第 6 期。

珍妮:《美国画出自由贸易安排全球路线图》,《WTO 经济导刊》2006 年第 4 期。

郑先武:《安全、合作与共同体:东南亚安全区域主义理论与实践》,南京:南京大学出版社 2009 年版。

郑先武:《大国协调与国际安全治理》,《世界经济与政治》2010 年第 5 期。

郑先武:《"东亚共同体"愿景的虚幻性析论》,《现代国际关系》2007 年第 4 期。

郑先武:《非洲集体安全机制的创新与困境》,《社会科学》2011 年第 6 期。

郑先武:《非洲内部冲突的综合化趋势:一种综合安全观》,《国际论坛》2011 年第 5 期。

郑先武:《国际关系研究新层次:区域间主义理论与实证》,《世界经济与政治》2008 年第 8 期。

郑先武:《欧盟区域间集体安全的建构:基于欧盟在非洲危机管理行动的经验分析》,《世界经济与政治》2012 年第 1 期。

郑先武:《欧盟与区域间主义:区域效用与全球意义》,《欧洲研究》2008 年第 4 期。

郑先武:《区域间合作与东亚区域主义》,《国际观察》2009 年第 6 期。

郑先武:《区域间主义与"东盟模式"》,《现代国际关系》2008 年第 5 期。

郑先武:《全球化背景下的安全区域主义:一种分析框架》,见朱瀛泉主编:《国际关系评论》(第 5 卷),南京:南京大学出版社 2007 年版。

郑雪飞:《区域组织与其成员国的内战:反思利比里亚内战期间西

非国家经济共同体的武力行动》,《东南大学学报》(哲学社会科学版)2001 年第 3 期。

中国国际关系学会:《国际关系史》(第 11 卷),北京:世界知识出版社 2004 年版。

周涛:《开放的地区主义释义》,《国际商务研究》1998 年第 5 期。

朱锋:《"区域性"特征与东亚安全研究》,《当代亚太》2008 年第 2 期。

朱锋:《国际关系理论与东亚安全》,北京:中国人民大学出版社 2007 年版。

朱听昌:《中国地缘战略地位的变迁》,北京:时事出版社 2010 年版。

朱小梅:《从博弈论视角看拉美的"美元化"前景》,《拉丁美洲研究》2006 年第 1 期。

朱瀛泉:《国际关系评论》(第 5、第 6 卷),南京:南京大学出版社 2007、2010 年版。

# 索　引

## L

## R